科学出版社“十四五”普通高等教育本科规划教材

老年护理学

主　编　陈　立　杨　辉

副主编　张　敏　周秀玲　刘琼玲

编　委（按姓氏笔画排序）

王冰飞（河北医科大学）
卢　琦（天津医科大学）
刘　巍（北华大学）
刘民辉（中南大学）
刘琼玲（广东医科大学）
刘增霞（安徽医科大学）
孙　珂（中山大学附属第三医院）
孙晓晖（广东医科大学）
李小雪（中国医学科学院北京协和医学院）
李闺臣（吉林大学）
杨　辉（山西医科大学）
来小彬（复旦大学）
宋文颖（珠海科技学院）
张　敏（北华大学）
张　颖（大理大学）
张秀梅（安徽医科大学第一附属医院）
陈　立（吉林大学）
周秀玲（长春中医药大学）
陶幸娟（上海交通大学）
陶巍巍（大连医科大学）
薛　秒（四川大学华西医院）
穆晓云（中国医科大学）

科学出版社

北　京

内 容 简 介

本教材在生命周期理论的指导下，围绕老年人健康演变进程设计教材内容，引导学生对老年人全周期护理过程进行系统性学习。本教材在编写过程中，注重理论与实践结合，设置案例学习与批判性思维训练，聚焦健康中国建设战略，将价值引领与教学内容进行有机融合；积极关注学科前沿信息，并将其融入教材内容，以实现开阔学术视野、启迪科学思维、塑造创新精神的培养目标，全方位推进老年护理卓越人才的培养。

本教材主要适用于护理学类专业本科生教学，也可为老年护理专科培训和岗位培训、临床护理人员的继续教育及其他从事老年护理专业的人员提供参考。

图书在版编目（CIP）数据

老年护理学 / 陈立，杨辉主编．— 北京：科学出版社，2024. 7. —(科学出版社“十四五”普通高等教育本科规划教材). — ISBN 978-7-03-079093-4

Ⅰ. R473.59

中国国家版本馆 CIP 数据核字第 20243519M9 号

责任编辑：王锞韫/责任校对：宁辉彩

责任印制：吴兆东/封面设计：陈 敬

科学出版社 出版

北京东黄城根北街 16 号

邮政编码：100717

http://www.sciencep.com

天津市新科印刷有限公司印刷

科学出版社发行 各地新华书店经销

*

2024 年 7 月第 一 版 开本：787×1092 1/16

2025 年11月第二次印刷 印张：17 1/2

字数：510 000

定价：69.80 元

（如有印装质量问题，我社负责调换）

前　言

人口老龄化已成为世界范围内面临的重大挑战之一。日益庞大的老年人口规模和日益加深的老龄化程度使得我国人口老龄化问题不容小觑，人口老龄化将成为我国今后较长一个时期的基本国情。近年来，国家高度重视老龄工作，积极应对人口老龄化，精心谋划、统筹推进老龄事业发展，取得了显著成效。值得关注的是，我国仍面临老年护理专业人才短缺、老年护理教育相对落后等挑战。如何尽快培养老年护理专业人才、提高老年护理教育质量是亟待解决的重要课题。教材是人才培养的主要剧本，提高教材建设质量，对培养老年护理专业人才、提升老年护理教育水平具有重要意义。

本教材编写紧跟时代需求，以“健康自理、健康促进”为理念，以生命周期理论为指导，以老年人的健康为中心，以案例为导向，以护理程序为基础框架，研究、处理老年人现存的和潜在的健康问题，关注生命周期全过程护理，体现了教材的思想性、科学性、先进性、启发性、适用性。全书根据老年人的身心健康特点，设计了老年护理学概论、老年健康保健、老年综合征与常见问题护理、老年疾病护理、老年长期照护与安宁疗护 5 个单元，共计 27 章，形成了一套完整的知识结构体系框架，涵盖了从理论到实践，从健康保健、疾病护理、长期照护到临终关怀的全周期护理过程，以期全方位提高护理人才的培养质量，提高老年护理照护能力。本教材编写特色如下：①将“立德树人”放在首位，突出教材价值引领；②以生命周期理论为指导，突出教材的核心内容；③以案例为导向，突出教材的实践性；④科研反哺教学，突出教材的科学性和前沿性。

本教材主要供护理学类专业的本科生使用。同时，也可作为临床护理人员继续教育、老年护理专科培训和岗位培训，以及其他从事老年护理专业人员的参考资料。在编写过程中，本教材得到了 22 名编委及所在单位的鼎力支持和鼓励，在此表示诚挚的感谢！由于编者知识水平的限制，本教材难免会有疏漏和不足，敬请各位护理同仁、专家学者和使用本教材的师生们不吝指正。

陈　立　杨　辉

2023 年 12 月

目　　录

第一篇　老年护理学概论

第二篇　老年健康保健

第三篇 老年综合征与常见问题护理

第四篇 老年疾病护理

第一篇　老年护理学概论

第一章　绪　　论

学习目标

知识目标：

1. 说出老年学、老年医学和老年护理学的概念。
2. 说出老年护理学的特点。
3. 说出老年护理学的目标与原则。

能力目标：

1. 解释老年护理学概念的重点。
2. 通过学习国内外老年护理学的发展现状，比较各国老年护理学的特点。

素质目标：

通过学习老年护理学，能够增加专业认同感和价值感。

人口老龄化给社会、家庭都带来了巨大的压力，对我国老年护理事业的发展提出了严峻的挑战。本章阐述了老年护理学的相关概念、老年护理学的范畴与特点、目标与原则及老年护理学的展望。

第一节　老年护理学概述

1987年，美国护理学会（American Nurses Association，ANA）提出用“老年护理学（gerontological nursing）”这一术语取代“老年病护理（geriatric nursing）”，因为老年护理学并非仅仅关注疾病本身，涉及的护理范围更广泛。老年护理学包括评估老年人的健康和功能状态、制订护理计划、提供有效护理和其他卫生保健服务，并评价效果；预防和控制由急、慢性疾病引起的残疾，协助自理和慢性病管理，为衰弱和自理能力缺失的老年人提供护理服务、姑息治疗和临终关怀。

一、老年护理学的概念与起源

老年护理学源于老年学，与老年医学密切相关，结合现有的护理理论和社会学、生物学、心理学、健康管理等学科理论，是一门跨学科、多领域并具有其独特性的综合性学科。老年学（gerontology）是研究人类老化及其所引起的一系列经济和社会等与老年有关问题的综合性学科。它是一门多学科交叉学科，涉及内容广泛，主要包括老年生物学、老年医学、老年社会学、老年心理学、老年护理学等学科。老年医学（geriatrics）是研究人类衰老的机制、人体老年性变化规律、老年人卫生保健和老年疾病防治特点的科学，是医学中的一个分支，也是老年学的主要组成部分，包括老年基础医学、老年临床医学、老年康复医学、老年流行病学、老年预防保健医学、老年社会医学等内容。

老年护理学是护理学的一个分支，是以老年人为研究对象，研究老年期的身心健康和疾病护理特点及预防保健的学科，也是研究、诊断和处理老年人对自身现存和潜在健康问题反应的学科。由于老年人在生理、心理、社会适应能力各方面不同于其他年龄组的人群，同时老年疾病也有其特殊性，因此决定了老年护理学有自身的特殊规律。老年护理学的研究重点在于从老年人生理、心理、社会文化及发展的角度出发，研究自然、社会、文化教育及生理、心理因素对老年人健康的影响，探讨用护理手段或措施解决老年人健康问题。老年护理流程和步骤包括评估老年人的健康和功能状态、制订护理计划、提供有效护理和其他卫生保健服务，并评价照顾效果。

二、老年护理学的范畴与内容

老年护理学是研究老年人和老年病护理的科学，老年护理实践的范围不只是针对医院内的老年人，而是向养护机构、社区和家庭逐渐延伸。老年护理学研究的范畴包括健康维护与促进、预防疾病、治疗和康复、协助自理和慢性病管理，以及为衰弱和自理能力缺失的老年人提供护理服务、姑息治疗和临终关怀等。研究老年人的健康维护，以保持老年人组织器官的生理功能和预防疾病；研究老年人和老年患者的心理特征，促进身心健康；研究老年人的健康保健，给予正确的保健指导，达到延年益寿的目的；针对老年患者的解剖生理特点，研究老年病护理的特殊规律，提高护理质量；研究老年疾病的康复，减少和减轻残障，提高老年患者的生活质量，发挥老年人的日常生活能力，实现老年人机体的最佳功能，保证人生的尊严和舒适生活直至死亡。

老年护理学的研究内容包括：①老年人的健康促进与维护。以健康的概念为核心，围绕生理、心理和社会适应能力 3 方面展开研究和实践，对老年人进行身体照顾、心理护理和社会适应能力提升。②老年患者的护理。针对老年人疾病的特点，开展临床老年护理的实践与研究，提高对老年患者的护理水平。③老年病的康复护理。针对老年人的慢性病康复，采取措施减轻痛苦，促进康复，减少继发性功能障碍，提高生活质量。④临终关怀。尽可能减轻临终老年人的躯体痛苦，使临终老年人平静、安宁、舒适地度过人生的最后历程。同时，为老年人及其家属提供心理上的关怀与安慰，缓解心理压力。

三、老年护理学的特点

老年人的个体和群体特点决定了老年护理学的特点。一方面，老年人具有丰富的阅历、渊博的知识；另一方面，随着年龄的增加，老年人的身心功能逐渐老化和衰退，经常有健康需求、自我照顾需求、依存需求、安全需求、尊敬需求等多种需求。老年护理要综合考虑老年人的身心、社会、文化等多方面的需求，解决老年人的实际需要。由于老年人在生理、心理、社会适应能力等方面有其独特之处，同时老年疾病也有其特殊性，因此，老年护理学具有较强的理论性、实践性、复杂性和多学科性。老年护理学需要多学科合作，在多种场所服务，强调团队合作关系，需要社会、家庭的共同努力。老年护理涉及面广，包括疾病、功能状态、精神健康、社会经济体制、医疗体制、养老政策和法规、社会文化、伦理道德等，因而决定了老年护理必须与多学科进行合作，建立老年护理专业综合的教育系统，才能满足老年人多方面需求。

四、老年护理学的目标与原则

（一）老年护理学的目标

老年护理学的总目标是实现“健康老龄化”，即通过有效的护理活动帮助老年人在晚年保持身体、心理和社会功能的完好状态，将疾病或生活不能自理推迟到生命的最后阶段，使其有尊严地走完人生旅程。老年护理学的具体目标如下。

1. 增强老年人的自我照顾能力 根据奥瑞姆自护理论，如果老年人长期以被动依赖的形式生活，自我照顾意识淡化，久之将会丧失生活自理能力。护理的根本目的是调动老年人自我健康负责的意识和能力，最终达到自觉采取健康的生活方式，充分发挥自身力量，维护个人的日常生活能力。因此，护士要通过健康教育的方式调动老年人的自身资源，巩固和强化老年人的自我护理能力，避免过分依赖他人护理，增强生活信心，保持老年人的自尊。

2. 延缓恶化及衰退 老年人一般患病时间较长，一旦发病，容易出现病情恶化和功能的迅速衰退。护士要能够发现潜在的健康问题，积极采取三级预防策略，管理老年人的健康，避免和减少健康危险因素的危害，早期发现、早期诊断和早期治疗，积极预防并发症，防止病情恶化和导致伤残。

3. 提高老年人的生活质量 老年人的生活质量不仅体现在生理方面，还包括心理和社会方面，因此，提高老年人的生活质量不仅仅是疾病的转归和寿命的延长，而应包括促进老年人在心理和社会适应方面的完美状态，体现生命意义和价值。

4. 做好临终关怀（hospice care） 当老年人健康状况逐渐衰退进入临终阶段时，护理工作者为老年人提供全方位的支持，包括生理、心理和社会等方面，确保老年人能够无痛、舒适地度过生命的最后时光。同时给家属以安慰，让他们感受到医务人员对临终老年人的关怀和帮助。

（二）老年护理学的原则

老年护理工作有其特殊的规律和专业要求，为了实现护理目标，在护理实践中还应遵循相关的护理原则。老年护理工作的原则如下。

1. 及早防护，预防疾病 老年疾病发病和演变时间长，如高脂血症、动脉粥样硬化、高血压、糖尿病、骨质疏松症等一般均起病于中青年时期，因此，一级预防应该及早进行，老年护理的实施应从中青年时期开始入手，进入老年期则更加关注。要了解老年人常见疾病的病因、危险因素和保护因素，采取有效的预防措施，防止老年疾病的发生和发展。

2. 满足需求，增进健康 老年护理需要满足老年人的多种需求。护理人员应当增强对老年人老化过程的认识，将正常与病态老化过程及老年人独特的心理、社会特性与一般的护理知识相结合，及时发现老年人现存的和潜在的健康问题和各种需求，使护理活动能满足老年人的各种需求，真正有助于其增进健康。

3. 关注整体，全面护理 由于老年人在生理、心理、社会适应能力各个方面与其他人群有不同之处，尤其是患病后往往有多种疾病共存，疾病之间彼此交错和影响。因此，护理人员必须有整理护理的观念，研究多种因素对老年人健康的影响。一方面，要求护理人员对老年人全面负责，在护理工作中注重老年人身心健康的统一，解决老年人的整体健康问题；另一方面，要求护理业务、护理管理、护理制度、护理科研和护理教育各个环节的整体配合，共同保证护理水平的整体提高。

4. 注重个体，因人施护 衰老是全身性的、多方面的、复杂的退化过程，老化程度因人而异。影响衰老和健康的因素也错综复杂，特别是出现病理性改变后，老年个体的状况差别很大，加上患者性别、病情、家庭、经济等各方面情况不同，因此，既要遵循一般性护理原则，又要注意因人施护，执行个体化护理的原则，做到针对性和实效性护理。

5. 面向家庭、社区和社会 老年护理的对象不仅是老年患者，还应包括健康的老年人及其家庭成员。因此，老年护理必须兼顾到医院、家庭和人群，护理工作场所不仅仅是病房，应包括社区和全社会。从某种意义上讲，家庭和社会护理更加重要，因为不但本人受益，还可大大减轻家庭和社会的负担。

6. 连续照顾，长期照护 随着衰老，加上老年疾病病程长及合并症、并发症、后遗症多，多数老年患者的生活自理能力下降，有的甚至出现严重的生理功能障碍，对护理工作有较大的依赖性，需要连续照顾。因此，开展长期照护是必要的。对各年龄段健康老年人、患病老年人均应做好细致、耐心、持之以恒的护理，减轻老年人因疾病和残疾所遭受的痛苦，缩短临终依赖期，为生命的最后阶段提供系统的护理和社会支持。

第二节 老年护理学的发展

老年护理学是相对年轻的科学，它的发展伴随着老年医学的发展。作为一门具有独立理论体系的综合性应用学科，老年护理学的发展大致经历了4个时期：①理论前期（1900—1955年），这一时期没有任何理论作为执行护理业务活动的基础；②理论基础初期（1955—1965年），老年护理学理论随着护理学专业理论和科学研究的发展也开始研究、建立、发展，出版了第一本老年护理教材；③推行老年人医疗保险福利制度后期（1965—1981年），这一时期老年护理的专业活动与社会活动相结合；④全面发展和完善的时期（1985年至今），老年护理学全面发展，形成了比较完善的老年护理学理论，用来指导护理实践。

一、我国老年护理学的发展

我国老年护理学长期以来被划入成人护理学范畴，老年护理体系最初是医院老年患者的护理，如综合医院成立老年病科。随着我国逐渐进入老年型人口国家的行列，有关老年的问题日益突出，对老年护理提出的挑战和要求日益显著，与之相关的老年护理工作也得到了高度的重视和发展。

20世纪80年代，在北京、上海等大城市设立了老年护理医院，老年人专业机构护理逐步发展，此后随着社会经济的发展，各地相继成立了多种性质和形式的老年人长期护理机构，进行老年健康咨询和体检，以及提供老年患者住院医疗护理服务，在一定程度上适应了城市人口老龄化的需要。

随着老年医学的发展，老年护理学也得到了快速发展。20世纪80年代，随着中华老年医学会的成立和老年医学的发展，尤其是90年代以来，由老龄化带来的一系列问题引起了我国政府对老龄事业的高度关注，在促进国际交流、人才培养和科研等方面，各级政府都给予了关心、支持和政策倾斜，先后发布了《国家积极应对人口老龄化中长期规划》《“十三五”国家老龄化事业发展和养老体系建设规划》《关于加强老年护理服务工作的通知》等一系列相关文件政策，有力地促进了老龄事业的发展。

我国先后建立了老年学和老年医学研究机构，与之相适应的老年护理学作为一门新兴学科也受到重视和发展，如中华护理学会下设老年护理分会，开展学术经验交流；2016年成立了全国老年护理联盟。其目的是积极组织或参与老年护理方面的国内、国际交流与实践探讨，引领我国老年护理的发展方向；合作探讨培养老年护理人才的方法、教育内容及评价方式，创新老年照护模式，逐步构建适合我国国情的老年照护体系；呼吁和协助政府建立或完善老年照护服务的相关法律法规、政策制度及其标准规范；研究和解决老年护理服务中出现的各种问题或困难，从而不断推进老年护理专业学术活动的开展，使老年护理朝着更加专业化、标准化、国际化的方向发展。

在护理实践中，要求护士全面担负起各项护理工作，实施整体护理。近年来，随着社区卫生服务的深入普及，“社区居家养老”成为我国政府引导的、服务范围广泛的养老护理的主体方向，社区护理已将老年护理服务融入居家环境中，建立以居家为基础、社区为依托、机构为支撑的养老服务体系，为广大老年群体提供专业化的健康与生活服务。老年护理不仅是向老年患者直接提供护理服务，而且还包括向所有的老年人和老年人家庭提供健康教育，为社会和某些医疗机构提供老年人保健和护理方面的咨询，并直接参加一些老年医疗的行政管理工作和老年护理的专门研究工作。家庭护理、日夜诊疗中心、护理之家、各种长期照顾老年人的机构及临终关怀中心，甚至医院中的急诊室，均是老年护理工作的场所。因此，随着老年护理专业的迅速发展，在其理论研究和临床实践方面必然日趋完善。

在护理教育方面，1998年以后，高等护理院校陆续增设老年护理学课程，平均约30学时，由于学时限制，学生仅能了解老年护理的基础知识，缺乏有针对性的实践技能训练。《老年护理学》的本科教材于2000年2月正式出版，此后，各种老年护理的专著、教材、科普读物相继出版。至今，《老年护理学》本科教材已列入国家规划教材，并出版了双语教材、配套盘、数字教材等。但是，目前我国老年护理的发展还远不能满足我国老年人护理的需求，老年护理教育明显滞后，从事老年护理专业人员的数量和质量远远不够。

近年来，老年护理相关的研究逐步增多，特别是护理学专业研究生教育中也设立了老年护理研究方向，很多高校开展了老年专科护理硕士、博士培养。国内外老年护理方面的学术交流也逐步开展，一些院校还与国外护理同行建立了教学、科研、护理服务等合作关系，促进了我国老年护理的全面发展。有关老年护理的专著、教材、科普读物相继出版，各种关于老年护理的论著、经验总结及文章陆续发表。

二、国外老年护理学的发展

在国外老年护理的发展历程中，老年护理学作为一门学科最早出现在美国。1900 年，老年护理学作为一个独立的专业需要被确定下来；1955 年，美国出版了世界上第一本老年护理学教材；1961 年，美国护理学会设立老年病专科护理小组；1966 年，美国护理学会成立老年病护理分会，1975 年将其更名为老年护理分会，并开始颁发老年护理专业证书，同时《老年护理杂志》创刊；1985 年以来，逐渐形成了较完善的老年护理学理论并指导护理实践。

20 世纪 70 年代，美国开展了老年护理实践的高等教育，培养高级执业护士。2013 年，美国护理院校联合会制定了《本科生老年护理能力及课程设置指南》，以规范老年护理的相关知识和技能在注册护士课程中的比例。世界卫生组织（World Health Organization，WHO）在欧洲地区也发表了护士注册后接受继续教育的《老年护理专科课程指南》，阐述了老年护理专科课程的主要核心科目，包括老年护理学理论及概念和老年人的生理、心理、社会及精神健康的护理，以及决策技能、领导力及资源管理等，使专科护士能比较好地掌握老年护理的专业技能。国外各大护理院校陆续开设老年护理学方向的硕士和博士课程，培养老年护理领域的临床专家和学术专家。

自美国护士学会提出发展老年护理专科护士之后，很多国家已成立了老年护理专科组织，提倡专业化的老年护理实践，以提升老年人的照护质量。这些组织制定了各国老年护理人员的能力与标准，主要分为基础和高级两个水平。针对基础性的老年护理实践标准，国外除了将老年护理技能纳入到注册护士的培养课程外，还建议医疗机构将其列入在职护士的继续教育中。如 2010 年，美国护士学会和加拿大老年护理学会分别编写了《老年护理学实践范围与标准》及《老年护理能力与实践标准》，明确了老年护理学作为独立专科提供优质化老年护理实践的重要性。老年高级护理能力与标准是基础性老年护理能力的延伸，护士必须在专科临床实践、不同照护模式的选择和管理、领导能力等方面具备丰富的老年护理知识和高级老年护理技巧，以应对老年人复杂的照护需求。在很多西方国家，已经有老年护理高级实践护士，他们需要具备老年高级护理知识和技能及硕士或硕士以上学历，并且必须经过专业考试，以取得该专科的专业执照。老年专科护士的工作场所多样化，除了传统的医院病房外，还扩展到社区、居家、养老机构等各个涉及老年人照护的地方。护理工作范畴多样化，除了日常照护外，还需要在老年人照护中担任独特的功能角色和责任。

国外关于老年护理研究不仅关注与老年护理实践直接相关的护理问题，还围绕老年人及其照顾者开展相关研究。此外，老年护理研究还呈现跨领域、跨专业、多学科合作、针对老年领域的热点问题的特点，如近年来老年护理研究人员在临终关怀、老年护理伦理、健康老龄化、原居安老和生活质量等课题方面与临床医学、社会学、心理学、政治学等专业人士进行研究合作。此外，通过老年护理教育研究指导老年护理课程的改革方向，为完善老年护理课程提供参考，更加有效地培养老年护理专科人才。

目前，世界多数国家都已进入老龄化社会，一些经济发达国家各自形成了不同特色的老年护理模式，建立了完善的长期护理体系。其中，美国建立了多元化的老年护理服务模式：①家庭健康护理是最基本的老年护理模式，通常由专业机构提供服务；②依托社区的居家护理，社区护理中心健康教育者有义务为老年人提供保健及生活服务；③依托于各种慈善机构的养老院、日间照护中心、起居协助中心等，代为子女照顾需要护理的老年人；④由政府出资兴办的护理之家、康复中心、医护型老年公寓等专业护理机构，居住者多为有慢性病的老年人或出院需疗养康复的老年患者。

日本建立了完善的家庭护理和法律保障，提供“医院—社区—家庭护理机构”的连续性服务，同时实施了《护理保险法》。瑞典建立了完善的老年护理服务网络和机构，管理老年人护理院、康复中心、老年公寓、家庭护理的工作。挪威建立了安全快捷的护理服务体系，专业人员可通过安全报警器进行网络定位，快速赶到现场急救。这些经济发达国家的老年护理服务发展迅速，护理理念和实践水平居于世界先进行列。虽然国情不同，但其应对人口老龄化的基本护理模式相似，即以社区、居家式服务为主体，以机构护理为辅助的长期护理模式，这不仅符合老年人的心理需要，也能减少国家的公共支出，是长期护理模式的发展趋势。

三、面临的问题和对策

人口老龄化带来的最大难题是日益增多的老年人口抚养和照护问题，特别是迅速增长的“空巢”、高龄和带病老年人的服务需求、寿命延长与“寿而不康”造成的医疗卫生和护理的压力。与发达国家相比，目前我国老年医学教育、老年护理教育明显滞后，既缺乏合格的老年医护工作者，更缺乏高层次的教学师资人才；培养老年护理专业人才的教育体系还远未成熟和完善，老年护理学科的发展尚不能满足老年人群的护理需求；老年人医疗卫生服务需求不断增长，而保障服务能力与之不相适应，适合老龄社会要求的专业化医疗卫生服务体系尚未形成，老年人卫生服务资源不足。

依据2020年第七次人口普查数据显示，2020年我国60岁及以上老年人口占总人口的18.70%，65岁及以上的老年人口占总人口的13.50%。根据我国发展基金会发布的报告，到2035年时，65岁及以上的老年人口将占总人口的22.3%，我国进入老龄化重度阶段；到2050年时，65岁及以上的老年人口将占总人口的27.9%。然而，我国护理事业发展与国际标准水平相比还存在较大的差距。截至2021年底，全国注册护士数量达到501.94万人，医护比和床护比分别为1 ∶ 1.17和1 ∶ 0.53。而早在2012年，美国、加拿大、挪威、芬兰等国家的医护比已经超过1 ∶ 4。我国医护比和床护比与世界发达国家相比仍存在较大差距。世界卫生组织发布的《世界卫生统计2022》数据显示，2012—2020年，美国、加拿大、日本的医护比估计为1 ∶ 6.0、1 ∶ 4.5、1 ∶ 4.8；床护比估计为1 ∶ 5.4、1 ∶ 4.3、1 ∶ 0.9。

因此，在我国护士仍然是紧缺型人才，老年护理专业人员更是缺乏。我们应借鉴国外的先进经验，积极营造健康老龄化的条件和环境，广大医护人员要努力探索、研究和建立我国老年护理的理论和技术，构建有中国特色的老年护理理论和实践体系，不断推进我国老年护理事业的发展。

第三节　老年护理学展望

1999年，WHO提出了“健康老龄化”战略，不仅体现在寿命的延长，更重要的是生活质量的提高。延续1991年第46届联合国大会提出的“独立、照顾、自我实现、尊严”4大原则，健康的老龄化社会应是家庭与社会各机构共同负担养老义务的社会。老年护理学在未来应该从以下几个方面发展。

一、发展老年护理教育

老年护理的工作范畴从传统的帮助患者恢复身体和心理健康转向促进健康、预防疾病、恢复健康、精神关怀和心理慰藉。要求护理人员不仅需要有扎实的医学基础知识和娴熟的护理技术，还要有足够的人文、心理学、社会学知识和修养，并对人际沟通能力、管理协调能力、职业道德、奉献精神等素质提出了更高的要求。老年护理人员需要具备心理学、伦理学、与养老相关的法律法规、健康教育的理论和技巧、与老年人沟通的能力等多方面的知识和技能。

因此，在老年护理学的教与学的过程中，应坚持以下观点：①树立整体观念，活跃临床思维。老年人是一个具有生理、心理、社会等需要的综合体，衰老是一切生物体的自然过程，虽然主要与增龄有关，但与心理、社会、环境因素也有着很大的关系。在思考衰老或与增龄有关的退行性病变时，要重视生理、心理、社会环境因素的相互作用以及对老年疾病发生、发展、转归的影响。②重视老年人与其他人群以及老年人之间的差异。由于老年人各器官组织的逐渐衰变，免疫系统的功能下降，机体的抗病能力和对疾病的反应性不同程度降低，因此，即使老年人与中青年人患同一种疾病，其临床症状也不尽相同，疾病的进展、康复速度及预后亦不可能完全一致。因此，针对老年人的特点，对老年人的护理有特殊的要求。

在老年护理学的教与学过程中，应注意坚持理论与实践相结合的原则，并科学应用护理程序。老年护理学全课程始终坚持以老年人健康为中心，以现代护理观为指导，以满足老年人的健康需要为目标，应用护理程序科学地解决老年人的健康问题。

二、完善老年护理质量评估体系

老年护理质量受多方面因素的影响，老年人失能程度、照顾者、家庭、医疗机构及社会等都与老年护理质量相关。因此，更应从国家到地方专门设立老年管理机构，建立单独的全国老年护理管理网络，结合国情，借鉴国外老年护理模式和质量评价模式，设立统一的护理评估标准，分层、分级管理，对护理质量不断探讨和研究，推广有科学依据的护理研究成果，并向实践中转化，才能最终促进老年护理质量的提高。

三、健全社会养老制度

老年护理体系应是以疾病预防、保健、生活护理、疾病治疗、康复护理、精神安慰、临终关怀为一体的、连续性的综合性服务体系。建立相应的法律法规，有利于建立合理完善的养老服务体系。因此，有必要完善老年护理的法律保障，除了出台更加完备的社会保障法、社会福利法、保险法以外，建立老年护理机构和护理人员资质审查制度、护理津贴制度、护理人员考试进修制度、受护理人员资质审查制度、服务质量检测制度等系列配套措施，以法律的形式对社会护理体系进行保障至关重要；建立独立于医疗保险体系的老年长期护理服务体系，包括合理界定老年疾病、长期护理的支付标准与方式、对老年护理的评估分级、根据分级设立经济支持标准等；探索和建立适合我国国情的社区护理模式，形成为老年人提供预防、保健、护理、理疗、康复训练和健康教育的全面模式，是健全社会养老制度的重要部分；同时，积极开发针对老年护理方面的先进设备器材，为社区护理和家庭护理提供良好的基础硬件。

四、加强学科间的合作

为老年人服务的过程中，护理人员和其他专业人员的关系越来越密切。因此，对老年人的服务除医院以外，社区也是越来越被重视的服务场所。要做好社区的护理工作，需要社会多个部门各级各类人员的共同协作，如心理医师、社会工作者、康复治疗师等。护理人员的责任在以上诸多人员中占首要地位，护理人员能够全面关注老年人的各种需求，运用基础知识和专业操作技能去处理老年人的问题。同时，分工会越来越细、越来越具有专业性和特殊性。老年人的健康问题变得越来越复杂，没有任何一个单独学科能够独立提供老年人群所需要的全部知识与服务，而老年护理要发展它的独特之处，同时也需要和其他学科密切合作。

人口老龄化已成为世界性问题，老年护理要从老年人身体、心理、社会文化的需要为出发点，考虑老年人的健康问题及护理措施，满足老年人的实际需求。健康老龄化观点的提出，对老年护理的可持续发展提出了更高要求，老年护理的进一步发展和实施刻不容缓、任重道远。

案例学习

王爷爷今年78岁，有一个儿子在外地工作，儿子刚结婚时还能经常带着妻子回家看看，后来有了自己的孩子，生活和事业压力随之增大，回家的频率也渐渐变得越来越低，现在也只有过年时能回来一次。去年老伴因为脑出血去世，王爷爷觉得更加孤单，连个说话的人也没有了。

随着年龄的增长，王爷爷的身体也是一天不如一天，生活起居也出现了种种不便，儿子却无法在身边照顾和陪伴，前几天在家摔倒致左手臂骨折，还好被邻居及时发现，拨打120送到了医院，才没有耽误治疗。

请思考以下问题：

通过王爷爷的经历，你对养老护理有哪些思考？

评判性思维训练

比较国内外老年护理学的特点，思考我国老年护理未来面对的挑战和应对措施。

（陈　立）

第二章　衰　　老

学习目标

知识目标：

说出老年人在生理、心理和社会方面的改变。

能力目标：

能够运用不同的衰老理论进行个案分析。

素质目标：

1. 能够树立尊老敬老的思想。
2. 能够将老化的理论运用于护理实践中，对老年人具有关爱之心。

理论具有描述、解释、说明、预测和指导实践的重要作用，因此，理解相关科学理论对护理人员的专业学习和实践具有重要的指导意义。本章将介绍衰老的生物、心理和社会的变化及相关理论。

第一节　衰老概述

衰老（senescence）又称老化（aging），是生命现象的自然规律。人体从出生到成熟期后，随着年龄的增长，在形态、功能和心理方面出现的进行性、衰退性变化，称为老化或衰老。一般分为生理性衰老和病理性衰老两类。生理性衰老是机体在生长过程中随增龄而发生的渐进性、受遗传因素影响的、全身复杂的形态结构与生理功能不可逆的退行性改变；病理性衰老是指因疾病或异常因素导致的老化，可使衰老现象提早出现。随着分子生物学、基因组学等相关学科和技术的不断发展，对衰老的细胞和分子机制及其与疾病关系的研究也在不断深入，极大地促进了老年疾病的诊断、治疗和护理，带动了老年医学和老年护理学的发展。

一、影响因素

衰老的影响因素是多方面的，主要包括遗传因素和非遗传因素。

（一）遗传因素

部分基因决定人的寿命和衰老，凋亡基因与衰老基因共同作用导致生物衰老。在生物的生殖、发育和衰老的过程中，不同基因在特定的调控下，对生命过程起着特定的作用。

（二）非遗传因素

1. 疾病因素　是造成衰老的最重要因素，特别是一些慢性病对人体组织器官的损害可加速老化。

2. 环境因素　环境污染对健康造成的不良影响越来越严重，可使衰老加快。

3. 生活因素　饮食不节、缺乏体力活动及运动、极度消瘦或肥胖、过度疲劳、失眠等因素，均是加速人类衰老的原因之一。

4. 心理因素　现代医学已证实，不良的心理情绪可使衰老加快，如精神焦虑和创伤、情绪经常波动等。

二、衰老的特征

衰老是机体发育的正常过程，是从生殖成熟后开始或加速的，是可以预期的细胞、器官功能减退和形态改变的生物学过程。衰老具有以下特征：①积累性。衰老不是一朝一夕形成的，是一个漫长的过程，是机体某些结构和功能上的微小变化长期积累的结果，一旦表现出来，则呈现出不可逆转的趋势。②渐进性。衰老是一个持续渐进的演变过程，且逐渐加重。生物往往是在不知不觉中出现了老化的现象，而且同一物种所表现出来的老化征象相同。③普遍性。衰老是多细胞生物普遍存在的，是同种生物在大致相同的时间范围内都可表现出来的现象。④内在性。衰老源于生物本身固有的特性，如遗传。环境因素只能影响老化的进度或加速老化或延缓老化，但不能阻止老化。⑤危害性。衰老过程往往对生存不利，身体功能下降乃至丧失，越来越容易感染疾病，最终导致死亡。

第二节　衰老的生理改变与相关理论

在生命的进程中，当生物发育成熟后，机体的结构和功能就会随着年龄的增加而逐渐出现各种不利于自身的变化。这些变化不断发生、发展的过程称为衰老。衰老随时间的推移而出现，一旦出现则不可逆转；随着衰老而产生的变化将引起机体功能降低、内环境稳态失衡，一旦失衡，则对环境变化不能保持机体自身的稳定而逐渐趋于死亡。

一、衰老的生理改变

（一）人体组成成分

老年人机体组成成分突出的变化是体内脂肪组织增多及细胞固体成分和水分减少。在衰老过程中，萎缩最明显的是肌肉组织。60 岁以上老年人机体总水量，男性约占体重的 51.5%，女性占体重的 42.0% ～ 45.5%。老年人细胞内液减少，细胞外液增加，可能与细胞数减少有关。青年时细胞内液与细胞外液的比例约为 2 ∶ 1，壮年及老年时细胞内液与细胞外液的比例为 1.5 ∶ 1 至 1 ∶ 1。

（二）皮肤

老年人表皮、真皮乳头层变薄，结缔组织减少。胶原纤维和弹性纤维退行性变，皮下脂肪减少或消失，皮肤松弛，皱纹增多。脂褐素沉积在皮下形成老年斑，主要位于面部、手背和前臂伸面等，直径 0.5 ～ 2.0cm，略高于皮肤。毛囊下端的毛乳头逐渐减少，头发稀薄、变白、秃发。皮脂腺萎缩，皮脂分泌减少，皮肤和毛发失去光泽。汗腺的数量和汗液的分泌量均减少，皮肤干燥易痒。中老年人的指、趾甲板失去光泽，生长速度变慢，可出现纵脊。皮肤血管对冷热反应迟钝，影响体温调节。皮肤内的神经末梢密度减少，感觉迟钝。

（三）感官

1. 眼　角膜前弹力层和基质层的脂肪发生变性，在角膜的上、下方出现灰色弧形混浊带，形成老年环。巩膜弹性纤维变硬或玻璃样变，瞳孔相对较小，晶体增大，房水循环阻力增加。视网膜血管硬化，易发生视网膜动脉、静脉阻塞等。前房变浅，易发生闭角型青光眼。晶体发现核硬化，调节能力下降，晶体蛋白被氧化而致混浊则形成不同类型的晶体病。

2. 耳　耳郭软骨和软骨膜的弹性纤维减少，血管弹性降低，血运差，易冻伤和感染。外耳道皮肤毛囊、皮质腺和耵聍腺萎缩，皮肤变薄、干燥、瘙痒，易患外耳道炎。鼓膜固有层脂肪沉积，弹性和活动度降低。听骨链退行性变、韧带松弛、关节活动度减弱，听力下降。耳蜗、前庭感觉上皮毛细胞均减少，供血不足，致听力下降、平衡功能减退。

（四）循环系统

心脏重量随增龄逐渐增加，30 ～ 90 岁心脏重量为 240 ～ 300g，平均每年增加 1.0 ～ 1.5g。左心室壁亦随增龄而肥厚，年龄＞ 70 岁者，约 50% 可查出心脏淀粉样变性。心肌典型的老化表现是脂褐质在心肌纤维中聚积而造成褐色萎缩、肌原纤维缩短，使心肌舒缩功能下降、心脏储备功能下降；心内膜、瓣膜、瓣环逐渐发生淀粉样变性和脂肪沉积，以及纤维化、钙化；窦房结的起搏细胞数量减少，房室束、左右束支及其远端的浦肯野纤维发生脂质浸润，心律失常发生率随增龄而增加；动脉管壁增厚、硬化、弹性减弱，冠状动脉粥样硬化逐渐显著，冠状动脉狭窄，出现冠状动脉缺血症状。

（五）呼吸系统

鼻部气流阻力增加，呼吸道防御功能减弱；嗅区黏膜萎缩退变，嗅觉的察觉阈、辨别阈和强度的感知阈均下降。咽喉部黏膜角化，黏膜下腺体萎缩、分泌减少，咽淋巴环萎缩。咽部肌肉萎缩，吞咽功能减退，神经末梢感觉减退，进流质饮食时容易呛。气管和支气管黏膜上皮和黏液腺退行性变，纤毛运动减弱，防御能力降低，易患支气管炎。肺萎缩变小、变轻，肺内胶原纤维交联增多，肺的硬度加大，弹性降低，有肺气肿倾向。胸廓呈桶状胸、僵硬，肺活量减少，残气量增加，咳嗽的力量差，肺内分泌物滞留，易致感染。

（六）消化系统

口腔最明显的变化是牙和牙周组织的退行性变，以及由于牙齿脱落而引起的上下颌骨和颞下颌关节的改变。舌黏膜上的舌乳头逐渐消失，舌表面光滑；味蕾减少、萎缩，味阈升高，味觉障碍；唾液腺萎缩，易口干、口腔不适或引起疾病。胃肠道运动功能障碍可引起咽下困难、便秘、大便失禁；胃酸减少时可引起消化功能减退、胃肠道细菌感染、缺铁性贫血和骨质疏松症等疾病。肝细胞数量减少，肝脏萎缩、重量减轻，解毒功能下降，储备能力下降，故用药应慎重。胆囊壁增厚，胆汁浓稠，胆固醇较多，易形成胆结石。胰腺萎缩，结缔组织增生，腺泡萎缩；胰液中胰脂肪酶减少约 20%，对脂肪的消化吸收能力也降低。

（七）神经系统

脑重量从 30 岁开始下降，但 60 岁后才出现明显萎缩。脑萎缩主要发生在大脑皮质，皮质变薄、脑回变窄、脑沟宽深，皮质下灰质和小脑也可发生萎缩。组织学变化主要是神经元丧失，轴树突也伴随神经元的变性而减少，突触联系也减少。生物化学改变主要是脑内蛋白质和酶含量随增龄而降低，但使神经递质失活的酶活性增强。乙酰胆碱和胆碱能受体均减少，易患健忘症；多巴胺减少导致肌肉运动障碍、动作缓慢、震颤麻痹等；去甲肾上腺素减少导致睡眠不佳、精神抑郁；5- 羟色胺减少导致失眠、智力减退等。上述形态学和生化变化，以及脑动脉硬化引起脑部循环阻力增大、血流减慢、脑氧代谢率降低，而致神经生理功能减退，表现为记忆衰退、思维迟钝、神经传导速度减慢、行动不敏捷等。

（八）内分泌系统

垂体在 50 岁以上明显变小，纤维化和囊状改变，引起相应的内分泌功能变化。甲状腺 50 岁以后即有所减轻，吸碘率降低、碘化能力减慢和甲状腺素分泌减少。垂体肾上腺轴功能变化较小，血浆基础皮质醇水平正常，昼夜分泌节律完整。女性在绝经前 10 年卵泡即开始加速退化，至围绝经期卵泡数量不断减少，雌二醇随之减少，使促卵泡激素增加 10 ～ 15 倍，黄体生成素增加 3 ～ 4 倍；绝经后最主要的改变是卵巢雌激素分泌减少，引起更年期综合征。

（九）泌尿系统

肾脏逐渐萎缩，重量约减少 20%。肾血流量也较青年人减少 30% ～ 40%，肾皮质变薄，肾单位从 50 岁开始逐渐减少。肾血管发生粥样硬化改变，导致肾小球和肾小管周围毛细血管床缩小。肾小球滤过率降低，尿素清除率、肌酐清除率下降。肾小管功能减退，尿浓缩能力下降。膀胱肌肉萎缩、肌层变薄、纤维增生，膀胱容量减小而出现尿频、夜尿和残余尿量增多。尿道纤维化变硬，尿流速度减慢，男性常有尿急，女性常有排尿困难或尿失禁。由于尿潴留，加上膀胱抵抗细菌的能力减弱，尿路感染的发生率增加。

（十）生殖系统

1. 男性生殖系统 睾丸逐渐萎缩，精子数量减少，间质细胞数目略有减少，但脂褐素的含量明显增加，分泌雄性激素的能力下降。前列腺逐渐出现腺体皱缩、腺泡塌陷、上皮细胞退变；前列腺增生，压迫尿道引起排尿困难，甚至尿潴留。尿道海绵体纤维组织增生，动脉和静脉逐渐硬化；阴茎海绵体也发生硬化，表现为阴茎勃起不坚或不能勃起，性功能降低。

2. 女性生殖系统 绝经期后卵巢内的卵泡不再成熟和排卵，几乎全部由结缔组织代替，卵巢可缩小到原体积的50%。输卵管黏膜上皮萎缩，管腔狭窄或闭锁；子宫体和子宫颈等长，子宫萎缩如拇指大小；外阴萎缩，阴毛稀疏，大阴唇皮下脂肪减少，小阴唇和阴蒂变小；阴道黏膜下结缔组织增多、变窄和缩短，上皮层变薄，抗感染能力下降，易发生阴道炎。

（十一）造血系统

造血组织逐渐减少，被脂肪组织和结缔组织所代替，骨髓造血细胞逐渐减少，应急状态下黄骨髓转变为具有造血功能红骨髓的能力明显降低。骨髓干细胞的增生能力随年龄的增长而明显减低。男性老年人血红蛋白有所降低，女性老年人血红蛋白降低不多或不降低，白细胞功能降低，感染和肿瘤的发生率和严重程度增加。随着人的衰老，淋巴细胞数量减少。血小板凝集、释放功能增强，使血液凝固性增强、抗凝活性减弱，呈持续渐进性高凝状态，易形成血栓。

（十二）免疫系统

胸腺淋巴组织随增龄而减少，主要是胸腺皮质萎缩。动物和人达到性成熟年龄时胸腺开始退化，随后上皮细胞萎缩和激素分泌水平降低。随着年龄增长，干细胞分化免疫活性细胞的反应受影响，产生B细胞转化率下降。由于抗体的产生和质量功能低下，所以体液免疫反应性降低。巨噬细胞处理抗原能力、吞噬能力、发动免疫应答的能力均不随增龄而减退，但其免疫监视能力下降。

（十三）运动系统

骨密质萎缩变薄、骨小梁稀疏、骨密度减低，出现骨质疏松、脆性增加，易骨折。骨质疏松症多见于脊柱，表现为背痛，易发生自发性、压缩性骨折，导致老年性驼背。软骨变性多出现在关节软骨的中心带，骨质增生出现在关节软骨的四周。由于软骨变硬失去弹性和骨刺的形成，关节囊周围韧带退变，使关节的灵活性降低。关节囊滑膜萎缩变薄，表面的皱襞和绒毛增多，滑液分泌减少、软骨素基质减少，代谢功能减弱。肌肉表现为弹性消失、肌纤维逐渐萎缩、肌肉变硬、肌力减退、动作迟缓笨拙，易于疲劳。面部、颈部和背部肌肉的紧张度减低；腹肌变厚、腰围增大；手肌萎缩、消瘦，以手背显著。

（十四）微量元素

人体内的必需微量元素一般随增龄而减低，非必需和有害微量元素却逐渐增加。而且，微量元素导致衰老的发生不仅取决于含量多少，还与微量元素之间的相互作用有关。

（十五）物质代谢和能量代谢

随着生物体的衰老，机体处理碳水化合物的能力逐渐下降，糖尿病发病率明显升高。总胆固醇、血清脂质水平显著增加；血浆脂蛋白如极低密度脂蛋白和低密度脂蛋白增加，40～50岁达高峰，以后逐渐下降。血清白蛋白含量降低，蛋白质轻度缺乏时，易疲劳、体重减轻、抵抗力下降。随着年龄增长，细胞DNA合成能力和细胞中DNA的修复功能下降。人类自20～90岁开始，平均每增加10岁基础代谢率降低3%。成年期以后，随着增龄机体内脂肪的储备量超过蛋白质的储备量，蛋白质和碳水化合物达到一定量后均转变为脂肪而储存起来。机体储存脂肪的能力几乎没有限制，所以，老年人进食量大，易导致肥胖。

二、老化的生理学理论

老化理论的研究有助于科学地解释护理实践中的现象和问题，指导护理干预措施的制订和预测护理活动的结果，还可通过实践拓展和开展护理研究，对理论的科学性进行验证，进一步发展和完善理论。老化的影响因素是多方面的，既包括遗传因素，也包括生物、心理、社会及环境因素。老化理论从不同方面解释老化发生的原因和老化进程中的各种现象，包括生物学、环境学、心理学与社会学的观点。认识和了解这些与老年护理密切相关的老化理论，有助于护理人员在临床照护老年人时全面评估老年人的健康需求、拟订针对个体需求的护理计划，以及提供完善、恰当的护理措施。

老化是一个复杂过程，从生物学角度来看，老化是生物体发育到成熟后，随着年龄的增长，在形态结构和生理功能方面出现的一系列退行性变化及机体功能的逐渐丧失。科学家们提出多种关于老化的学说或理论，然而没有一种学说可以全面阐述人体老化的机制。持生物学观点的老化理论，主张生物的生理性老化现象是源自细胞发生突变或耗损，老化的生物学理论用于解释老化的生理变化，分为随机老化理论和非随机老化理论两类。

（一）随机老化理论

随机老化理论认为，老化的发生是随机损伤积累的过程，其主要代表有自由基理论、体细胞突变理论和分子交联理论等。

1. 体细胞突变理论 最早由 Failla 和 Sziland 提出体细胞突变理论。该理论认为，人体衰老的重要原因在于体细胞发生自发性突变，随后突变细胞继续分裂，直至器官功能失调甚至完全丧失。但这一理论尚未得到有效证据支持。

2. 分子交联理论 1942 年，由 Bjorksten 提出分子交联理论。该理论认为，随着时间推移及年龄增长，由于机体长期暴露于含有化学物质和放射性物质的环境之中，生物体内的脂肪、蛋白质、碳水化合物及核酸会形成交联，而这些交联的形成最终会导致组织的弹性下降、血管硬化。此理论可用于解释老年人为什么发生皮肤松弛和动脉粥样硬化。

3. 自由基理论 1956 年，Harman 提出的自由基理论，从分子水平揭开了随机老化理念的序幕。该理论认为，衰老是由于自由基损伤机体所致。自由基是机体代谢的正常中间产物，同时，机体存在相应的抗氧化防御系统，能够清除过多的自由基，正常情况下机体内自由基的产生和清除处于一种动态平衡状态。随着年龄的增长，机体内抗氧化防御系统功能减退，造成自由基堆积而产生氧化应激损伤，引起体内各种生理功能障碍，最终促进机体的老化与死亡。自由基理论是目前科学界认同最为一致的老化理论。

（二）非随机老化理论

非随机老化理论认为，与年龄相关的分子和细胞水平的变化均受基因调控，老化是程序控制的过程，其代表理论有神经内分泌理论、免疫理论、基因程控理论及端粒 - 端粒酶假说等。

1. 神经内分泌理论 该理论认为，在中枢神经系统的控制下，通过神经内分泌系统的调节，机体完成其生长、发育、成熟、衰老乃至死亡的一系列过程。下丘脑是调节全身自主神经功能的中枢，起着重要的神经内分泌换能器的作用。随着年龄的增长，下丘脑发生明显的老化改变，细胞受体的数量减少，反应减退，与神经内分泌调控有关的酶合成功能减退，神经递质含量及代谢发生改变，这些改变进一步影响其他内分泌腺的功能及多种代谢，使机体的新陈代谢减慢及生理功能减退，从而引起衰老和死亡。

2. 免疫理论 1962 年，Walford 等根据衰老过程中发生的变异细胞能激发免疫反应，使机体的实质细胞发生损害这一原理，提出了免疫理论，并以此解释衰老。该理论认为，老化过程的基础是免疫系统功能的逐渐下降，老化不是被动耗竭，而是由免疫系统介导的主动的自我破坏。伴随衰老，免疫调节功能下降引起慢性自身免疫病。

3. 基因程控理论 在诸多老化的生物学学说中，基因程控理论受到广泛关注，研究也比较充分。该理论于20世纪60年代由Hayflick提出，认为生物体的老化如计算机编码的程序控制一样，是在基因控制下按照预定的程序进行的。生物的最高寿命呈种属特异性，表明存在着影响基础衰老速率和长寿的种属特异性基因。该理论常用来解释不同种类的生物具有不同的寿命。尽管高等动物的衰老与各种病理状态的逐渐积累有关，但至少部分受到遗传的控制，如家族性高胆固醇血症。

4. 端粒 - 端粒酶假说 1973年，科学家Olovnikov提出老化的端粒 - 端粒酶假说。该假说认为，细胞的每次分裂都会由于DNA聚合酶功能障碍而不能完全复制它们的染色体，最后复制的DNA序列可能丢失。因此，细胞每有丝分裂一次，就有一段端粒序列丢失，当端粒缩短至一定的长度时，便不能再维持染色体的稳定，细胞就开始衰老，甚至死亡。研究表明，老年人的端粒与青年人相比明显缩短，提示端粒长度与细胞寿命存在一定的相关性。

三、老化的生理学理论与护理

老化的生物学理论主要研究和解释老化过程中生物体的生理改变特性和原因，尽管目前尚无一种理论可以全面阐述人体老化的机制，但以下观念已形成共识：①生物老化影响所有生物体；②生物老化是随着年龄的增长而发生的自然的、不可避免的、不可逆的及渐进的变化；③机体内不同器官和组织的老化速度各不相同；④生物老化受非生物因素的影响；⑤生物老化过程不同于病理过程；⑥生物老化可增加个体对疾病的易感性。

老化的生物学理论对护理的指导意义在于，可帮助护士正确认识人类的老化机制，整体看待老年护理工作，促进个体健康活动，影响个体健康状态和寿命，更好地服务于老年人；正确合理地解释老年人对某些疾病易感性的改变，正确地判断体格检查和实验室检查的结果，既要考虑到疾病引发的改变，也要想到生理老化所致的改变；护士还可以借助这些理论解释老年人的一些生理改变及疾病发生的原因，结合不同个体的生理及心理表现、生活经历及文化层次，指导老年人正确面对老化甚至死亡。

第三节　衰老的心理改变与相关理论

老年人心理特点包括认知、情绪、意志、行为及人格特征。心理状况反映并影响着人生理及其所处的社会环境。许多老年疾病的发生与心理因素有着密切的关系。老年人心理状态对其老化过程、健康长寿、疾病的治疗都有很大的影响。

一、衰老的心理变化

（一）认知功能

1. 记忆

（1）初级记忆和次级记忆：初级记忆是对刚看过或听过的、当时在脑子里留下印象的事物的记忆；次级记忆是将初级记忆的内容变成保持时间长的、经加工组织的储存信息。因为老年人进行加工、编码、储存的能力较差，而影响次级记忆；老年人的初级记忆较好。

（2）再认和回忆：当学过的事物再次出现在眼前时需要辨认出来即为再认，如刺激不在眼前需要你再现出来即为回忆。老年人再认能力较好，但回忆能力较差，如久未见面的朋友意外相会时，非常熟悉对方的面貌，但就是记不起对方的姓名。

（3）机械记忆和意义记忆：老年人机械记忆能力较差，一般40岁开始减退，60岁以后减退明显。对有逻辑联系和有意义的内容记忆较好，尤其是一些与自己工作和生活有关的重要事情记忆保持较好。逻辑记忆一般60岁才开始减退。

2. 语言 老年人由于记忆减退和反应缓慢等原因，说话、阅读和书写的速度减慢，词语流畅性减低，往往说话不利落、话到嘴边说不出来、写字时提笔忘字等。语言的流畅性是语言能力的一种表现，随增龄而受到的影响更为明显。

3. 思维 一般来说，思维老化出现的时间较晚，与自己熟悉的专业有关的思维能力在年老时仍能保持。但是，老年人在概念学习、逻辑推理和解决问题方面的能力有所减退，尤其是思维的敏捷度、灵活性、流畅性、变通性均下降。

4. 学习能力及适应能力 由于器官系统及精神的老化，老年人学习新知识和接触新事物的能力较年轻时有所降低，社会适应能力也有所降低。值得提出的是，老年人普遍缺乏柔韧性，影响操作能力，对事物往往不能进行准确的评判。

（二）情感

所谓情感（affection）是人们对周围事物、自身及自己活动态度的体验，即人们对客观事物态度的一种体验。情绪变化首先会引起生理的变化，称为“心身反应”，如果情绪持续不良，则易导致“心身紊乱”，此时表现为“自主神经功能紊乱”；如果不良情绪长时间存在，则可导致躯体身心疾病。情绪变化最易产生的疾病有各种精神病、神经症，以及各个系统均有的心身疾病，如高血压、冠心病、消化性溃疡、慢性溃疡性结肠炎、甲状腺功能亢进症、糖尿病、青光眼、癌症等。

（三）人格

人格（personality）是指一个人比较稳定的、影响整个行为并使之与他人有所区别的心理特征的总和。传统观念认为，由于老年人在老化过程中欲望和要求日益减少、驱力及精神能量日益减退，出现退缩、孤独，性格从外向向内向转变，从主动变为被动。近年来研究发现，老年人的个性与中青年人相比是稳定的，而且是继续发展的。当然，老年人性格从经验上看，的确与中青年有不同的特点，但这些特点往往是由于面对离退休、丧偶、生活困难、社交减少、疾病、死亡威胁等诸多生理、心理、社会问题困扰时产生的心理不适应造成的，要与正常老年人的人格状态加以区别。

二、老化的心理学理论

老化的心理学理论主要研究和解释老化过程对老年人认知、智力、行为、思维与学习动机的影响，这些理论与老化的生物学理论和社会学理论密切相关。老化的心理学理论认为，老化受心理学及社会因素的影响，也涉及如何运用控制能力来控制行为或自我调节。目前还没有一种心理学理论专门研究和解释老年期的特有现象，人格发展理论、自我效能理论等较多地应用于老年护理的研究与实践。

（一）人格发展理论

人格发展理论又称为发展理论、心理社会发展学说。人格是指人与人之间在心理与行为上的差异。弗洛伊德于19世纪末20世纪初创立了精神分析，是科学心理学史上的第一个人格心理学体系，也称为发展理论。该理论认为，婴幼儿期是人格发展的最重要阶段，一个人从出生后到6岁，形成了其人格的基本模式。该理论强调婴幼儿期的生活经验对人格发展的重要意义，认为一个成人的人格适应问题，可追根溯源至其童年生活，主张人格发展经历口唇期、肛门期、性蕾期、潜伏期和生殖期5个阶段。这一理论至今仍用于老年护理实践，如应用回归口唇期解释老年期痴呆患者的“异食癖”行为问题。然而，弗洛伊德的理论忽略了人格发展的终身性。

20世纪30年代，出现了以霍妮（Karen Horney）、弗洛姆（Eric Fromm）和艾里克森（E.H.Erikson）等为代表的美国新精神分析，他们的理论虽侧重点不同，但均重视自我在人格结构中的作用，强调社会文化因素对人格形成、发展的作用。其中艾里克森提出的“以自我为核心的人格发展”心理社会理论描述是较为完整的。

艾里克森认为，人格是终身发展的，人格的发展包括机体成熟、自我成长和社会关系3个不可分割的过程。根据这3个过程的演化，提出个体的心理社会发展期包括8个阶段，即婴儿期、幼儿期、学龄前期、学龄期、少年期、青年期、成年期和晚年期。艾里克森认为，老年阶段的任务是自我整合，否则会出现绝望。老年人处于人生回顾和反思的阶段，在晚年期会回顾自己过去的经历，寻找生命价值，以便接受渐进死亡的事实。老年人会努力达到一种统合感，一种生命的凝聚及完整感。若对自己过去所做的选择结果感到满足，则将拥有超越感；若未感到满足，对自己的一生不满意、惋惜，则对即将来临的生命终期感到绝望。自我整合分为4种“怀旧型态”，即证明能力存在型、设定界限型、不朽的过去型和重复型。护理人员应该协助老年人完成生命总结、回顾的过程，肯定自己的生命历程是有价值的，并适应老年期带来的各方面改变。

（二）自我效能理论

自我效能（self-efficacy）由美国心理学家、社会学习理论的创始人班杜拉（Bandura）于1977年提出。自我效能是个体对自己执行某一特定行为能力大小的主观判断，即个体对自己执行某一特定行为并达到预期结果的能力的自信心。班杜拉发现，即使个体知道某种行为会导致何种结果，但不一定去从事这种行为或开展某项活动，而是首先推测一下自己行不行、有没有实施这一行为的能力与信心，这种推测和估计的过程，实际上就是自我效能的表现。所以，人的行为既受结果期望的影响，更受自我效能期望的左右，自我效能是决定人们是否产生行为动机和产生行为的一个重要因素。

自我效能是通过以下4个方面来影响个体行为的改变：①对行为的选择及对可以避免或有利于执行行为的情境的选择；②改变执行行为的努力程度，人们往往对感觉会成功的活动投入更多精力；③坚持某一行为的持续时间，如果某人自信某行为能做到，且能给自己带来预期的好处，即使遇到再大的困难，也会坚持；④克服不良情绪，当一个人充满自信时，可以克服那些面临失败威胁时经常出现的不良情绪，如焦虑、情绪低落等。

提高自我效能是指增强个人对执行健康行为能力的自信心，作为一种有效的护理干预措施，已成为老年护理专科领域的核心措施之一。与青年人相比，老年人由于年龄增长及生理性老化现象的出现，其自我效能感显著下降，特别表现在记忆和学习等方面。这种自我效能感的下降，会直接或间接影响老年人的健康行为习惯或疾病康复的信心。例如，有些老年人因为对自己的体能耐力缺乏信心，而不愿意参加户外活动；还有些老年人可能因为记忆下降、反应力减弱，不愿与他人交往，刻意减少外出及活动。护士可以自我效能理论为指导，分析影响老年人有效活动的原因，并有针对性地设计促进老年人活动的干预项目。

（三）弹性认知理论

弹性认知理论是当前老年发展心理学和老年神经心理学的研究重点。该理论认为，每个人都有通过学习与实践提高自身认知水平的能力，社会交融和学习可以影响一个人现有的和潜在的认知水平。弹性是指个体依靠自身的能力去获得认知的技能，每个人都有适应环境改变的认知潜力，而人的一生是在维持基本认知能力的基础上不断学习新的认知技能。这种理论与人格发展理论相一致，都认为人的每一个发展阶段都是可调整的或有弹性的，老化就是个体通过生活条件和经验，调整或发展个人认知功能的过程。外界环境的刺激可以提高大脑的认知功能。

该理论认为，健康的生活方式、接受教育、体验新经历和参加认知功能锻炼活动等，可以维持认知功能，减缓衰老所致的认知衰退。健康的生活方式能够从生理上维持神经系统的健康，改善认知功能，如高血压、糖尿病等慢性疾病会加速认知功能衰退，而保持健康的饮食结构及摄入足量的抗氧化剂可以提高老年人的认知功能。有研究显示，受过教育的老年人在晚年出现认知功能障碍或老年期痴呆的可能性较未受教育的人群低，可能因为学习促使大脑神经元之间建立联系，从而提高了认知功能。

三、老化的心理学理论与护理

老年的心理学相关理论指导护理人员更加关注心理因素对老年健康的影响，帮助护士正确理解老年人的心理特征及行为表现，促进老年人的心理健康发展。护士在进行健康教育时应理解老年人的行为表现，在为老年人提供服务时应关注其心理健康问题，并且应用相关理论进行指导。如应用弗洛伊德的人格发展理论来解释老年期痴呆患者的某些“返老还童”行为问题，用艾里克森的发展理论解释普通老年人的思想及行为，协助老年人完成生命总结回顾，在其出现发展危机时提供适当的护理支持，使老年人能够成功自我整合及坦然面对老化甚至死亡。

护士可以帮助老年人适应角色的改变，使其对自己的角色功能做出正确的认知与评价，如应用自我效能理论，鼓励老年人主动参与护理过程，增强老年人执行健康行为及接受治疗或护理干预的依从性，提高老年人的自我效能水平，护患双方共同提高护理服务质量。

第四节 衰老的社会改变与相关理论

一、衰老的社会改变

（一）角色改变

老年人的角色会因为年龄的增加而发生变化，如退休会导致老年人角色的变化，家庭变成了主要的生活场所，常常会担当起照料家庭中第三代的任务，社会活动逐渐减少，与社会接触越来越少，容易造成老年人的角色不适应，如果出现丧偶等重大事件，可能会进一步加剧这种角色不适感。

（二）环境改变

老年人在生活环境方面，“空巢”家庭日益增多，大量老年人面临着独居的问题。老年人因为退休、固定收入减少、配偶去世等容易造成经济困难，导致失去家庭、社会地位和生活的独立性。

二、老化的社会学理论

老化的社会学理论主要研究和解释社会的互动、期待、制度与价值对老化过程适应的影响，进一步探索老年人生理、政治、社会环境之间的相互联系，以及个体的生命过程对老化的影响。代表性的理论有隐退理论、活跃理论、持续理论、次文化理论、交换理论、现代化理论、社会环境理论和年龄分层理论等。

（一）隐退理论

隐退理论是卡明（E. Cumming）和亨利（W. Henry）于 1961 年提出的。该理论认为，社会平衡状态的维持，决定于社会与老年人退出相互作用所形成的彼此有益的过程。进入老年阶段，个体应从社会角色与社会跑场中隐退，这是成功老年所必须经历的过程，也是一种有制度、有秩序、平稳的权力与义务的转移。因此，该理论可用来指导老年人适应退休带来的各种生活改变，让老年人在适当的时候以适当的方式从社会中逐渐疏离，不再像中年期或青年期那样拼命奋斗。该理论的缺陷是很容易使人将老年人等同为无权、无能、无力的人，使社会对老年人的漠视及歧视合理化。

（二）活跃理论

活跃理论又称活动理论，1963 年由 Havighurst 等提出。该理论认为，老年期虽然面临生理和健康状况的改变，却是中年期的延续，老年人同中年人一样有参与社会活动的心理和社会需求，主张老年人与中年时一样从事工作及参与社会活动。因为年龄大而失去原有角色功能，会使老年人感到失落、被排除和自尊消失等，失去生活的重心与意义。为了老年的幸福，人们需要保持活跃。理想的老年人是在老年期维持他们过去的活跃水平，尽可能久地维持中年的生活方式、价值观念和信念。如果人的角色和社会关系一旦丧失，最重要的是要以另外的角色和社会关系去替代他们。保持活跃，就能保持人对生活的满足感。

活跃理论实际上是对待一般衰老的态度。活跃理论建议个体社会结构所失去的活动必须被新角色、新关系、新嗜好与兴趣所取代。活跃理论的不足是还不能解释老年人的全部行为，而且如果老年人维持年轻时的活跃水平，将意味着要付出不可思议的精力，这样的晚年不可能是愉快、轻松和幸福的，因为高龄老年人参与社会活动的意愿明显减退，身患重病的老年人参与活动的意愿也明显降低。所以，如果老年人有机会参与社会活动，贡献自己的才能，其晚年的生活满意度就会提高，但同时要关注老年人的个体差异。

（三）持续理论

持续理论由 Atchley 等于 1968 年提出，指出老年人会为了适应人生不同阶段的生活而适时改变人格，以便更成功地适应老化过程。该理论与活跃理论相比，更加注重老年人的个体差异，以个性的研究为理论基础，主要探讨老年人在社会文化约束其晚年生活的行为时，身体、心理及人际关系等方面的调适。该理论认为，一个人的人格及行为特征是由环境影响与社会增强结果所塑造出来的。人的人格会随年龄的增加而持续地动态改变，如个体能适时改变人格，适应人生不同阶段的生活，则能较成功地适应老化过程。个人的生活满意度由当前的活动或生活型态与其生活经验的一致性所决定。随着年龄增长，个人面对老化会倾向维持与过去一致的生活型态，并积极寻找可以取代过去角色的相似生活型态与角色，这是老年人在环境中维持老化适应的典型方式。

（四）次文化理论

次文化理论于 1965 年由美国学者 Rose 提出。次文化理论认为，应更加关注已经离开工作岗位的老年人，老年人不再有中年人的理想与行为，老年人群体会发展出独特的老年次文化。老年次文化的成因是，老年人客观存在以及主观感受到身心衰退，生理与心理适应新环境的能力不如年轻人，不可能与年轻人共同活动，故老年人之间会形成自己的人际圈。随着个人心态变化和人际圈的形成，他们有自己的话题和共同的观念、态度与行为，而这些又与其他年龄人群的行为规范和想法不同，因此形成老年次文化。

目前，很多老年组织的设立，其目的是给老年人提供彼此互动的机会，同一次文化团体中，群体间的相互支持和认同与适应对老化过程有正向影响，老年人容易吸引彼此产生互动，在互动的模式中也能轻易地发展出相互依赖的关系。这种基于共同的特质和兴趣形成的次文化体系，在一定程度上可以唤起社会对老年人这个特殊群体的关注，老年人依赖同一次文化团体的群体力量维护自我概念和社会认同，增进自我肯定与精神生活的满足。不过，由于老年人本身已经与主流社会产生了疏离，如果过分强调老年次文化，也可能会将老年人进一步从主流社会推开，加剧老年人与主流社会的疏离感。

三、老化的社会学理论与护理

老化的社会学理论帮助护士从“生活在社会环境中的人”这个角度看待老年人，了解社会因素对老年人生活的影响，关注老年人生活和成长的文化背景。在老化的社会学理论中，影响老化的因素有人格特征、家庭、教育程度、角色适应、文化与政治经济状况等。

护士应学习并明确各种老化理论的适用范围与局限性，明晰不同理论是从不同角度以及不同老年人群来研究、了解影响老年人行为表现模式的因素与原因。如隐退理论指导护士注意评估那些正在经历参与社会活动减少的老年人，为他们提供适度的支持和指导，以维持其平衡；活跃理论则要求护士辨别那些想要维持社会活动角色功能的老年人，并评估其身心能力是否足以从事某项活动，帮助老年人选择力所能及且感兴趣的活动；持续理论帮助护士了解老年人的人格行为，评估老年人的发展及其人格行为，并制订切实可行的计划，协助老年人适应这些变化；次文化理论可以使护士认识到老年人拥有自己特有的生活信念、习俗、价值观及道德规范等文化特征，护理中要充分利用次文化团体和组织的群体支持与认同，促进老年人的适应及成功老化。护理工作者在临床实践中应根据具体情况灵活应用，帮助老年人度过成功、愉快的晚年生活。

案例学习

王奶奶，女，78岁，独居。因不慎摔倒，髋关节疼痛不能站立，打电话给子女后被送入院。王奶奶有高血压病史20余年，一直服用抗高血压药；患有老年性白内障，视物模糊；膝关节炎10余年。X线显示患者股骨颈骨折，完全移位。

请思考以下问题：

1. 当家属询问王奶奶身体状况变差的原因时，护士可使用哪种理论进行解释？如何具体解答？

2. 一日护士发现王奶奶自己偷偷抹眼泪，询问后，王奶奶哭诉说："一辈子事业上没有什么发展，现在老了还要拖累儿女，不如死了算了。"对于王奶奶这种绝望的心理可用哪种理论解释？如何运用该理论消除王奶奶的绝望情绪？

3. 王奶奶骨折后卧床不起，生活不能自理，日常生活完全依靠儿女，心情愈加低落。护士在指导患者康复训练时，可以使用哪种理论对患者和家属进行引导？如何运用该理论进行引导？

4. 如果家属抱怨说像王奶奶这样的老年人，年纪大了，就应该在家里待着，减少外出，以防发生跌倒等意外。护士可使用哪种理论对家属进行正确护理行为引导？如何运用该理论进行引导？

评判性思维训练

从文化的角度审视对老年人和家庭照顾者的关系，想想你对于衰老的态度。

（陈 立）

第三章　健康老龄化

学习目标

知识目标：

简述我国人口老龄化的特点。

能力目标：

分析健康老龄化的内涵及我国面对人口老龄化的应对策略。

素质目标：

通过了解我国人口老龄化的特点，能够激发社会责任感。

人口老龄化是全球的必然趋势，带来了严峻的考验。本章阐述了人口老龄化及相关问题的基本概念，分析了老龄化发展趋势和影响、健康与老龄化的关系、健康老龄化的应对策略。

第一节　老年人口统计学

随着科技的进步和经济的发展，老年人口数量和比例不断增加。目前，人口老龄化已成为世界大多数国家共同面临的社会问题。而健康观念和医学模式的转变，使研究老年人的学科发展更加迅速。研究老年人的健康问题、满足老年人的健康需求、提高老年人的生活质量、维护和促进老年人的身心健康、实现健康老龄化的战略目标，已成为护理领域重要的课题。

一、人口老龄化及其影响

老年期是生命周期中的最后一个阶段，老年人（the aged）是指达到或超过老年年龄的人。老年人群的年龄划分因时代和文化不同有所差异，世界卫生组织对老年人年龄的划分有两个标准：在发达国家将65岁以上的人群定义为老年人，而在发展中国家则将60岁以上人群称为老年人。WHO根据现代人生理、心理结构上的变化，将人的年龄划分为：44岁以下为青年人；45～59岁为中年人；60～74岁为年轻老年人；75～89岁为老老年人；90岁以上为非常老的老年人或长寿老年人。

中华医学会老年医学分会建议：我国以60岁及以上为老年人；老年期分期按45～59岁为老年前期（中老年人），60～89岁为老年期（老年人），90岁以上为长寿期（长寿老年人）。其中，60～69岁的为低龄老年人，70～79岁的为中龄老年人，80岁以上的为高龄老年人。《中华人民共和国老年人权益保障法》第二条规定："本法所称老年人是指60周岁以上的公民。"我国民间常以"年过半百"为进入老年期的标志，并习惯以六十花甲、七十古稀、八九十为耄耋代表老年不同的时期。

人口老龄化（aging of population）简称人口老化，是指总人口中因年轻人口所占比例减少、老龄人口所占比例增加而导致的人口结构比例失衡的动态演化过程。人口老龄化是一种社会现象，是老年人口数量在社会总人口中达到一定比例，并持续增长的过程。出生率和死亡率的下降、平均预期寿命的延长是世界人口趋向老龄化的直接原因。随着老年人口总数的增加，在社会中老年人口总数比例不断上升，使社会形成"老年型人口"或"老龄化社会"。WHO对老龄化社会的划分标准为：发达国家65岁以上人口占总人口比例的7%以上，或者发展中国家60岁以上人口占总人口比例的10%以上，均定义为老龄化社会。

二、人口老龄化的趋势和特点

（一）全球人口老龄化的趋势和特点

1. 老年人口和高龄人口数量持续增加，人口老龄化和高龄化程度加剧 世界60岁及以上老年人口数量不断增加，人口老龄化水平加速提升。2018年，老年人口数量达到10.1亿，占总人口比重为13.1%；预计到2050年，全球老年人数量将猛增到21亿，占世界总人口的25%，与2018年相比增加近2倍。80岁及以上高龄老年人口数量亦在不断增加，人口高龄化水平快速演进。2018年，世界高龄老年人口数量达到1.45亿，占老年人口比重为14.4%，占总人口比重为1.9%；预计到2050年，老年人口中的高龄老年人口占比首次超过20%，数量达到3.8亿，占世界总人口的比重将上升至4.3%。

2. 发展中国家老年人口增长快 目前，全世界65岁的老年人每月增长约80万，其中66%集中在发展中国家。预计到2050年，世界约82%的老年人将生活在发展中国家。

3. 人口平均预期寿命不断延长 世界卫生组织2020年最新发布的报告显示，全球人口平均寿命在2000年至2016年间增加了5.5岁，从66.5岁增长到72.0岁；到2050年有望延长至77.2岁。这意味着未来老年人对人口增长将有越来越大的贡献。

4. 人口老龄化的区域分布不均衡 几十年来，欧洲一直是老年人口比例最高的地区，进入21世纪依然如此，目前世界上老龄化问题最严重的国家是意大利。

5. 女性占老年人口中的多数 一般而言，老年男性的平均寿命低于女性，2020年全球男性、女性的平均寿命分别为70.4岁和75.2岁。美国老年女性人口的平均预期寿命比老年男性人口高6.9岁，日本为5.9岁，法国为8.4岁，我国为3.8岁。这种性别差异致使多数国家老年人口中女性超过男性。

（二）我国人口老龄化的趋势和特点

人口老龄化是我国面临的一个重要国情。1999年年底，我国60岁以上老年人口的比例首次超过10%，正式进入老龄社会。2020年，我国60岁及以上的老年人口是2.46亿，全世界60岁及以上的老年人口是10.5亿，我国的老年人口约占世界老年人口的1/4。同世界上其他国家相比，我国老年人口数量最多、老龄化速度最快、应对人口老龄化任务最重。人口老龄化形势的严峻性、复杂性主要体现在以下几方面。

1. 人口老龄化表现为“超大规模、超快速度、超重负担”的特点 ①超大规模：国家统计局数据显示，截至2021年末，全国60周岁及以上老年人口2.67亿，占全国总人口的18.9%；全国65周岁及以上老年人2.01亿，占全国总人口的14.2%。老年人口规模呈现总量扩张、增量提速的发展态势。②超快速度：根据联合国预测，2000—2050年，全球人口老龄化水平将从10%提升到22%，上升12个百分点，同期我国人口老龄化水平将提高24个百分点，是世界平均速度的2倍。③超重负担：第七次全国人口普查数据显示，我国老年抚养比达到19.7%，意味着每100名劳动年龄人口要负担近20名老年人，与第六次全国人口普查的11.9%相比，增加了近10个百分点，社会养老负担日益加重。

2. 未富先老、未备先老 发达国家一般是在人均GDP达到5000美元甚至10 000美元以上时进入老龄社会，而我国进入老龄社会时人均GDP不足1000美元，人口老龄化进程明显超前于经济社会发展水平。目前，我国应对老龄化挑战的经济基础还比较薄弱，全社会老龄化意识还不强，社会保障制度和养老服务体系还不完善，尚未做好应对人口老龄化的充分准备。特别是发达国家在较长时期内分阶段出现的老年人经济供养、医疗保健、生活照料等问题，将在我国较短期内集中爆发。

3. 人口老龄化区域不平衡 我国的老龄化还存在“城乡倒置”的现象。2020年，城镇地区65岁及以上老年人口占比为11.12%，农村地区则达到17.72%，相差约6.6个百分点，“十四五”

期间，这一现象将进一步加剧。

4. 人口老龄化将深刻影响经济、社会各个方面 人口老龄化意味着充足、年轻、低成本的劳动力供给局面将发生变化，并且将导致国民储蓄率下降，不利于投资和资本积累，这些都对经济增长具有负面影响。从社会保障和社会管理方面看，养老保险缴费者和领取者的比例将会降低，对养老保险制度可持续发展带来较大冲击，各级财政对养老保险的补贴压力会越来越大。同时，目前我国城乡空巢家庭达 50% ～ 70%，并伴随空巢化、少子化等问题。

第二节 人口老龄化的影响

社会人口老龄化所带来的影响，不仅是老年人自身的问题，还牵涉到政治、经济、文化和社会发展的诸多方面，人口老龄化必然会对社会的各个方面产生重大的影响。在经济方面，人口老龄化将对经济增长、储蓄、养老金、养老保险等产生冲击；在社会层面，人口老龄化将对家庭结构和养老模式、保健和医疗照顾、老年人服务的社会组织、社会经济制度等方面造成不同程度的影响。

一、经济方面

（一）人口老龄化妨碍劳动生产率的提高

劳动力是构成生产力的基本要素，劳动力数量及其在总人口中所占比重对经济的发展有着重要的影响。随着人口老龄化进程的加快、劳动年龄人口的减少，必然造成劳动力供给减少，尤其是“人口红利期”一旦过去，生育率持续保持较低水平，将直接导致劳动年龄人口比重快速下降，引发劳动力严重不足和劳动力成本提高，从而影响劳动生产率的提高和社会经济发展。

（二）人口老龄化制约经济发展的速度和规模

从短期看，老年人健康保健、医疗、康复、看护护理、生活、心理咨询等方面的消费需求增加，可以扩大内需，拉动社会总的消费倾向上升和经济增长；但从长期看，老年人口供养系数的迅速增大，将进一步影响社会扩大再生产和各个领域的基本建设，制约经济发展速度和规模。

（三）人口老龄化加重了政府财政负担

随着老龄人口数量大幅度增加，政府财政中用于退休职工的社会保险、社会福利、社会救济、社会服务等社会费用的支出不断增加，特别是用于老年人口社会养老保险金和医疗费用的开支迅速上升，加重了政府财政负担。由于老年人口比重的快速增长，导致抚养结构的根本性转变，缴纳社会养老保险金的人数相对减少，而领取社会养老保险金的人数快速增加，支出规模逐年增大，供需矛盾日益尖锐。

（四）人口老龄化使得老年人医疗保健的需求增多

随着人口高龄化、高龄老年人丧偶率上升、生活不能自理人数增加，在家庭养老的经济负担和生活照料负担日益加重的同时，老年人的心理问题也日益突出。老年慢性病发病率高、生活不能自理的比重高，老年病又多为肿瘤、心脑血管病、糖尿病、老年精神障碍等慢性病，花费大、消耗卫生资源多，所以，老年人是医疗卫生资源的主要消费对象。据统计，60 岁以上老年人慢性病患病率是全部人口患病率的 3.2 倍，伤残率是全部人口伤残率的 3.6 倍，老年人消耗的卫生资源是全部人口平均消耗的卫生资源的 1.9 倍，对国家、社会和家庭构成极大的负担，医疗保健护理系统首当其冲地迎接了挑战。但是，我国卫生医疗事业的发展较经济发展相对滞后，老年人看病难、看病贵的问题尤为突出。预计不久的将来，医务人员约有一半的时间用于老年人的医疗、护理、康复及照顾。

二、社会方面

（一）对健康养老服务体系的挑战

面对老龄人口数量的持续增长、深度老龄化的快速到来，我国居民对健康生活的需求方式也发生了根本变革。健康养老服务发展在面临重大历史机遇的同时，也遇到巨大的挑战。

1. 健康养老服务制度体系有待完善 近年来，国家有关部门制定了一系列推进养老服务发展的政策，但健康养老服务制度体系不完善的问题仍然比较突出。①相关制度不健全：在投入机制上政府责任不够细化、不具体，健康养老服务保障机制不完善，筹资渠道不通畅，医养融合发展存在短板。②家庭发展支持政策缺位：当前能够实现家庭非正式照护功能的政策保障比较缺乏，已有政策在涉及家庭发展支持的执行方案上规定较为笼统、模糊，无法形成显著的激励效果。同时，现有政策对于老年人的家庭照顾费用、信息咨询、税收优惠等方面也缺乏关注。③养老保险保障水平低：养老保障的社会公平度不尽如人意，城乡老年人口的基本生活需要得到进一步的有效支持。

2. 健康养老服务供给不足 面对人口老龄化大潮，我国健康养老服务供给与需求方面不匹配问题比较突出。在居家社区养老方面，相应的养老服务供给主要由老年人个人及其家庭自己解决，养老服务的社会化程度不高、服务队伍专业化水平不高，服务内容无法满足需求。如对日常生活、医疗保健、精神慰藉等方面的服务重视不够、专业性服务不足。另外，老年人参与度低，导致养老服务设施存在利用率低、供需不均等问题，造成了养老资源的极大浪费。在机构养老方面，养老机构的数量和床位数较少，社会力量对养老服务业的投入严重不足，健康养老服务人员匮乏且整体上健康养老知识欠缺。在医养融合方面，存在项目评估机制不健全、医养融合动力不足等问题，尤其是公立医院缺乏开设养老床位的动力，养老机构增设医疗服务的积极性不高。另外，医养资源多头分散管理、条块分割比较严重的现实使多元主体难以形成合力。养老服务人员待遇低的问题也比较突出，难以吸引专业医护人才。

3. 健康养老服务层次较低 健康养老服务不仅在供需方面存在突出的矛盾，服务层次不高的问题也比较普遍。从全国的情况来看，健康养老服务多以政府为主导，养老服务机构建设规模小、标准低、服务模式单一，尚未形成多元化的健康养老服务产业链。目前，养老服务机构的服务供给在经济发达地区发展相对较好，而在经济欠发达地区，服务供给主要依托养老院、农村敬老院、社区日间照料中心等规模较小的养老机构，标准化健康养老服务机构比较缺乏，现有的养老机构也主要提供传统的生活基本保障服务。显然，养老机构的服务并不能满足老年人健康养老的需求，健康干预、疾病诊疗、生活护理、精神慰藉、健康康复、临终关怀照护等服务功能严重滞后。另外，我国高等院校中设置健康养老专业、健康护理专业、社会服务专业的较少，健康养老服务人才队伍建设滞后，这也是健康养老服务层次较低以及制约健康养老产业发展的主要因素。

4. 健康资源供给不足

（1）健康服务中预防保健、健康教育环节比较薄弱，无法满足老年人日常需求。医疗卫生服务体系“重医疗、轻预防”局面持续存在，面向健康人群的健康教育、体检、健康咨询等预防保健服务匮乏，对老年群体的预防保健和健康需求了解不足，无法展开有针对性的健康保障活动。老年健康教育形式单一，对老年群体心理健康关爱较少，主动到家庭和社区开展服务较少。

（2）老年医疗卫生资源不足，无法满足患病老年群体的疾病诊疗需求，集中表现为老年人“看病难、看病贵”的问题比较突出。

（3）针对失能失智老年人的长期照护能力严重不足。各地普遍存在对失能失智老年人的服务设施缺乏、建设标准过低的问题，很多地方以敬老院为主要服务场所。

5. 资源分布不均衡且城乡表现出较大差异 我国人口老龄化存在着地区之间不均衡的状态，尤其随着城市化进程的加快，城乡之间老龄化程度也表现出较大的差异。长期以来，我国健康养老服务资源大多集中在城市，农村的养老资源相对于城市比较缺乏。然而，我国农村目前呈现出老龄化程度高而经济发展水平低、资源少的状况，这使得农村养老服务的承载能力较弱。另外，健康养老服务与医疗机构布局不合理、发达地区和不发达地区养老机构质量和规模差别较大等问题也普遍存在。在资金保障方面，城市老年人口和农村老年人口存在较大的差异，农村老年人口可用于养老的财富储备大大低于城镇的老年人口。

（二）对传统养老服务模式的挑战

我国老龄化社会呈现发展速度快、未富先老、四化（老龄化、高龄化、空巢化、失能化）并发的特征。老年人对生活照料、医疗护理、精神文化等需求日益凸显，有限的医疗服务资源以及传统的养老模式不能满足老年人的养老需求。我国传统的养老服务模式主要有家庭养老、机构养老和社区居家养老 3 种模式。随着家庭结构小型化、空巢化的改变，传统子代养老观念淡化，家庭养老功能逐渐弱化；机构养老数量规模有限、成本高，很难满足养老需求；社区居家养老可使老年人在熟悉的环境中安度晚年，但起步晚，发展尚不完善。因此，随着老龄化社会的进展，我国正逐步形成具有中国特色的养老模式。

1. 医养结合养老模式 2015 年《关于推进医疗卫生与养老服务相结合指导意见》中提出，要求建立健全医疗卫生机构与养老机构的合作机制，支持养老机构开设医疗服务，推动医疗卫生服务延伸至社区、家庭等。《"十三五"国家老龄事业发展和养老体系建设规划》提出，到 2020 年，居家为基础、社区为依托、机构为补充、医养相结合的养老服务体系更加健全。由此可见，医养结合型养老模式将是未来我国养老事业发展的必然趋势。所谓医养结合，是一种有病治病、无病疗养、医疗资源与养老资源相结合的新型养老模式。医养结合型养老模式是对传统养老服务的延伸和拓展，区别于传统的只为老年人提供日常生活照料的养老模式，医养结合型养老模式将老年人的医养需求有机结合，为老年人提供综合全面、多层次、个性化服务。其中，"医"主要包括医疗保健、康复护理、健康体检、临终关怀等服务；"养"主要包括生活照顾、文化娱乐、精神慰藉等服务。

2. "互联网 +"养老模式 随着"互联网 +"时代的到来，利用"互联网 +"化解我国"银发危机"成为顺应时代发展的新举措，"互联网 +"养老模式将会使传统养老服务行业产生颠覆性的变化。"互联网 +"养老模式由智能设备、线上服务平台和线下服务圈三大板块组成，以智能设备为基础设施，以老年人服务需求信息为要素，以线下服务圈为支撑，共同构成一个闭合的供给与需求链。"互联网 +"养老模式以老年人的养老服务需求为导向，以市场化方式将养老服务产业与互联网结合起来，充分利用互联网的交互性与反馈性，依托大数据信息处理与分析功能，依靠互联网重视用户体验的特性，为更多的老年人提供定制化、智能化的养老服务。

（三）对现有社会保障制度的挑战

人口老龄化将导致老年人医疗需求不断增加、医疗费用不断增长，整个社会医疗保障费用负担沉重。此外，随着老龄化加剧，高龄老年人、失能老年人比重呈现增长趋势，这类人群长期护理经济负担、家庭照护压力等问题尤其突出。而传统的养老金保险、医疗保险并不能有效地解决这部分人群的社会保障问题。因此，参照美国、德国、日本等西方发达国家的长期护理保险制度的实践与经验，我国也开始尝试构建符合我国国情的长期护理保险制度。

长期护理保险制度是指以社会互助共济方式筹集资金，对经评估达到一定护理需求等级的长期失能人员，为其基本生活照料和与基本生活密切相关的医疗护理提供服务或资金保障的社会保险制度。以上海市为例，长期护理保险涵盖基本生活照料及常用临床护理两方面内容，能基本满足居家老年人长期照护的需求；参保人员为参加上海市本市职工基本医疗保险、城乡居民基本医疗保险的 60 周岁及以上的人员；提供长期护理的服务机构为能开展长期护理服务的养老机构、社区养老服务机构，以及医疗机构；服务对象为 60 周岁及以上、经评估失能程度达到评估等级二至六级且在评估有效期内的参保人员。

第三节 健康与老龄化的关系

很多人认为，老年是健康下降和功能衰退的生命周期延长过程，但老龄化的概念也在不断拓展中。很多学者提出了“健康老龄化”“成功老龄化”等观点，这些观点是在生物、心理、社会、情绪、精神等全方位的视角下提出的，把老年人作为一个群体，关注群体的多样性，并尊重每一位老年人的独特性。1961年，Dunn等将高层次健康定义为“一种在个人所处环境中保持平行和目标明确的同时，使人的潜能得到最大发挥的综合方法”。他强调“健康老龄化”不仅是以生理衰退为特征，而且还包括智力方面，还应关注心理、生理及精神之间的关系，并强调老年人追求生活目标、与他人交流、保持个人尊严，以及为社会做贡献的重要性。2017年3月，我国《“十三五”健康老龄化规划》明确了“健康老龄化”的概念，即“从生命全过程的角度，从生命早期开始，对所有影响健康的因素进行综合、系统的干预，营造有利于老年健康的社会支持和生活环境，以延长健康预期寿命，维护老年人的健康功能，提高老年人的健康水平”。

一、健康老龄化的内涵

（一）健康老龄化的定义

1992年，联合国提出健康老龄化（healthy aging）是指老年人群体达到身体、心理和社会功能的完好状态，即群体的健康长寿。

（二）健康老年人的定义

健康老年人（health elderly）是指具备形体健康、功能正常、没有疾病、心理健康、适应社会5条标准的老年人。

1994年，中华医学会修订了“健康老年人的标准”，包括以下3个方面。

1. 躯体健康 包括以下3个方面。①形体健康：具有标准的体重指数，躯体无显著驼背或其他异常。②功能正常：有一定的体力，肢体活动及步态平稳；具有一定的视听能力，心、脑、肾、肝及内分泌系统功能正常。③没有疾病：经物理检查、实验室检查、仪器测定未发现病理性改变，没有被确诊的器质性疾病。

2. 心理健康 是指内心世界充实、丰富、和谐、安宁的状态。心理检查的10条标准如下：①有充分的安全感；②对自己有自知之明，能对自己的能力给出恰如其分的评价；③生活目标切合实际，能客观地对待和处理周围所发生的问题；④与周围环境保持良好的接触，并能经常保持兴趣；⑤能保持自己人格的完整与和谐；⑥智力正常，具有较好的学习能力；⑦情绪豁达，控制适度；⑧能保持能良好的人际关系，悦纳他人，并取得集体悦纳；⑨能在集体允许范围内作出适度个性发挥；⑩能在社会规范之内，满足个人恰如其分的要求。

3. 社会健康 是指人们与社会及环境处于一种和谐的状态。个人的社会健康可以从以下10个方面评估：①家庭教育；②社会文化；③群体关系；④社会风气；⑤社会环境；⑥婚姻和家庭状况；⑦处理人际关系；⑧个人事业的成功；⑨对社会变迁的适应能力；⑩处理角色冲突和角色转变的能力。

以上标准都过于复杂且难于做到确切评估，不利于鼓励和动员老年人群的积极性。在20世纪80年代开始提出成功老化的概念。成功老化（successful aging）是老年医学发展中的新概念，成功老化定义强调其核心是老年人保持有独立日常生活能力，这也是每个人在面对老化时的期望和理想。成功老化必须同时具备三大重要因素：①避免疾病与其造成的身心障碍；②高度的认知与身体功能良好；③积极参与生活。

二、健康老龄化的目标

（一）健康老龄化的下位目标

健康老龄化的下位目标是为老年人提供普惠、均等、可及的基本卫生健康服务，并逐步形成与社会主义现代化社会相适应的老年健康支撑体系和支撑能力，改变老年人卫生健康资源有效供给不足、发展不平衡不充分、保障能力不足等问题，使老年人能按需享受卫生健康服务。

（二）健康老龄化的上位目标

健康老龄化的上位目标是最大限度地预防或延缓老年疾病发生，实现老年人群体的“全体健康”。在这里，健康的定义是“全人健康”，包括身体、精神和社会的全面康乐状态，而不仅仅是不感到虚弱或没有疾病。但基于遗传、增龄衰老等不可抗力因素的制约，即便是长期健康的老年人，到达一定年龄后，也难以保持完全健康的状态。然而，这并不意味着健康老龄化是“虚无”的，延缓老年疾病发生、缩短带病生存期，本身就是健康老龄化的意义。基于现实考虑，对已经处于不健康状态且难以恢复的老年人，要最大限度地维持和改善患者的功能状态；对健康以及虽然处于不健康状态但能够恢复的老年人，要致力于达到“全人健康”的状态。

三、健康老龄化的测量要素

2021 年，世界卫生组织发布了《健康老龄化十年基线报告》，进一步明确了积极健康老龄化的测量要素，提出积极的健康老龄化包括以下几方面。

（一）内在能力

内在能力（intrinsic capacity）是指老年人可以利用的所有身心能力，包括运动能力、感觉能力、平衡能力、认知能力和心理能力等，这是老年人健康生活的基础和根本保证。

（二）功能能力

功能能力（functional ability）是指在内在能力的基础上实现个人的内在能力和环境的有机统一，主要包括人的学习、成长和决策能力及自由流动的能力、建立和维系人际关系的能力和做出社会贡献的能力等。

（三）环境

环境（environment）主要是指社会环境因素，它决定了具有一定内在能力和功能能力的老年人的积极老龄化社会目标的实现，包括家庭、社区和更广泛的社会领域。

四、健康老龄化服务体系资源

（一）公共卫生资源的内部整合

主要措施为形成以老年人为中心的全科管理。全科管理更有利于医护人员摒弃疾病导向的健康观，从内在能力的角度评价老年人的生理、心理和社会健康水平，为老年人内在能力的维护和发展提供综合全面的干预和信息，将更有利于多种慢性病的共同治疗和识别个体健康的风险点。

（二）公共卫生资源与其他社会资源的外部整合

世界卫生组织在健康老龄化行动中重点阐述了长期照护服务对于老年人内在能力和功能发挥的重要作用。其报告认为，长期照护的目标应从原有的基本生活照料转向实现功能发挥的最大化，确保严重失能的老年人仍然能够按自己想法行动。长期照护服务应该既包括对老年人基本生活需求的满足，也包括对能力建设的支持。另外，健康老龄化行动中对长期照护体系的构建更侧重于社区层面，以覆盖绝大多数老年人的健康需求。通过卫生系统和长期照护体系在服务内容上显著重叠，共同形成“医疗＋社会服务”的健康老龄化服务体系。

人口老龄化已经成为我国社会发展的重要趋势。伴随着人口老龄化向深度发展，我国健康养老问题日益引起政府和社会各界的高度关注。党的十九届五中全会通过的《中共中央关于制定国民经济和社会发展第十四个五年规划和二〇三五年远景目标的建议》提出，实施积极应对人口老龄化国家战略。这是我国首次将积极应对人口老龄化上升为国家战略，表明积极应对人口老龄化已经成为今后人口长期发展的主要任务。健康养老服务作为应对人口老龄化的一项重要举措，在我国目前老龄化发展阶段乃至今后更长时期具有十分重要的意义，它是实现健康老龄化的根本保障。

健康养老服务是一个系统工程。进入新发展阶段，积极应对人口老龄化的严峻挑战，应以满足老年人健康养老多层次、高品质、个性化的需求为出发点和落脚点，以健康养老服务供给侧结构性改革为主线，关注健康养老的需求变化，聚焦养老保障、医疗保障、智慧养老、良好环境等关键领域，确保每个老年人都能够享有基本养老服务，满足广大人民群众健康养老的新需求。

第四节　健康老龄化应对策略

WHO 于 1990 年提出实现“健康老龄化”的目标。健康老龄化是世界卫生组织提出并在全世界积极推行的老年人健康生活目标，它是指老年人在晚年能够保持躯体、心理和社会生活的完好状态，将疾病或生活不能自理推迟到生命的最后阶段。1999 年，世界卫生组织提出了“积极老龄化”的口号。积极老龄化（active aging）表达了比“健康老龄化”更为广泛的意思。“积极”一词不仅仅指身体活动能力或参加体力劳动，而且指不断参与社会、经济、文化、精神和公民事务，目的在于使所有年龄组的人们，包括那些体弱、残疾和需要照料者，延长健康预期寿命和提高生活质量。“积极老龄化”是在“健康老龄化”基础上提出的新观念，它强调老年群体和老年人不仅在机体、社会、心理方面保持良好的状态，而且要积极地面对晚年生活，作为家庭和社会的重要资源，继续为社会做出有益的贡献。

一、社会方面

大力提高政府和全社会对人口老龄化问题的重视程度。在政府层面上，要从宏观和战略的高度制定合理的人口发展战略和人口老龄化问题的中长期政策和长远规划。各级政府都要从我国的基本国情出发，坚持可持续发展的科学理念，高度重视人口老龄化现象和问题，在改革中创新，逐步建立和完善老年社会保障制度，用产业化、社会化的运行机制推进安老、养老产业的不断发展，进一步满足广大老年人在物质、精神和文化等方面的特殊需求，逐步改善老年人的生活环境、提高老年人的生活质量。

二、经济方面

（一）推动经济快速发展、完善养老福利政策和社会保障制度

截止到 2020 年左右，这一时期是我国劳动年龄人口比重较大、总供养系数不高、国家负担较轻的“人口红利”黄金时期。因此，要充分利用这个经济发展的黄金时期，发挥我国劳动力资源极为丰富的优势，加快经济发展的步伐，为迎接老龄化高峰的到来奠定坚实的物质基础。作为世界上人口最多的发展中国家，让更多的人“老有所养”是中国养老保障制度改革的目标。国家要尽快完善有关政策，各级政府要出台优惠政策，广泛动员社会各方面的力量，多渠道筹措资金，发展养老福利事业，大力推进养老福利服务设施建设，不断健全社会养老机制，加快社会养老服务的法治化进程，建立适合我国国情及经济发展水平的社会保障制度，提高老年人的经济保障能力，使老年人能够共享社会发展成果。

（二）加快开拓老年消费市场，积极发展老龄产业

据粗略估计，2020 年老年人的市场需求已达到 28 000 亿元，2030 年更是高达 73 000 亿元，而目前专为老年人提供的产品和服务不足 1000 亿元，供求差量悬殊。随着社会保障制度的逐步完善，老年人的消费能力逐渐提高，老龄产业也必将成为一个朝阳产业，市场前景广阔。因此，首先，各级政府应制定老龄产业的扶持政策，如在税收、审批建设用地、小额金融贷款、用水用电等方面制定优惠政策、给予优惠条件、拓展融资渠道，鼓励和引导社会各界广泛参与老龄产业的

发展。其次，要加快发展老年服务业，如老年家政服务业、老年医疗护理服务业、老年金融保险业、老年文化娱乐业、老年咨询服务业等，提高服务产业特色，满足老年人不同层次、不同类型的多元化服务需求。再次，多样化研制和开发适合老年人特点的产品，如老年人日常用品、食品、保健护理品和药品等，满足老年人对不同产品的需求。最后，拓宽销售渠道，提高老年人购买便利性。人口老龄化是世界人口发展所面临的共同问题，尽管我国还处在老龄化的初期，但解决老龄化问题必须具有战略性和超前性。

三、医疗方面

健全老年人医疗保健防护体系。医疗保健是老年人众多需求中最为突出和重要的需求，但目前老年人“看病难、住院难”的问题十分突出。因此，应加快深化医疗卫生改革，加强人口老化的医疗保健与护理服务，健全社区卫生服务体系和组织，构建医疗保健防护体系，为老年人提供方便、快捷的综合性社区卫生服务，同时建立和发展多种形式的医疗保障制度，以缓解老年人患病后对家庭和个人造成的经济压力，妥善解决看病就医的费用问题。

四、养老服务模式

建立以居家养老为基础、社区养老为依托、机构养老为补充的养老服务模式。随着老年人口的日益增多，其患病率、伤残率日渐上升，生活自理能力逐渐下降，家庭的规模不断缩小，家庭养老的危机日益严重。从目前和今后看，无论是家庭养老还是社会养老，采取单一的模式都不是最佳的选择，既不现实也不可能。因此，要发挥家庭成员、社会和个人在养老资源上的优势，实行家庭养老、社会养老和自我养老的有机结合，建立以居家养老为基础、社区养老为依托、机构养老为补充的养老服务模式。其中，机构养老（如兴办各种形式的托老所、老年公寓、养老院、敬老院等）发挥社会养老服务机构的作用，使老年人老有所养、老有所乐，政府应在政策和实施过程中给予支持和指导。目前也有利用个人资源，在探索“以房养老”方面做出了有益尝试的例子，即鼓励老年人以自己住房作抵押，免费入住养老院，银行定期向老年人放贷，老年人辞世后，住房由金融或保险机构收回还贷，多余部分由法定继承人继承。

在充分借鉴国外经验的基础上，各级政府和全社会各行各业要从我国的实际出发，结合老年人的需要，探索出具有我国特色的解决人口老龄化问题的途径和方法，充分发挥老年人口的余热，使他们活得有价值、有意义。

案例学习

王奶奶今年67岁，自从退休后就开始照看孙子，今年开始孙子上小学，王奶奶想着可以享清福了。但随着二孩政策的放开，儿子今年又要生二胎，王奶奶虽然觉得有点力不从心，但还是继续坚持帮着照看孩子。

伴随着我国人口老龄化速度加快及人均寿命的延长，越来越多的中年及老年人成为祖父母，由于托育机制不健全，他们承担着隔代照料孙子女的职责。在欧美发达国家，当孩子父母存在服刑、吸毒、家庭暴力、药物滥用、身心失常或死亡等情形时，通常由老年人隔代照料孙子女。澳大利亚统计局数据显示，2017年，请保姆照料孩子的情况正在减少，超过40% 5岁以下的儿童由祖父母提供照料。在我国，老年人似乎更愿意提供隔代照料。自古以来，“儿孙绕膝、尽享天伦之乐”是老年人晚年幸福生活的真实写照，隔代照料孙子女成为非常普遍的社会现象。我国老年人隔代照料孙子女的比例高达58%，同样受儒家家庭文化的影响，这一数据是韩国的近10倍。

请思考以下问题：

通过王奶奶的经历，思考隔代照料孙子女对健康老龄化的影响。

评判性思维训练

通过以下练习，提高你对老龄化和老年人态度的认识。

在接下来的2周里，在你的日常活动中，随身携带一个小笔记本，记下你从以下途径（报纸、杂志、互联网、电视、贺卡和社交对话）听到或者看到的老年人形象的例子。注意其中是否传达了一个中性的、积极的或负面的形象。

在接下来的2周中，要注意你对老年人的想法及对他们的谈论，并识别你的看法、你所用的词和你传达的形象。

问问自己在过去的几个月中每隔多久做过一些歧视老年人的行为（例如，“我经常讲一个笑话来取笑老年人吗？”）。

请一位年长的亲戚、朋友或熟人填写老年歧视调查表，并讨论他或她的经历。

（刘增霞）

第二篇　老年健康保健

第四章　老年人健康评估

学习目标

知识目标：

1. 列举老年人健康评估的方法。
2. 准确说出老年人健康评估的内容。
3. 熟练运用老年健康评估工具。

能力目标：

1. 针对不同健康问题的老年人，能进行系统全面的健康评估。
2. 能解析老年人常见辅助检查结果。

素质目标：

1. 了解护士在老年综合评估中的重要作用，培养学生心怀敬畏、充满热爱的职业认同感。
2. 强调老年人健康评估过程中应处处体现人文关怀，培养学生对老年人的尊重、对生命的敬畏，提升其综合素养和人文修养。

随着年龄的增长，机体产生很多潜在的生理变化，各项生理功能逐渐衰退，慢性疾病的患病风险增加，老年人的健康卫生需求不断扩大。由于大部分老年人常有多种疾病共存、多系统功能障碍和多种老年综合征等，其健康卫生需求呈复杂化、多样化特点。全面、系统、准确的健康评估是满足老年人复杂多样的健康卫生需求、提供优质老年护理服务的前提。本章将从身体功能、精神心理、社会环境、生活质量等多个维度介绍老年人健康评估的内容与方法。掌握老年人健康评估的方法，对老年人的健康状况进行综合性的评估，有利于护士准确判断老年人群的健康需求和健康问题，从而制订全面的护理、照护与随访计划，促进老年人身心健康，提高老年人生活质量。

第一节　老年综合评估概述

一、老年综合评估的概念

老年综合评估（comprehensive geriatric assessment，CGA）是指采用多学科方法综合评估老年人在疾病、躯体功能、精神心理、社会支持、生活质量等方面的状态和存在的问题，以便辅助制订个体化的预防保健、疾病诊治、康复护理、照护计划与长期随访措施，从而最大限度地提高老年人的生活质量。

CGA 研究的内容基本是由医学问题、功能状态、精神心理状态、社会支持、生活环境和生活质量等多个维度组成。CGA 的实施，常由具备老年综合评估技术开展资质的专职人员，或由老年科医师、临床营养师、康复治疗师、临床药师、护师、精神卫生科医师等组成的多学科团队来完成。CGA 的目的是尽可能使老年患者保持健康状态，使其恢复自主独立性功能，提高患者的生活质量。

二、老年综合评估的内容

（一）一般医学评估

一般医学评估即传统意义上的医学诊断，它是一种以疾病为中心的诊疗模式，评估的目的在于确定患者的疾病类型及严重程度，评估过程是通过采集健康史、体格检查及包括常规检查、生化与功能检查、心电图检查、影像学及内镜检查等的辅助检查得出诊断，并做详细治疗记录。

（二）躯体功能评估

躯体功能评估包括日常生活活动（activity of daily living，ADL）能力、平衡和步态、关节活动度、营养状况、视力和听力、吞咽功能等方面的评估。

（三）精神心理评估

精神心理评估包括认知功能、谵妄、情绪和情感等方面的评估。情绪和情感评估主要是指抑郁和焦虑等方面的评估。

（四）社会评估

社会评估主要是对老年人社会参与功能、社会支持、角色适应、老年人受虐等方面的评估，所有这些评估都有可能有益于老年人健康管理计划的制订。在社会评估中，社会工作者发挥重要作用，在评估过程中应高度重视患者的个人价值观、精神寄托和临终护理愿望等问题。

（五）环境评估

环境评估是对老年人生存的物理环境、社会环境、精神环境和文化环境等方面的评估。其中，老年人的居家安全评估是最为主要的评估内容。常使用家庭危险因素评估工具进行环境安全评估，对预防老年人的跌倒和其他意外事件的发生具有极为重要的意义。

（六）生活质量评估

生活质量评估是对老年人生活质量的综合评估，包括老年人身体、精神、家庭和社会满意程度等内容，是在生物—心理—社会—环境医学模式下产生的一种新的健康测量技术，对评价老年人的生活幸福感具有一定的意义。

（七）常见老年综合征及健康问题的评估

常见的老年综合征和健康问题包括跌倒、衰弱、肌少症、痴呆、尿失禁、帕金森综合征、失眠、晕厥、便秘、压疮、疼痛和多重用药等。对上述综合征或问题的评估要采用老年综合评估，通过多学科整合管理团队的协调，共同为患者制订综合的诊疗、康复和照护计划，尽可能减少老年残疾的发生，最大程度提高老年人的生命质量。

三、老年综合评估的类型

CGA 可根据评估的目的、场所和时间等进行分类。

（一）按评估目的分类

可分为诊疗评估、康复评估、护理评估和临床用药评估等。

（二）按评估场所分类

可分为医院评估、社区评估和家庭评估等。

（三）按评估时间分类

可分为院前评估、入院评估、院中评估、出院评估和院后追踪评估等。

第二节　老年人躯体功能评估

老年躯体功能评估可以确定受评估对象在躯体功能方面所具有的能力和存在的问题，以便制订完善的针对性干预措施、中期照护计划和长期随访方案。

一、一般情况评估

（一）基本情况评估

包括姓名、性别、年龄、民族、籍贯、婚烟状况、职业状况、身高、体重、吸烟、饮酒、文化程度、宗教信仰、经济状况、医疗费用的支付方式、家庭住址和联系方式等信息。

（二）健康状况评估

1. 现病史　目前有无急慢性疾病、起病情况与患病时间、主要的病因与诱因、主要症状的特点及有无加重、治疗情况及恢复状况，以及日常生活状况如饮食、排泄和日常生活活动等。

2. 既往史　既往的疾病、手术、外伤、住院史；食物、药物等过敏史；用药情况；日常生活活动和社会活动能力。

3. 家族史　患者直系亲属的健康状况、患病及死亡情况，以及有无遗传性、传染性疾病。

二、体格检查

由于机体各项生理功能的下降，老年人慢性病的患病风险增加，因此，应对老年人进行全面的体格检查。护士要综合运用相关的知识和技能，采用视诊、触诊、叩诊、听诊等方法，对老年人实施全面有序的体格检查。体格检查包括身体各系统检查的所有内容，可分为全身状态、皮肤、头颈部、胸部、腹部、脊柱与上下肢、外生殖器和神经系统等方面。

全身状态评估包括老年人的生命体征、营养、意识、体位和步态。皮肤评估包括皮肤的颜色、湿度、温度、弹性、水肿，以及是否有皮疹、压疮等皮肤损害。头颈部评估包括头发、眼和视力、耳和听力、鼻腔、口腔和颈部。胸部评估包括乳房、胸、肺部和心前区。腹部评估内容同成年人，应注意老年人肥胖而掩盖的腹部体征。外生殖器评估时应注意排尿评估。脊柱与上下肢评估包括肌张力、关节活动、动脉搏动情况等。

对老年人进行体格检查时，护士应根据老年人的生理特点选择合适的方法，对其进行准确评估，以了解其身体健康状况，及时发现相关疾病的高危因素。

三、日常生活活动能力评估

（一）评估内容

日常生活活动（ADL）由美国学者 Dearier 和 Brown 于 1945 年提出，是指为了维持生存以及适应生存环境，个体每天必须反复进行的一种最基本、最具有共性的活动，包括进食、穿衣、大小便控制、洗澡和行走等。ADL 能力包括基本日常生活活动能力、工具性日常生活活动能力和高级日常生活能力 3 个层次。

1. 基本日常生活活动（basic or physical activity of daily living，BADL or PADL）能力　是维持老年人基本生活所需要的自我照顾能力和最基本的自理能力，是老年人每天必须从事的日常生活活动的能力，如运动（移位、平地走动、上下楼梯）、个人卫生（洗漱、沐浴、如厕、控制大小便）、穿衣、进食，这一层次的功能受限，将影响老年人基本生活需要的满足。

2. 工具性日常生活活动（instrumental activity of daily living，IADL）能力　是指在家庭和社区中独立生活所需的关键的、较高级的技能，如使用家庭电器、骑车或驾车、处理个人事务等，大多为需要借助工具的、较精细的活动。IADL 能反映出老年人在家中或寓所内进行自我护理活动的能力，这一层次的功能反映老年人能否独立生活。

3. 高级日常生活活动（advanced activity of daily living，AADL）能力 是指与生活质量有关的一些活动，包括主动性社交活动、娱乐活动、职业工作等，主要反映老年人的智能能动性及社会角色功能。

（二）评估方法

老年 ADL 能力主要用量表来评估，常采用提问法进行评定。

1. 提问法 分为口头提问、问卷提问两种形式。应尽量让患者本人回答问题，需要注意区分答案是客观存在还是主观意志。提问法的优点是节约时间，可用于对患者残疾状况的筛查。

2. 观察法 在实际环境中直接观察患者的情况，可在家中、社区或医院诊室开展。注意不同环境对患者 ADL 的评估结果影响较大，故评估时应尽可能排除外界的干扰。优点是结论客观，可从观察结果中分析出老年人功能障碍的原因。缺点是较为耗时耗力。

3. 量表评定法 即采用经过标准化设计及具有统一内容、统一评定标准的检查表进行评估，常用于医疗机构、养老机构、保险机构和其他专业的评估机构。量表评定法中使用的评估量表，都经过一定的信度和效度的检验，评定结果可在不同患者、不同疗法、不同机构间进行比较。

（三）评估工具

1. 基本日常生活活动能力评估量表

（1）Barthel 指数（Barthel index，BI）：最初由美国学者 Florence Maroney 和 Parathahl 设计并应用于临床。BI 是指对患者日常生活活动的功能状态进行测量，个体得分取决于对一系列独立行为的测量。BI 是目前世界上应用最广、信度效度较佳的残疾评定量表，发展至今已有多个版本。Wade and Collin 版本的 BI 应用较为广泛，该版本共有 10 个条目，包括进食、床椅转移、修饰、如厕、洗澡、平地行走、上下楼梯、穿衣、大小便控制。总分范围在 0 ～ 100 分，得分越高，独立性越好，依赖性越小。

（2）Katz 日常生活功能指数评价表：由 Katz 等设计可用于评价慢性疾病的严重程度及治疗效果，也可用于预测某些疾病的发展。Katz 指数共有 6 项评定内容，包括洗澡、穿着、如厕、转移、大小便控制、进食。6 项评定内容按照由难到易的顺序进行排列，不宜随意改变次序。总分值的范围是 0 ～ 12 分，分值越高，提示被测者的日常生活能力越高。应用 Katz 指数评价表可评定 96% 的慢性疾病患者的 ADL 能力，是目前应用较广泛的功能评价指数。

2. 工具性日常生活活动能力评估量表

（1）Lawton-Brody 工具性日常生活活动能力评估量表：由美国学者 Lawton 等制定，主要用于评定被测试者的工具性日常生活能力。Lawton-Brody IADL 量表共评估 8 项内容，包括购物、家务、理财、食物储备、交通、使用电话、洗衣和服药。总分值的范围是 0 ～ 24 分，评分越低，失能程度越大。如购物、交通、食物储备、家务、洗衣等 5 项中有 3 项以上需要协助即为轻度失能。

（2）Frenchay 活动指数（Frenchay activity index，FAI）：FAI 是特别为脑卒中患者设计的 IADL 评定量表。Pedersen 等将 BI 和 FAI 结合用于脑卒中患者的随访，研究结果支持联合评分，可用于对脑卒中康复效果的结局评定。

3. 综合性日常生活活动能力评估量表

（1）传统日常生活活动能力量表：主要评定被试者的日常生活能力。评分方法分为 4 级。量表共有 14 项内容，1 ～ 6 项是评估躯体生活自理能力，7 ～ 14 项是工具性日常生活活动能力评估。

（2）功能独立性量表（functional independence measure，FIM）：FIM 评定基本的日常生活活动，各条目集中反映了外伤和疾病对日常生活活动影响最大的项目，包含了最具代表性 ADL 评定内容。FIM 分为 6 个方面的内容，包括自理活动、括约肌控制、转移、行进、交流和社会认知。

共包括18个评定项目，每个项目均为7级评分，从1分的完全依赖到7分的完全独立。FIM的优点是评定内容包含了运动和认知两个类别，可敏感地度量被测者的残疾状态，是目前最为先进、全面的ADL评定方法。FIM的最高分为126分（运动类总分为91分，认知类总分为35分），最低分为8分。

四、肢体运动功能评估

（一）平衡

平衡（balance）是指在不同的环境和情况下维持身体直立姿势的能力。平衡功能反映人体在日常活动中维持自身稳定性的能力。传统的平衡功能评定方法为三级分法，又称Bobath法。其中，一级平衡即静态平衡，被测试者在不需要帮助的情况下能维持所要求的体位（坐位或立位）；二级平衡即动态平衡，是指运动过程中调整和控制身体姿势稳定性的能力，如站起和坐下、行走等动作都需要具备动态平衡能力；三级平衡即反应性平衡，是指当身体受到外力干扰而使平衡受到威胁时，人体做出保护性调整反应以维持或建立新的平衡，如保护性伸展反应、迈步反应等。三级分法，具有容易掌握、易于判断、操作不受场地设备限制等优点，是临床上应用最广泛的平衡功能评定法之一。

平衡功能评估常用的量表是Berg平衡量表（Berg balance scale，BBS），BBS由Katherine Berg于1989年首先报道，经国外学者大量研究验证后被广泛应用。BBS测试选择了14个动作对被测者进行评定，每个动作又依据被测者的完成质量分为0～4分共5个级别予以记分。总分最高分为56分，最低分为0分；评分越低，表示平衡功能障碍越严重，低于40分表示有跌倒的危险。

（二）步态

步态是指行走时所表现的姿态，对跌倒有预测作用。步态评估内容包括步幅、对称性、抬脚高度、行走路线及膝关节、踝关节和髋关节的活动，以及躯干姿势、上肢伴随动作和转身情况等。评估方法有量表法或观察法。常用量表为Tinetti平衡与步态量表（performance-oriented mobility assessment，POMA），该量表由Tinetti于1986年首先报道，包括平衡和步态测试两个部分。平衡测试有10个条目，总分为16分；步态测试有7个条目，总分12分。量表总分为28分。该量表比较简单、安全、用时少，适用于老年人的步态评估。

（三）步速

步速是反映躯体活动能力的重要指标，对跌倒、衰弱、失能及死亡等有预测作用。常采用正常步速步行4m的平均步速来反映其功能状态，一般认为步速低于0.8m/s为躯体功能下降。

五、评估发展趋势

随着现代化技术和远程医疗的发展，基于传感器的躯体功能测试工具逐渐成熟，在临床上取得了良好的应用效果。可穿戴传感器是一种结合了各种生理、生物力学和运动传感技术的设备，可用于监测受试者的心率、血压等生命体征和平衡、步态等身体功能。可穿戴传感器形式多样，可以作为衣物直接穿戴或作为配饰随身携带等。测量部位主要包括腰椎、胸部、胫骨/足踝、手腕和上肢组合、手腕、腰、臀部、大腿、足等。用于身体功能评估的传感器种类繁多，既有适用于实验室和医院的大型、专业设备，也有适用于家庭或社区的简单穿戴设备，可以满足不同环境的需求。

相比于传统的身体功能测试，基于传感器的身体功能测试更便于监测和记录数据。有一种用于测量平衡和步态参数的穿戴式传感器，可将传感器绑在患者的胸部、腰部、足踝或手腕上，传感器通过对接站把数据下载到计算机。计算机软件根据平衡、步态测试任务计算测量参数，从而生成评估报告。研究显示，该系统中使用的空间传感技术可以精确测量金标准提供的平衡和步态参数，在社区或患者家中使用更可行。有一种可穿戴的足部传感器可以安装在鞋里，通过测量足的压力分布，收集步伐节奏、步伐大小、足后跟和足之间的重量分布，以及步态阶段的时间等数据来分析步态。研究数据显示，该方法对异常步态检测的准确率可达 94%。

此外，可穿戴传感器逐步应用在远程医疗中，用于远程监测血压、心率 / 心电图、血氧水平等。目前，正在开发的基于摄像头的 5 次坐立试验（5×STS）是当患者接触传感器有限（或没有）时的一种替代方案。未来，基于传感器的可穿戴设备和基于摄像头的 5×STS 可以通过远程医疗实现对身体功能的远程评估。

考虑到老年人的接受能力和生理特点，未来仍需要大量的研究聚焦于开发对老年人而言更为可行的、友好的、可以用来独立识别和客观测量老年人躯体功能的设备。

第三节　老年人精神心理评估

老年人的精神心理状况直接影响其身体健康和社会功能状态，是实现健康老龄化不可缺少的维度之一。老年人的精神心理状况常从认知功能、情绪和情感、行为等方面进行评估。

一、认知功能评估

认知功能评估是采用各种评估量表对被测者的知觉、注意力、记忆力、语言能力、执行能力等方面进行评价，为临床认知功能损害提供定位和定性诊断。认知功能评估能够客观反映认知是否有损害，以及损害程度、认知损害的特征和变化。

（一）评估工具

认知功能评估常用的量表有简易智力状态检查量表（mini-mental state examination，MMSE）和蒙特利尔认知评估量表（Montreal cognitive assessment，MoCA）。此外还有一些简单的筛查测试，如画钟试验（clock drawing test，CDT）、简易智力状态评估量表等。

1. 简易智力状态检查量表　MMSE 是 1975 年由 Folstein 等编制的认知功能评估量表，主要用于评估老年患者的认知功能情况。该量表共有 11 个条目，测试维度包括定向力、记忆力、注意力和计算力、回忆能力、语言能力。MMSE 得分范围为 0 ～ 30 分，分数越高表明认知功能越好。判定标准是 27 ～ 30 分为正常，＜ 27 分为认知功能障碍。根据教育水平分层划分痴呆标准：文盲≤ 17 分，小学教育≤ 20 分，中学或以上教育≤ 24 分。MMSE 是目前国内外应用最广泛的认知功能筛查工具，具有简单便捷的优势，且识别痴呆的灵敏度和特异度较高。但也存在一些局限性，如受年龄和文化程度的影响较大，以及注意力、记忆力、结构模仿等项目得分并不足以反映相应的认知域表现等。因此，识别轻度认知功能障碍的灵敏度不高，更适合用于评定痴呆。

2. 蒙特利尔认知评估量表　MoCA 是目前较为普适的轻度认知功能损害（MCI）筛查工具，由加拿大 Nasreddine 等 2004 年编制，可快速筛查轻度认知障碍。MoCA 包括视觉结构、空间与执行功能、命名、记忆、注意、语言、抽象、延迟记忆、定向等认知功能测试，总分 30 分。MoCA 测试也受教育程度、文化背景、检查者使用 MoCA 的技巧和经验等因素的影响。和 MMSE 相比，该量表增加了数字广度测试和目标识别测验，覆盖的认知领域更加全面。此外，MoCA 中的视空间与执行能力相关测试难度高于 MMSE 中相同认知领域的测试，降低了 MCI 患者认知受损较小领域的评分比重，使得该量表在 MCI 检测敏感度上优于 MMSE。因此，在进行 MCI 评定时，常联合使用 MMSE 和 MoCA 量表。

3. 画钟试验　CDT 用于检测语义记忆、视空间结构功能等，其灵敏度和特异度均较高，包括自发画钟和模仿画钟两种方式。目前最常用的是自发画钟。CDT 具有多种不同的评分方法，三分法和四分法较常用和简便。

三分法：①轮廓（1 分），钟表面是个圆；②数字（1 分），所有的数字完整，顺序正确，且在所属的象限；③指针（1 分），两个指针指向正确的时间，时针需短于分针，指针的中心交点在或接近表的中心。四分法：①画出封闭的圆（表盘）1 分；②表盘的 12 个数字正确 1 分；③将数字安置在表盘的正确位置 1 分；④将指针安置在正确的位置 1 分。

痴呆严重程度越重，画钟表现越差。联合应用 CDT 和 MMSE 发现，痴呆的敏感性是 100%，特异性是 91%，显著优于单用 CDT 或 MMSE。单用 CDT 的敏感性和特异性均不及 MMSE，但两者联合应用具有最好的预测信效度，尤其是在认知下降的初期。CDT 仅耗时约 1min，与 MMSE 联合应用共需 6 ～ 11min 的时间，受试者很容易配合，检查者可以根据这些客观证据来判断受试者是否需要更进一步的检查。

4. 主观认知下降问卷（subjective cognitive decline-questionnaire，SCD-Q） 是 2014 年 Rami 等根据主观认知下降倡议组提议研发，包括自我主观认知评估和知情者对老年人评估 2 个问卷。每个问卷各包括 24 个条目，条目以是或否作答，“是”计 1 分，“否”计 0 分，总分为 24 分；得分越高表示主观认知下降越严重。该问卷已被美国、英国等国家作为主观认知下降的评估工具。我国学者杨清等对该问卷进行了汉化，结果显示其具有较好的内容效度和信度。目前，对于主观认知下降（SCD）的评定主要为排他性诊断，即患者自我感觉认知功能下降，但客观检查尚未达到 MCI 或痴呆的标准；同时排除其他疾病（如严重的精神或神经系统疾病、抑郁或焦虑等）所导致的认知下降。因此，SCD-Q 常与 MMSE、MoCA 等联合应用评定 SCD。

（二）评估发展趋势

随着科学技术的发展和进步，计算机技术、虚拟现实技术等现代化技术逐渐应用于认知功能评估领域。相比于传统的纸笔神经心理学测试，计算机化的认知功能评估测试便捷有趣、数据可存储，有助于缓解专业人员不足的问题，更适合大规模的认知筛查。

目前，常用的计算机化认知测试类型可分为移植型、调试型和研究型。移植型测试是指直接将纸质版量表转换为电子版，原始量表的内容和计分方法不做改变。调适型测试是对原始量表的内容或者评分规则等进行修改，以提高其准确性。研究型计算机化认知测试是指根据认知功能障碍老年人的特点设计测试任务，从而实现老年人认知功能的评估，如 MCI 患者在进行购物、理财等工具性日常生活活动时存在一定障碍，研究人员则可以使用计算机等现代化技术构建模拟的购物、理财等真实世界场景，老年人在该场景中进行购物等任务活动，计算机实时记录老年人的操作表现，通过计算各项任务得分可区分 MCI 和认知正常的老年人。

虚拟现实（virtual reality，VR）技术在认知功能评估领域发展迅速，得到了广泛应用。目前常见的有虚拟超市、虚拟商店、虚拟骑行和沉浸式空间导航等认知测试软件，通过分析老年人完成 VR 测试的任务表现（任务得分、完成时间等）实现认知功能的评估。因此，基于计算机、虚拟现实等现代化技术的认知功能筛查测试拓展了认知功能评估的途径，但仍需要开展大量相关研究探究其有效性。

二、情绪和情感评估

情绪与情感是个体对客观事物能否满足自身需求的内心体验与反映。情绪与情感评估是老年精神心理评估的重要组成部分，其中，焦虑、抑郁为主要评估内容。

（一）评估方法

1. 会谈法 为最常用的评估方法，可以采用开放式和非开放式提问方式与老年人交谈，让其描述自己的主观体验，如“您最近 1 周的心情怎么样？”“焦虑或抑郁的情绪存在多久了？”，并可以进一步向他 / 她的家人、朋友核实以上内容。

2. 观察法 通过观察老年人的面部表情、身体动作及语音语调等传递的信号，来收集与被评估者的情绪、情感有关的客观资料。

3. 测量法 情绪和情感常伴随机体的生理变化，尤其体现在呼吸系统、循环系统、内分泌系统，以及脑电、皮肤电反应等方面。因此，可以通过观察和测量呼吸频率、心率、血压、食欲、皮肤颜色和温度、皮肤电阻等指标，间接获得情绪和情感的客观资料。

4. 量表评定法 为评估情绪与情感较简便的方法。常用的量表有Zung焦虑自评量表、Zung抑郁自评量表、汉密尔顿焦虑量表、汉密尔顿抑郁量表、状态-特质焦虑问卷、老年抑郁量表等。

（二）评估工具

1. 焦虑（anxiety） 是个体感受到威胁时的一种紧张、不愉快的情绪状态，表现为紧张、不安、急躁、失眠等，但无法说出明确的焦虑原因。常用的评估工具包括汉密尔顿焦虑量表和Zung焦虑自评量表。

（1）汉密尔顿焦虑量表（Hamilton anxiety scale，HAMA）：HAMA由Hamilton于1959年编制，主要用于评定神经症及其他患者焦虑症状的严重程度。《CCMD-3中国精神疾病诊断标准》将其列为焦虑症的重要诊断工具，临床上常将其作为焦虑症的诊断及程度划分的依据。该量表包括14个条目，分为精神性和躯体性两大类，采用0～4分的5级评分法。HAMA总分超过29分，提示可能为严重焦虑；超过21分，提示有明显焦虑；超过14分，提示有肯定的焦虑；超过7分，可能有焦虑；小于7分，提示没有焦虑。

（2）Zung焦虑自评量表（self-rating anxiety scale，SAS）：SAS是1971年由Zung编制，适用于具有焦虑症状的成年人。国外研究认为，SAS能够较好地反映有焦虑倾向的精神病求助者的主观感受。SAS采用4级评分。20个条目中有15项用负性词陈述，按1～4顺序评分；其余5项（第5、9、13、17、19项）用正性词陈述，按1～4顺序反向计分。

2. 抑郁（depression） 是个体失去某种其重视或追求的东西时产生的情绪状态，特征性表现为情绪低落，严重者可出现失眠、悲哀、自责、性欲减退等表现。

（1）汉密尔顿抑郁量表（Hamilton depression scale，HAMD）：HAMD是由Hamilton于1960年编制，是临床上评定抑郁状态时最常用的量表。大部分项目采用0～4分的5级评分法。通常由经过训练的两名专业人员对被测者进行联合检查，然后各自独立评分。HAMD总分能较好地反映抑郁的严重程度，即病情越重，总分越高。按照Davis JM的划界，总分超过35分，可能为严重抑郁；超过20分，可能为轻度或中等程度抑郁；若小于8，则无抑郁症状。

（2）Zung抑郁自评量表（self-rating depression scale，SDS）：SDS是1965年由Zung编制的抑郁自评量表，由20个问题组成，可以判断出抑郁的轻重程度以及有无抑郁症状。

（3）老年抑郁量表（geriatric depression scale，GDS）：GDS由Brank等在1982年创制，用于老年人抑郁的筛查，针对老年人1周以来最切合的感受进行测评。该量表共有30个条目。该量表用于一般筛查目的时建议采用以下界值：总分0～10分，为正常；11～20分，为轻度抑郁；21～30分，为中、重度抑郁。GDS是专为老年人创制并在老年人中标准化的抑郁量表，在对老年人的临床评定上，它比其他抑郁量表有更高的符合率，在年纪较大的老年人中这种优势更加明显。

三、行为评估

情绪总是伴随相应的行为表现，如面部表情、身体姿势等，情绪与行为是不可分的。行为作为一个心理学概念，是指机体在主客观因素下产生的外部活动，是外显的、可观察的。

（一）评估方法

1. 观察法 是通过对被评估者行为表现直接或间接（通过摄影录像）的观察或观测而进行心理评估的一种方法。

2. 行为访谈 是通过访谈的方法来收集有关的行为资料，如了解目前的行为及可能的原因、了解过去的行为表现及控制等。访谈时应注意以下内容，包括有无感知觉障碍、有无智力和思维过程障碍、有无注意力和定向力障碍、有无情绪高涨或低落、有无异常行为表现。

3. 心理测验法 心理测验可以对心理现象的某些特定方面进行系统评定，并且采用标准化、数量化的原则，所得到的结果可以参照标准进行比较，避免了一些主观因素的影响。常用的有神经心理学测验、行为评定量表和症状评定量表等。

（二）评估工具

1. 神经精神量表（neuropsychiatric inventory，NPI） 是国际通用的全面评价痴呆患者精神行为异常的量表。NPI 评价 12 个常见痴呆相关的精神行为症状，包括妄想、幻觉、激越、抑郁、焦虑、淡漠、欣快、脱抑制行为、异常动作、夜间行为紊乱、饮食异常。NPI 要根据对照护者的一系列提问来评分，既要评定症状的发生频率，也要评定其严重程度。病情严重程度按 3 级评分，发生频率按 4 级评分。患者评估分级的评分范围为 0 ～ 144 分，照护者苦恼分级评分为 0 ～ 60 分，0 均代表最好。

2. Cohen-Mansfield 激越问卷（Cohen-Mansfield agitation inventory，CMAI） 主要用于评价痴呆患者的激越行为，共评定 29 个与激越有关的行为症状的发生频率，评定的时间段是过去 2 周，按 7 级评分。评定等级：1 级为无，2 级为每周少于 1 次，3 级为每周 1 ～ 2 次，4 级为每周数次，5 级为每日 1 ～ 2 次，6 级为每日数次，7 级为每小时数次。

3. 阿尔茨海默病病理行为评定量表（rating scale of the behavioral pathology in Alzheimer's disease，BEHAVE-AD） 包括症状评定和总体评定两部分，由 Reisberg 等 1987 年编制。症状评定含 25 个症状，归为 7 类，即偏执和幻想、幻觉、攻击活动异常、昼夜节律紊乱、情感障碍、焦虑和恐惧。对每项症状的评定按 4 级评分。

第四节　老年人社会与环境评估

在社会经济的发展进程中，人类生活水平不断提高，医学模式也不断转变，健康评估已从单一的身体评估发展到身体 - 心理 - 社会 - 环境的综合评估。评估内容主要包括社会参与功能评估、社会支持系统评估、老年角色适应评估、照护者评估和环境评估。

一、社会参与功能评估

社会参与是以社会公众对自身利益的关心和对社会公共利益、公共事务的自觉认同为基础，通过对社会发展活动的积极参与实现发展的过程和方式。社会参与功能指的是参与社会活动的一种能力。常用评估工具包括社会参与功能评估问卷和社会参与评估量表。

（一）社会参与功能评估问卷

在对社会参与功能评估时常通过以下问题进行评定：①您闲暇之余主要参与哪些社会活动？②您有没有因为一些身体或者心理的疾病导致无法参与社会活动？③您有没有因为家庭或者社区环境而影响到自己社会参与的能力？④您参与社会活动的原因是出于自我意识还是其他原因？⑤您社会参与的程度如何？

（二）社会参与评估量表

在我国出台的《老年人能力评估》行业标准中，社会参与功能的评估包括生活能力、工作能力、时间、空间定向力、人物定向、社会交往能力等评估。

二、社会支持系统评估

社会支持（social support）的概念最早在 20 世纪 70 年代初精神病学文献中提出，即个体与社会各方面（包括亲属、朋友、同事、伙伴，以及家庭、单位、党团、工会等）所产生的精神上和物质上的联系程度，还包括主观体验到的或者情绪上的支持，即个体体验到在生活中被支持、被尊重、被理解和满意的程度。

1. 社会支持问卷（social support questionnaire，SSQ） 由 Sarason 等于 1981 年编制，共有 27 个题目。分成两个维度：社会支持数量，即需要时能够依靠他人的程度，主要体现客观支持；对获得支持的满意度，主要体现对支持的主观体验。

2. Norbeck 社会支持问卷（Norbeck social support questionnaire，NSSQ） 由 Norbeck 于 1983 年编制，分为功能支持、网络支持和支持的丧失 3 个维度。

3. 领悟社会支持量表（perceived social support scale，PSSS） 由 Zimet 等编制，强调个体对社会支持的主观体验。量表共有 12 个条目，分别测定个体领悟来自各种社会支持来源的社会支持总程度。每个条目采用 7 级计分法，即分为极不同意、很不同意、稍不同意、中立、稍同意、很同意、极同意 7 个级别。其中，家庭支持为第 3、4、8 和 11 条目；朋友支持为第 6、7、9 和 12 条目；其他支持为第 1、2、5 和 10 条目。

4. 社会支持评定量表（social support rating scale，SSRS） 由肖水源等于 1987 年以国外量表为基础编制。该量表用于测量个体社会关系，有 3 个维度，共有 10 个条目。有客观支持（即患者所接受到的实际支持）、主观支持（即患者所能体验到的或情感上的支持）和对支持的利用度（反映个体对各种社会支持的主动利用，包括倾诉方式、求助方式和参加活动的情况）3 个分量表，总得分和各分量表得分越高，说明社会支持程度越好。

三、老年角色适应评估

（一）评估内容

对老年人角色功能的评估，内容主要为被评估者对角色的感知、对承担的角色是否满意、有无角色适应不良，以便及时发现和管理角色功能障碍，避免由此引发的个人、家庭和社会问题。

1. 一般角色评估 评估老年人过去从事的职业及担任的职务，以及目前所担任的角色。有效的评估有利于防范老年人退休带来的不良后果，也可以判定是否适应目前的角色。如应询问老年人最近在做什么事情、什么事情很困难、什么事情最重要、哪些事占了大部分时间等。

2. 家庭情况 老年人离退休后家庭是其主要生活场所，需评估老年人家庭地位的变化和角色的变化，以及老伴去世后角色的丢失。另外，对性生活的评估，也可以了解老年人夫妻角色功能，有助于判断老年人社会角色及家庭角色状态。

3. 社会角色 询问老年人是否了解自己的角色权利和义务，评估老年人社会关系状态及其对每日活动是否明确。如果有不明确的反应，提示社会角色缺失或不能融入社会中去。如果有不明确的表述，提示是否有认知或其他精神功能障碍。

（二）评估工具

角色评估量表常用 Barry 角色评估量表、角色功能评估量表和人际关系自评量表等。

四、环境评估

环境是人类赖以生存和生活的空间，与健康密切相关。环境评估主要关注老年人家庭环境的安全性及其是否能够充足地获得相应服务。

（一）物理环境

物理环境是指一切存在于机体外环境的物理因素的总和，针对物理环境的评估主要指居住环境评估。居住环境是老年人的生活场所，是学习、社交、娱乐、休息的地方，评估时应了解其生活环境、社区中的特殊资源及其对目前生活环境、社区的特殊要求。其中，居家安全环境因素是评估的重点，可以通过家访获得相关资料。

（二）社会环境

社会环境包括经济、文化、教育、法律、制度、生活方式、社会关系、社会支持等诸多方面。这些因素与人的健康有密切关系。

1. 家庭环境评估 家庭的健康与个人的健康相关，个体对健康的知识和信念受家庭成员的影响。家庭评估的主要内容包括家庭成员的基本资料、家庭类型和结构、成员之间的关系、家庭成员的角色作用、家庭的经济状况、家庭功能、家庭压力、家庭对老年人生活与健康状况的认识等。家庭内部资源包括经济、情感、信息和结构支持，外部资源包括社会、医疗、文化教育资源等。

2. 社区环境评估 社区环境主要包括社区文化、教育、生活、卫生保健服务等是否完善等。评估的内容主要包括社区配套设施是否完善，如医院、商店、餐厅、银行、交通、车站、邮局、娱乐场所和公园等是否齐全；是否有提供医疗保健服务、家庭照护，以及家政服务的社区机构；是否有养老服务机构，如养老院、养老公寓、老年活动中心、日托中心等；建筑物是否密乱、是否有刺激惊险、是否人声嘈杂等。

3. 社会关系和社会支持评估 社会关系是评估老年人是否有支持性的社会关系网络，如家庭关系是否稳定、家庭成员是否相互尊重，与邻里、老同事的关系，家庭成员向老年人提供帮助的能力以及对老年人的态度，提供给老年人的护理人员和支持性服务的情况。社会支持是指从社会关系网所获得的支持。个体的社会关系网包括与之有直接或间接关系的所有人或人群，如家人、邻里、朋友、同学、同事、领导，以及成员、自救组织等；对住院患者而言，还有病友、医师和护士。

案例学习

王奶奶，78岁，近日被诊断为血管性痴呆。平日和丈夫共同生活，丈夫患有糖尿病、冠心病和严重风湿病。王奶奶负责所有日常事务，但1年前发现其记忆出现问题，并于近期加重，随后，王奶奶接受了老年综合评估。

精神状态评估结果显示，王奶奶在计算、短期记忆、抽象思维、解决问题和语言技能等认知方面存在一定功能障碍。心理社会评估结果显示，GDS-15评分为11分。王奶奶非常悲伤，自尊较低，经常感到无助、绝望和麻木，她说责任感和压力把她击垮了，看不到光亮。当询问日常生活事宜时，她说大部分时间都花在家庭事务上，没有精力外出。晚上还睡不好觉，经常凌晨3点醒来且无法再入睡；会在日间打盹，感觉很疲劳。王奶奶还表示她食欲很差，体重在2个月内从63.5kg下降到57kg（身高168cm）。另外，她还受到便秘困扰。当询问她是否参加社会活动时，她说她放弃了一些社交活动（如朋友聚会），因为她不想给他人带来任何不便，不想让他们开车接送她。

请思考以下问题：

1. 有哪些因素会导致王奶奶患上抑郁症？
2. 针对王奶奶的陈述，你将会开展哪些领域的深度评估？
3. 请列举王奶奶可能的护理诊断有哪些？

第五节 老年人生活质量与照护评估

生活质量是在生物-心理-社会-环境医学模式下产生的一种新的健康测量技术。随着人们生活、健康状况的改善和疾病谱的改变、人口老龄化程度，以及人们对健康需求的提高，老年人生活质量的评估日益受到重视。

一、老年人生活质量的评估

老年人生活质量（quality of life，QoL）是指60岁或65岁以上的老年人群对身体、精神、家庭、社会的满意程度和对生活的全面评价。因此，QoL 是一个与个人身体健康情况、心理状态、独立水平、社会关系、个人信仰，以及所处环境特点有着明显关系的、内容复杂的概念。

（一）评估方法

1. 访谈法　研究者通过与研究对象的广泛交谈来了解对方的心理特点、生活方式、健康状况和生活水平等，进而对其生存质量进行评价。按照提问和回答的结构方式不同，访谈法可分为有结构访谈和无结构访谈两类。前者是事先规定了所问项目和反映可能性的访谈形式，谈话按预定内容进行；后者是一种非指导性、自由提问和作答的访谈形式。在实际应用时可两者兼用。

2. 观察法　在一定时间内由研究者对特定个体的心理行为表现或活动、疾病症状及不良反应等进行观察，从而判断其综合的生存质量。观察法比较适合特殊患者的生存质量评定，如精神病患者、植物人、老年和危重症患者等。

3. 症状定式检查法　当生存质量的测定主要限于疾病症状和治疗的不良反应时，可用症状定式检查法。该法把各种可能的症状或不良反应列成一个表格，由评定者或患者逐一选择。其选项可以是“有”或“无”两项，也可根据程度分为不同项。

4. 标准化的量表评定法　这是目前广为采用的方法，即通过应用较好信度、效度和反应度的正式标准化测量量表对被测者的生存质量进行多维的综合评定。根据评定主体的不同，可分为自评法和他评法两种。该法具有客观性强、可比性好、程式标准化和易于操作等优点。

（二）评估内容

1. 生活满意度的评估　生活满意度是指个人对生活的总观点，以及现实实际情况与希望之间、与他人之间的差距。生活满意度指数是老年研究中的一个重要指标，用来测量老年人心理、生理主观完美状态评估的一致性。

2. 主观幸福感的评估　幸福感是反映某一社会中个体生活质量的重要心理学参数，包括认知和情感两个基本成分。

3. 生活质量的综合评估　生活质量是一个带有个性的和易变的概念，老年人的生活质量不能单独从躯体、心理、社会功能等方面获得，评估时最好以老年人的体验为基础进行评价，不仅要评定受试者生活的客观状态，同时还要注意其主观评价。常用量表有生活质量综合评定问卷、老年人生活质量评定量表等。

（三）评估工具

1. 生活满意度指数（life satisfaction index，LSI）是老年研究中应用广泛的一个量表，主要反映老年人的心理健康，包含许多反映正相健康的指标。生活满意度是指个人对生活的总观点，以及实际与期望、自己与他人之间的差距。它包括生活的兴趣、决心、知足感、自我概念及情绪5个方面。

2. 老年幸福度量表　是在1980年由Albert Komia制定，即纽芬兰纪念大学幸福度量表（Memorial University of Newfoundland Scale of Happiness，MUNSH）。MUNSH由24个条目组成，每个条目是关于情感或体验的一句描述。10个条目反映情感，其中正性情感和负性情感各5个；另外14个条目反映体验，其中正性体验和负性体验各7个。

3. 生活质量评估量表　老年生活质量评估可采用健康调查量表36（36-Item Short Form Health Survey，SF-36）。SF-36是在1988年由美国波士顿健康研究发展而来。该量表共36个条目，9个维度，包括生理功能（physiological function，PF）、生理职能（role-physical，RP）、躯体疼痛（bodily pain，BP）、总体健康（general health，GH）、活力（vitality，VT）、社会功能（social function，SF）、情感职能（role-emotional，RE）、精神健康（mental health，MH）和健康变化（health transition，HT）。其中，健康变化反映健康自觉变化，不参与生命质量评分；其他8个维度又概括为2个综合测量指标，即生理健康总评（physical component summary，PCS）和心理健

康总评（mental component summary，MCS），分别包括 PF、RP、BP、GH 及 VT、SF、RE、MH。

二、照顾者评估

照顾者包括正式的照顾者和非正式的照顾者两类。正式的照顾者是指家庭保健医护人员和其他受过专业训练的付费护理人员；非正式的照顾者是指免费为家庭提供护理的亲朋好友。世界卫生组织将家庭照顾者及其需求定义为舒缓护理中的主要客观因素之一。如果忽视对照顾者的照护，一方面，可引起他们生理、心理的疾病；另一方面，照顾者生理、心理的变化会影响受照顾者，引起受照顾者活动减少、病情康复减缓或恶化。

（一）评估内容

1. 照顾者的负担　负担是指物质上和精神上所承受的压力和担当的责任。照顾者的负担是护理过程中最常见的变量，包括生理负担、感情负担、社会负担和经济负担。

2. 照顾者的需求　在心理学中，需求是指人体内部一种不平衡的状态，对维持发展生命所必需的客观条件的反应。Ossen 等认为，“照顾者需求是指照顾者渴望获得专业人员的帮助”，他们将照者需求定义为“与健康状况和照顾相关的问题，引起的获得更多专业帮助的要求。”

3. 照顾者的生活质量　照顾者的生活质量（QoL）包括个体生理、心理、社会功能及物质状态 4 个方面。

（二）评估工具

1. 照顾者负担问卷（caregiver burden inventory，CBI）　是由 Novak 和 Guest 于 1989 年编制，比较全面和有效地评定照顾者的负担，在国际上应用广泛。CBI 共有 24 个条目，包括 5 个方面的负担，分别是时间依赖性负担、发展受限性负担、身体性负担、社交性负担和情感性负担。每个条目按负担的轻重赋 0～4 分，问卷分为 0～96 分，得分越高，说明照顾者负担越重。

2. 照顾者需求评估　老年人家庭照顾者健康需求问卷由中国学者刘腊梅等编制，该问卷以 Gorden 的 11 项功能性健康形态为理论构架，包括照顾老年人所需知识和技能及社会支持需求两个维度，共 28 个条目。每个条目根据 Likert 5 级评分法，不需要、不太需要、无所谓、需要和非常需要赋 1～5 分，分值越高，说明照顾者对该条目的需求越高。

3. 照顾者生活质量评估　可采用健康调查量表 36（SF-36），具体内容见本章第五节老年人生活质量与照护评估。

评判性思维训练

1. 请选择一位老年人，对其进行认知功能评估。

2. 为了确认一位老年人的社会支持情况和使用医疗服务过程中所遇到的障碍，你会通过哪些问题来进行评估？

3. 你会用什么方法来评估老年人的精神健康状况？如何寻找其状态受损的原因？

（李闺臣）

第五章　老年人的合理膳食

学习目标

知识目标：

1. 描述与年龄相关的影响老年人营养摄入的改变。
2. 列出影响老年人营养摄入的因素。

能力目标：

1. 识别影响老年人营养摄入的因素。
2. 提出促进老年人合理膳食的策略。
3. 为老年人制订合理的膳食计划。

素质目标：

了解护士在老年人膳食摄入中的角色和责任，培养学生对老年人的尊重和关爱，提高护士的专业素养和人文修养。

老年人的各种生理功能随年龄增长逐渐衰退，但并不意味着老年人对营养的需求也减低。相反，老年人的合理膳食更为重要，其营养目标是维持或改善老年人的健康和生活，并通过改善营养状态来预防和（或）治疗与衰老和营养相关的问题。良好的营养状态对衰老过程中的总体健康和幸福非常重要。本章将从与营养摄入相关的生理变化展开，进一步分析影响老年人营养摄入的因素，之后介绍老年人对营养素的要求，最后介绍老年人的平衡膳食原则。为护理人员在临床中指导老年人健康饮食、协助老年人制订平衡膳食提供理论知识和方法。

第一节　老年人的生理代谢特点

一、老年人代谢功能的改变

机体的基础代谢率随年龄增长而降低。老年人的基础代谢率比中年人减少 15% ～ 20%，这一改变可能与机体单位重量组织的合成代谢降低、分解代谢增加有关，也和瘦体组织重量绝对减少有关。瘦体组织是机体脂肪以外的其他部分，包括肌肉、结缔组织、骨骼、器官等。瘦体组织对基础代谢率的影响主要来自肌肉和骨骼组织的减少，表现为蛋白质减少和体脂增加。老年人代谢功能的另一个变化是葡萄糖和能量代谢的进行性减低，这与胰岛素、胰岛素受体及相关通路与血脂代谢密切相关。胰岛 B 细胞功能随年龄减退，使胰岛素分泌和细胞表面的胰岛素受体数量减少，造成与胰岛素结合能力的下降、葡萄糖利用出现障碍，产生葡萄糖耐量异常和胰岛素抵抗。此外，体内的激素水平也随着年龄发生变化。其中，内源性睾酮水平降低是造成胰岛素抵抗的因素之一，进而出现脂代谢紊乱。

二、老年人消化系统的改变

衰老对消化系统的影响是全面的。消化系统的多个器官会随着年龄增长而发生一定改变。随着年龄增长，老年人的牙齿出现磨损和神经末梢外露的情况，对各种刺激比较敏感；牙龈退化萎缩，支持牙齿的骨骼密度降低、高度降低，造成牙齿脱落，咀嚼功能受损。但也有学者认为，牙齿脱落不是正常的老龄化结果，而牙齿保健不当、饮食、环境等才是导致老年人牙齿脱落的重要因素。老年人口腔还会出现唾液分泌减少，口腔黏膜萎缩的情况，造成咀嚼效率降低；而唾液中淀粉酶的减少，直接影响了对淀粉类食物的消化。这些细小变化造成老年人的吞咽可能需要更长时间。此外，味蕾的减少造成老年人味觉减退，影响食欲，一些老年人还会过度使用调味品来弥补味觉丧失，影响老年人对营养素的合理摄取。

食管动力随年龄增长也发生变化。老年人的食管蠕动性收缩减少，蠕动能力下降，食管排空时间延长。食管上段括约肌松弛，从咽部清除食物的能力下降，增加了误吸的风险；食管下段括约肌松弛，造成老年人易发生胃十二指肠内容物的自发性反流。衰老会造成胃排空时间的延长、胃自身抗体和幽门螺杆菌的增殖、及胃黏膜细胞保护因子（如黏膜前列腺素）的减少，在此基础上导致老年人容易发生萎缩性胃炎、胃酸缺乏和黏膜萎缩。

有学者认为，老年人的小肠蠕动随衰老而减慢，对营养成分的吸收功能降低；同时，小肠腺发生萎缩，肠液分泌减少，小肠淀粉酶和胰蛋白酶水平降低，消化功能降低。大肠出现黏膜萎缩，对水分的吸收减少，黏液分泌减少，肠蠕动减慢，粪便滞留时间变长，但不至于产生排便困难；但老年人活动减少，使肠内容物通过时间进一步延长，水分重吸收增加，粪便坚硬，向前推进粪便的动力又不足，且直肠对扩张的敏感性降低，最终造成老年人更容易发生便秘。此外，衰老会造成肠道对乳糖、钙、叶酸、维生素 B_{12}、铜、锌、脂肪酸和胆固醇的吸收下降，称为吸收不良综合征（malabsorption syndrome）。

衰老造成的肝脏改变包括肝脏变小、血流量和灌注减少，以及代谢药物的能力下降。因此，药物副作用和药物之间相互作用的风险增加。而老年人胰腺分泌的消化酶减少，影响脂肪的吸收，易发生脂肪性腹泻。

第二节　影响老年人营养摄入的因素

一、生理因素

老年人的营养摄入和吸收受到多种因素影响。其中，慢性病和服用药物是重要的影响因素。对老年人而言，疾病、饮食习惯、药物是相互作用的。老年人本身的不良饮食习惯与许多慢性病的发生有密切关系。调查发现，87% 的老年人患有各种与饮食相关的疾病。而长期患病可能造成的认知障碍反过来会影响老年人采购、烹饪和进食的能力。同时，老年人常常需服用药物控制疾病，但服药后可抑制食欲及产生恶心、呕吐、味觉改变等消化道反应，让老年人食欲缺乏而减少营养摄入，对营养素的吸收和代谢也产生影响。存在共病情况的老年人服用药物种类更多，可能会进一步影响营养的摄入。

各种原因造成的功能障碍也会影响老年人对营养的摄入，如老年人的移动性障碍和视觉障碍可能会干扰其采购和准备食物的能力，疼痛或呼吸困难等不适症状可能会影响老年人的食欲和进食的能力。其中，吞咽困难是影响老年人营养摄入的一个不可忽视的因素，吞咽障碍常见于患有神经系统疾病的老年人和患有认知障碍的老年人。吞咽障碍影响老年人的营养摄入，会进一步产生其他不良后果，包括体重减轻、营养不良、脱水、吸入性肺炎，甚至死亡。

二、心理、社会因素

心理因素会影响老年人的食欲和饮食方式。抑郁是老年人常见的心理精神问题。抑郁的老年人会出现厌食和食欲缺乏的情况，也会影响老年人对是否进食的决策、饥饿感和饱腹感。丧偶后悲伤也会影响老年人的饮食质量和摄入量，特别是以往从未购买过或准备过食物的老年人，丧偶后自己很难完成这些与营养摄入相关的活动，增加了发生营养不良的风险。

衰老带给老年人在社会经济层面上的改变，对营养摄入会产生不可忽视的影响。经济条件不好会导致老年人在食物种类、质量及数量方面的选择上受到限制。居住地点也会影响老年人的营养摄入。居住在偏远地区或交通不便地区的老年人，常常只会在附近的商店购买食物，而地处这些地区的商店，食物种类通常比较有限且可能价格偏高，进一步限制了老年人对食物的选购。

就餐环境对老年人而言是一个不可忽视的影响因素。进食时是否有人陪伴也是影响营养摄入的重要因素。现代社会，家庭成员越来越少，很多老年人都是独居或者两位老年人单独居住，造成老年人在食物选择、烹饪加工和摄取方面均缺乏兴趣，影响食物的摄入过程和摄入食物的心态。这一因素对养老机构的住养老年人影响明显，机构中团体用餐的气氛和食物种类，会影响机构住养老年人对营养的摄入。

多种因素造成老年人食物摄入减少和营养不良。长期处于营养不良的状态，又进一步增加患病风险，导致老年人健康状态不佳，活动能力和独立性进一步受损，食物选择和食物摄入进一步受到影响，从而形成一个恶性循环。

第三节　老年人的营养需求

一、能量的需求

机体维持生命活动和从事劳动或社会活动消耗的能量与食物中摄取的能量趋于平衡，在营养学中称之为“能量平衡”。能量平衡是抗衰老的关键。老年人由于基础代谢率下降和体力活动减少等因素，对能量的需求减少，而能量摄入也应随之减少。对老年人而言，5 ～ 7d 内消耗与摄入的能量均值趋于相等即可。如何判断老年人的能量摄入和消耗趋于平衡，最简单的方法就是测量体重。一般情况下，体重处在正常范围内则表明能量平衡。根据《中国居民膳食指南（2022）》，一般老年人的体重指数（body mass index，BMI）控制在 20 ～ 26.9kg/m^2 为宜。若体重处于超重或肥胖状态，表示能量摄入大于机体消耗量，应合理控制进食量；若体重长期处于消瘦状态或持续下降状态，表示机体能量摄入小于消耗量，应增加进食量。特别是 1 个月内体重减少 5% 以上、3 个月内丢失 7.5% 以上，或 6 个月内丢失 10% 以上者，应及时就医。

机体的能量需求可以根据年龄和活动强度进行计算，如使用 Harris-Benedict 方程进行计算休息时的能量消耗。但能量需求还需考虑活动的影响。2017 年发布的中华人民共和国卫生行业标准 WS/T 556—2017《老年人膳食指导》中，对老年人的能量摄入提出了推荐摄入量（recommended nutrient intake，RNI）（表 5-1），可根据老年人的活动强度确定所需的能量推荐摄入量。

表 5-1　不同年龄段老年人的能量推荐摄入量（RNI）

年龄（岁）	体力活动强度	能量（kcal/d）	
		男	女
65 ～ 79	轻体力活动	2050	1700
	中体力活动	2350	1950
≥ 80	轻体力活动	1900	1500
	中体力活动	2200	1750

1kcal=4.18585kJ

二、碳水化合物的需求

碳水化合物（糖类）是生物体维持生命活动所需能量的主要来源。谷类是人体可利用的碳水化合物的最主要来源，水果也是碳水化合物的丰富来源，块茎和块根类蔬菜含淀粉较多，也是碳水化合物的来源。老年人由于胰岛素分泌减少、组织对胰岛素的敏感性下降及糖耐量降低而容易发生血糖增高。当碳水化合物摄入过多时，易引发糖尿病及诱发糖源性高脂血症，过多的碳水化合物还可在体内转化为脂肪，引起肥胖、高脂血症等。碳水化合物摄入不足时，机体会靠分解大量脂肪和蛋白质产生能量，造成脂肪代谢产物酮体堆积引起酮症酸中毒，或因蛋白质大量分解造成机体抵抗力下降。

老年人碳水化合物摄入量应占总能量的 50% ～ 65%。谷薯类和杂豆类是碳水化合物的主要来源。如何从能量需求计算所需的碳水化合物，每克碳水化合物可产生 4kcal 能量，假设一位老年人的能量需求是2000kcal/d，应用以下公式计算所需碳水化合物：

$$2000\times60\%\div4=300\text{g}$$ 碳水化合物

再将碳水化合物的量换算成食物。一般而言，每日摄入500g蔬菜和200g水果（含碳水化合物按50g计算），剩余250g碳水化合物。通常每100g粮食中含约75g碳水化合物，计算得出：

$$250\text{g}\div75\%\approx330\text{g}$$ 主食

因此，这位老年人每日应摄入300g左右的主食。

在餐食分配上，碳水化合物食物应分布均衡，这是因为老年人肝脏糖异生功能减退，肝糖原生成及储存量减少，易出现低血糖现象。一旦发生低血糖则难以代偿。同时，老年人交感神经和肾上腺髓质反应性降低，低血糖状态易导致不同程度的脑细胞功能损害。因此，老年人应按时进餐，少量多餐，且每餐均有含碳水化合物的主食。此外，同样是谷薯类食物，不要全部选择易消化的碳水化合物和含碳水化合物量较多的食物，这样的食物吸收快，一段时间后反而导致血糖迅速下降。可适当选择全谷物和杂豆，辅以水果、蔬菜、肉类、鱼类等可缓慢吸收的食物，维持血糖稳定。

三、脂类的需求

脂类是人体重要的营养素之一。脂类包括甘油三酯、磷脂和胆固醇。适当的脂肪可促进脂溶性维生素的吸收，供给机体必需的脂肪酸，也可以改善菜肴的味道。老年人的脂肪摄入量应控制在每日每千克体重1g以下，占总能量的20%～30%为宜，且饱和脂肪酸不宜多于总能量的10%。此外，老年人还应适量摄入必需脂肪酸、磷脂和胆固醇；少食用动物油脂，宜选择花生油等植物油。

（一）必需脂肪酸

膳食中有充足的必需脂肪酸对延缓衰老非常重要。必需脂肪酸（essential fatty acid，EFA）是指人体不能合成且又是人体生理功能必需的脂类，包括亚油酸和α-亚麻酸。亚油酸是合成前列腺素的前体物质，人体缺乏亚油酸会导致各组织器官功能失调，出现肝、肾、神经系统疾病等。α-亚麻酸对老年人的视力、脑功能和认知功能都具有影响。必需脂肪酸为多不饱和脂肪酸，植物油中多不饱和脂肪酸含量较高，而动物脂肪中含饱和脂肪酸较高，而且动物脂肪含有的胆固醇又可以引起动脉硬化和心脑血管疾病。因此，老年人应限制动物脂肪的摄入。需注意的是，不同植物油中亚油酸和α-亚麻酸的含量差异较大，建议混合食用不同种类的植物油或更换食用。但棕榈油和椰子油中多不饱和脂肪酸含量有限，选择时应注意。另外，各种坚果中也含有丰富的必需脂肪酸，可适量食用。

（二）卵磷脂

卵磷脂（lecithin）是细胞膜的主要构成成分，对细胞正常代谢及生命过程具有决定性作用。卵磷脂在大脑和神经系统中的含量较高，为神经系统活动提供所需的胆碱，对改善老年人的大脑功能和提高记忆力具有很好的作用。人体缺乏胆碱可造成神经细胞凋亡和脑细胞萎缩。此外，卵磷脂能与血液中多余的胆固醇结合，阻止胆固醇在血管壁上沉积并清除已沉积在血管壁上的胆固醇，预防老年人发生脑动脉硬化。含有卵磷脂的食物很多，但大豆、蛋黄、肝脏中卵磷脂的含量最丰富。

（三）胆固醇

胆固醇（cholesterol）是动物组织细胞不可缺少的重要物质。胆固醇是体内不饱和脂肪酸的运输工具，没有胆固醇，细胞结构发生变化，很多生理功能不能正常发挥。胆固醇还是合成胆盐、维生素D，以及甾体激素的原料。胆固醇经代谢还能转化为胆汁酸、类固醇激素和7-脱氢胆固醇。7-脱氢胆固醇经紫外线照射后转变为维生素D_3。胆固醇还有助于血管壁的修复和完整。血清胆固醇含量偏低时，血管壁会变得脆弱，有可能引起脑出血；胆固醇水平过低也可能会增加认知障碍和肿瘤发生的危险性。但摄入过多又可引起血脂水平升高。因此，人体必须保持一定的胆固醇水平。建议胆固醇不宜超过 300mg/d。已是高脂血症的患者，胆固醇摄入量不能超过 200mg/d。

四、蛋白质的需求

蛋白质是生命的物质基础。蛋白质不仅是人体能量的来源之一，也在维持身体的正常代谢、维持机体免疫力、促进疾病康复、保持肌肉功能方面发挥着重要作用，是增生新细胞和修补破损细胞的重要原料。此外，蛋白质还参与体内物质代谢的调节和参与呼吸系统的运输。人体在衰老过程中蛋白质代谢以分解为主，合成代谢逐渐缓慢，身体内的蛋白质逐渐被消耗，加之老年人对蛋白质的消化、吸收、利用均有所降低，因此，老年人更需要注意补充蛋白质。建议老年人摄入数量充足且易于消化、吸收、利用的优质蛋白质。

豆制品、蛋类、乳制品、鱼类和肉类食物中均含有丰富的蛋白质。但是从优质蛋白质的角度看，大豆蛋白最为理想，其次是蛋类、乳制品、鱼类和肉类。建议老年人每日应进食一次大豆及其豆制品，并摄入足量的肉类。奶制品也是很好的优质蛋白质来源，牛奶中的乳清蛋白对促进肌肉合成、预防肌肉衰减很有益处，同时牛奶中钙质的吸收利用率也比较高。因此，建议老年人每日饮用牛奶或食用奶制品，其中以低脂奶及其制品为佳。老年人每日蛋白质的推荐摄入量为 1.0 ～ 1.2g/kg。以 60kg 体重的老年人为例，需摄入 60 ～ 72g 的蛋白质，转化为食物就是一个鸡蛋（约 7g 蛋白质）、一盒 240ml 牛奶（含 7g 蛋白质）、125g 鱼肉或瘦肉和 50g 大豆。与碳水化合物食物类似，蛋白质在每日的饮食中也应做到每餐都有，这样才更有利于蛋白质的消化、吸收。

五、矿物质的需求

人体中含有 60 多种矿物质。根据矿物质在人体中的含量，可分为宏量元素和微量元素。体内含量大于体重 0.01% 的矿物质称为宏量元素，包括钙、镁、钾、钠、磷、硫、氯 7 种元素；体内含量小于体重 0.01% 的矿物质为微量元素。矿物质在机体活动中发挥着重要作用，但是人体却不能自行合成，必须由外界环境供给。人体在每天的新陈代谢中会通过粪便、尿液、汗液、头发等途径排出一定量的矿物质，因此必须通过饮食进行补充。老年人由于消化功能退化，对矿物质的消化吸收能力也有所减弱，容易出现因矿物质摄入不足或缺乏引起的疾病。

老年人最容易缺乏的矿物质是钙、铁、锌、钾等。绝经期女性由于内分泌水平降低，缺钙的情况更加明显。钙质不足易导致骨质疏松和骨折等情况。同时，缺钙与高血压的发生也有一定的关系。老年人每日建议摄入 800mg 钙。我国老年人普遍存在钙摄入量不足的情况，因此，建议老年人应注意多摄入富含钙质的食物，如奶制品、豆制品、海产品（海带、虾皮等）、高钙低草酸蔬菜（芹菜、油菜、苜蓿等）、黑木耳和芝麻等。

老年人对铁质的吸收较差，易出现缺铁性贫血，应适量摄入吸收利用率高的富铁食物，如瘦肉、禽肉、动物肝脏、血等，也可以适当补充铁强化食物或含铁营养补充剂。在摄入富铁食物的同时，可适当补充维生素 C 和 B 族维生素促进铁质的吸收。锌与人体的免疫功能和食欲有关。老年人缺锌与膳食中锌的供给不足和吸收不良有关。此外，食物中的某些成分会降低锌的吸收，如摄入过高的植酸量或大量膳食纤维。人体对锌的需求量是 2.2mg/d，但由于锌的吸收率较低，因此，膳食中锌的供给量应达到 12 ～ 15mg/d。含锌量较高的食物包括牛肉、动物肝脏、禽肉、鱼肉和海产品。此外，老年人体内钾含量也比较低，每日饮食中须保证有 3 ～ 5g 钾的供应量，而豆类和蔬菜是理想的补钾食物。

六、维生素的需求

维生素是一类小分子有机化合物。维生素在人体内不能合成或合成量不足，必须从食物中获取。维生素分为脂溶性维生素和水溶性维生素。脂溶性维生素包括维生素 A、维生素 D、维生素 E 和维生素 K；水溶性维生素主要包括 B 族维生素和维生素 C。老年人由于咀嚼功能下降、胃肠道功能减退、摄入蔬菜水果有限，且食物烹饪过于软烂等因素，造成维生素损失较多，易出现维生素缺乏的情况，其中，最容易缺乏的是维生素 A、维生素 D、维生素 B_{12} 和维生素 C。

维生素 A 与维持人体正常视觉、维持上皮细胞健康、促进细胞免疫功能和维持骨骼健康有关。严重缺乏维生素 A 可引起皮肤粗糙、夜盲症、抵抗力下降和骨质疏松等。老年人每日应需要摄入 700 ～ 800μgRE（微克视黄醇当量）的维生素 A。动物肝脏和蛋黄是富含维生素 A 的食物，其中羊肝、牛肝和鸡肝中维生素 A 含量最高，可推荐老年人每月食用一次。含有 β- 胡萝卜素的蔬菜也是维生素 A 的重要来源。富含 β- 胡萝卜素的食物主要是黄色、橙色和深绿色的蔬菜和水果，但水果中的 β- 胡萝卜素比蔬菜中的 β- 胡萝卜素利用率更高。此外，老年人可适量服用维生素 A 强化植物油予以补充。

维生素 D 是一种脂溶性维生素，其中最主要的是维生素 D_3 与 D_2。前者由皮下的 7- 脱氢胆固醇经紫外线照射而成；后者由植物或酵母中含有的麦角固醇经紫外线照射而成。因此，日光照射对维生素 D 的吸收非常重要。维生素 D 的主要功用是促进小肠黏膜细胞对钙和磷的吸收。近年来，维生素 D 缺乏已成为老年人常见的健康问题之一，发生率可高达 30% ～ 80%。老年人缺乏维生素 D 可导致肌肉无力、骨质疏松及骨折等情况。维生素 D 可以通过日光照射、食物和服用补充剂获得。老年人维生素 D 的推荐摄入量是 400 ～ 800U/d。同时，建议老年人每天在户外进行 30 min 以上的活动。可以补充维生素 D 的食物比较少，主要是蛋黄和动物肝脏。对于各种原因导致无法户外活动的老年人，可考虑服用维生素 D 补充剂。已患有骨质疏松的老年人，在补充维生素的同时还应接受药物治疗。

维生素 B_{12} 在维持神经系统正常功能和红细胞发育成熟过程中具有重要作用。人体不能合成维生素 B_{12}，需要依靠食物供给。维生素 B_{12} 是唯一一种需要胃分泌的内源因子帮助才能吸收的维生素。老年人肠胃功能减退，部分老年人还因为患有萎缩性胃炎导致胃酸缺乏，致使维生素 B_{12} 不能从食物蛋白中分离出来；另外，老年人胃黏膜分泌的内源因子减少，形成的维生素 B_{12} 内源因子复合物减少，造成维生素 B_{12} 吸收不足。饮食偏素的老年人，更容易出现维生素 B_{12} 缺乏。维生素 B_{12} 缺乏对神经系统的损害较为广泛，会导致精神抑郁、睡眠质量不好或者记忆力下降，加速老年人的智力退化，严重者甚至会出现神经受损、贫血、认知障碍等。维生素 B_{12} 主要来源于动物性食物，如动物肝脏和鱼类，其他食物还包括蛋类和乳制品。老年人每日需要 1.4μg 左右的维生素 B_{12}。

维生素 C 是人体抗凝血和保护血管的重要元素，也是很强的抗氧化剂，且具有较强的抗感染作用。多种食物均含有维生素 C。老年人维生素 C 不足增加呼吸道感染的可能性，这类感染又促进血液凝集，导致心肌梗死和脑卒中的发生。老年人在秋冬季节要尤其注意多食用富含维生素 C 的食物。

七、膳食纤维的需求

膳食纤维是一种多糖，既不能被胃肠道消化吸收，也不能产生能量，但对人体生理功能的维持具有重要作用。膳食纤维可分为可溶性和不可溶性两种。可溶性膳食纤维可溶解于水又可吸水膨胀，并且可以被大肠中的微生物酵解，主要包括果胶、植物胶和黏胶；不可溶性膳食纤维既不能溶于水，也不能被大肠中的维生素酵解，主要有纤维素、半纤维素和木质素等。膳食纤维对人体生理功能的作用包括刺激肠道蠕动，利于粪便排出，预防便秘、肠癌、痔疮；对预防动脉粥样硬化和冠心病等心血管疾病的发生有帮助；预防胆结石的形成；产生饱腹感，对肥胖患者进食有利；改善耐糖量，调节血糖水平。

膳食纤维的摄入量应根据食物的总摄入量来确定。老年人推荐每日摄入膳食纤维 25 ～ 30g。可溶性膳食纤维在大麦、豆类、胡萝卜、柑橘、亚麻、燕麦和燕麦糠中含量丰富；不可溶性膳食纤维主要存在于植物表皮和未加工的麸质、全麦、谷物、豆类、根茎类、果皮中。谷类（特别是粗粮）、豆类、蔬菜、薯类和水果均是膳食纤维的良好来源。建议老年人通过食用全谷类、全麦制品及新鲜蔬菜、水果增加膳食纤维的摄入。

同时，膳食纤维的摄入还需注意烹饪的方法，不建议采用捣碎或研磨成粉的加工方法，因为会破坏膳食纤维。此外，还要注意不能食用过多的膳食纤维，过量食用可出现腹泻、腹胀、腹痛甚至肠道堵塞等问题，而且会影响矿物质和脂溶性维生素的吸收。对于肠胃功能较弱的老年人，过量食用膳食纤维会促进肠蠕动，延长消化吸收时间，增加肠胃负担，导致食物难以完全消化吸收，反而降低其他营养素的利用率。还需注意的一点是，膳食纤维的利便作用对于迟缓性便秘患者较为有效，其他原因造成的便秘如摄入过多膳食纤维反而会加重便秘症状。

八、水分的需求

水是一切生命活动必需的物质。然而，很多老年人会出现水分摄入不足的情况，进而引发多种疾病。究其原因，一方面是因为衰老造成尿浓缩功能减退，排尿次数增多，老年人为减少排尿次数而刻意减少饮水量；另一方面，老年人口渴中枢反应变慢，不能及时感知到口渴，感觉到口渴时体内已经明显缺水。机体水分不足，代谢产物无法及时排出，血液黏度增高，有害物质堆积，对身体造成很大的危害。因此，要鼓励老年人主动地少量多次饮水，每次饮水 50 ～ 100ml 即可，不要等到口渴时再饮水。早晨起床时是心血管疾病的高发期和危险期，因为经过一夜睡眠，体内水分缺失较为严重，血液黏度上升，易造成血管堵塞，形成血栓和粥样硬化，从而引发心脑血管疾病。因此，建议老年人睡前 1 ～ 2h、夜间和晨起各喝一杯水，既能降低发生心脑血管意外的风险，又可以通过大小便促进体内的废物排出。

第四节　中国老年人膳食指南

全球有多种膳食模式。这是地域、文化、资源和信仰等多个因素长期传递形成的结果。膳食模式的变迁和社会发展、健康文化传播密切相关。随着社会的发展和生活条件的改善，长期不合理膳食引起的慢性病发病率和死亡率日益升高。世界卫生组织将“减少不健康膳食”作为全球预防和控制非传染性疾病“最合算的干预措施”之一。良好的膳食模式对居民的身体健康具有重要作用。

一、中国平衡膳食指南

平衡膳食模式是指一段时间内，膳食组成中的食物种类和比例可以最大限度地满足不同年龄和能量水平健康人群的营养和健康需求，是我国居民膳食指南的核心。1989 年，我国首次发布适合我国人群的膳食指南。在此后的 30 多年，中国营养学会多次组织专家对膳食指南进行修订，以应对不同发展时期我国居民的营养和健康需求。2022 年，中国营养学会发布了最新版的《中国居民膳食指南》。该指南涵盖了 2 岁以上人群不同能量水平时各类食物的推荐摄入量。需注意的是，平衡膳食指南中提及的所有食物推荐量都是以原料生重可食部分计算的。

中国平衡膳食指南中包括了 5 大类人体必需的基本食物，即谷薯类、蔬菜水果、畜禽鱼蛋奶类、大豆和坚果类，以及烹调用油盐。建议做到每日摄入 12 种以上的食物，每周摄入 25 种以上。为方便记忆和理解，《中国居民膳食指南（2022）》中绘制了宣传图形，包括中国居民膳食宝塔和中国居民平衡膳食餐盘等。中国居民平衡膳食宝塔是《中国居民膳食指南（2022）》的准则和核心推荐，下面根据中国居民平衡膳食宝塔，以成年人能量需求在 1600 ～ 2400kcal 范围内时，每日各类食物的建议摄入量范围。

（一）谷薯类食物

谷薯类是膳食能量的主要来源（提供总能量的50%～65%），也是多种微量营养素和膳食纤维的良好来源。在1600～2400kcal能量需要量水平下，建议成年人每人每日摄入谷类200～300g，其中包含全谷物和杂豆类50～150g和薯类50～100g。谷类包括小麦、稻米、玉米、高粱等及其制品，如米饭、馒头、烙饼、面包、饼干、麦片等。全谷物是理想膳食模式的重要组成，也是膳食纤维和其他营养素的来源。杂豆包括大豆以外的其他干豆类，如红小豆、绿豆、芸豆等。薯类包括马铃薯、红薯等，可替代部分主食。

（二）蔬菜和水果

蔬菜和水果是膳食指南中鼓励多摄入的两类食物。在1600～2400kcal能量需要量水平下，推荐成年人蔬菜摄入量至少达到300g/d，水果200～350g/d。蔬菜和水果是膳食纤维、微量营养素和植物化学物的良好来源。蔬菜包括嫩茎、叶、花菜类、根菜类、鲜豆类、茄果瓜菜类、葱蒜类、菌藻类及水生蔬菜类等。每类蔬菜提供的营养素略有不同，深色蔬菜一般富含维生素、植物化学物和膳食纤维，推荐每日占总体蔬菜摄入量的1/2以上。深色蔬菜是指深绿色、深黄色、紫色、红色等有颜色的蔬菜。水果包括仁果、浆果、核果、柑橘类、瓜果等。推荐吃新鲜水果。在鲜果供应不足时，可选择含糖量低的干果制品或纯果汁。值得注意的是，水果和蔬菜不能相互替代。

（三）鱼、禽、肉、蛋等动物性食物

新鲜的动物性食物是优质蛋白质、脂肪和脂溶性维生素的良好来源。在1600～2400kcal能量需要量水平下，推荐每日鱼、禽、肉、蛋摄入量共计120～200g。其中，畜、禽、肉40～75g，鱼、虾、蟹和贝类水产品40～75g，蛋类50g左右（1个鸡蛋）。除摄入量外，以上食物在选择时需注意，条件允许者可优先考虑水产品，尽量选择瘦肉或禽肉，少吃加工类肉制品，吃鸡蛋不能丢弃蛋黄。

（四）奶类、大豆和坚果

奶类、大豆和坚果是蛋白质和钙的良好来源，鼓励多摄入。在1600～2400kcal能量需要量水平下，推荐每日应摄入至少相当于鲜奶300g的奶类及奶制品。大豆包括黄豆、黑豆、青豆，及其常见制品，如豆腐、豆浆、豆腐干等。坚果包括花生、葵花籽、核桃、杏仁、榛子等。推荐成年人大豆和坚果的摄入量共为25～35g/d，食用其他豆制品时需按蛋白质含量与大豆进行折算。坚果是食物多样化的良好选择，建议每周摄入70g左右（相当于每日10g左右）。

（五）烹调油和盐

油盐是必不可少的烹饪调料，但建议尽量少用。在1600～2400kcal能量需要量水平下，脂肪的摄入量为36～80g/d。由于其他食物中也含有脂肪，因此，烹调用油需要限量，推荐成年人平均每日烹调油不超过25～30g。烹调油包括各种动植物油，植物油如花生油、大豆油、菜籽油、葵花籽油等；动物油如猪油、牛油等。烹调油应经常更换种类以增加多样化，满足人体对各种脂肪酸的需要。食盐推荐摄入量不超过5g/d。此外，《中国居民膳食指南（2022）》也建议控糖、限酒。世界卫生组织建议每日摄入的碳水化合物量不超过50g，最好控制在25g以下。成年男性每日酒精摄入量不超过25g，女性不超过15g。

（六）身体活动和水

水是膳食的重要组成部分。每日的饮水和整体膳食水（包括食物中的水、汤、粥、奶等）摄入共计2700～3000ml，来自食物中的水分和膳食汤水约占1/2，因此，老年人每日的饮水量不应低于1200ml，以1500～1700ml为宜。可选择具有一定硬度、含有天然矿物质、pH偏碱性的饮

用水，也可饮用淡茶水，但不建议饮用浓茶。在高温或高身体活动水平下，应适当增加饮水量。身体活动是能量平衡和维持身体健康的重要手段。推荐成年人每日进行相当于快走6000步以上的身体活动，每周最好能进行150min中等强度的运动。

（七）针对老年人的膳食建议

《中国居民膳食指南（2022）》的推荐量涵盖了2岁以上的人群。对于老年人而言，在一般成年人平衡膳食的基础上，应摄入更加丰富多样的食物，特别是易于消化吸收利用，且富含优质蛋白质的动物性食物和大豆类食物。人体对动物类食物中的蛋白质和微量营养素吸收利用率高，鼓励老年人合理选择并摄取充足的动物性食物。同时，大豆也富含优质蛋白质、脂肪和钙质等有益成分，建议老年人每日食用豆制品，达到平均15g/d大豆的水平即可。奶制品对老年人健康而言也是非常重要的，建议老年人多饮用低脂奶及其制品。老年人也可根据自己的情况，选择适合自己的奶制品，如酸奶、奶酪等。奶酪中的蛋白质、脂肪、钙、维生素A、核黄素等含量是鲜奶的7～8倍，比较适合食量小的老年人。建议老年人每日饮用300～400g鲜牛奶或相当量蛋白质的奶制品（相当于30～36g奶粉）；乳糖不耐受的老年人可考虑选择低乳糖奶或酸奶。若老年人患有多种慢性病、身体功能明显变差时，应及早接受专业的营养不良风险评估、评定，接受医学营养专业人员的指导，科学调控饮食。

二、膳食设计

膳食配餐是根据平衡膳食指南和针对个体需求制定的平衡膳食计划，包括每餐食物的种类和数量，以保证营养摄入满足标准。膳食设计的具体步骤包括：①根据能量需求换算各类食物所需份数；②餐次分配；③设计菜单。

（一）根据能量需求换算各类食物所需份数

可根据上一节内容中的表5-1，选择符合某位老年人年龄和活动水平的能量推荐摄入量，再根据能量需求量换算各类食物所需份数。《中国居民膳食指南（2016）》首次提出了“食物标准份量”的概念，以达到食物定量的效果。“量化”食物是理解和实践膳食指南的重要手段。对于不同种类的食物，每一份对应的食物重量是不同的（表5-2）。

表5-2　常见食物的标准份量（以可食部分计算）

食物类别	每份食物的量	备注
谷类	50～60g	50g面粉=70～80g馒头 50g大米=100～120g米饭
薯类	80～100g	红薯80g=马铃薯100g
蔬菜类	100g	高淀粉类蔬菜，如甜菜、鲜豆，应减少用量
水果类	100g	100g梨和苹果相当于25g枣或65g柿子
瘦肉	40～50g	瘦肉脂肪含量＜10%
肥瘦肉	20～25g	肥瘦肉脂肪含量为10%～35%。肥肉和五花肉的脂肪含量一般超过50%，应减少食用
鱼类	40～50g	鱼类的蛋白质含量为15%～20%，脂肪为1%～8%
虾贝类	40～50g	虾贝类的蛋白质含量为5%～15%，脂肪为0.2%～2%
蛋类	40～50g	一般1个鸡蛋50g，1个鹌鹑蛋10g，1个鸭蛋80g
大豆类	20～25g	20g黄豆=60g北豆腐=110g南豆腐=120g内酯豆腐=45g豆干=360～380ml豆浆
坚果类	10g	淀粉类坚果相对能量低，如10g葵花籽仁=25g板栗=20g莲子
乳制品	200～250ml	200ml液体奶=20～25g奶酪=20～30g奶粉
水	200～250ml	

以一位低活动（轻度身体活动）水平的70岁女性为例，能量需求为1700kcal/d。根据表5-3可知老年人每日每类食物摄入的份数，包括4.5份谷类、0.5份薯类、4份蔬菜、2份水果、1份畜禽肉类、1份蛋类、1份水产品、0.5份豆制品、1份坚果、1.5份乳品、2.5份食用油。

表5-3 不同身体运动水平的成年人食物份数（单位：份数/日）

食物	轻度身体活动水平		中度身体活动水平		重度身体活动水平	
	男性	女性	男性	女性	男性	女性
谷类	5.5	**4.5**	7	5	8	6
薯类	1	**0.5**	1.5	1	1.5	1.5
蔬菜	4.5	**4**	5	4.5	6	5
水果	3	**2**	3.5	3	4	3.5
畜禽肉类	1.5	**1**	1.5	1	2	1.5
蛋类	1	**1**	1	1	1	1
水产品	1.5	**1**	1.5	1	2.5	1.5
豆制品	1	**0.5**	1	0.5	1	1
坚果	1	**1**	1	1	1	1
乳品	1.5	**1.5**	1.5	1.5	1.5	1.5
食用油	2.5	**2.5**	2.5	2.5	3	2.5

（二）餐次分配

在确定食物的所需份数后，进一步对每餐食物份数进行分配。对老年人而言，早餐宜有1～2种以上主食、1个鸡蛋、1杯牛奶，另有蔬菜、水果；中餐和晚餐宜有2种以上主食、1～2个荤菜、1～2种蔬菜、1个豆制品。对于高龄、虚弱的老年人及体重明显下降的老年人，可采用三餐两点或三餐三点的方式进食，每次正餐占全天总热量的20%～25%，每次加餐占5%～10%。以上述70岁女性为例，每日餐次可按下表进行分配（表5-4）。确定每餐食物份数后，再换算成食物量。之后，使用称重法、食物模型法或手掌饮食法对所需食物称重。手掌法是较为灵活的一种方法，详细方法可参见《中国居民膳食指南（2022）》。

表5-4 每日餐次分配（以低活动水平的70岁女性为例）

食物	总份数	早餐	加餐	午餐	加餐	晚餐
谷类	4.5	1		2		1.5
薯类	0.5			0.5		
蔬菜	4	0.5		1.5		2
水果	2		1			1
畜禽肉类	1			1		
蛋类	1	0.5		0.5		
水产品	1					1
豆制品	0.5					0.5
坚果	0.5			1		
乳品	1.5	0.5			1	

在根据能量需求换算食物份数的时候，若发现所需能量介于两档之间时，可以按自己的喜好选择一档。需要注意的是，能量需求量和食物份数为老年人饮食摄入提供了指南和参考，但由于体力活动水平、基础代谢存在差异，即使是同一年龄的人，能量需求量也可能存在差异。此时，可根据推荐量做一些调整，依据自己感觉是否吃饱以及一段时间以来体重是否保持稳定进行调整。在调整时只对主食进行增减。如果是患有糖尿病的老年人，请咨询医师进行调整。

老年人在营养摄入方面，不仅应根据膳食指南计算食物量，还需要注意烹饪方式。老年人由于牙齿缺失、消化液分泌减少、胃肠蠕动减弱等会出现食欲缺乏和早饱现象，造成食物摄入不足和营养缺乏。针对以上情况，可将食物切小切碎，采用炖、煮、蒸、烩、烧等方法进行烹饪，延长烹饪时间，方便老年人食用。

三、其他饮食模式

平衡膳食模式是中国居民健康膳食的饮食模式，但平衡膳食并不是唯一的健康饮食模式。在世界范围内还有其他很好的饮食模式，不能将平衡膳食当作唯一的选择。例如，由美国心肺及血液研究所设计的DASH饮食（DASH diet），又称为“降高血压饮食”模式。研究证明，该种饮食模式可有效降低血压或血脂，有助于预防肥胖、心血管疾病、糖尿病等慢性病，可用于高血压和高血脂患者，也适用于肥胖、糖尿病患者和普通人。DASH模式推荐多吃蔬菜、水果、低脂乳品、全谷物、禽肉、鱼类、大豆制品及坚果，少吃甜品、含糖饮料、红肉、肥肉和动物内脏，以植物油代替动物油。

地中海饮食（Mediterranean diet）是另一种健康饮食模式，是希腊、西班牙、法国等地中海沿岸国家的传统饮食模式。该饮食模式的特点是以蔬菜、水果、鱼类、五谷杂粮、豆类和橄榄油为主，吃适量奶酪、酸奶等奶制品。而红肉、甜点、饮料和精制谷物摄入较少。地中海饮食可降低肥胖、心血管疾病、糖尿病和癌症的发生风险。

2019年，《柳叶刀》EAT特别委员会组织16个国家的37名科学家，从健康膳食、可持续粮食生产、保护地球环境的角度，推荐了“星球健康饮食”模式，其主要特点是植物类食材比例较高；动物性食物、精制谷物、超加工食物、添加糖比例较少。在各种膳食指南中，星球健康饮食模式是最重视环保和可持续发展的，但与大多数人的实际饮食模式相差较大，但仍可以满足身体营养需求和健康需求。

对比不同国家地区的膳食指南，会发现指南中的内容不尽相同。这是因为，一方面膳食指南的制定不仅要根据营养科学原则，还要结合当地食物生产和供应情况及人们生活实践、经济发展水平、饮食文化和饮食习惯。此外，膳食指南的制定还受到当地食品标准、产业政策、法律法规及产品标准等因素的影响。因此，膳食指南并不是完美无缺的，不能把膳食指南的建议视为绝对或唯一正确的，更不能认为凡不符合膳食指南的建议就一定是错的。

案例学习

75岁的张先生是社区中的一位独居老年人，妻子在1个月前过世。张先生有2个女儿，均在外地工作生活，只能春节长假回来看望父亲。以前张先生的生活起居都是妻子照顾，如今独自在家的张先生因为不太会做饭，常常每天只吃一顿饭，吃得也不多，1个月内瘦了6kg。

请思考以下问题：

1. 张先生体重下降的危险因素是什么？
2. 如何改善张先生的营养状态？
3. 请为张先生制订每日的膳食方案。

评判性思维训练

1. 列出老年人维持良好营养摄入的生理、心理和社会经济条件。
2. 分析影响独居老年人和养老机构老年人营养摄入的因素。
3. 为老年人进行营养相关的健康指导时，应强调哪些内容？

（来小彬）

第六章　老年人日常生活护理

学习目标

知识目标：

1. 能准确复述老年人日常生活护理的注意事项。

2. 能阐述老年人皮肤与衣着的护理要求、老年人营养需求和饮食原则、老年人活动的注意事项。

3. 能准确表述睡眠呼吸暂停低通气综合征的概念。

能力目标：

具有为老年人提供皮肤护理、饮食护理、活动指导及睡眠护理的能力。

素质目标：

充分考虑老年人特殊生理和心理需求，能够在日常生活护理中体谅、关爱老年人。

人到老年，由于机体的衰老，人体各项生理功能逐渐退化，健康的平衡稳态被破坏，患多种慢性病的概率明显升高，使老年人独自完成日常生活活动越来越困难。因此，对老年人实施日常生活护理，不仅要重视其所患疾病的治疗与康复需求，更重要的是帮助老年人在疾病和功能状态受损的情况下，尽可能地恢复其基本的生活自理能力，提高其生活质量，维护其生命的尊严。

老年人日常生活护理是老年护理中最基础的内容。老年期由于生理功能逐渐退化和各种慢性病的影响，使老年人的自理能力下降。所以，老年人日常生活护理更应强调帮助老年人维持和恢复基本生活的能力，使其在躯体功能状态受损的状态下方便、独立地生活。在进行老年人日常生活护理时，需要遵循以下原则：①保持和充分发挥老年人的自理能力；②注意保护老年人的安全；③尊重老年人的个性和隐私。

第一节　老年人的清洁和衣着卫生

清洁是机体获得健康和保持健康的重要条件。老年人皮肤清洁可以预防感染，促进皮肤代谢，并且可以使老年人感觉舒适、安全和心情愉快。对于老年人，维持自尊、树立自信、增进人际交往、促进身心健康也非常重要。

一、清洁卫生

（一）老年人皮肤的清洁与护理

1. 老年人皮肤的特点　随着年龄的增长，老年人的内分泌及生理调节功能减退，皮肤及其附属器发生衰老、萎缩和变性。老年人皮肤变化是多方面的，通常表现为面部皮肤萎缩出现皱纹、松弛和变薄失去弹性；下眼睑出现“眼袋”；由于皮肤中黑色素沉着不均匀，部分老年人还会出现老年斑。老年人因皮脂腺和汗腺组织萎缩、功能减弱，皮肤变得干燥、粗糙，易出现脱屑、瘙痒和紧绷感。由于神经系统的老化，皮肤触觉、痛觉、温觉的浅感觉功能减弱，导致皮肤表面的敏感性降低，对不良刺激的防御能力削弱，加之免疫系统功能的退化，使其皮肤的修复能力和抵抗力全面降低。

2. 老年人皮肤的一般护理　老年人在日常生活中应注意保持皮肤清洁干燥，特别是皱褶部位，如腋下、肛门、外阴等。适当沐浴清除污垢、保持毛孔通畅，利于预防皮肤疾病。但沐浴过程中需注意：①可根据自身习惯和地域特点选择合适的沐浴频率。一般北方夏季可每日 1 次，其余季节每周1～2次；南方夏秋两季每日1次，冬春两季每周1～2次。皮脂腺分泌旺盛、出汗较多的老年人，可根据自身情况适当调整沐浴次数。②饱食或空腹均不宜沐浴，以免影响食物的消化吸收或引起低血糖、低血压等不适，一般餐后1～2h可进行沐浴。③适宜的水温有利于促进皮肤的血液循环，但同时要注意避免烫伤和着凉，建议沐浴时室温调节在24～26℃，水温以40℃左右为宜。④沐浴时间以10～15min为宜，避免沐浴时间过长发生胸闷、晕厥等意外。⑤沐浴时宜选择弱酸性的硼酸皂、羊脂香皂或沐浴液等，不宜使用碱性肥皂等刺激性产品，避免造成皮肤干燥脱屑。⑥沐浴用的毛巾应柔软，以防损伤皮肤角质层，使用的毛巾应定期清洁更换，减少细菌增生。⑦为防止足底部皲裂，可预防性地在晚间热水泡脚后用磨石板去除足部过厚的角化层，并涂护脚霜滋润足部。已有手足皲裂的老年人，可在晚间沐浴后或热水泡手足后，涂上护手、护脚霜，并穿戴棉质手套、袜子一晚或一两个小时，可有效改善皲裂症状。⑧老年人应选择温和无刺激性的护肤产品，避免含有乙醇、香料或人工色素等刺激性成分的产品。若需使用功效化妆品时，应观察老年人皮肤的耐受情况，以不产生过敏反应为首要前提，其次考虑治疗效果。

由于老年人皮肤的生理性退化、萎缩及皮肤毛囊数目减少，老年人的头发会出现干枯、变细、易脱落、变白等变化。做好老年人头部的清洁和保养，可防止头发脱落、改善老年人自我形象，对老年人的身心健康产生积极的作用。在对头部护理过程中应注意：①应根据自身特点定期洗头，干性头发可每周清洗1次，油性头发则可每周清洗2次。②有条件者可根据自身头皮性质选择合适的洗护用品。如皮脂分泌较多者，可用温水及中性肥皂；头皮和头发干燥者，则应选用洗发乳或含脂皂的洗护用品清洗，并可适当应用护发素、发膜等护发产品。③注意染发剂的选择，尽量选择正规公司的产品，特别要注意苯二胺、醋酸铅、过氧化氢等化学成分的浓度不宜超过国际安全标准，在使用前务必进行皮肤测试，以免出现变态反应。

3. 老年人皮肤瘙痒及护理

（1）皮肤瘙痒是老年人常见的主诉。由于表皮、真皮结合部或毛囊周围游离神经末梢受到刺激而产生瘙痒感，老年人通常难以忍受去搔抓摩擦皮肤，从而导致皮肤继发性破损，皮肤损伤后又可加重瘙痒，如此恶性循环，最终成为顽疾。老年人皮肤瘙痒的常见原因：①局部皮肤病变。最常见的是老年人皮脂腺及汗腺分泌功能减退而引起的皮肤干燥，且老年人皮肤免疫功能退化、皮肤敏感性降低，常因气候和温度变化、衣物刺激、过频洗澡、洗澡水过热等刺激而诱发瘙痒症。此外皮肤瘙痒还可见于皮疹、急性剥脱性皮炎、银屑病、脂溢性皮炎，以及皮肤感染等病症。②全身性疾病。有80%～90%的慢性肾衰竭或肾功能减退的老年人伴有皮肤瘙痒症；肝胆疾病由于胆汁淤积出现黄疸的同时伴有皮肤瘙痒；真性红细胞增多症、淋巴瘤、多发性骨髓瘤、巨球蛋白血症和缺铁性贫血等血液系统的异常表现，也会导致皮肤出现瘙痒的症状；甲状腺功能减退症、糖尿病、某些恶性肿瘤及药物过敏均可引起全身瘙痒。③其他因素。使用碱性洗涤剂洗澡或洗涤衣物；穿着过紧的内衣或化纤等刺激类材质衣物；海鲜类等易引起过敏食物；辛辣、咖啡、浓茶等刺激性食物；焦虑、抑郁等心理问题。

（2）针对老年人皮肤瘙痒的常见护理措施如下。①一般护理：选择合适的洗澡频次，洗澡水不宜过热，忌用碱性沐浴产品；适当使用润肤用品，特别是干燥季节可于沐浴后涂擦润肤霜；避免非棉织衣物直接接触皮肤；饮食宜清淡，特别是冬季应多吃润燥食物，忌烟酒、浓茶及咖啡等刺激性食物。②对因处理：逐个排查引起瘙痒的病因，并酌情选择适宜的对因治疗方案。③对症处理：可使用低浓度类固醇霜剂涂擦患处，适当应用抗组胺类药物及温和的镇静药，亦可减轻瘙痒，防止皮肤继发性损害，另可根据医师指导进行中药熏洗。④心理护理：找出可能导致瘙痒的心理原因加以疏导，避免紧张焦虑等不良情绪的刺激。

（二）老年人的化妆品选择

老年人宜选择含油脂及中性的化妆品为佳，不宜经常更换种类，避免刺激皮肤，引起过敏、瘙痒等不适。避免使用含乙醇、去角质等过于刺激的化妆品，需使用药效化妆品时，以不发生过敏反应为前提，其次考虑治疗效果。对光敏感肤质的老年人，外出时可根据自身情况适当涂擦防晒化妆品，减少紫外线对皮肤的刺激。

二、衣着卫生

老年人的服装选择，重点考虑是否有利于健康及穿脱方便。

（一）衣服材质的选择

老年人体温调节中枢功能降低，对寒冷的抵抗力和适应力降低。因此，在寒冷时节要特别注意衣着的保暖功效，但应同时考虑不宜选用太重的材质，以免影响老年人的活动。另外，还要考虑衣着布料对皮肤刺激等方面的因素。有些衣料对皮肤有一定的刺激性，不宜用来制作内衣，如毛织品、化纤织品。尤其是化纤织品中有些成分很可能成为变应原，一旦接触皮肤，容易引起变应性皮炎。因此，在选料时要慎重考虑，尤其是内衣最好选用纯棉织品。

（二）衣服款式的选择

衣服穿脱便利对于老年人来说是非常重要的，即使是残障者，也要尽量鼓励和指导其参与衣服的穿脱过程，以尽可能最大限度地保持和发挥其残存功能。因此，服装在设计上要注意便于穿脱，如拉链上应留有指环以便于拉动；上衣的设计应多以前开襟为主；减少纽扣的使用，可用魔术贴取代纽扣，如果坚持使用纽扣，也要注意不宜过小，以方便老年人自行系扣。

此外，老年人衣服款式的选择还应考虑安全性。老年人的平衡感降低，应避免穿过长的裙子或裤子以免绊倒；做饭时穿的衣服应避免袖口过宽，否则易被点燃而引发火灾；衣服要合身，但不能过紧，更不要压迫胸部。

同时，也要注意关心老年人衣着的社会性，在尊重其原有生活习惯的基础上，注意衣服的款式和色彩要适合其个性、年龄及社会活动需求。条件允许时鼓励老年人的服饰打扮可考虑流行时尚，如选择明快的色调、别致的款式，以及亮丽的饰物等。

（三）鞋子的选择

鞋子的选择可直接影响老年人的活动，选择时应注意：首先，应选择大小合适的鞋。如果鞋子过大，行走时容易掉落而引起跌倒；如果过小，又可因压迫和摩擦造成皮肤破损，特别是患有糖尿病的老年人更应注意。其次，应选择鞋底有一定厚度、后跟略有高度的鞋。老年人足部肌肉因老化而发生萎缩，如鞋底太薄、太硬，会在行走时硌脚引发疼痛；鞋底太平，则无法为足弓提供足够的支撑，易产生疲劳感。最后，无论在室内还是室外，老年人均应选择有防滑功能的鞋，以免发生跌倒。

第二节　老年人进食与排泄护理

一、饮食与营养

营养是机体摄取、消化、吸收和利用食物中的营养物质，以维持生命活动的综合过程。饮食与营养不仅是维持、恢复、促进健康的基本手段，对老年人疾病的预防和治疗也起着重要作用。同时，饮食的制作和摄入过程能够带来精神上的满足。因此，老年人的饮食与营养是日常生活护理中的一个重要领域。

（一）老年人的饮食原则

1. 平衡膳食　是指膳食中所含的营养素种类齐全、数量充足、比例适当，既不过多，也不缺乏，达到平衡，保证摄食的热量和营养素都能满足生理需要量的要求。老年人营养失衡易导致机体免疫力下降，易患消化系统疾病、心血管系统疾病及各种运动系统疾病。此外，老年人由于机体代谢下降，通常需要摄入比年轻人更少的能量。因此，应保持营养的平衡，适当限制热量的摄入，保证足够的优质蛋白、低脂肪、低糖、低盐、高维生素和适量的含钙、铁食物的摄入，保证食品的多样化，达到全面营养的目的。

2. 饮食易于消化吸收 老年人常面临牙齿松动、脱落、咀嚼肌力下降和消化系统功能减弱等问题。因此，为老年人提供的食物应便于咀嚼、易消化，食物加工应细、软、松，既给牙齿咀嚼锻炼的机会，又便于消化。

3. 食物温度适宜 老年人消化道对食物的温度较为敏感，过冷或过热的饮食均可刺激消化道黏膜，从而影响消化和营养的吸收。因此，老年人的饮食宜温偏热。

4. 良好的饮食习惯 老年人的饮食要做到有节制、有规律，采用少吃多餐、定时定量的饮食习惯，每餐应控制在七八分饱。对于胃口不佳的老年人，可结合个人喜好调节膳食内容，适时调整以刺激食欲。由于老年人肝脏储存肝糖原的能力较差，并且对低血糖的耐受能力不强，容易饥饿，所以在两餐之间可适当增加点心。夜间的能量消耗较少，且为保证睡眠质量，晚餐不宜过饱。同时，老年人的饮食应注意保持卫生，防止病从口入。

（二）老年人的饮食护理

1. 烹饪时的护理

（1）咀嚼、消化吸收功能低下者：烹饪时尽量使食物变松软而易于吞咽和消化，如肉类最好制成肉末，可采用煮或炖等烹制方法，必要时可捣碎。但由于易咀嚼的食物对肠道的刺激作用减少，易引起便秘，因此，应搭配富含纤维素的蔬菜类，如青菜、根菜类等细切后食用。

（2）吞咽功能低下者：对于吞咽反射低下者，过碎的食物或液态食物易导致呛咳或误吸。固态食物可以做得尽量松软或做成糊状，而液态食物则可酌情选用食物调节剂（如凝胶、琼脂、淀粉）使其变成糊状，便于吞咽。还应注意避免选择一些黏稠度极高、不易吞咽的食物，如汤圆、年糕、糍粑等。

（3）味觉、嗅觉等感觉功能低下者：饮食的色、香、味能够明显刺激食欲，因此，对于味觉、嗅觉功能低下的老年人，烹调时可用醋、姜、蒜等香辛料来刺激食欲。但调味料食用太多对健康不利，特别是盐和糖，使用时应格外注意用量。

2. 进餐时的护理

（1）一般护理：进餐场所应定时通风换气，尽量安排老年人与他人一起进餐以增加食欲。鼓励老年人自主进食，对卧床的老年人要根据其病情采取相应的措施，如帮助其坐在床上并使用特制的餐具（如床上餐桌等）进餐；在老年人不能自行进餐或因独自进餐而摄取量少且有疲劳感时，可协助喂食，应注意尊重其生活习惯，掌握适当的喂食速度并与其相互配合。老年人进食过程中，要注意确保老年人的头颈部处于自然前倾位，以免食物不受控制地滑入咽喉，在仰头时喉部会厌软骨无法遮蔽气道而引起误吸甚至窒息。

（2）上肢障碍者的护理：上肢出现麻痹、挛缩、变形、肌力低下、震颤等障碍会影响老年人自行进食，此时可选择一些特殊的餐具，如粗柄的叉、勺适用于无法握紧手的老年人，亦可将普通勺把用纱布或布条缠上。有些老年人张口度小，勺子可选用婴儿用的小勺进行改造，筷子选用套筷或用绳子将两根筷子连在一起以防脱落。

（3）视力障碍者的护理：对于视力障碍的老年人，照顾者首先要向其说明餐桌上食物的种类和位置，并帮助其用手触摸以便确认。要尽量使食物的位置相对固定，即菜、主食、汤羹等的位置尽量不变。注意保证安全，热汤、茶水等易引起烫伤的食物要给予提醒，鱼刺等要剔除干净。视力障碍的老年人可能因看不清食物而引起食欲减退，因此，食物的味道和香味更加重要，或者让老年人与他人一起进餐，营造轻松愉悦的氛围以增进食欲。

（4）吞咽能力低下者的护理：老年人可能存在会厌反应能力低下、会厌关闭不全或声门闭锁不全等情况，均可造成吞咽功能低下，吞咽能力低下的老年人很容易将食物误咽入气管。尤其是卧床老年人，舌控制食物的能力减弱更易引起误咽。因此，进餐时老年人一般采取坐位或半坐位比较安全，偏瘫的老年人可采取侧卧位，最好是卧于健侧。进食过程中应有照顾者在旁观察，以防发生事故。随着年龄的增加，老年人的唾液分泌也相对减少，口腔黏膜的润滑作用减弱，因此，进餐前及过程中应注意喝水湿润口腔。

二、排　泄

老年人随着年龄的增长，机体调节功能逐渐减弱，自理能力下降，或者因疾病导致排泄功能出现异常，发生尿急、尿频甚至大小便失禁等现象，有的老年人还会出现尿潴留、腹泻、便秘等，给老年人造成很大的生理、心理上的压力，护理人员应妥善处理，要体谅老年人，尽力给予其帮助。

（一）评估

1. 评估老年人是否能自主排便，有无排便困难或大小便失禁的情况。

2. 了解影响老年人排泄能力的原因，如患有尿路感染、脊髓损伤、肠梗阻等影响排泄能力的疾病，或某些药物的副作用等。

3. 评估老年人的意识状态、认知能力、活动状态、生活习惯、服药情况、语言表达能力、取用便器的能力等。

4. 评估粪便和尿液的性质、量、颜色、内容物及气味等。

（二）护理措施

1. 排尿护理　老年人因肾、膀胱等功能衰退，会出现尿液稀释、夜尿增多、残余尿量增加等现象。前列腺增生压迫尿道，使老年男性容易发生尿路梗阻、排尿困难。对于老年人的排尿护理，可以从以下几方面进行。

（1）坚持每日饮水 1500 ～ 2000ml，或维持每日尿量在 1500ml 以上，保持排尿通畅，预防尿路结石形成和感染发生。

（2）养成白天饮水的习惯，尽量避免晚间或睡前喝水，以减少夜尿次数。

（3）鼓励老年人有尿意时立即排尿，不要憋尿。

（4）衣裤应宽松，容易穿脱，以满足老年人需要紧急如厕的需求。

（5）每次外出前，注意排尿。每到新的环境，尽可能先了解厕所的位置，避免憋尿。老年人排尿时，等候者不要催促，以免影响排尿。

（6）高龄、活动障碍或夜尿增多者，练习床上排小便，夜间床旁放置便器。电灯应易开易关，以免发生跌倒意外。

（7）对认知障碍的老年人要定时督促排尿，满足老年人需要协助如厕的要求。

（8）对尿失禁的老年人，要进行排尿习惯训练、膀胱功能训练、盆底肌肉训练，做好皮肤清洁，避免残余尿液对皮肤的持续刺激；给予老年人鼓励和心理支持，主动与老年人语言交流，适时给予同情、关心、安慰。

2. 排便护理　老年人由于活动减少，肠蠕动减慢，容易发生便秘。为保持老年人排便通畅，应注意以下几方面。

（1）建议养成清晨饮一杯温开水或蜂蜜水的习惯。

（2）每日坚持适当的锻炼和活动，也可行自我腹部按摩，按照右下腹→右上腹→左上腹→左下腹→右下腹的顺序环形按摩，反复数次，坚持 10 ～ 15min，促进胃肠蠕动。

（3）增加富含纤维的蔬菜、水果的摄入，因为高纤维能够软化粪便、扩张直肠和诱发排便欲望。

（4）对于大便失禁的老年人，避免进食可能引起大便失禁的食物，如含有咖啡因的食物，因为咖啡因可以使肛门内括约肌松弛；避免进食引起腹泻的食物，如辛辣食物、酒、牛奶制品、油腻和油炸食物及人工甜味剂等。

（5）做好老年人的健康教育，鼓励进行盆底括约肌训练，制订个性化的规律排便时间表。坚持每日排便 1 ～ 2 次，鼓励老年人有便意时一定要排便，避免因控制排便而造成便秘或肠内形成粪石。

（6）便秘老年人的护理。指导老年人养成排便的习惯，以及加强盆底括约肌训练；鼓励老年人多食粗纤维食物和润肠通便食物，如粗制面粉、全麦面包、新鲜水果等；生活方式调节无效时，应指导患者使用通便药物。

第三节　老年人身体活动与锻炼

活动可以增强和改善机体各脏器的功能，提高对疾病的抵抗力，延缓衰老进程，拓展生活和交友空间，使老年人在生理、心理及社会各方面获得益处。然而，老年人由于机体衰弱、患病、平衡失调、感觉减退、体质减弱或有不服老和不想麻烦别人的心态，使得老年人在活动过程中容易出现各种安全问题。因此，护理人员应了解影响老年人活动的因素，评估其活动能力，选择适合老年人的活动方式，指导老年人做好常见意外损伤的预防，确保老年人的活动安全。

一、老年人活动的影响因素

（一）自身因素

1. 生理因素

（1）循环系统：①最大摄氧量下降。老年人活动时的最大摄氧量会下降，且随增龄而递减。其原因可能与老年人最大心率下降、最大心搏出量下降，同时受肥胖、活动减少或吸烟等因素的影响有关。②最高心率（maximal heart rate，HR_{max}）下降。当老年人做最大限度活动时，其最高心率要比成年人低。一般情况下，老年人的最高心率约为 170 次 / 分。主要由于老年人的心室壁弹性降低，导致心室的血液再充盈时间延长，影响到整个心脏功能所致。③心输出量下降。老年人由于心脏老化，泵血功能下降，因而心输出量减少，最大搏出量减少，心脏储备功能减退。当活动量增加时，心输出量无法上升到预期值，对活动的适应能力下降。

（2）运动系统：老年人肌肉细胞减少，肌力减退。由于骨质疏松，骨皮质变薄，骨骼的强度降低，在活动时容易跌倒、发生骨折。老化对骨骼系统的张力、弹性、反应时间及执行功能都有负面的影响，这些均会造成老年人活动量减少。

（3）神经系统：神经系统的老化改变多种多样，影响老年活动的神经因素因人而异，如某些改变可能只是造成一些老年人功能受限，而对另一些老年人却是严重的功能损伤。老年人因前庭功能、视力及本体感觉衰退，对姿势改变的耐受力下降及平衡协调能力降低，故老年人应考虑活动的安全性。老化会造成脑组织血流量减少、大脑萎缩、神经树突数量减少、神经传导速度变慢、神经反射时间延长、反应迟缓，这些均会影响老年人的活动姿势、平衡状态、运动协调性及步态。

2. 疾病因素　老年人常患有慢性病，使其对活动的耐受力下降。如帕金森病对神经系统的侵犯可造成步态迟缓、身体平衡感丧失。骨质疏松症会造成老年活动能力受限，且容易跌倒造成骨折等损伤。患病老年人的依赖心理增强，使部分老年人的活动量减少。

3. 认知因素　老年人对运动的防病治病及强身健体作用和意义的认识会影响老年人的活动行为。一些老年人由于缺乏相应的指导，无法根据自己的病情和体质科学地选择活动项目、制订适宜的活动计划。因此，应加强体育防病健身的知识宣传，积极鼓励和支持老年人参加体育锻炼，做好老年人的活动指导，努力创建“全民健身”的氛围，提高老年人参与体育锻炼的兴趣和意愿。

（二）物理环境因素

老年人居住的社区及周边是否有适合老年人的活动场地、是否有完备的公共健身器材及器材的安全性能，将影响老年人活动的选择、活动质量。如活动场地是否空气新鲜、安静清幽、地面平坦；场地周围是否设有便于老年人休息、娱乐的场所；老年人的居室布局及装饰设计是否满足老年人的活动需要并顺应老年人的性格喜好。活动还受到气候、温度、天气情况的影响，需进行适当调整。夏季高温炎热，要避免直接日晒，防止中暑；冬季严寒冰冻，户外活动要防跌倒和感冒。

（三）人文因素

全社会对于强身健体知识的宣传、政府对于群众体育运动的关怀、相关机构对于老年人活动的组织等，以及家庭成员和运动伙伴的鼓励、督促和支持，都会影响老年人参加和坚持活动的积极性和持久性。

二、老年人活动的原则及常用的健身方法

（一）老年人活动的种类、活动量与强度

1. 老年人活动的种类 老年人的活动可分为日常生活活动、家务活动、职业活动、娱乐活动、体育锻炼。其中，日常生活活动和家务活动是最基本的活动，如进食、穿衣、个人清洁卫生等。家务活动种类繁多，所需动作非常复杂，但家务活动的内容实用性强，能引起老年人的活动兴趣，如取放衣物、收拾房屋、清洁环境等；职业活动属于发展自我潜能、实现自身价值的活动，如手工劳动、机械装配等；娱乐活动与体育锻炼可以促进老年人的身心健康。老年人应根据年龄、性别、体质状况、锻炼基础、兴趣爱好及周围环境条件等因素选择合适的活动项目。掌握运动强度和时间，实现科学锻炼，才能达到强身健体、活跃老年生活的目的。

2. 老年人的活动量与强度 老年人的活动种类、活动量及强度应根据个人的能力及身体状态选择。一般认为，每日活动所消耗的能量在 4180kJ 以上，可以起到预防某些疾病、达到强身健体的作用。

有效的运动要求有足够而又安全的强度。判断活动强度是否适合的指标有靶心率（target heart rate，THR）和主观用力等级（rating of perceived exertion，RPE）（表 6-1）。THR 是活动中获得最佳效果并允许达到的安全心率。对于体能良好者、普通者和不佳者，THR 范围应分别为 HR_{max} 的 70% ～ 85%、60% ～ 75% 和 50% ～ 75%。HR_{max} 的确定方法有直接测定（递增负荷试验）和间接推算，前者方法复杂，且对于中老年人和患病人群存在一定的危险性，所以多采用常用公式（HR_{max}=220– 年龄）进行间接推算。一般认为，老年人在运动中应达到的 THR 是本人 HR_{max} 的 60% ～ 80%。老年人可在 THR 的范围内运动，根据身体主观感觉对照 RPE 表，找到适合自己的等级。一般来说，针对自身生理状况，老年人运动时的 RPE 应控制在 12 ～ 13 级别内（此时心率相当于 HR_{max} 的 70%）。

表 6-1 主观用力等级（RPE）分级

RPE	6	7 8	9	10 11	12 13 14	15	16 17 18	19	20
主观运动感觉	安静	轻微用力	稍用力	轻度用力	中度用力	明显用力	非常用力	极度用力	精疲力竭
参考心率（次/分）	静息心率	70	90	110	130	150	170	190	最大心率

在客观监测的同时，还要结合主观感觉综合判断，如活动时全身有热感或轻微出汗及活动后感到轻松愉快或稍有疲劳、食欲增加、精神振奋、睡眠良好表示活动适当，效果好；活动时身体不发热或无出汗，脉搏次数不增或增加不多，则说明活动量小，应适当增加活动量；活动后感到很疲乏、头晕、心悸、胸闷、气促、食欲减退、睡眠不良，说明活动量过大。如果在活动中出现严重的胸闷、气喘、心绞痛或心率减慢、心律失常等应立即停止，并及时就医。高龄老年人健身活动时最好有医疗监督，在健身活动前后检查身体，记录活动前、中、后各阶段的心率和血压，也可做心电图检查，并根据检查结果及时调整运动处方。对于有心血管疾病的老年人，应根据机

体功能状态选择适合的活动，在活动过程中注意备好相应的急救药物并进行密切监测，如果出现严重的不适反应立即停止活动，及时就医。

老年人在锻炼过程中掌握 THR 与 RPE 之间的关系后，可用 RPE 来调节运动强度。这样既保证了身体安全，又达到了运动效果，具有一定的科学指导意义。

（二）老年人活动的注意事项

1. 正确选择 应根据老年人的年龄、需求、身心状况、场地条件，选择适当的运动项目。锻炼计划的制订应符合老年人的兴趣并考虑到其能力，锻炼目标的制订则必须考虑到他们对自己的期望，以增加运动依从性。

2. 循序渐进 应先选择相对容易开展的活动项目，再逐渐增加运动的强度、时间、频率，且每次调整前都应评估老年人对于新模式的耐受性。

3. 持之以恒 通过锻炼增强体质、预防和治疗疾病，要有一个逐步积累的过程，且取得疗效以后仍需坚持锻炼，才能巩固和加强效果。

4. 运动时间 老年人运动的时间以每周 3 ～ 4 次、每次 30min 左右为宜。饭后不宜立即运动，以免减少对消化系统的血液供应及兴奋交感神经而抑制消化功能。

5. 运动场地与气候 选择空气新鲜、安静清幽的公园、庭院、湖滨等地进行运动。注意天气变化，夏季户外运动要防止中暑，冬季要防感冒，雾霾天气则不宜进行室外活动。

6. 其他 年老体弱、患有多种慢性病或平时有气喘、胸闷、心悸或全身不适者，应根据医嘱进行运动。除此之外，患有急性疾病、出现呼吸困难或心绞痛、情绪激动等情况应暂停锻炼。

（三）患病老年人的活动

1. 瘫痪老年人 这类老年人可借助助行器等辅助器具进行活动。一般说来，手杖适用于偏瘫或单侧下肢瘫痪患者，前臂杖和腋杖适用于截瘫患者。步行器则多在室内使用，选择的原则：双上肢肌力差、不能充分支撑体重时，应选用腋窝支持型步行器；上肢肌力较差、提起步行器有困难者，可选用前方有轮型步行器；上肢肌力正常、平衡能力差者可选用交互型步行器。

2. 采取制动状态的老年人 制动状态很容易导致肌力下降、肌肉萎缩等，因此应确定尽可能小范围的制动，在不影响治疗的同时，尽可能地做肢体的被动运动或按摩等。

3. 拒绝活动的老年人 部分老年患者因担心病情恶化或影响自我形象等而不愿活动。对这类老年人要耐心说明活动的重要性，鼓励其一起参与活动计划的制订，营造合适的运动氛围，条件允许时可给予专业指导，尽量提高其对于运动的兴趣和信心。

4. 痴呆老年人 为便于照料，人们常限制痴呆老年人的活动范围，但这种限制极大地降低了该群体的生活质量。护理人员应该认识到为延缓其病情的发展，必须给予痴呆老年人适当的活动机会，以及增加他们与社会的接触。

第四节 老年人休息与睡眠护理

休息、睡眠与人的健康息息相关。老年人受生理、病理与心理因素的影响，常常表现睡眠紊乱甚至失眠，不仅影响老年人的日常生活，还会影响老年人的情绪，引发诸多身心疾病或加重原有疾病，甚至导致意外伤害。

一、休　息

休息是指一段时间内相对地减少活动，使身体各部分放松，处于良好的心理状态，以恢复精力和体力的过程。休息意味着身心的平复与放松，是更好活动的前提。休息并不是不活动，有时变换一种活动方式也是休息，如长时间做家务后，可活动肢体或散步等。老年人需要较多的休息，应该将合理的休息穿插于日常的生活活动当中。

（一）老年人休息的注意事项

1. 注意休息质量 有效的休息应满足3个基本条件，即充足的睡眠、心理的放松、生理的舒适。适度而有规律的活动可促进休息，提高休息的质量。故老年人要注意劳逸结合，合理调整休息和活动的节律。

2. 调整休息方式 老年人的休息应多样化、内容充实、富有情趣。简单坐或卧床限制活动并不能保证老年人的休息质量，有时过度限制活动会使老年人感到厌烦而增加疲劳感，削弱了休息的效果。卧床时间过久还会导致运动系统功能障碍，甚至出现压疮、静脉血栓、坠积性肺炎、尿路感染和结石等并发症。因此，应尽可能对老年人的休息方式进行适当调整，如从事自己感兴趣的体育活动、绘画、歌唱等或者和其他老年人一起对弈、聊天、参加一些老年人的集体娱乐活动等。丰富而多样化的休息方式可以使大脑皮层各部位的兴奋及抑制过程不断进行轮换和调整，保持机体的活力，并且有助于消除疲劳感。

3. 改变体位时预防意外发生 要注意预防直立性低血压或跌倒等意外的发生，如早上醒来时不应立即起床，而需在床上休息片刻，活动肢体，再起床活动。

4. 调节性休息不宜时间过长 看书、看电视、打牌是一种调节性休息，但不宜持续时间过长，如果持续时间过长，不仅达不到休息的目的，反而增加大脑、躯体和视力的疲劳感。应适时活动肢体、举目远眺或闭目养神进行调节。

（二）老年人休息的影响因素

1. 环境因素 老年人休息的环境宜相对安静，如居室附近有施工、马路边行车过多等都会对老年人的休息产生影响。老年人休息的环境需保持适宜的温度，避免强光直射，居室内整洁、空气流通。

2. 精神心理因素 某些重大生活事件常会影响老年人的休息，最常见的是人际关系问题，包括人际冲突、信任危机、对他人的依赖得不到满足等。此外，诸如退休、丧偶、罹患严重疾病等重大生活事件也会对老年人的精神产生影响，进而影响休息。

3. 体质因素 一些老年人由于体质较为敏感，对外界事物及环境的变化更加敏感，情绪波动较大。遇事易激动，或性格较为内向，遇事易惊慌、多思多虑、反复考量，这些因素均会影响正常的休息。

4. 疾病因素 一些精神疾病或者躯体疾病都会影响休息，常见的如精神分裂症、情感性精神病、神经症及其他各种精神疾病，以及溃疡病、心绞痛、心力衰竭、甲状腺功能亢进症等躯体疾病，均会引发休息不良。由疾病引发的躯体不适，如疼痛、瘙痒、腹胀、膀胱胀满、呼吸困难、便意等也会影响休息。

5. 其他 一些药物和食物具有兴奋神经的作用影响休息，如兴奋药、某些血管扩张药、抗生素、抗结核药等药物和浓茶、咖啡、酒等食物。催眠药依赖者服药的戒断等，也是影响休息的原因。还有某些药物具有引起胃肠不适、尿频等副作用，同样是影响老年人休息的重要因素。

二、睡　眠

睡眠是人类生命活动的一种生理现象，它与觉醒交替出现，呈周期性。老年人因为新陈代谢减慢及体力活动减少，所需睡眠时间相对也减少。实际上，老年人每日全部睡眠时间并不比成年人少，只是持续睡眠的时间变短。一般每日睡眠6～8h。睡眠的好坏并不全在于“量”，更在于“质”，老年人的睡眠质量受多种因素影响，如疾病导致的身体不适或疼痛、频繁夜尿、精神疾病、社会家庭因素、睡眠卫生不良、更换环境等。正常的睡眠应以精神和体力的恢复为标准。

（一）老年人睡眠的特点

1. 入睡潜伏期长 老年人由于大脑皮层的抑制作用减弱，常常入睡困难，躺卧后不能迅速入睡。此外，入睡困难还表现在老年人夜间醒后的再入睡困难。

2. 睡眠时相提前，早睡早醒 老年人的睡眠节律位相前移，晚间就寝的时间早，清晨觉醒的时间提前。

3. 睡眠在昼夜间重新分布 24h 中总的睡眠时间增加，但睡眠在昼夜间重新分布，夜间有效睡眠时间减少，日间瞌睡增加。

4. 浅睡眠比例增加，深睡眠比例减少，夜间觉醒次数增多 大多数 70 ～ 80 岁的老年人，其每晚深睡眠时间只占全部睡眠时间的 5% ～ 7%，老年人常处于浅睡眠状态，容易受到各种因素的干扰，夜晚频频醒来。

（二）老年人常见的睡眠障碍

老年人常见的睡眠障碍有失眠、发作性睡病、睡眠中周期性腿部活动、睡眠呼吸暂停综合征。

1. 失眠（insomnia） 是指个体感到睡眠不足，包括睡眠时间、深度和体力恢复不够。临床上失眠有两种类型，即入睡困难和早醒或续睡困难。失眠症是指睡眠不足至少连续 3 周，并导致明显的功能障碍。失眠是老年人常见的睡眠障碍。失眠按其产生的原因可分为以下几种。

（1）心理、生理性失眠：包括短暂的情景性失眠和持久性失眠。前者是由于环境改变、情绪受到影响或由于条件反射因素所致的习惯性失眠，或因饮茶或咖啡等而诱发；后者失眠的时间长，因受心理社会应激因素的影响，出现觉醒过度、频繁转醒或由于条件反射因素所致的相关性失眠。

（2）精神疾病伴发失眠：这类失眠的主要原因是情绪障碍。抑郁症、恐怖症、焦虑症、疑病症、强迫症等精神疾病都能导致老年人失眠、易惊醒和多噩梦。有时失眠是老年抑郁症的唯一主诉。一般催眠药物对这类失眠或早醒无效，需要使用各类抗精神疾病的药物，并配合心理、行为和催眠暗示治疗。

（3）药物或酒精性失眠：老年人长期使用中枢抑制药物形成耐药性或停药时出现失眠。催眠镇静药物连续服用 2 周可产生耐药性，为达到安眠的效果而加大剂量又使老年患者产生药物依赖性，此时突然停药引起反跳性失眠，并可伴发夜间惊恐发作。酒精依赖者在突然停止饮酒时可出现严重失眠，其他药物如甲状腺素等也可引起失眠。

2. 发作性睡病（narcolepsy） 是一种特殊的睡眠失调，特点是控制不住的短时间嗜睡。诱发因素可以是情绪的急剧变化，如过分高兴或悲伤。发作性睡病也可以是某些脑部疾病的一个症状，如脑肿瘤、脑炎、脑外伤；甲状腺功能减退症的老年人也可出现此症。约有 70% 的发作性睡病患者会出现猝倒，表现为肌张力部分或全部缺失，出现严重跌伤。

3. 睡眠中周期性腿部活动 又称不宁腿综合征（restless legs syndrome，RLS），在老年人中较为常见。当人试图入睡时，肢体会有无法言说的不适感，如有爬行、蔓延的感觉，并伴有想动的冲动，快速走动或摩擦会带来暂时的缓解。

4. 睡眠呼吸暂停低通气综合征（sleep apnea hypopnea syndrome，SAHS） 是一种睡眠期疾病，被认为是高血压、冠心病、脑卒中的危险因素，且与夜间猝死关系密切。SAHS 的诊断标准：临床上有典型的夜间睡眠时打鼾及呼吸不规律、日间嗜睡等症状，多导睡眠图（polysomnography，PSG）监测显示夜间睡眠呼吸暂停低通气指数（apnea-hypopnea index，AHI）≥ 5 次 / 小时，或虽然日间无症状，但 AHI ≥ 10 次 / 小时，同时发生 1 个或以上重要脏器损害。

老年人较易发生 SAHS 的主要原因：①老年人多有上呼吸道脂肪堆积，睡眠时咽部肌肉松弛，咽部活动减少，使上呼吸道狭窄或接近闭塞，而出现呼吸暂停。②老年人中枢神经系统调节功能减退，化学感受器对低氧血症和高碳酸血症的敏感性降低，中枢神经系统对呼吸肌的支配能力下降，以及呼吸肌无力等原因，易发生 SAHS。

（三）老年人睡眠的护理

1. 进行全面评估 找出其睡眠质量下降的原因进行对因处理。

2. 营造舒适的睡眠环境　调节卧室的光线和温度，保持床褥干净整洁，并设法维持环境的安静。

3. 养成良好的睡眠习惯　应提倡规律睡眠、早睡早起、定时午睡。对已养成的特殊睡眠习惯，不能强迫立即纠正，需要多解释并进行诱导。

4. 晚餐　应避免吃得过饱，睡前不饮用咖啡、浓茶、酒或摄入大量水分，并提醒其在入睡前如厕，以免夜尿增多而干扰睡眠。

5. 避免睡前情绪剧烈波动　由于老年人思考问题比较执着，往往会反复考虑而影响睡眠，所以有些问题和事情不宜晚间告知。

6. 倡导规律锻炼　向老年人宣传活动对减少应激和促进睡眠的重要性，指导其坚持参加力所能及的日间户外活动。

7. 药物选择　必要时可在医师指导下根据具体情况选择合适的药物。镇静药或催眠药可帮助睡眠，但也有许多不良反应，如抑制机体功能、降低血压、影响胃肠道蠕动和意识活动等，因此应尽量避免选用。

案例学习

窦女士，62岁，因“睡眠困难1年余，加重1周”就诊。患者于1年前退休后开始出现比较明显的似睡非睡、似醒非醒、入睡困难、精力不足。近1周症状加重，每夜只能睡3～4h，且入睡不深、易醒，通常醒后整夜无眠。自述日间常在沙发上睡着。休息不足时，头颈部及双手不自主轻微颤抖，注意力不集中，自觉特别疲乏、易怒。

既往有高血压病史，否认其他疾病及传染病病史。

家庭和睦，经济条件尚可。曾任当地政府部门工会副主席，在任期间工作繁忙充实。无特别兴趣爱好，比较好静。

体格检查：体温36.7℃，脉搏66次/分，呼吸16次/分，血压140/80mmHg。精神状态较差，头颈部、心、肺、腹部及四肢检查无异常。

请思考以下问题：

1. 老年人睡眠的特点有哪些？
2. 导致窦女士出现睡眠障碍的可能因素有哪些？
3. 如何帮助窦女士解决睡眠障碍，建立合理的睡眠习惯？

评判性思维训练

1. 今天中午，王大爷想要喝水，在倒水时打翻了热水瓶，而这已经是王大爷这个月第三次打翻了热水瓶。

（1）导致老年人此类安全事故的心理因素有哪些？

（2）在日常生活护理中，护士应如何做才能避免此类安全事故的发生？

2. 李奶奶，70岁，包揽了家庭所有的家务，还帮忙照看两个小外孙。当医护人员在进行健康教育时，鼓励李奶奶进行一定的活动和运动。王奶奶说：“我每天都有做不完的家务劳动，活动量已经够大了，不需要再进行其他运动了。”

（1）老年人活动的种类有哪些？如何进行活动强度的检测？

（2）李奶奶持有“家务劳动可以代替活动和运动”的观念是否正确？

（刘琼玲）

第七章 老年人安全用药与护理

学习目标

知识目标：

1. 能正确陈述老年人药代动力学和药效动力学的特点。
2. 熟悉老年人常见的药物不良反应，了解不良反应发生的原因。
3. 掌握老年人合理用药原则。
4. 熟练掌握老年人安全用药的护理。

能力目标：

1. 能正确评估老年人用药情况。
2. 能独立开展健康教育，建立合作性护患关系。

素质目标：

1. 了解护士在老年人安全用药与护理中的重要作用，培养学生心怀敬畏、充满热爱的职业认同感。
2. 坚持知识传授与价值引领相结合，培养学生职业道德，敬老爱老、敬畏生命，加强人文关怀，提升综合素养。

安全用药是老年护理的重要内容之一，随着人口老龄化发展，与衰老相关的慢性病发病率持续上升，老年人多病共患和多重用药现象普遍，药物不良反应在老年人中较常见。我国2019年《国家药品不良反应监测年度报告》中指出，在药品不良反应/事件报告中，65岁以上老年患者的报告占29.1%，呈逐年上升趋势。世界卫生组织（WHO）报告，全球1/3的人死亡是不合理用药所致。本章将从老年人药代动力学和药效动力学改变、老年人常见药物不良反应、老年人合理用药原则、老年人安全用药的护理等4个方面，系统地阐述老年人安全用药的相关知识和护理技能，为临床护士及时发现老年人的用药安全问题及科学、有效的临床护理决策提供依据。

第一节 老年人药代动力学和药效动力学改变

药代动力学描述人体如何吸收、分布、代谢和排泄药物。随着年龄的增长，老年人各脏器的组织结构和生理功能逐渐出现退行性改变，影响机体对药物的吸收、分布、代谢和排泄过程。这些药代动力学的改变，又直接影响组织，特别是靶器官中药物浓度及有效药物浓度维持的时间，从而影响药物的疗效，并容易导致药物不良反应的发生。因此，在制订老年人给药方案时，应考虑其生理、药代动力学和药效动力学的特点，因人施药，以期达到最佳疗效，减少不良反应发生。

一、老年人药代动力学特点

（一）药物的吸收

老年人胃肠道血流量减少，加之消化道黏膜上皮细胞减少及胃肠道蠕动减慢、张力降低、胃排空延缓，导致药物吸收速率系数和血药峰浓度下降；老年人胃酸分泌随年龄增长而下降，如80岁左右的老年人平均胃酸缺乏可达35%～45%，胃液的pH升高，对药物的解离产生影响，导致酸性药物解离增多、吸收减少。同时，老年人因胃肠道血流减少，影响药物在胃肠道的吸收，口服药物多属被动转运，吸收几乎不受影响，但以主动转运方式吸收的药物，如维生素B_1、维生素B_6、维生素B_{12}、维生素C、维生素D、铁剂、钙剂等，因需载体参与，导致吸收减少。

（二）药物的分布

影响药物在体内分布的因素有器官的血流量、机体的组成成分、体液的 pH、药物与血浆蛋白的结合率及药物与组织的亲和力等。一般情况下，人体的血流量在 30 岁以后每年递减 1%，血流量的减少会影响药物到达组织器官的浓度，从而影响药物的效应。随着年龄的增长，体液总量和非脂肪成分逐年降低，但脂肪成分逐年递增，因此，主要分布在体液和非脂肪成分中的药物（如锂、地高辛）的分布量在老年人中减少，需要相应的调整剂量，否则可引起血药浓度升高。相反，高脂溶性药物如长效苯二氮䓬类药物（如地西泮）的分布量将增加，使药物的最大作用效果延迟，且连续用药可引起药物的蓄积。老年人的血浆蛋白浓度随着年龄的增长而有所降低，致使结合型药物浓度减少，许多药物因运载时结合部位减少而引起游离型药物增多，使游离药物浓度增加、作用增强。如华法林蛋白结合率高，老年人服用常规用量就会有出血的危险；再如老年人使用苯妥英钠，与蛋白结合量减少，使药物游离增加、药效增强、毒性增加、清除加快、维持时间变短。研究表明，老年人单独应用血浆蛋白结合率高的药物时，血浆蛋白含量的降低对该药的血药浓度影响不明显，但由于老年人往往同时多种药物联合使用，几种药物竞争性与血浆蛋白结合，就会对血药浓度有较大影响。

（三）药物的代谢

肝脏是药物代谢和转化的主要器官，老年人肝脏体积和重量随着年龄增加而下降，老年人的肝脏重量比年轻时减轻 15%，肝脏血流量和容积减少，使药物代谢的效率降低而吸收增多，导致药物转化速度减慢、血液浓度增加、半衰期延长。如氨基比林和保泰松的半衰期在青年人中分别为 12h、81h，而老年人则为 17h、105h；青年人苯巴比妥的肝氧化率约为 25%，而老年人只有 13%。对乙酰氨基酚（泰诺）、吲哚美辛（消炎痛）、氨茶碱和三环类抗抑郁药物等具有相同的半衰期延长情况。其次，随着年龄的增长，功能性肝细胞数量减少，肝微粒体药物代谢酶的活性降低，对一些药物的代谢能力降低，从而导致药物不良反应发生。如应用三环类抗抑郁药时，由于老年人代谢酶活性低，生物转化作用减退，而使血药浓度较高，对老年人易产生心血管毒性作用和抗胆碱能副作用。此外，由于老年人肝功能减退，对于一些药物分解的首过效应能力降低。肝细胞合成白蛋白的能力降低，血浆蛋白与药物结合能力也降低，游离型药物浓度增高，药物效力增强。综合以上因素，老年人药物代谢特点如下：①药物在体内的转化过程减慢，半衰期延长；②代谢分解和解毒能力明显降低；③容易受到药物的损害而发生不良反应。故老年人在应用主要经肝脏代谢的药物时，用药剂量应为年轻人的 1/2 ～ 2/3，给药时间间隔也应延长。

（四）药物的排泄

老年人药代动力学最明显的改变是排泄。肾和小肠是药物排泄的主要器官，随着年龄的增长，老年人肾小球、肾小管功能降低，肾小球的滤过、肾小管和集合管的分泌与重吸收功能下降，肾血流量明显减少。肾血流量从 40 岁以后进行性减少，以每年 1.5% ～ 1.9% 的速度递减；65 岁的老年人肾血流量与年轻人（30 岁）相比递减 40% 或更多。肾小球滤过率在 40 岁以后，每 10 年减少约 10%；50 岁以后内生肌酐清除率开始明显下降，80 岁老年人较 20 岁年轻人下降约 41%，80 岁时肾小球损失可达 30%。因此，经肾排泄的药物在老年人体内消除缓慢、肾清除率下降、血药浓度增高、半衰期延长，易蓄积中毒。地高辛、氨基糖苷类抗生素、依他尼酸、呋塞米、布美他尼、噻嗪类利尿药、苯巴比妥、四环素类、头孢菌素类、磺胺类、普萘洛尔等药物以原型从肾脏排泄，且老年人的肾清除率与肾肌酐清除率平行下降，故临床用药时，要注意对肾功能的监测，可根据肾肌酐清除率来调整用药剂量和给药间隔时间。

二、老年人药效动力学特点

药效动力学是指药物对机体产生的作用或效应。随着年龄增长而出现的老年人药效动力学改变比较复杂，药物对老年人的作用强或弱、不良反应多或少，都与药效反应变化有关，表现为老年人对药物反应降低或反应增高。其机制涉及衰老机体组织器官的生理功能退化、对各种刺激的适应能力下降、内环境稳定的调节能力下降、与药物结合的受体数量减少和受体结合力的下降等，导致药代动力学的改变。一般来说，老年人对药物的敏感性增加而耐受性和适应性降低，但有较大个体差异。老年人用药剂量常无统一标准，病因、病种、病情、年龄、遗传因素、体质状况和精神状况等都可造成个体差异，老年人用药的有效剂量可相差几倍甚至十几倍，选用药物时应注意药物反应的个体差异。

（一）老年人对药物反应减弱

1. 抗感染药物对老年人疗效较差，较易引起耐药菌株出现，感染引起的死亡随衰老而增加。

2. 老年人血浆中去甲肾上腺素浓度增高，但对肾上腺素受体激动药的敏感性却降低。

3. 老年人肾上腺素受体数目减少，异丙肾上腺素的作用随年龄增加而降低。70 岁老年人的心率对异丙肾上腺素的反应是 20 岁年轻人的 1/4。

4. 老年人的胆碱能受体的反应性也降低，阿托品在老年人中增加心率的作用减弱。

5. 老年人呼吸功能减退，呼吸常较浅，吸入性用药效果常不理想。

（二）老年人对药物反应增强

1. 阿片类药物对老年人的中枢抑制作用增强。

2. 老年人压力感受器的功能发生变化，易发生直立性低血压。吩噻嗪类药、抗组胺药、三环类抗抑郁药可致老年人直立性低血压。

3. 老年人对血管扩张药的反应加大，尤其在使用抗高血压药治疗中，α 受体阻滞药和强效利尿药易导致低血压。

4. 在体温和体温调节系统方面也有变化，易发生低体温或体温不稳，在使用与体温或体温调节有关的药物时，尤易发生问题。

5. 老年人对肾上腺素、胰岛素、麻黄碱、阿托品、颠茄、糖皮质激素、甲磺丁脲（甲糖宁）、地西泮（安定）、三唑仑、替马西泮、肝素或华法林、地尔硫䓬、依那普利、维拉帕米等比较敏感，使用时应酌情减量。

（三）老年人对药物治疗的依从性下降

用药依从性是指遵照医嘱服药。用药依从性差指服药的模式不同于处方模式，包括用量不足、漏服、在不恰当的时间或过频服用药物等。老年人慢性病的治疗效果与患者是否依从治疗方案服药密切相关。老年人对药物治疗的依从性较差，用药依从性差同其与多个相互作用的因素有关，包括认知障碍、社会隔离、抑郁、无症状的疾病、健康水平低、药物的副作用、治疗时间长、药物多或每日剂量高、对药物或疾病的误解等。因此，老年人用药应尽量减少用药种类，治疗方案简单明了，用药方法及意义向老年人交代清楚，以求老年人理解与配合。

第二节　老年人常见药物不良反应

老年人为药物不良反应高风险人群，在接受药物治疗出现不良反应的人群中，有 85% 是老年人。老年人之所以容易发生不良反应，主要是因为老年人免疫功能、代谢功能等多种生理功能减退，代偿机制反应下降，疾病发生率逐渐增高；特别是心、肝、脑、肾功能衰退，致使老年人对药物的代谢和排泄能力降低，易造成药物在体内蓄积而发生中毒反应。加之老年人对药物常用剂量和药物间作用的敏感性增加，对抗药物副作用的能力减退，一旦出现不良反应也往往较其他人群严重。药物不良反应的发生可增加药物相关住院率、延长住院时间和增加治疗费用，降低生活质量，同时也会增加老年综合征的风险，甚至导致死亡。故老年人是临床用药中十分需要关注的群体，不仅需要对患者的疾病进行有效治疗，还要尽可能地避免治疗中药物不良反应的发生。因此，科学指导老年人合理用药、降低老年人药物不良反应发生率是目前临床急需解决的问题之一。

一、药物不良反应的概念

药物不良反应（adverse drug reaction，ADR）是指在预防、诊断、治疗疾病或调节生理功能过程中，质量合格的药物在正常用量和用法时出现意外的或与治疗目的无关的有害反应。

二、常见的药物不良反应

常见的 ADR 有过敏性休克、肾功能异常、肝功能异常、心律失常、重型药疹、白细胞减少、血小板减少、中枢神经系统反应等。

（一）肝、肾功能损害

老年人肝、肾功能减退，易因血药浓度过高而发生毒性反应，其中以肝、肾功能的损害较为常见。肾毒性大的药物，如氨基糖苷类、万古霉素、多黏菌素类等尤应慎用。老年人由于易感病原菌种类的不同，较常应用高效、广谱抗生素，当疗程较长时应注意监测肝、肾及造血功能，并注意防治二重感染。

（二）耳毒性

老年人因其内耳膜细胞数目减少、肾功能减退，更易因药物引起耳毒性而损害听力。如氨基糖苷类抗生素可严重损害第八对脑神经，对年老体弱的用药者表现尤甚。其导致前庭损害的主要症状为眩晕、头痛、恶心和共济失调；当耳蜗受到损害时，则表现为耳鸣、耳聋，而且这种耳聋常被误认为是衰老所致，延误治疗时机。所以，老年人应尽量避免使用庆大霉素、链霉素等耳毒性药物；必须使用时，应减少用药剂量。避免同时联用依他尼酸（利尿酸）、呋塞米（呋喃苯胺酸）等具有耳毒性的药物，以免加重不良反应。

（三）尿潴留

老年人使用抗帕金森病药、三环类抗抑郁药 [阿米替林、丙米嗪（米帕明）、多塞平等]，均可引起尿潴留，特别是有前列腺增生的老年人更易诱发尿潴留。如阿米替林镇静作用和抗胆碱能作用均较强，服用后易引起嗜睡、口干、便秘、视物模糊、排尿困难，甚至引起尿潴留和麻痹性肠梗阻。前列腺增生的老年人使用强效利尿药也可引起尿潴留，应慎用。

（四）直立性低血压

老年人由于血管调节功能下降，压力感受器对低血压反应不敏感，周围静脉张力低，加之心脏本身和自主神经系统反应减缓，服用抗高血压药、吩噻嗪类、三环类抗抑郁药、利尿药、血管扩张药、左旋多巴和苯二氮䓬类等药物时，易发生直立性低血压而出现头晕等反应。

（五）精神症状

老年人脑细胞数量减少，脑血流量下降和脑活力减退，对中枢神经抑制药的反应敏感性增高。如氯氮䓬（利眠宁）具有镇静、催眠的作用，通常服用 5 ～ 20mg 会出现嗜睡、便秘等不良反应；老年人服用 60 ～ 70mg 氯氮䓬即可引起共济失调（站立不稳、左右摇摆、易跌倒）；若长期服用，可导致对药物的依赖性增高，突然停药会出现停药反应。每日服用超过 0.2g 盐酸金刚烷胺即可引起失眠、不安、共济失调、语言不清等精神神经症状，脑动脉硬化、老年痴呆，以及其他中枢神经系统疾病患者禁止使用，否则会导致病情加重。

（六）过敏性休克

在 ADR 中，过敏性休克发病凶猛，危害性严重，最为常见的是青霉素过敏。有的老年人一开始即表现严重休克、呼吸衰竭或持续性痉挛，若不及时抢救，可迅速死亡。因此，在老年人常见药物不良反应中，过敏性休克尤其需引起重视。

三、常见的药物不良反应发生原因

（一）药物动力学改变

1. 老年人随着年龄的增长，各器官功能生理性减退，肝脏、肾脏等器官血流量减少，代谢速率减缓，部分需经过肝脏转运、肾脏排泄的药物将给肝肾造成负担，进而发生肝功能损害或肾功能损害。

2. 多数药物的吸收、转运需要糖蛋白和酶的参与，老年人因生理功能减弱，糖蛋白和酶的合成分泌减少，因此，老年人药物吸收不佳，长期堆积体内，更易引发不良反应。

3. 老年人神经功能减弱，其中枢神经对药物的敏感性增强，因此，药物更易进入神经系统并导致其产生神经系统不良反应。

4. 老年人由于胃肠道黏膜细胞和血流量减少，胃肠道功能减弱，药物更易导致胃肠道不良反应。

（二）联合用药不当

老年人多存在多病共患的现象，多种药物联合使用在老年人中亦较为常见。但多种药物联合使用，其作用将互相影响，药物不良反应风险随着用药种类的增加逐渐上升。

（三）滥用药物

多数老年人缺乏对疾病的正确认知及用药安全意识，加上其迫切治愈的心情，常存在增加用药种类或剂量、延长治疗疗程等盲目用药情况，其中服用保健药物者多见。

第三节　老年人合理用药原则

老年人合理用药是老年医学面临的严峻挑战，而优化药物治疗是老年医疗照护中必不可少的部分。根据调查显示，老年人对药物的不良反应发生率是成年人的 4 ～ 8 倍。老年人中最常引起不良反应的药物主要是抗菌药物、抗高血压药物（β 受体阻滞药、血管紧张素转化酶抑制药、钙拮抗药）、非类固醇激素类镇痛消炎药、肾上腺皮质激素、苯二氮䓬类药物，其次为抗帕金森病药、抗精神病药、地高辛等。长期用药、用药的数目多和剂量偏大，是老年人发生不良反应的主要原因。在用药过程中，应根据患者年龄段的不同进行剂量、用药时间的掌控，根据患者的病情、身体情况、体质及遗传病史进行全面衡量，最终准确地选择药物，做到“对症下药”，最大限度地发挥药物的治疗作用，并减少不良反应，做到安全合理用药。

一、受益原则

用药时应有明确的用药指征，其次用药的受益 / 风险比＞ 1；即使有适应证，但用药的受益 / 风险比＜ 1 时，不应给予药物治疗。同时，选择疗效确切而不良反应小的药物。

二、个体化原则

临床上有许多因素可影响药物的选择和药物的作用，如性别、年龄、个体差异、特异体质，以及机体所处的不同生理、病理状态等。循证医学认为，个体化用药是临床安全、有效用药的基础，能有效减少和避免药物不良反应的发生。结合患者的病因、病情、病种、机体的功能状态和老年人的特点等情况进行综合分析比较，找出主要问题和问题的主要方面，权衡利弊，科学决策。

三、小剂量原则

药物在患者体内的浓度与肝脏解毒功能和肾脏排泄功能有直接关系，老年人对药物的代谢、排泄都有所减退，体内容易蓄积药物。《中国药典》规定，60 岁以上老年人用药剂量应为成年人剂量的3/4。临床上对老年人用药多采用小剂量原则，即从小剂量开始，然后缓慢增量，以获得更大疗效和更小不良反应为准则。

四、择时原则

择时原则即选择最佳时间服药，是根据时间生物学和时间药理学原理，选择最合适的用药时间进行治疗，以达到提高疗效和减少不良反应的目的。如变异型心绞痛多在凌晨0～6时发作，主张睡前用长效钙拮抗药。而劳力性心绞痛多在上午6～12时发作，应在晚上用长效硝酸盐、β受体阻滞药及钙拮抗药。

五、暂停用药原则

老年人的各系统、各脏器功能均趋向衰退，新陈代谢功能降低，即使药物剂量为正常一般用量，甚至稍低于一般用量，也会引起不同程度的副作用。暂停用药原则作为最简单、最有效的处理措施之一，应给予高度重视。医学家希波克拉底曾指出："不作任何处理有时是一种好疗法。"因此，用药期间要密切观察，首次服用的药物需特别注意，发现不适及时停药，或请医师另予处方。既往对某些药物有过不良反应的，应予以记录。老年人记忆力减退或者自理能力变差是造成药物不良反应的潜在危险因素，家属需协助老年人按医嘱用药，及时清理老年人手中存余药品，以防老年人私自停药或擅自增减药物用量。因错用、乱用和滥用药物而引起药物不良反应的老年人，用药时应密切观察，一旦出现新的症状，应考虑为药物不良反应或病情加重，前者应停药，后者应加药。

六、简单原则

老年人因多病并存，常需多种药物治疗，联合用药品种越多，药物不良反应发生的可能性越高。据统计，同时使用5种以下药物的不良反应发生率为4%，6～10种为10%，11～15种为25%，16～20种为54%。老年人用药时，同时用药不能超过5种，在选择治疗主要疾病的药物基础上，选用双重疗效的药物，以减少用药种类。

第四节　老年人安全用药的护理

老年人由于生理功能及解剖结构有不同程度的衰退，对药物在体内的吸收、分布、代谢、排泄功能均有影响。且老年人多病共患和多重用药现象普遍，对药物相互影响的耐受力也随之下降，药物不良反应发生率明显增加。因此，老年人的安全用药及用药护理具有十分重要意义。

一、全面评估老年人的用药情况

（一）用药史评估

评估并建立老年人用药记录，包括既往和现在用药记录，注意了解过敏史和既往病史，以及老年人对其所用药物的作用、不良反应、注意事项等情况是否了解。

（二）评估各脏器功能情况

评估老年人各脏器的功能情况，如肝、肾功能的生化指标；对肾功能不全的患者，应尽量避免使用经肾脏排泄的药物，以防引起药物中毒。

（三）评估老年人的服药能力

服药能力包括视力、听力、阅读能力、理解能力、记忆力、吞咽能力、获取药物的能力、识别变质药品的能力、多种药物合用时的配伍禁忌常识、药物与食物间的相互影响知识和发现不良反应的能力。

（四）心理-社会状况

了解老年人的文化程度、饮食习惯、家庭经济状况；对当前治疗方案和护理计划的了解、认识程度和满意度、家庭支持情况；对药物有无依赖、期望或者恐惧等心理；对医护人员的信任度以及诊疗方案的依从性。

二、安全使用药物的护理

（一）安全用药护理

1. 对住院的老年人，护理人员应严格执行给药操作流程，按时将早晨空腹药及饭前服、饭后服、睡前服的药物，分别送到患者床前，并照顾其服下。

2. 给药前向患者解释，以取得合作，并给予相应的用药指导，可利用图片、标签等醒目的颜色及固定的器皿，以增强老年人对服药的记忆。

3. 正确指导老年人用药的方法、剂量、间隔时间等，对有可能发生各种药源性危象的药物要做到积极预防、及时发现。给药方式尽量简单，给药时间要考虑老年人的作息时间。对数量多、体积大或形态特殊、质地较硬的药物，应分次或切成小块后吞服，以防药物卡在喉咙。

4. 对于精神异常或不配合治疗的老年人，护理人员需协助和督促患者服药，并确定其是否将药物服下；若在家中，可要求家属做好协助督促工作。对于吞咽障碍和神志不清的老年人，一般可通过鼻饲管给药；对神志清楚有吞咽障碍的老年人，可将药物加工成糊状物后再服用。

5. 对于外用药物，护理人员应详细说明，并在盒子外贴红色标签，注明外用药不可口服，并通知家属。

6. 对出院带药的老年人，护理人员通过口头和书面形式，向老年人解释药物名称、用量、作用、副作用和用药时间；用字体较大的标签注明用药的剂量和时间，便于老年人记忆。

（二）开展健康教育

护理人员可采取专题讲座、发放宣传材料、个别指导等综合性教育方法，通过门诊教育、住院教育和社会教育 3 个环节及紧密相扣的全程健康教育计划的实施，反复强化老年人循环渐进地学习疾病相关知识，提高其服药依从性。

（三）建立合作性护患关系

护理人员要鼓励老年人参与治疗方案与护理计划的制订，请老年人谈论对病情的看法和感受，让老年人了解每种药物在整个治疗方案中的轻重关系，倾听老年人的治疗意愿。注意老年人对治疗费用的关注情况，与老年人建立合作性护患关系，提升老年人对治疗的信心，形成良好的治疗意向。

（四）行为的治疗措施

1. 行为监测 要求老年人写服药日记、病情自我观察记录等。

2. 刺激与提升 将老年人的服药行为与日常生活习惯联系起来，如设置闹钟提醒服药时间。

3. 强化行为 当老年人服药依从性好时，要及时给予肯定；当依从性差时，要及时给予指正。

4. 帮助老年人保管药物 定期整理药柜，保留常用药和正在服用的药物，弃除过期变质的药物。

三、预防药物不良反应

（一）严密观察药物的不良反应

了解不良反应的典型和不典型表现，一旦出现不良反应立即停药，根据医嘱给予处理。对应用抗高血压药的老年人，应了解其基础血压，提醒其直立时动作要缓慢，避免血压下降速度过快、脑血流量供应不足，引起直立性低血压。对应用解热镇痛药的老年人，应提醒慎用解热药，必要时要合理掌握剂量，避免大量出汗出现虚脱。对老年人除必要的抢救、晚期肿瘤剧痛需镇痛药外，一般不用吗啡及其衍生物镇痛，因为此类药物能抑制呼吸中枢。应用降血糖药的老年人，易发生低血糖反应，常表现为无先兆的昏迷、发作性精神失常、抽搐、头痛、嗜睡，夜间发生者比较多见。老年人对洋地黄的耐受性差，且洋地黄的有效剂量和中毒剂量接近，易发生中毒，表现为厌食、恶心、呕吐等胃肠道反应及黄绿视等神经系统症状、室性期前收缩等心肌损害症状，护理中应当严密观察应用洋地黄老年人的病情。对于应用利尿药的老年人，应注意观察有无表情淡漠、软弱无力、腹胀等低钾症状。

（二）加强药物治疗的健康指导

根据老年人服药能力、生活习惯，给药方式尽可能简单。由于许多食物和药物同时服用会干扰药物的吸收，如口服铁剂时应避免与牛奶、茶、咖啡同服，而与含维生素 C、维生素 B_2 等酸性食物同服可促进其吸收。此外，如果给药间隔时间过长则达不到治疗效果，而频繁的给药又容易引起药物中毒。因此，在安排服药时间和服药间隔时，既要考虑老年人的作息时间，又应保证有效的血药浓度。对老年人进行健康教育的同时，还要重视对其家属进行有关安全用药知识的教育，使他们学会正确协助和督促老年人用药，防止发生因用药不当造成的意外。

案例学习

一位独居的老奶奶，其女儿怕母亲一人在家买药不方便，每次回家都为其购买一些非处方药和补药备着。时间一长，老奶奶在自己的药箱中存放了很多过期或不再需要的药物，有的药物标贴不知去向，有的药物瓶盖丢失，但她并没有注意到这些药物存在的问题，并且不知道如何正确处理这些药物。

请思考以下问题：

1. 老奶奶保管药物出现了哪些问题？
2. 护理人员应该如何指导老年人安全保管家庭用药？
3. 护理人员在老年人用药护理中扮演着什么角色？如何加强护理人员与老年人的沟通和信任，更好地实现合理用药的教育？

评判性思维训练

王大爷，75 岁，高血压病史 30 余年，2 型糖尿病病史 10 年，每日服用 5 种药物。一天某保健公司在王大爷居住的小区开展免费查体活动，王大爷禁不住诱惑就去了。经检查，王大爷不仅患有高血压、糖尿病，还患有小脑萎缩，王大爷很担心，在保健公司工作人员的推荐下，购买了 3 万元的保健药品。

1. 王大爷的治疗用药合理安全吗？
2. 老年人用药护理中“合理用药”教育的目的是什么？作为一名护理人员又该如何指导王大爷安全用药？

（周秀玲）

第三篇　老年综合征与常见问题护理

第八章　衰弱与肌少症

学习目标

知识目标：

1. 说出衰弱和肌少症的定义。
2. 列举衰弱的常见状况。
3. 陈述衰弱和肌少症的危险因素。

能力目标：

1. 针对可能存在衰弱或肌少症的老年人，选择适合的工具和方法进行筛查和评估。
2. 能够为存在衰弱或肌少症的老年人制订个性化护理方案。

素质目标：

1. 了解护士在识别和综合干预衰弱或肌少症老年人中的重要作用，培养学生心怀敬畏、充满热爱的职业认同感。
2. 强调在评估和护理衰弱或肌少症老年人的过程中应处处体现人文关怀，培养学生对老年人的关爱之情，提升其综合素养和人文修养。

衰弱和肌少症是老年人群常见的非健康状态，两者都可导致跌倒、失能，甚至是死亡等严重不良事件的发生，对老年人的身心健康产生严重危害，同时也造成医疗资源的消耗，增加家庭和社会的负担，逐渐成为了老年医学领域关注的热点。本章将全面阐述衰弱和肌少症的定义、风险因素、评估方法和护理措施，帮助临床护士正确认识、并选择合适的筛查和评估方法，及时识别出老年人衰弱和肌少症，进而与其他医学专业人员一起给予老年人健康指导和建议，以促进健康老龄化进程。

第一节　衰　　弱

随着人类寿命的不断延长，老年人口比例日渐增长，使得衰弱人口数量也逐渐增加，与之相关的健康风险、不良后果的脆性也随之增加。可以针对危险因素对衰弱进行预防，因此，早期识别衰弱高危人群并实施有效干预是延缓或减少老年人疾病和失能发生的重要手段。

一、概　　述

衰弱（frailty）是指老年人生理储备下降导致机体易损性增加、抗应激能力减弱的非特异性临床状态。根据Fried衰弱表型评估方法，可将老年人分为健康、衰弱前期和衰弱老年人。

中华医学会老年医学分会将衰弱定义为：老年人以肌少症为基本特征的、全身多系统（神经、代谢内分泌及免疫等）构成的稳态网体系受损，导致生理储备下降、抗打击能力减退及应激后恢复能力下降的非特异性状态，是最具临床意义的老年综合征。部分老年人虽然无特异性疾病，但出现疲劳、无力和消瘦，也归属于衰弱范畴。

相关系统评价结果显示，世界范围内老年人衰弱的患病率为26.9%，衰弱前期为36.4%。我国老年人衰弱的患病率为10.1%，衰弱前期为43.9%。衰弱的危险因素较多且复杂，较常见的包括遗传、增龄、性别、营养不良、缺乏运动、睡眠障碍、多病共存和多重用药，可分为不可控和可控两大类。

（一）不可控的危险因素

1. 遗传　目前，已发现与衰弱相关的基因包括白细胞介素 -6、生长分化因子 -15、钙调素 / 衰老标记蛋白 -30、钙网蛋白、血管紧张素原、成纤维生长因子 -21 等，不同的基因型表达主要通过炎症、线粒体、细胞凋亡、钙稳态、纤维化、神经肌肉接头、神经元及激素等影响个体衰弱的易感性。

2. 增龄　随着年龄的增长，老年人机体生理功能逐渐减退、储备能力下降，无法抵御外界压力。

3. 性别　绝经后，女性的雌激素迅速下降，导致神经肌肉功能、肌肉力量和姿势稳定性都有所降低，使其比男性更容易发生衰弱。

（二）可控的危险因素

1. 营养不良　机体的营养状况与衰弱的发生密切相关。部分老年人蛋白质、维生素 D、钙、锌、铁等相关营养物质摄入不足，使机体的肌肉数量、质量下降，进而容易发生跌倒等问题，促进了衰弱的发生和发展。老年人一旦出现衰弱，继而会出现食欲减退、吞咽困难等问题，加重营养不良，形成恶性循环。

2. 不良生活方式　相关研究发现，久坐时间越长、运动量越少的老年人衰弱发生率越高，且久坐的时间越长，衰弱的程度越严重。此外，吸烟、酗酒、个人卫生情况差等其他不良生活方式也会增加衰弱的发生风险。

3. 睡眠障碍　睡眠不佳会导致老年人行走能力减退、耐力下降，且会影响激素的分泌，促进炎症因子的表达，进而影响肌肉蛋白质合成及代谢，导致肌肉质量、数量的下降，最终发生衰弱。

4. 多病共存　患有心血管疾病、脑卒中、血管异常、恶性肿瘤、慢性阻塞性肺疾病、痴呆、肾衰竭、糖尿病等疾病的老年人更易发生衰弱，髋部骨折、急性感染及手术等可促进衰弱的发生。而老年人常多病共存，进而增加衰弱的患病风险，这与老年共病患者受多种疾病的影响导致机体代偿功能较差有关。

5. 不合理多重用药　由于老年人存在多病共存的特点，在治疗这些疾病的过程中，老年人常需服用多种药物，易存在不合理多重用药的情况，引起药物之间的相互作用及不良反应，也会促使衰弱的发生。

6. 负性心理状况　焦虑、抑郁等是老年人中常见的负性心理状态，严重影响老年人的生活质量，在一定程度上可增加衰弱的发生率。

7. 社会经济状况　老年人的社会经济状态、社会地位及婚姻状况均可影响衰弱的发生。未婚、独居、社会孤立和经济状况差的人易出现衰弱。

二、临床表现

（一）非特异性表现

有疲劳感，做事时无法集中精力或者做事感觉很费力气；不明原因的体重下降；反复发生感染。

（二）步态受损和跌倒

即使是轻度衰弱也会导致老年人肢体平衡受损，不足以维持完整的步态，易发生跌倒。

（三）谵妄

衰弱老年人多伴有脑功能下降，应激时可导致脑功能障碍的加剧而出现谵妄。

（四）波动性失能

患者可出现功能状态的急剧变化，常表现为功能独立和需要他人照顾交替出现。

三、护　　理

（一）护理评估

准确识别出衰弱老年人并加以干预，对预测失能、预防不良结局的发生、改善老年人的生存质量具有重要意义。目前，国际上衰弱评估工具种类繁多，以下为常见的几种。

1. Fried 衰弱表型（Fried frailty phenotype，FFP）　该量表由美国学者 Fried 和 Walston 于 2001 年提出，也称为心血管健康研究指数，为国际上运用最广泛的衰弱评估量表之一。该表的评估内容包括 5 个方面，即体重减轻、步速减慢、握力差、活动减少、疲劳感，见表 8-1。符合 3 项及以上者可诊断为衰弱，符合 1 ～ 2 项者为衰弱前期，一项也不符合者为非衰弱。该量表观测指标数量不多且能客观定量，操作性较强，但仅限于对生理层面的评估，缺少对环境、社会、认知、心理等维度的评估。

表 8-1　Fried 衰弱表型

序号	检测项目	男性	女性
1	体重下降	过去年 1 年内，意外出现体重下降＞ 4.5kg 或 5% 体重	
2	行走时间（4.57m）	身高≤ 173cm：≥ 7s 身高＞ 173cm：≥ 6s	身高≤ 159cm：≥ 7s 身高＞ 159cm：≥ 6s
3	握力（kg）	BMI ≤ 24.0：≤ 29 BMI 24.1 ～ 26.0：≤ 30 BMI 26.1 ～ 28.0：≤ 30 BMI ＞ 28.0：≤ 32	BMI ≤ 23.0：≤ 17 BMI 23.1 ～ 26.0：≤ 17.3 BMI 26.1 ～ 29.0：≤ 18 BMI ＞ 29.0：≤ 21
4	体力活动（MLTA）	＜ 383kcal/w （约散步 2.5h）	＜ 270kcal/w （约散步 2h）
5	疲劳感	CES-D 的任一问题得分 2 ～ 3 分 过去 1 周内以下现象发生了几天？ （1）我感觉做每一件事都需要经过努力 （2）我不能向前行走 0 分：＜ 1d；1 分：1 ～ 2d；2 分：3 ～ 4d；3 分：＞ 4d	

BMI. 体重指数；CES-D. 流行病学调查用抑郁自评量表评分标准：具备≥ 3 条可诊断为衰弱综合征，＜ 3 条为衰弱前期（pre-frail），0 条为无衰弱健康老年人

2. 衰弱指数（frailty index，FI）　该量表由加拿大老年医学专家 Rockwood 等基于健康缺陷累积理论于 2001 年研发，共有 4 个维度、70 种健康缺陷项目，包括心理维度（情绪问题、抑郁、感到悲伤等 14 个条目）、生活维度（穿衣困难、洗澡困难、如厕困难等 8 个条目）、生理维度（面部肌肉紧张、出现掌颌反射、心律不齐等 40 个条目）、既往史（认知障碍家族史、抑郁症病史、退行性疾病史等 8 个条目）。每个条目为一种缺陷，当出现该缺陷时，该条目计“1”；若没有，则该条目计“0”。该量表最终得分的计算方式为：衰弱指数 = 条目总分 /70。其中，衰弱指数范围为 0 ～ 1，以 0.25 为界，超过 0.25 则被认为是衰弱。由于该量表对患者的预后有较高的预测价值，故其在临床中应用较为广泛。

3. 老年人衰弱评估量表　该量表是由国内学者杨立峰等于 2017 年编制，是适用于评估我国老年人衰弱水平的量表。该量表包含 4 个维度，即生理、心理、社会及环境适应能力，共 35 个条目。在天津社区老年人中进行验证，发现该量表具有良好的信效度，可用于我国老年人衰弱水平的评估。该量表是国内首个自行编制的衰弱评估量表，其应用效果还待更多研究加以验证。

除上述量表外，相关学者还开发和验证了一些快速评估工具，如衰弱量表、埃德蒙衰弱量表、临床衰弱量表、医院衰弱风险评分及针对我国老年人研发的衰弱快速筛查问卷等，可用于衰弱的快速筛查。

（二）护理措施

针对老年人衰弱，护理的主要目标为：通过适当锻炼及营养补充等方式，帮助患者提高活动耐力；减轻患者的衰弱程度，提高患者的自理能力；改善患者的营养状况，适应身体需要；预防患者发生跌倒等不良事件。

1. 健康教育 积极开展老年人健康知识宣传，主要包括膳食营养、戒烟限酒、体育锻炼、心理健康、合理用药和定期体检等知识。充分利用以基层医疗机构为主的预防保健网络，向老年人提供健康教育资料、设置健康教育宣传栏、开展健康咨询活动、举办健康知识讲座、建立健康档案，加强对老年人群的健康支持和保障。

2. 一般护理 主要针对衰弱发生的危险因素进行护理，以预防老年人发生衰弱，或缓解患者的衰弱程度。

（1）日常生活护理：鼓励老年人采用健康的生活方式和生活习惯，维护和提高老年人的心身健康水平，主要包括规律生活起居、合理饮食、保证微量元素和其他矿物质等营养物质的摄入、养成良好卫生和排泄习惯、维持口腔健康、戒烟限酒、适量运动、预防跌倒、保持充足睡眠、定期预防接种等。

（2）基础疾病的护理：关注那些潜在的、未控的、终末期疾病继发的衰弱，积极治疗心力衰竭（简称心衰）、慢性感染、恶性肿瘤、糖尿病等基础疾病，做好疾病的相关护理工作。

（3）去除诱因：对于没有基础疾病的老年人，也要帮助其去除可纠正的危险因素，如评估多重用药情况，去除不合理用药；指导应对手术、住院等应激性事件。

3. 用药护理 针对老年人多病共存和多重用药的特点，应与相关专业人员一起，积极管理老年人所患的疾病，尤其要重视处理可逆转的疾病。评估老年人的用药情况，及时纠正不恰当的药物使用，规范茶碱、左甲状腺素（优甲乐）等高分解代谢药物的使用。避免随意自我治疗，不仅可以减少医疗成本，还可以避免药物不良反应对老年人的伤害。

4. 减少医疗伤害 对于老年人来说，各种侵入性的检查和治疗会带来更多的并发症，甚至有时会增加患者的负担并损害其生活质量。因此，应仔细观察和评估老年患者的综合情况，避免过度医疗行为。

5. 非药物干预 目前，针对衰弱的非药物干预措施主要包括运动干预、营养干预、多因素干预、个性化老年护理。

（1）运动干预：运动锻炼被认为是预防和改善衰弱的首选方案，可增加活动灵活性和日常生活能力，改善步态、减少跌倒、增加骨密度及改善健康状况。因此，指导老年人进行自我锻炼，可先进行灵活性和平衡训练，后进行抗阻力和耐力训练，逐步地改善老年人的身体功能。但是，随着运动强度逐渐升高，能力要求也相对较高，此种运动方式并不适用于久坐不动的老年人。因此，可鼓励此类老年人先进行阻力和（或）平衡训练，之后进行有氧训练，可在一定程度上降低老年人发生衰弱的风险，或缓解老年人的衰弱程度。

（2）营养干预：营养在衰弱的发生和发展中起到至关重要的作用。应对老年人进行营养补充教育和咨询，以提高其对营养状况的重视。结合具体的营养补充公式和老年人的健康状况，制订个性化营养干预计划，加强老年人日常饮食中优质蛋白、微量营养素的补充。同时，家庭和社会应从各个方面保证其饮食质量、就餐环境和情绪。

（3）多因素干预：由于衰弱受到多种因素的影响，故可综合使用运动干预、营养干预、认知训练等措施进行预防和干预。

（4）个性化老年护理：应以患者为中心，强调多学科团队合作对衰弱老年人进行老年综合评估和个性化管理。团队成员应包括老年医学专家、护理人员、临床药师、专业治疗师、社会工作者等。通过老年综合评估识别老年人的个体缺陷，进而制订个性化、多因素干预措施，帮助老年人预防衰弱的发生，改善老年人的衰弱状态。

6. 心理护理 指导老年人通过放松、参加各种社交活动等方式释放焦虑、抑郁等不良的情绪，减少社会、环境中的应激源。

7. 提高社会支持水平 良好的社会支持是预防老年人衰弱发生和发展的重要措施。子女及其他家属应给予老年人关心、尊重、理解和支持，帮助老年人得到情感上的满足。此外，还应评估老年人的社会支持情况，动员各方力量健全社会支持系统，鼓励老年人充分使用社会支持系统。

总之，随着人口老龄化进程的加快，衰弱老年人日渐增多，预防和延缓衰弱的发生和发展成为老年健康领域的重要内容。正确认识、评估老年人的衰弱状况，采取有效预防和护理措施，有助于提升老年人的生活质量，减少不良健康结局的发生，促进健康老龄化进程。

案例学习

马奶奶，67岁，已从中学教师的工作岗位退休。平日和丈夫共同生活，丈夫患有糖尿病、高血压、冠心病、高脂血症，马奶奶自己患有关节炎、高血压、抑郁，并服用相关药物。马奶奶在更年期后，坚持补充雌激素10年，但由于担心雌激素副作用的影响，故在3年前停止补充。家里的大部分事情由马奶奶处理。天气比较好的时候，马奶奶会独自在小区里散步30min，冬天较少外出。在过去的10年中，她的体重以每年1kg的速度增长，如今身高为156cm，体重70kg，BMI为28.76kg/m^2。由于担心自己继续长胖及老伴的高脂血症加重，马奶奶与老伴平时坚持低盐、少油的清淡饮食，每两天吃一个鸡蛋，仅在周末时与子女一起吃少量肉类。最近，马奶奶的体重减轻了不少，但时常感到体力不支，做事情的时候总感觉很费力气，走路时会出现不稳的情况，好几次差点跌倒。

马奶奶的子女带她去医院做了综合评估，医师告知马奶奶的握力偏弱、步速稍慢，总体来看属于衰弱状态。

请思考以下问题：

1. 哪些危险因素导致马奶奶出现了衰弱？
2. 你将会开展哪些领域的深度评估？
3. 请列举适用于马奶奶的护理措施。

第二节 肌 少 症

与衰弱相同，肌少症是一种认知度较低、发病率较高的综合征，无形中严重影响老年人的健康，降低其生活质量。

一、概　　述

肌少症（sarcopenia），又称骨骼肌减少症，是以与年龄增长相关的进行性、广泛性的骨骼肌量减少、力量减弱和功能下降为特征的一组综合征。该概念是由学者Irwin Rosenberg于1989年首次提出。2010年，在欧洲老年人肌肉减少症工作组的提议下，才有了“肌少症”的国际共识和定义。

综合相关研究，肌少症在60岁以上人群中的患病率为10%。亚洲老年人肌少症的患病率为4.1%～35.3%，发病率为9%，略低于其他地区13%的发病率。在护理机构，肌少症的患病率为41%，比社区老年居民高4倍。

相关学者普遍认为，老年人肌少症是由多个因素而非单一因素所造成，主要涉及年龄增长、营养不良、身体活动量低、基础疾病等因素。

（一）年龄增长

随着年龄的增长，肌肉纤维从Ⅱ型转向Ⅰ型，肌肉和肌间脂肪浸润，Ⅱ型纤维卫星细胞数量减少，肌肉蛋白质合成和分解代谢途径失衡，导致骨骼肌肉丧失。

（二）身体活动量低

老年人久坐不动和缺乏运动，会使得其基础代谢率和运动代谢率降低，造成肌肉质量和肌力降低及肌肉萎缩，进而会延长久坐的时间，造成恶性循环的产生。

（三）营养不良

营养不良，尤其是蛋白质和维生素 D 摄入不足，对肌肉量、肌肉力量和肌肉功能具有减弱作用。

（四）激素水平变化

随着年龄增长，胰岛素、生长激素和胰岛素样生长因子 -1 分泌减少，影响其对肌肉蛋白的代谢发挥作用，包括睾酮、雌激素在内的性激素减少，导致肌肉合成减少。

（五）基础疾病

老年人群中常见的肿瘤、糖尿病、慢性阻塞性肺疾病、高血压、认知障碍等均与肌肉的萎缩及功能减退有关。

二、护　　理

（一）护理评估

除外肌力降低，肌少症患者还会出现耐力降低、日常生活能力下降、行走速度缓慢、爬楼梯困难、平衡力变弱、跌倒及肌肉量降低。为准确识别和诊断肌少症，应遵循发现（find）—评估（assess）—确认（confirm）—严重程度评估（severity），即 F—A—C—S 流程，并强调肌肉力量是肌少症的主要指标。

1. 筛查　也就是 F—A—C—S 流程中的发现病例阶段，常用的工具如下。

（1）简易五项评分问卷：简易五项评分问卷（strength，assistance in walking，rise from a chair，climb stairs and falls，SARC-F）是由 Malmstorm 和 Morley 于 2013 年提出的一项较为简便且经济的筛查方法，用于发现病例。该问卷包括肌肉力量、步行能力、坐下站起能力、爬 10 层楼梯的能力和过去 1 年内跌倒的次数 5 项内容，总分 10 分，具体内容见表 8-2。总分≥ 4 分提示存在肌少症风险，需要进一步评估肌力；总分＜ 4 分提示无肌少症风险。该问卷具有相对较低的敏感性和较高的特异性。巴西相关学者在此基础之上添加了小腿周长测量条目，形成了改良版的 SARC-F 评分，即 SARC-CalF。若男性小腿周长＞ 34cm，记为 0 分；若≤ 34cm，记为 10 分。女性则以 33cm 为界。若问卷评分为 11 ～ 20 分，提示肌少症风险较高，建议进一步检查。改良后的问卷在一定程度上提高了灵敏度。

表 8-2　简易五项评分问卷（SARC-F）

序号	检测项目	询问方式	计分
1	S（strength）：力量	搬运 4.5kg 重物是否困难	0 分：无困难 1 分：有些困难 2 分：很困难或不能完成
2	A（assistance in walking）：行走	步行走过房间是否困难	0 分：无困难 1 分：有些困难 2 分：很困难，需要辅助或不能完成

续表

序号	检测项目	询问方式	计分
3	R（rise from a chair）：起身	从床上或椅子上起身是否困难	0分：无困难 1分：有些困难 2分：很困难，或没有辅助时不能完成
4	C（climb stairs）：爬楼梯	爬10阶楼梯是否困难	0分：无困难 1分：有些困难 2分：很困难或完全不能
5	F（falls）：跌倒	过去1年跌倒次数	0分：从没有 1分：1～3次 2分：≥4次

（2）Ishii评分法：该方法由日本学者Ishii等于2014年提出，通过公式计算来评估老年人的肌少症风险程度，且男、女所使用的公式存在差别。具体公式为：男性得分=0.64×（年龄–64）–3.09×（握力–50）–4.64×（小腿围–42）；女性得分=0.80×（年龄–64）–5.09×（握力–34）–3.28×（小腿围–42）。其中，男性105分、女性120分为最佳诊断界值。

2. 评估和确诊 肌少症的评估和确诊是通过测定肌肉力量和肌肉质量来完成。其中，肌肉力量的评估方法包括握力、膝关节屈曲和5次坐立计时测试。肌肉质量的测量方法包括计算机断层扫描（CT）、磁共振成像（MRI）、双能X射线吸收法、生物电阻抗分析法。CT和MRI被认为是评估肌肉质量的金标准，具有很高的准确性和可重复性，但受场地、成本、操作技术要求等因素的影响，较少在研究环境之外使用。

3. 严重程度的评估 可采用简易躯体功能量表、步速、计时起立行走测试及400m步行测试等体能测试进行肌少症严重程度的评估。

4. 诊断标准 针对肌少症的诊断，中华医学会骨质疏松和骨矿盐疾病分会建议：①先进行步速测试，若步速≤0.8m/s，则进一步测量肌量；步速＞0.8m/s，则进一步评估握力。②若静息状态下优势手握力男＞25kg、女＞18kg，则排除肌少症；若低肌力，则进一步测量肌量。③若肌量正常，则排除肌少症；若肌量减少，则诊断肌少症，但未提及肌量的具体界值。

（二）护理措施

由于营养不良和运动缺乏是老年人患有肌少症的主要危险因素，因此，肌少症的预防和护理主要包括对老年人进行针对性健康教育和运动、营养干预，提高对营养和运动的重视程度，帮助他们改善不良生活方式。

1. 营养干预 相关证据表明，摄入足够的蛋白质、维生素D、抗氧化营养素和长链多不饱和脂肪酸对健康有益。每日基础蛋白质摄入量为男性75g、女性65g，此外还应根据老年人的不同状况，增加每日蛋白质摄入量，如预防量为1～1.2g/（kg·d）、已明确诊断肌少症者为1.2～1.5g/（kg·d）、存在严重肌少症者＞1.5g/（kg·d）。最好是优质蛋白质，即乳清蛋白，其中含有大量的必需氨基酸（如亮氨酸）。此外，肌少症老年人维生素D的补充剂量为15～20μg/d（600～800IU/d）。

对于多种心肺功能不全、肿瘤、糖尿病、慢性阻塞性肺疾病、手术后的老年人，应及时给予营养评估，根据结果制订个性化的营养补充方案。

2. 运动干预 单独营养干预对增加健康老年人的肌力和肌量作用较为有限，结合运动干预可有效保持肌肉的整体功能，延缓衰老。其中，最佳运动方式是抗阻训练，其次是有氧运动、拉伸运动、平衡运动，均能改善躯体功能。需要注意的是，高强度抗阻训练可增加老年人受伤的概率，并可增加心脑血管疾病发生的风险，故应辅助老年人根据自身情况谨慎选择抗阻训练的方式和强度。运动频率建议每周至少3次，每次20～45min，最长不超过1h，每周累计运动时间150min以上。

3. 心理护理　老年人可能存在依赖他人、认知障碍、刻板、独居、抑郁等独特的神经心理状况，不利于科学的营养和运动干预，故应在加强心理沟通、进行心理和认知干预的基础上，再进行相应的营养补充和运动训练。

4. 用药护理　目前，尚未有治疗衰弱或肌少症的药物被批准使用。但是，老年人多重用药的问题不容忽视，应在老年医学专家、药师等相关专业人员的共同努力下，规范老年人的用药，以降低多重用药对老年人的伤害。

5. 健康教育　以肌少症的高危因素、预防及干预措施为主要健康教育内容，帮助老年人建立预防或延缓肌少症的意识，进而采取健康的生活方式，以预防或延缓老年肌少症的发生和发展。

在针对肌少症进行筛查—评估—诊断—干预的过程中，社区医疗机构和大型综合医院或专科医院的流程稍有不同，大型综合医院或专科医院需分析引起继发性肌少症的病因，并对已确诊肌少症的老年人进行不良事件风险评估，从而提供个性化干预方案。

总体而言，肌少症与衰弱一样，是老龄化社会所面临的重要问题，两者关系密切，且危险因素、预防和干预措施存在相似之处。随着人口老龄化的加剧，对衰弱和肌少症的关注将愈加增多，相关研究的深入也将帮助人们意识到两种状态并不是正常的老化现象，而是一种非健康状态，应采取有效措施，以预防和改善衰弱和肌少症的发生和发展，保证更多老年人享受健康权。

评判性思维训练

1. 肌少症和衰弱共同的危险因素有哪些？
2. 为一位老年人设计一份衰弱预防方案。

（李小雪）

第九章 步态异常与跌倒

学习目标

知识目标：

1. 说出步态和跌倒的定义。
2. 列举步态的影响因素。
3. 陈述跌倒的危险因素。

能力目标：

1. 针对具有潜在跌倒风险的老年人，选择适合的工具和方法进行跌倒风险的评估。
2. 能够为具有跌倒风险的老年人制订个性化预防方案。

素质目标：

1. 了解护士在识别老年人跌倒风险因素和采取综合干预措施降低老年人跌倒发生风险中的职责，培养学生的社会责任感。
2. 强调在紧急应对老年人跌倒和护理跌倒后的老年人过程中，应处处体现人文关怀，培养学生对老年人的关爱之情。

老化和罹患神经、精神、运动系统疾病等是引起老年人步态异常的重要因素。作为步态异常的严重危害性结果，跌倒可导致老年人骨折、软组织损伤及脑伤害、残疾等，影响老年人的身心健康，已成为老年人意外死亡的首要原因，给家庭和社会带来沉重的照护和医疗经济负担。因此，护理工作者应细致观察老年人的步态变化，分析和识别导致老年人步态异常的因素，采取有效干预措施，预防老年人跌倒的发生，并正确掌握跌倒老年人的护理方法，从而帮助更多老年人顺利度过晚年生活。

第一节 步态异常

步行是人类最基本的运动能力，是正常独立生活的必备条件。受多重因素影响，人在步行过程中呈现不同特征，并有可能出现异常状态。

一、概　　述

步态（gait）是人类步行时的行为特征。正常步态（normal gait，NG）是一个健康成年人以自我感觉最舒适，且在自然状态下行走时的步态，具有身体平稳、步长适当及耗能最少 3 个特点。行走的过程中，人体保持平衡，双臂自然下垂至身体两侧，下肢有节奏地进行周期性交替摆动，使身体平稳地前进。在此过程中，人体重心的移动、关节的屈伸及步态的时空参数具有良好的对称性。由于个体的差异性，步态有不同的特征。

正常步态的发生需要 3 个基本元素，即运动能力（包括节律性步态的始动和保持）、平衡能力（包括静态平衡能力和动态平衡能力）及环境适应能力。步行的发生机制涉及执行系统（额叶皮质、基底节、脑干、小脑、脊髓、周围神经和肌肉等）、支持系统（心血管系统、骨关节、韧带和足）和反馈系统（视觉系统、前庭系统和其他感觉系统），其中的每一个系统、器官都参与步态特征的形成，任何一个系统或器官的失调都有可能影响步态特征，导致行走方式的异常，即步态异常（abnormal gait，AG）。常见的步态异常有小心步态、减痛步态、跨阈步态、肌张力障碍步态、舞蹈步态、鸭步、偏瘫步态、截瘫步态、帕金森样步态（小碎步、慌张步态、冻结步态等）、共济失调步态（小脑性共济失调步态、感觉性共济失调步态）等。

（一）流行病学特征

根据美国疾病预防与控制中心的报告，30% 的 65 岁及以上老年人难以完成长距离的步行任务，20% ～ 50% 存在步态异常的问题。在意大利北部进行的一项调查结果显示，32.2% 的老年人存在步态异常。老年人的步态异常多与跌倒的发生密切相关，可引发疼痛、肌肉无力、依赖他人等一系列严重后果，给其自身、家庭及社会带来沉重的医疗和经济负担。

（二）影响因素

多种因素可造成老年人出现步态异常。

1. 老化　随着年龄的增长，老年人的各个系统均会发生老化，肌力和平衡能力下降，人的步态呈现步速减慢及步长变短的特点。若肌力和平衡能力进一步下降，部分老年人还会出现步宽增加和蹒跚行走的现象，称为“老年性步态”。

2. 疾病　老年人常出现的视觉障碍、内耳前庭系统疾病、肌肉骨骼系统疾病、风湿性疾病、心肺功能障碍、神经系统疾病等均可导致维持正常步态的各项功能下降，引发步态异常。如果老年人中枢神经系统外的运动神经、周围感觉神经和前庭神经系统发生损害，会导致其肌肉力量和空间定位能力下降，可出现鸭步和跨阈步态；老年人的皮质或基底核发生障碍，则会影响其感知和处理感受神经传递的信息，可能出现冻结步态和共济失调步态。

3. 药物　在治疗精神类疾病、心血管类疾病及神经系统疾病时，应用的部分药物也会影响老年人的步态。

4. 其他　如创伤、足趾嵌甲及足部的疣、疮等；此外，不合适的穿着和辅助工具、跌倒病史及对跌倒的恐惧也会对步态产生影响。

二、护　　理

（一）护理评估

涉及步态参数和步态分析两方面内容。

1. 步态参数　为便于步态特征的描述、评估和分析，需将行走的过程进行分割，细化步态参数。以下为常用的基本参数。

（1）步行周期（gait cycle，GC）：是指在行走时一侧足跟着地到该侧足跟再次着地所用的时间，单位为秒（s）。

（2）步行时相：是指行走中每个步行周期都包含着一系列典型姿位的转移，包括支撑相和摆动相。其中，支撑相分为首次着地、负荷反应期、支撑中期、支撑末期和摆动前期，而摆动时相分为摆动初期、摆动中期和摆动末期。

（3）步长：行走时一侧足跟着地到紧接着的对侧足跟着地所行进的距离称为步长，又称单步长。

（4）步幅：是指行走时，由一侧足跟着地到该侧足跟再次着地所行进的距离，又称复步长或跨步长。

（5）步宽：是指在行走中左、右两足间的距离，通常以足跟中点为测量参考点。

（6）足角：是指在行走中人体前进的方向与足的长轴所形成的夹角。

（7）步频：是指行走中每分钟迈出的步数，又称步调，通常用 steps/min 表示。

（8）步速：是指行走时单位时间内在行进的方向上整体移动的直线距离，即行走速度，通常用 m/min 表示。

2. 步态分析 步态研究最常用的方法为步态分析（gait analysis，GA），即运用定性、定量或半定量的方法，对人行走时的肢体和关节进行观察、测量和分析，提供出一系列运动学、动力学等步态参数和图表，从而评估和描述其步态特征。

（1）定性评估：也称目测分析法，主要是对步态的描述性评价，如医师通过肉眼观察被试行走时的步态特征，结合自己的临床经验和专业知识，得出初步诊断。

（2）半定量评估：采用量表对被试的步态进行评估，如 Berg 平衡量表、起立 - 行走计时测试、Hoehn-Yahr（H-Y）分级量表、简易体能状况量表等普适性量表，可对各种类型的步态进行评估。其中，简易体能状况量表常用于社区老年人及脑小血管病患者站立平衡、快速起立能力及步速等功能的评估。统一帕金森病评定量表、运动障碍协会统一帕金森病评定量表和 Tinetti 量表等，用于帕金森综合征相关步态障碍的评估，包括后拉试验、冻结步态、行走姿势异常等。Tinetti 量表评估的内容比较全面，满分 12 分，分值越低，表明步态异常的程度越大，但其在老年人群中的外部和内部一致性及天花板、地板效应还需进一步验证。

（3）定量评估：采用简易的人工方式或运用精密的步态分析仪进行测量。前者仅需无障碍的步道和计时器，可测量步速；后者需要借用步态分析设备测量步态时空相关的多个参数，之后采用主成分分析、因子分析等方法进一步提取步态特征。常用的步态分析设备包括电子角度计、多摄像机动作捕捉系统、受力平板系统和动态肌电图等。

（二）护理措施

针对步态异常，应通过积极治疗原发病、创伤，以及干预危险因素及康复护理的方式，预防和改善症状，预防跌倒的发生。

1. 康复护理 辅助老年人进行阻力训练、平衡训练及步态练习是预防和改善其步态异常的有效措施。其中，阻力训练可以改善与步行有关的所有大肌肉群的肌肉力量，减轻关节炎患者的膝疼痛并改善步态。平衡训练则适用于由于平衡问题导致步态异常的老年人，通过增强平衡能力的方式，提高老年人步态的稳定性。针对某些异常步态，如冻结步态，可通过视觉提示或听觉提示的方式进行步态练习，纠正步长、步速，从而改善步态特征。在训练的过程中，若老年人感到疼痛，应嘱其休息。

2. 用药护理 指导老年人遵医嘱正确服用药物，不可自行调节药物和药量，告知药物的副作用，注意观察老年人用药后的反应和步态变化，预防步态异常的加重和跌倒的发生。

3. 心理护理 主要针对由于步态变化而感到焦虑的老年人，告知其步态异常的原因，并共同制定个性化干预措施，改善步态。

4. 健康教育

（1）鼓励老年人坚持锻炼，以改善或增强其肌肉力量、平衡能力、稳定性、关节灵活性，预防肌肉萎缩、关节畸形或失用等继发问题。

（2）指导老年人保持饮食均衡，摄入足够的蛋白质，适当补充维生素 D 和钙剂，增强肌肉力量和骨骼强度。

（3）帮助老年人选择合适的拐杖、助行器等辅助设备，有利于提高老年人在步行期间的稳定性，降低由于步态异常而导致的跌倒风险。

（4）告知老年人及其家属步态异常是跌倒的高危因素，应增强防跌倒意识。

总之，步态反映了老年人的生理和心理状态，应深入了解老年人的步态特征及其影响因素，及时识别步态异常；采取有效干预措施，改善症状，预防跌倒的发生，提高老年人的生活质量。

第二节 跌　倒

跌倒是有独立生活能力的老年人最常见的意外事件。老年人在跌倒之后常发生伤病和功能障碍，使其生活质量显著下降，给家庭和社会带来严重的负担。

一、概　　述

跌倒（fall）是指个体突发的、不自主的、非故意的体位改变，足底以外的部位停留在地上、地板上或者更低的地方。根据 WHO 的数据，有 28% ～ 35% 的 65 岁及以上老年人每年至少发生 1 次跌倒。在我国 65 岁以上人群中，有 21% ～ 23% 的男性和 43% ～ 44% 的女性曾发生过跌倒，并可能导致老年人独立功能受损、残疾，成为老年人伤害死亡的首因。

多种因素相互作用可导致跌倒的发生，分为内在危险因素和外在危险因素两大类。

（一）内在危险因素

主要是源于机体本身的因素，通常不易察觉且不可逆转。

1. 生理因素　①中枢神经系统：认知功能、肌力、感觉、反应能力、反应时间、平衡能力及协同运动能力降低。②感觉系统：视力、视觉分辨率、视觉的空间 / 深感觉及视敏感度下降；老年性传导性听力损失、老年性耳聋，甚至耳垢堆积影响听力；触觉下降、前庭功能和本体感觉退行性改变，导致平衡能力降低。③步态异常：如步幅变短、行走不连续、足不能抬到一个合适的高度。④骨骼肌肉系统：骨骼、关节、韧带及肌肉的结构、功能损害和退化，骨质疏松会增加跌倒相关的骨折发生率，尤其是跌倒导致的髋部骨折。

2. 病理因素　①神经系统疾病：脑卒中、帕金森病、脊椎病、小脑疾病、前庭疾病、外周神经系统病变。②心血管疾病：直立性低血压、脑梗死、小血管缺血性病变等。③影响视力的眼部疾病：白内障、偏盲、青光眼、黄斑变性。④认知因素：认知功能下降、痴呆。⑤其他：晕厥、眩晕、惊厥、偏瘫、足部疾病、足或足趾的畸形等都会导致神经反射时间延长和步态紊乱；感染、肺炎及其他呼吸道疾病、血氧饱和度下降、贫血及电解质平衡紊乱会导致机体的稳定性受损；泌尿系统疾病或其他伴随尿频、尿急、尿失禁等症状的疾病，常使老年人如厕次数增加，或发生排尿性晕厥等，增加跌倒的风险。

3. 药物因素　很多药物可以影响人的意识、精神、视觉、步态、平衡等方面，而引起跌倒。包括：①精神类药物：抗抑郁药、抗焦虑药、催眠药、抗惊厥药等；②心血管药物：抗高血压药、利尿药、血管扩张药等；③其他：降血糖药、非甾体抗炎药、镇痛药、多巴胺类药物、抗帕金森病药等。

4. 心理因素　抑郁、焦虑、情绪不佳及其导致的社会隔离会削弱老年人的注意力，使其对环境危险因素的感知和反应能力下降。此外，跌倒后的害怕心理也会使老年人行为能力降低、活动受限，影响步态和平衡能力。

（二）外在危险因素

个体之外的危险因素，与内在危险因素相比，更容易控制。

1. 环境因素　①室内环境因素：昏暗的灯光、湿滑、不平的地面、不合适的家具高度和摆放位置，以及卫生间没有扶栏、把手等；②户外环境因素：楼梯和人行道缺乏修缮、雨雪天气、人多拥挤等；③个人环境：不合适的穿着和行走辅助工具等。

2. 社会因素　受教育程度、收入水平、卫生保健水平、享受社会服务和卫生服务的途径、室外环境的安全设计，以及老年人是否独居、与社会的交往和联系程度等都会影响其跌倒的发生率。

二、护　　理

（一）护理评估

为准确识别跌倒高危人群及危险因素，多种跌倒风险测量工具被相继提出，以下为常见的几种。

1. Morse 跌倒评估量表（Mors fall assessment scale，MFS） 由 Janice Morse 教授于 1989 年为评估住院患者的跌倒风险而研发。量表包括 3 个月内跌倒史、步态、行走辅助、认知状态等 6 大条目。总分为 125 分，小于 25 分为低风险，25 ～ 45 分为中风险，大于 45 分为高风险。在不同国家地区，甚至不同病区，对应的最佳诊断界值存在差异，可根据所在医疗单元的情况，增加相关的评估条目。

2. Hendrich Ⅱ 跌倒风险评估量表（Hendrich Ⅱ fall risk model，HFRM） 由 Hendrich 于 2003 年为住院老年人研发，包含是否为男性、是否存在意识不清 / 行为冲动 / 定向力障碍、是否头晕 / 眩晕、排泄方式是否改变、是否抑郁状态、是否服用苯二氮䓬类药物等 8 个方面。总分 16 分，≥ 5 分为高风险。

3. 老年人跌倒风险评估量表（fall risk assessment scale for the elderly，FRASE） 由 Cannard 于 1996 年研发，包括性别、年龄、跌倒史等 8 个条目。每个条目 0 ～ 3 分，得分越高，被试跌倒风险越大。总分 3 ～ 8 分为低风险，9 ～ 12 分为中风险，13 分为高风险。该量表评估内容全面，具有良好的区分效度，适用于社区和医院老年人跌倒风险的评估。

4.《老年人跌倒干预技术指南》中的老年人跌倒风险评估量表 2011 年，我国颁布的《老年人跌倒干预技术指南》推荐了该量表。量表包含跌倒史、运动、自控能力、精神不稳定状态等 8 个维度的 35 个条目。每个条目计分 1 ～ 3 分，最后的总得分最高为 53 分。被试得分 1 ～ 2 分为低危，3 ～ 9 分为中危，10 分及以上为高危。

此外，还有约翰霍普金斯跌倒风险评估量表、托马斯跌倒风险评估工具、住院患者跌倒评估量表等，可根据需要选择使用。老年人平衡能力、家居环境危险因素评估表也被建议用于跌倒风险的评估。

（二）护理措施

针对跌倒，应做好跌倒后的紧急处理和护理工作；通过积极治疗原发病或干预危险因素，预防跌倒的再发生。

1. 紧急处理 老年人跌倒后，不要急于扶起，应根据现场情况进行处理。

（1）确认伤情

1）询问老年人跌倒情况及对跌倒过程是否有记忆，如不能记起，提示可能为晕厥或脑血管意外，需要行 CT、MRI 等检查确认。

2）询问是否有剧烈头痛或口角歪斜、言语不利、手脚无力等，若存在以上症状提示可能出现了脑卒中，处理过程中应注意避免加重脑出血或脑缺血。

3）检查有无骨折，如有无肢体疼痛、畸形、关节异常、肢体位置异常、感觉异常及大小便失禁等，以确认骨折情形，适当处置。

（2）如需搬运应保证平稳，尽量保持平卧位。

（3）有外伤、出血者，应立即止血包扎，并进一步观察处理。若老年人试图自行站起，可协助其缓慢起立，采取坐位或卧位休息，确认无碍后再放手，并继续观察。

（4）确认跌倒危险因素，评估风险，并制定防止措施及方案。

（5）对跌倒后意识模糊的老年人，应特别注意：①有呕吐者，将头偏向一侧，并清理口腔、鼻腔中的呕吐物，保证呼吸通畅。②有抽搐者，移至平整地面，身体下垫软物，防止碰伤、擦伤；必要时使用牙垫等，以防舌咬伤；注意保护抽搐肢体，防止肌肉、骨骼损伤。③如果发生呼吸、心跳停止，应立即进行胸外心脏按压、口对口人工呼吸等急救措施。

2. 一般护理

（1）病情观察：观察患者的神志、心率、血压、呼吸等，警惕内出血及休克征象。观察老年人意识、瞳孔大小、对光反射，以及单侧虚弱、口齿不清、打哈欠、跌倒后排泄情况，警惕颅脑损伤等。

（2）提供跌倒后的长期护理：对跌倒后需要长时间卧床的老年人，提供长期护理。①根据老年人的日常生活活动能力，提供相应的基础护理，满足其日常生活需求；②预防压疮、肺部感染、尿路感染等并发症；③指导并协助老年人进行相应的功能锻炼、康复训练等，预防失用性综合征的发生，促进老年人身心功能康复，回归健康生活。

3. 心理护理 主要针对跌倒后出现恐惧心理的老年人，帮助其分析产生恐惧的原因，并共同制订针对性措施，以减轻或消除恐惧心理。

4. 健康指导 积极开展预防老年人跌倒的指导干预，有助于减少老年人跌倒的发生，减轻跌倒所致伤害的严重程度。

（1）识别危险因素，制订针对性指导措施：通过监测、调查或常规工作记录收集老年人的跌倒信息，进行分析评估，确定危险因素。根据国际公认的伤害预防策略，即教育预防策略、环境改善策略、工程策略、强化执法策略和评估策略 5 个原则，制订预防老年人跌倒的指导措施。

（2）健康指导内容：根据评估结果，指导老年人改变不健康的生活方式和行为，规避或消除环境中的危险因素，具体内容如下。

1）增强防跌倒意识：加强相关知识和技能的宣教，帮助老年人及其家属增强防跌倒意识；告知老年人及其家属发生跌倒时的紧急处理措施、寻求帮助的方式等。

2）合理运动：指导老年人坚持参加适宜的、规律的体育锻炼，以增强其肌肉力量、柔韧性、协调性、平衡能力、步态稳定性和灵活性。适合老年人的运动包括太极拳、散步、慢跑、游泳等。

3）合理用药：指导老年人遵医嘱正确服药，不要随意调节药量，更要避免自行同时服用多种药物，了解药物的副作用，注意用药后的反应，且用药后动作宜缓慢。

4）选择适当的辅助工具：指导老年人使用长度合适、顶部面积较大的拐杖，并将拐杖、助行器等放在老年人触手可及的位置。有视觉、听觉及其他感知障碍的老年人，应佩戴视力补偿用具、助听器及其他工具。

5）创造安全的环境：①保持室内光线充足、通风良好，保持地面干燥、平坦、整洁；将常用物品放在易取用的位置，尽量不要登高取物；保持家具边缘的钝性，以防对老年人造成伤害；明确标识道路、厕所、灯等，并将其具体位置告知老年人。②衣着舒适、合身，避免过于紧身或过于宽松的服饰，以免行走时绊倒；鞋子要合适，尽量避免穿拖鞋、鞋底过于柔软的鞋、过大的鞋、高跟鞋及易滑倒的鞋；在病床床头设置跌倒警示牌，提示老年人及其照护人员。

6）调整生活方式：指导老年人及其家属在日常生活中应注意的问题。①避免走过陡的楼梯或台阶，上下楼梯、如厕时尽可能使用扶手；②转身、转头时动作一定要慢；③走路保持步态平稳，尽量慢走，避免携带沉重物品；④避免去人多湿滑的地方；⑤乘坐交通工具时，应等车辆停稳后再起身上、下车；⑥起身、下床时宜放慢速度；⑦避免睡前过多饮水导致夜间多次起床如厕，晚上床旁放置小便器；⑧避免在他人看不到的地方独自活动。

7）保证良好的睡眠质量：夜间睡眠差可导致思维和判断力下降，易发生跌倒。应指导老年人适当增加日间的活动，晚上保持室内空气新鲜。

8）防止骨质疏松，减轻跌倒后损伤：指导老年人加强膳食营养，保持饮食均衡，适当补充维生素 D 和钙剂；绝经期老年女性必要时应进行激素替代治疗，增强骨骼强度，降低跌倒后的损伤程度。

总之，老年人跌倒已受到广泛关注，护理人员应准确识别跌倒发生的危险因素，进行综合评估并采用预防措施，以降低老年人跌倒的发生率。

案例学习

马奶奶，70 岁，退休之前是中学教师。平日和丈夫共同生活，处理家庭日常事务。马奶奶自己患有关节炎、高血压、高血脂、冠心病，并服用相关药物。此外，马奶奶的眼睛患有白内障，每隔一段时间就会到医院进行检查，以监测进展情况，并计划在 2 年内进行白内障手术。由于担心自己长胖、高脂血症加重，马奶奶平时坚持低盐、少油的清淡饮食，每天喝两杯牛奶，两天吃一个鸡蛋，仅在周末与子女一起吃饭时才多吃一些肉类，不服用任何钙或维生素 D 补充剂。马奶奶所住的小区较为破旧，路面有些崎岖不平，楼道较为狭窄，晚上光线稍暗。马奶奶过去常常在小区旁边的公园里散步。1 个月前，马奶奶在走了较长一段时间后，右侧膝盖开始疼痛，并有些跛行，在回家路上跌倒了一次。医院检查确认马奶奶无骨折和其他外伤，医师建议她开始服用布洛芬，但由于只有在长时间行走之后马奶奶的腿才会疼痛，因此，马奶奶并没有服用布洛芬。同时，由于担心再次跌倒，马奶奶减少了外出散步的次数。

请思考以下问题：

1. 导致马奶奶跌倒的危险因素有哪些？
2. 请你评估马奶奶再次跌倒的风险。
3. 请你为马奶奶制订跌倒预防手册。

评判性思维训练

1. 对一位老年人的步态特征进行评估。
2. 识别你所住社区内可能导致老年人跌倒的危险因素。

（李小雪）

第十章　疼　　痛

学习目标

知识目标：

1. 辨别不同类型的疼痛，如伤害性疼痛、急性疼痛、持续性疼痛、癌性疼痛。

2. 熟练运用常用疼痛评估工具。

能力目标：

1. 针对老年人疼痛的强度、频率、性质、部位能进行疼痛评估。

2. 学会进行老年人疼痛管理。

素质目标：

1. 了解护士在老年人疼痛评估和管理中发挥的重要作用，培养学生人文关怀能力。

2. 在进行老年人疼痛管理过程中学习换位思考，培养学生对老年人的尊重、关心与爱护，提升其综合素养和人文修养。

疼痛是一种生物 - 心理 - 社会现象，包括感觉、认知、情感、发展、行为、精神和文化影响等多个维度。在老年人群中疼痛的发生率非常普遍，但是由于年龄相关变化、异常精神状态和其他伴随情况，针对疼痛的护理评估和管理变得比较复杂。此外，照顾者的知识、态度也会增强或干扰疼痛评估的准确性和疼痛管理的有效性，在老年人群中尤为明显。本章将对疼痛进行概述，并讨论疼痛的评估和管理，重点强调对老年人的照护问题。

第一节　疼痛的概述

一、概　　念

疼痛（pain）是一种主观感受，由实际或潜在组织损伤引起的一种令人不愉快的感觉和情感经历。2001 年，国际疼痛研究学会（International Association for the Study of Pain，IASP）对疼痛的定义是：疼痛是一种令人不快的感觉和情绪上的主观感受，伴有现存的和潜在的组织损伤。疼痛既是很多疾病的表现形式，其本身也是一种疾病。随着医疗水平和生活质量的提高，人们逐步认识到疼痛是继体温、呼吸、脉搏、血压后人类的第五生命体征。

疼痛是老年人晚年生活中常见的一种症状。随着年龄的变化，准确感觉和主诉疼痛的能力降低，而不明确的疼痛和由此引发的不适感明显增加。老年人疼痛发生的流行趋势为：①持续性疼痛的发生率高于普通人群；②骨骼肌疼痛的发生率增高；③疼痛程度加重；④功能障碍与生活活动能力受限等症状明显增加。风湿、关节炎、骨折、胃炎、溃疡病、糖尿病、心绞痛、卒中和癌症等许多疾病都可以诱发老年人疼痛的发生。65 岁以上的老年人有 80% ～ 85% 患有一种以上易诱发疼痛的疾病，故老年人各种疼痛的发病率高。许多老年人常年都生活在各种疾病的疼痛之中，不仅严重地降低了老年人的生活质量，而且增加了社会负担。因此，老年人疼痛已经成为一个全社会关注的普遍性社会问题。

二、疼痛的病因和分类

疼痛有多种分类方式。

（一）按形成机制分类

疼痛可分为：①伤害性疼痛，是由于躯体和内脏组织受到伤害时，激活了分布在皮肤、内脏、肌肉、结缔组织、骨表面的伤害感受器而产生；②神经病理性疼痛，是由于中枢或外周神经受伤害，可产生多种痛感。老年患者中混合性疼痛比较常见。

（二）按病程长短和持续时间分类

1. 急性疼痛 是一种由于组织损伤、生理功能异常或者严重疾病导致的尖锐的、即刻出现的疼痛。急性疼痛是机体对有害化学刺激、温度刺激或者机械性刺激做出的正常生理反应。急性疼痛常见原因有烧伤、创伤、医疗或者手术过程、慢性医学问题（如癌症、带状疱疹后遗痛等）。老年人急性疼痛常见原因有手术后痛、骨折、急性心肌梗死、急性缺血性肠病、胆绞痛、肠梗阻等。急性疼痛持续时间短，使用抗炎和阿片类药物治疗效果良好。

2. 持续性疼痛 / 慢性疼痛 是指疼痛持续时间超过 3 ～ 6 个月，或者超出了预期愈合时间。持续性疼痛常由于一些持续存在的病因导致，如炎症、损伤、肿瘤、退行性变等。常见疾病可分为如下几类：①骨骼、关节退行性病变及慢性损伤，如原发性骨质疏松症、颈椎病、肩周炎、腰椎间盘突出症、腰椎椎管狭窄症、压缩性骨折、股骨头坏死、膝关节骨关节炎等。该类疾病占社区老年人慢性疼痛的 50% 以上。②肌肉、肌膜炎性疼痛，如风湿性多肌痛、肌筋膜疼痛综合征等。③神经病理性疼痛，如三叉神经痛、带状疱疹后神经痛、糖尿病性周围神经痛、卒中后中枢性疼痛、坐骨神经痛等。④血管性疾病，如缺血性肠病、缺血性心脏病（冠心病）、动脉硬化性闭塞症、下肢深静脉血栓形成等。⑤炎症与结石，如慢性胃炎、慢性胰腺炎、类风湿关节炎、胆石症、尿路结石、痛风等。

（三）癌性疼痛

癌性疼痛是一种因癌症本身、伴随疾病或治疗副作用所导致的复杂现象。癌性疼痛可以表现为急性疼痛、持续性疼痛、伤害性疼痛、神经病理性疼痛，最常见的是上述疼痛的混合存在。疼痛可以直接源于癌症本身，或者间接源于肿瘤浸润造成的局部压迫或者化疗导致的神经病理损害。研究表明，癌性疼痛患病率较高的癌症有多发性骨髓瘤、癌症晚期或者已经转移、抗肿瘤治疗过程中、乳腺癌、肺癌、结直肠癌等。50% 的癌症发生于 65 岁及以上的老年人，因此，在护理老年患者时应当特别关注癌性疼痛。

第二节　疼痛的临床表现

老年人疼痛多表现为持续性疼痛，发生率高于普通人群；持续性疼痛是指疼痛持续时间超过 3 ～ 6 个月，或者超出了预期愈合时间的疼痛。全国性研究数据表明，持续性疼痛的患病率正在所有人群中稳步提高，其中 65 岁及以上的老年人群患病率最高。骨骼肌疼痛的发生率增高、疼痛加重，功能障碍与生活行为受限等症状明显增加。老年人对慢性疼痛的忍耐，可以引起慢性疼痛病症的延误。持续性疼痛可以导致生活质量的下降，包括抑郁及残疾。疼痛常使老年人服用过多的药物，社会交往能力减退（对合并痴呆患者仍处在疼痛认识、评估及治疗均不足的高危风险之中。疼痛交流功能受限是痴呆患者最主要的障碍。尽管自评也有其自身的缺点，但疼痛的自评确实是获取患者主观疼痛感受最可靠的方式。因此，对非言语性表情和行为的系统性评估十分重要）。

第三节　疼痛的护理

一、护理评估

有效的疼痛管理依赖精确的疼痛评估和整体性的疼痛治疗方案，包括药物性治疗措施和非药物性治疗措施。在协调各学科人员相互合作、选择治疗方法、评估治疗效果，以及改变治疗计划的过程中，护士发挥着重要作用。一方面，由于护士具有丰富的药物相关知识，可以自主地向患者及其照顾者提供建议，以保证药物治疗的有效性，并将非药物性措施作为药物治疗的有益补充。同时，护士应同医师相互合作，共同制订药物性治疗方案，为保证药物治疗的有效性发挥重要作用。

（一）常规询问，患者自述

疼痛评估的首要原则是常规地询问患者的疼痛经历，相信患者的主诉，不要基于自己对患者的行为表现做出判断。患者的自述是评估疼痛及其程度的金标准。应用患者可能使用的疼痛描述语提出问题，给患者足够的时间考虑提出的问题并做出回答。疼痛评估既包括疼痛强度的单维测量，也包括疼痛经历的多维全面评估。评估内容包括疼痛强度、性质、部位、开始发作及持续时间、加重或缓解因素、体检、既往疼痛经历与知识、用药史及心理、社会和功能评估等。对于因认知障碍或语言、文化相关差异产生沟通问题而无法正常评估疼痛的情形，应询问患者的家属或照顾者以及利用疼痛观察量表来评估。

准确评估疼痛的基础是认识到每个人所经历和表达疼痛的独特方式，正如疼痛经典定义中所介绍的，疼痛就是患者所描述的样子。尽管疼痛的概念很简单，但是疼痛的评估则是一个非常复杂的过程，即使在患者可以清晰描述疼痛的时候也是如此。而当患者由于精神失常或者痴呆导致其认知水平改变时，或者当存在交流障碍时，疼痛评估就变得更具有挑战性。其他复杂性因素则与老年人普遍存在的伴随状况相关。

（二）疼痛评估的内容

疼痛评估的主要内容包括一般医学评估、躯体功能评估、精神心理评估等。

1. 一般医学评估 即传统意义上的医学诊断。是以疾病为中心的诊疗模式，评估的方法是通过对病史、体检、辅助检查、量表评估方法得出诊断并做好详细治疗记录等的过程。

2. 躯体功能评估 对于疼痛的躯体功能评估常用功能性疼痛量表（表 10-1）。该量表结合了主观和客观指标（对日常活动的影响）对疼痛进行分级评估，此点与其他量表不同，具体划分为 0 ～ 5 级，分数越高疼痛越剧烈，适合于老年患者特别是身体虚弱的老年患者。功能性疼痛量表分 3 个范畴来评价疼痛：首先，是否存在疼痛，只有存在疼痛时才进行以下评定；其次，按患者的主观感觉分级，是否可以忍受；最后，是按照较客观的指标对活动的影响进行分级。

表 10-1 功能性疼痛量表

疼痛分级	疼痛表现
0	无疼痛
1	可以忍受的疼痛（且不影响任何活动）
2	可以忍受的疼痛（但已影响某些活动）
3	不可忍受的疼痛（但尚能从事打电话、看电视或阅读等活动）
4	不可忍受的疼痛（不能进行打电话、看电视或阅读等活动）
5	不可忍受的疼痛（且不能进行语言交流）

3. 精神心理评估 主要包括抑郁的评估、多项评价法、行为测定法、认知障碍患者的疼痛评估等内容。

（三）评估工具（量表评估方法）

1. 视觉模拟疼痛量表（visual analogue scale，VAS） 是一种广为使用的工具，是使用一条长约 10cm 的游动标尺，一面标有 11 个刻度，两端分别为“0”分端和“10”分端，是将疼痛的程度用 0 ～ 10 的数字表示；“0”分表示无疼痛，“10”分表示难以忍受的最剧烈的疼痛，患者根据自身的疼痛程度在 11 个数字中挑选一个数字代表疼痛程度（图 10-1）。

VAS 疼痛评分标准（0 ～ 10 分）如下。

0 分：无疼痛

1 ～ 3 分以下：有轻微的疼痛，能忍受。

4 ～ 6 分：患者疼痛并影响睡眠，尚能忍受。

7 ～ 10 分：患者有剧烈的疼痛，疼痛难忍，影响食欲和睡眠。

此法适用于无意识障碍、言语表达正常的患者。该评分法最大的优点是操作简单、易于理解。但有的患者不适用，如有些术后患者不能完全理解该评分法的含义。

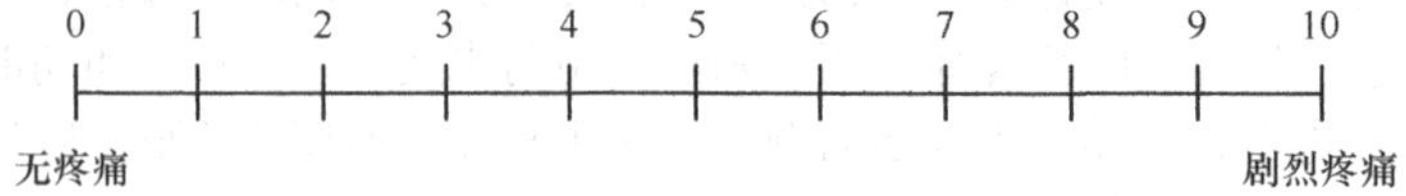

图 10-1　视觉模拟评分法（VAS）

2. 数字分级评分法（numerical rating scale，NRS） 是应用范围最广的单维度评估量表。将一条直线平均分成 10 份，在每个点用 0 ～ 10 的数字表示疼痛的程度；0 表示无疼痛，10 表示最剧烈的疼痛，让患者自己圈出最能代表自身疼痛程度的数字。0 表示无疼痛，1 ～ 3 表示轻度疼痛，4 ～ 6 表示中度疼痛，7 ～ 10 表示重度疼痛，见图 10-2。此评分法适用于老年人和文化程度较低者，在国际上较为通用。

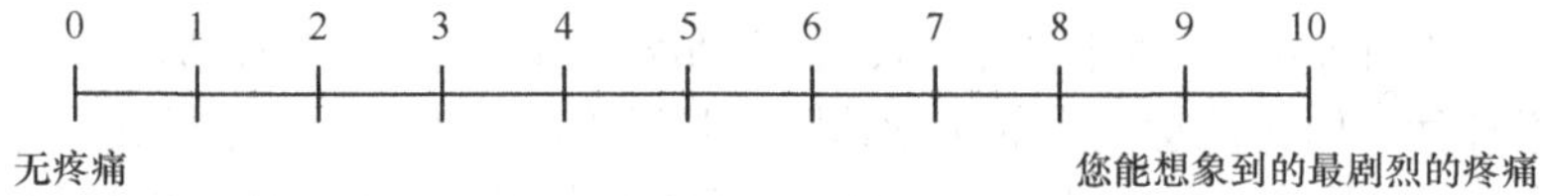

图 10-2　数字分级评分法（NRS）

3. 面部表情疼痛分级量表（face pain rating scale，FPRS） 较为客观并且方便（图 10-3）。它是在模拟评分法的基础上发展起来的，使用从快乐到悲伤及哭泣的 6 个不同表现的面容，简单易懂，适用面相对较广。该评分法在 1990 年开始用于临床评估。疼痛评估时要求患者选择一张最能表达其疼痛的脸谱。此法最初用于儿童的疼痛评估，但实践证明此法适合于任何年龄。该评分法形象易于掌握，不需要任何附加设备，特别适用于急性疼痛者、老年人、小儿、文化程度较低者、表达能力丧失者及认知功能障碍者。有研究证明，FPRS 评分法最适合用于老年人疼痛评估，是最佳的评分方法。

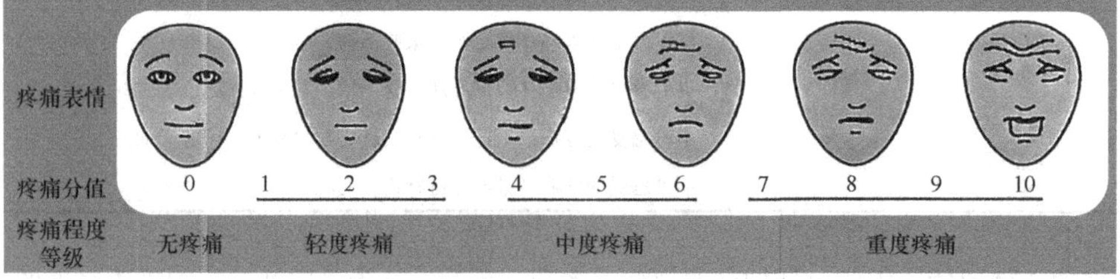

图 10-3　面部表情疼痛分级评分法

4. 文字描述法（verbal descriptor scale，VDS） 更被推荐用于老年人疼痛评估。VDS 是一个可靠且有效的疼痛程度评估工具，它使用连续的文字线索界定从无疼痛到最严重的疼痛，可以与 NRS 配合使用。疼痛评分使疼痛测量标准化、简单化。但在不同时间点使用统一评估工具测量和记录很重要。然而，这些工具仅提供了一方面信息，因此需要患者主诉和护理观察作为补充。

二、护理措施

（一）镇痛药物的护理

世界卫生组织（WHO）的三阶梯镇痛疗法将镇痛药物分为3类，即非阿片类镇痛药、弱阿片类镇痛药、阿片类镇痛药。辅助药物包括抗抑郁药、抗焦虑药、抗骨质疏松药等。

1. 非阿片类镇痛药 适用于轻至中度疼痛，也可以是阿片类镇痛药的辅助用药。包括对水杨酸类药物、苯胺类药物、非甾体抗炎药等。对乙酰氨基酚（泰诺林）属于非甾体抗炎药，是用于缓解老年人轻至中度肌肉骨骼疼痛的首选药物。非甾体抗炎药是适用于短期治疗炎症关节疾病（痛风）和急性风湿性疾病（风湿性关节炎）的主要药物。其主要不良反应有胃肠道反应（如出血）、抑制血小板聚集、肾功能损害。老年患者在使用非甾体抗炎药时，应密切观察患者有无消化道出血等不良反应。

2. 弱阿片类镇痛药 使用较多的是曲马多，主要是针对中度疼痛的各种急性疼痛和手术后疼痛，其对呼吸抑制作用弱，存在胃肠道（便秘）和肾脏问题的老年人更适合使用。

3. 阿片类镇痛药 阿片类镇痛药适用于急性疼痛和恶性肿瘤引起的疼痛。阿片类药物对老年人的镇痛效果好，但老年人常因间歇性给药而造成疼痛复发。阿片类药物的副作用有恶心、呕吐、便秘、镇静和呼吸抑制，重视用药过程中主要不良反应的预防与处理，才可以达到理想的镇痛效果，提高老年人的生活质量。

4. 抗抑郁药 除了抗抑郁效应外，还有镇痛作用，可用于治疗各种慢性疼痛综合征。此类药包括三环类抗抑郁药，如阿米替林和单胺氧化酶抑制药。三环类、四环类抗抑郁药不能用于严重心脏病、青光眼和前列腺增生的患者。

5. 外用药 临床上常用芬太尼透皮贴剂等止疼贴外用镇痛，适用于不能口服和已经应用大剂量阿片类镇痛药的患者。护理上注意各种外用镇痛药的使用方法，做到正确有效使用。

6. 阿片类药物常见不良反应及防治 预期和监测阿片类药物常见不良反应至关重要，具体包括恶心、呕吐、便秘和眩晕等，并建议进行适当的预期性治疗。需要向患者明确阿片类药物的不良反应是能够得以控制的，以确保患者对用药方案的依从性。

（1）恶心和呕吐：评估所有服用阿片类药物的患者是否存在恶心和（或）呕吐反应，尤其需要注意此类症状同镇痛药使用时间之间的关系。如果恶心和（或）呕吐持续存在，镇吐药在常规使用的同时，也应遵循“按需给药”的原则。不同种类的镇吐药具有不同的作用原理，应根据症状产生的原因正确选择镇吐药。当恶心和（或）呕吐无法改善时，则应咨询开具处方的医师，建议更换镇吐药的种类。

（2）便秘：在无禁忌证的情况下，应采用预防性措施治疗便秘，并进行持续性监测，包括以下4方面的内容。①对常规接受阿片类药物治疗的患者，应开具轻泻药作为便秘的预防措施，在必要时可以增加用药剂量；②渗透性轻泻药能够软化粪便并促进肠蠕动，这对于难以承受高药物剂量的患者而言，是一种有效的选择；③刺激性轻泻药适用于发生粪便嵌塞的患者，在使用口服刺激性轻泻药前，可应用灌肠和栓剂清除粪便嵌塞；④当肠蠕动减弱时，不主张使用容积性轻泻药。

根据患者的具体情况和个人偏好，协助患者调整饮食结构以促进肠栓剂的疗效（严重疾病患者除外）。如果患者出现顽固性便秘合并腹部疼痛和（或）呕吐，应立即向包括医师在内的医务人员求助。

（3）眩晕和镇静作用：在初始使用阿片类镇痛药或药物剂量增加时，常出现眩晕和镇静等不良反应。当眩晕持续时间超过72h且存在意识混乱或幻觉等症状时，应及时告知包括医师在内的医务人员，以进一步评估眩晕程度并探寻内在原因。

（二）非药物镇痛的护理

从治疗效果来说，非药物性措施不能替代药物治疗，但许多种非药物性治疗措施作为药物治疗的补充手段，能够提高药物的治疗效果，从而更有效地实现疼痛管理。基于患者的具体病情和个人偏好，可以考虑下列非药物性策略：①冷、热敷；②按摩；③放松疗法；④想象疗法；⑤局部压迫或震动；⑥音乐疗法；⑦自我管理教育。此外，针灸疗法或干针疗法结合其他治疗方式可能对持续性下腰背痛产生一定的缓解效果。同时，针灸对于持续性颈部疼痛能够产生短期的缓解效果。

（三）心理调适

加强对患者及其家属的教育和心理、社会性干预，并将其作为整体治疗计划的一部分，以促进患者及其家属尽早参与到治疗过程中。此外，认知 - 行为疗法结合其他治疗措施（包括多学科康复策略）有助于缓解持续性的非癌性疼痛及相关功能障碍和负性情绪。

（四）运动锻炼

运动锻炼对于缓解慢性疼痛非常有效。运动锻炼在提问全身状况的同时，可调节情绪、振奋精神、缓解抑郁症状。运动锻炼可以增强骨承受负荷级肌肉牵张的能力，减缓骨质疏松的进程，帮助恢复身体的协调和平衡。

（五）突发性疼痛的处理

突发性疼痛（breakthrough pain）是指在正常规律使用镇痛药间歇时间中所发生的疼痛。对于突发性疼痛应及时治疗，并且应遵循下列原则：①对于患者术后出现的突发性疼痛，其药物剂量的选择应考虑常规镇痛药的使用剂量、患者的呼吸频率，以及手术类型，一般采用患者自控镇痛泵或硬膜外途径进行静脉推注；②根据药物的峰效应值，治疗突发性疼痛的阿片类镇痛药应采用的原则为口服或经直肠用药每小时给药 1 次、皮下注射每 30min 给药 1 次、静脉注射每 10 ～ 15min 给药 1 次；③发生突发性疼痛时，选用患者当前正全天候规律服用的阿片类镇痛药最为有效。对于持续性疼痛的管理，应当做到以下几点：①随身备有可立即使用的阿片类药物以缓解突发性疼痛；②对于持续性的癌性疼痛患者，突发性疼痛的阿片类药物治疗剂量应当以 24h 总剂量的 10% ～ 15% 计算；③当全天候规律服用的药物剂量增加时，用以治疗突发性疼痛的镇痛药剂量应同时加以调整；④如果 24h 内需要开具 2 ～ 3 次镇痛药以处理突发性疼痛，并且疼痛没有得到控制时，建议调整全天候药物剂量。此外，对于癌症患者，经口腔黏膜吸收枸橼酸芬太尼（oral transmucosal fentanyl citrate，OTFC）能够有效治疗突发性疼痛。

案例学习

周阿姨，63 岁，最近总抱怨自己的膝关节似乎不听使唤了，而且影响了她的日常活动。她平日经常外出买菜、做家务，积极参加退休居委会组织的各种活动。但最近 3 个月以来，周阿姨发觉自己上下楼梯时膝关节发出响声，并且下楼梯时感觉膝关节非常受限，需要单脚下楼梯才感觉舒服很多。周阿姨自己也服用了一些补益类中成药，但感觉没有好转。问及周阿姨为何不去医院进行专科检查和诊断时，周阿姨说家里老人和孩子都需要她照顾，并且她虽然觉得膝关节非常不舒服，但还没完全影响她正常外出买菜，但最近几个月她已经没有参加过居委会组织的各种活动了。她认为这只是老化的原因，也不想去服用镇痛药，害怕出现药物成瘾。

请思考以下问题：

1. 你会如何解释不进行专科诊断和治疗的后果？
2. 你会开展哪些领域的深度评估？
3. 请列举周阿姨可能的护理诊断。

评判性思维训练

1. 选择一位存在持续性疼痛的老年人，并对他进行疼痛评估。

2. 你会用哪个或者哪几个评估工具来进行评估？

3. 你会提出什么样的护理计划和干预措施？

4. 你正在评估这样一位老年患者：女性，78岁，有持续性腰背疼痛和轻度认知功能障碍，你如何为她设计一个教育方案，以提高其舒适性？

（张 颖）

第十一章 头晕、晕厥

学习目标

知识目标：

1. 列举老年人头晕的分类和晕厥的原因。
2. 准确说出老年人头晕 / 晕厥的预防措施。
3. 熟练制订头晕 / 晕厥的护理计划。

能力目标：

1. 能阐述老年人头晕 / 晕厥发作时的注意事项。
2. 能评估老年人常见的头晕。

素质目标：

1. 了解护士在老年人发生头晕、晕厥时采取的措施和注意事项，培养学生应急能力，提高专业自信度。

2. 强调在护理老年人头晕 / 晕厥时的人文关怀，培养学生对老年人的尊重，提升其综合素养和人文修养。

头晕、晕厥是“老年综合征与常见问题护理”之一，是老年人由于年老体衰、智能和感官及运动功能障碍等引发的一系列健康问题症候群，老年综合征严重影响老年人的身心健康。积极实施老年人的健康管理与护理，可有效预防老年人健康问题的发生，提高老年人的生命质量，降低医疗成本，节约医疗、康复和护理费用。本章将从头晕、晕厥的概述、分类、评估、预防与干预措施系统地阐述老年人头晕、晕厥的护理管理及措施，为科学、有效的临床护理决策提供依据。

第一节 头　晕

一、概　述

头晕（dizziness）是常见老年综合征，是指由于人体空间位置感知和稳定性的损害对空间感觉不舒适和站立不稳，是平衡失调的主观症状。

头晕的患病率随年龄而增加，年龄每增长 5 岁，患病率增加 10%，65 岁以上老年人头晕发生率为 4% ～ 30%。引起头晕的疾病较多，头晕对老年人带来的伤害远大于其本身的不适感，最主要是增加跌倒风险和导致身体功能下降。

二、临床表现

（一）眩晕

眩晕（vertigo）是机体对空间定位障碍而产生的一种运动性或位置性错觉。眩晕约占所有头晕的 50%，其中，前庭周围性眩晕明显多于前庭中枢性眩晕，是后者的 4 ～ 5 倍。要注意除偏头痛性眩晕外，前庭中枢性眩晕几乎都伴随有其他神经系统的症状和体征，很少以眩晕或头晕为唯一表现。眩晕常见病因及临床表现见表 11-1。

表 11-1 眩晕常见病因及临床表现

病因		主要临床表现
前庭周围性眩晕	良性阵发性位置性眩晕	相对于重力方向改变头位（如起床、翻身、低头）所诱发的短暂性眩晕（通常不超过 1min），可伴有恶心、呕吐等自主神经症状。瞬间即逝，反复发生，可自行好转，听力正常。Dix-Hallpike 和 Roll 试验可明确诊断。40 岁以后高发，且发病率随年龄上升，男∶女 = 1∶（1.5 ～ 2.0）
	梅尼埃病	表现为发作性眩晕、耳鸣和耳聋，常有内耳胀满感。诊断特点为症状诊断和排查性诊断
	前庭神经炎	发作前可有上呼吸道感染史；突发性眩晕，伴恶心呕吐；自限性，眩晕多在 1 ～ 2 周减弱，3 ～ 4 周缓解；可有自发眼震，不伴耳聋、耳鸣、中枢体征
前庭中枢性眩晕	中枢性发作性位置性眩晕	病变多在脑干和小脑，有神经系统局灶性损害体征，眼震方向多变、与前庭定位不一致，自发性眼震、无潜伏期与疲劳现象等高度提示中枢病变。临床诊断遵从神经科的定位和定性诊断原则，神经影像检查有助于确定病变性质
	前庭性偏头痛	排他性诊断。女性明显多于男性。既往 / 本次有偏头痛，反复发作（＞ 5 次）中至重度前庭症状，多伴有畏光和畏声 / 视觉先兆
眼源性眩晕		非运动错觉性眩晕，表现为不稳感；眩晕持续时间较短，睁眼看外界运动的物体时加重，闭眼后缓解或消失；常伴有视物模糊、减退或复视。视力、眼底、眼肌功能检查常有异常，神经系统无异常表现

（二）非眩晕性头晕

非眩晕性头晕（non-vertigo dizziness）的病因众多，绝非只限于神经科或耳科疾病。大量流行病学研究提示，大多数慢性、持续性头晕的病因主要与精神心理障碍（如抑郁、焦虑、惊恐、强迫或躯体化障碍）有关，而短暂或发作性头晕则多与系统疾病（如贫血、感染、发热、低血容量、直立性低血压、糖尿病、药物不良反应等）有关。

1. 脑源性头晕 见于脑动脉硬化（如基底动脉硬化）或颈椎骨关节引起的脑部血液循环障碍，或由此导致的一过性脑供血不足。其临床表现是头晕、睡眠障碍、记忆力减退三大症状，还有顶枕部头痛、轻瘫、言语障碍、情绪易激动等表现，一般病情缓慢发展。此类头晕的特点是在体位转变时容易出现或加重。

2. 心源性头晕 可见于急性心源性脑供血不足综合征，这是心搏骤搏、阵发性心动过速、阵发性心房颤动、心室颤动导致的急性脑缺血，可表现头晕、视物模糊、胃部不适、晕厥等。

3. 血管抑制性头晕 常因情绪紧张、疼痛、恐惧、出血、天气闷热、疲劳、失眠等而促发。患者常有头晕、眩晕、恶心、上腹部不适、面色苍白、出冷汗等自主神经功能紊乱的症状。发作时血压下降，脉搏微弱。

4. 药物中毒性头晕 以链霉素、新霉素、阿米卡星（卡那霉素）、庆大霉素等的中毒为多见。患者除头晕外还有眩晕和耳蜗神经损害所致的感音性耳聋。慢性铅中毒多表现为神经衰弱综合征（以头晕、头痛、健忘、乏力、多梦为主要症状），又有体温降低、食欲减退等。

5. 其他原因 功能性低血糖亦可引起头晕、心悸、虚弱感，在空腹或用力时可有震颤，有时出现抽搐、意识丧失等。情绪紧张或过度换气时，由于二氧化碳排出量增加，可出现呼吸性碱中毒、脑细胞缺氧，引起头晕、乏力，并感到面部和手足麻凉，间或有恍惚感。

老年人非眩晕性头晕的常见病因及临床表现见表 11-2。

表 11-2 非眩晕性头晕常见病因及临床表现

病因	主要临床表现
全身性疾病	常见，表现为身体不稳感，在运动或视物中出现或加剧，停止活动、静坐、静卧或闭眼后症状可自动减轻或消失
低血糖	头晕、黑矇，甚至意识丧失，伴有饥饿、出汗、心悸等

续表

病因	主要临床表现
低血压	将要跌倒的不稳感、黑矇等，部分可发生晕厥
心律失常	头晕持续时间与心律失常相关，可伴有心悸，严重者可发生晕厥
药物性头晕	头晕可为永久性或阵发性，症状与服药有关系，部分发生在突然停药后，少数在长期用药后。常见药物有抗高血压药、抗心律失常药、抗惊厥药、抗抑郁焦虑药、氨基糖苷类、抗组胺药、非甾体抗炎药和催眠药
血管性疾病	有血管危险因素、发作急、症状持续＜24h。症状由病变部位决定，迷路：眩晕＋听力丧失；后循环：眩晕＋神经症状；广泛白质损伤：慢性平衡障碍＋头晕
晕动病	乘车、船时出现头晕、恶心呕吐、出汗、苍白、头痛、气味敏感、无食欲，以及血压不稳等自主神经功能紊乱表现
精神心理疾患	头晕持续时间长且呈波动性，主诉多（躯体化症状），受外界及情绪变化影响大，患者愿意反复检查和药疗

三、护　理

（一）护理评估

评估患者的症状特点、发作时间、服药史、生活习惯等。①眩晕病史评估侧重点：包括症状特点（如诱发因素、严重程度、持续时间、发作次数与频率、伴随自主神经症状、加重/缓解因素等）、耳科症状（如耳鸣、耳聋）、神经系统症状；②非眩晕性头晕病史评估侧重点：包括个人病史、内科疾病、神经系统疾病、完整的药物清单（重点在于近期调整的药物、症状发作期服用的药物）、精神状态。

（二）护理措施

1. 预防的护理措施

（1）日常生活用品宜摆放在腰和肩部之间。

（2）注意规律作息、调整情绪。

（3）减少诱因，如避免颈部大范围活动、突然站起等。

（4）定期进行药物核查，及时停用不必要的药物，避免使用耳毒性药物。

（5）注意监测血压、血糖并适时调整药物。

（6）脱敏性适应，包括渐进性暴露于诱发环境及渐进性的驾车训练等。乘车船时应靠窗而坐，避免环顾周围。

（7）主动饮水。夏季或天气干燥时适当增加饮水量，对于认知功能下降的老年人需要提醒饮水。

（8）对可能诱发头晕的急症早发现、早治疗，一旦有发热、腹泻、过敏、饮水呛咳等急症，尽早就医；加强血压、血糖监测，避免脱水导致头晕。

2. 发作时的护理措施

（1）一旦出现头晕，应静卧休息，防止跌倒受伤。

（2）如有恶心呕吐，应侧卧防止误吸。

（3）尽量减少头部转动，以免加重症状。

（4）外出就医需有人陪伴。

3. 生活起居的护理措施

（1）饮食宜清淡和容易消化，不宜食用烟、酒、浓茶、咖啡、韭菜、辣椒、大蒜等刺激性食物。

（2）冬瓜、萝卜、荸荠（地栗）、赤小豆、薏苡仁具有化痰结、利水湿的作用，可以选作辅助治疗。

（3）卧室光线宜昏暗，环境要安静。

（4）保持心情舒畅，防止七情（喜、怒、忧、思、悲、恐、惊）过度。

第二节 晕 厥

一、概 述

晕厥（syncope）是一种短暂发作的意识丧失和姿势张力丧失的症状，其特点为发生迅速、一过性、自限性，并能够完全自然恢复。老年人的晕厥往往是由几种疾病相互作用引起的，而不是由单一疾病造成的。晕厥是一种临床常见的老年综合征，具有致残甚至致死的危险。晕厥实质上是由各种原因引起的脑缺血发作，表现为突然发生的肌肉无力、姿势性肌张力丧失、不能直立和意识丧失，老年人可因此出现跌倒、骨折、外伤性出血和创伤性休克等，继而出现感染与各脏器功能的受累等各种临床情况，心源性晕厥患者甚至可能出现猝死。

产生晕厥的原因很多，但大多与暂时性脑缺血有密切关系，老年人是晕厥的多发人群。

二、临床表现

（一）体位性昏厥

多由于血压骤降所引起，常见于服用抗高血压药的老年人。患者从卧位或坐位突然站起时，由于血管张力来不及调整，瞬间出现脑缺血而发生晕厥。患者晕倒后大脑很快得到血供而清醒。

（二）吞咽性晕厥

吞咽食物时发生的晕厥。患者刚吞咽一口饭就出现瞬间黑矇或晕厥，停止进食数秒钟或数分钟再小口吃饭，一般不再出现晕厥。吞咽性晕厥与吞咽动作刺激食管或胃迷走神经引起心律失常有关。

（三）咳嗽性晕厥

剧烈咳嗽时发生的晕厥，多见于患有呼吸系统疾病的老年人。晕厥多发生在咳嗽的瞬间，其原因是剧烈咳嗽时胸腔的压力突然增加，静脉血回心受阻，心输出量骤降，加上咳嗽时血中二氧化碳张力降低，脑血管阻力增加，使脑部血流量降低而发生晕厥。

（四）排尿性晕厥

多发生在晨尿时，少数人也可能发生在非晨尿或排便后。晕厥前无任何前兆，在排尿将要或已结束时，突然意识丧失晕倒在地，短时间又能自然苏醒。排尿性晕厥可能与排尿时屏气动作加大腹压，尿液排完后膀胱快速收缩，腹压突然下降，回心血量显著减少，导致血压骤降，引起一过性脑缺血有关。

（五）低血糖性晕厥

血糖低于2.8mmol/L（50mg/dl）时出现的严重低血糖反应。血糖过低可引起交感神经高度兴奋，肾上腺素大量释放，出现心悸、头晕、手抖、出冷汗、面色苍白，甚至晕厥，救治不及时常可危及生命。

（六）血管神经性晕厥

也叫血管迷走性晕厥，诱因很多，如在原地静站过久、长时间处于闷热的环境中、过度疲劳、过度饥饿、剧烈疼痛、过强的精神刺激、恐惧、焦虑等，反射性地引起心脏和全身小血管扩张，回心血量减少，血压骤降，脑供血暂时减少而晕厥。患者倒地后脑供血很快好转，神志恢复正常。

（七）颈动脉窦性晕厥

也叫颈动脉窦过敏症或颈动脉窦综合征。晕厥发生多与头颈突然转动刺激或压迫颈动脉窦有关。常发生在猛回头、领带系得过紧、刮脸压迫颈部时，刺激了颈动脉窦，反射性引起迷走神经高度兴奋，导致心动过缓或心搏骤停、血压下降，脑部瞬间缺血而晕厥。有些人头颈向一侧转动时，仅表现为瞬间头晕、眩晕、视物模糊、步态不稳，身体有倾斜感，但不出现晕厥。

（八）心源性晕厥（cardiogenic syncope）

心脏电生理研究能发现超过 50% 的不能解释的晕厥患者中，有隐性窦房结病变、心脏传导异常和可诱发的室性心律失常，心律失常可继发于原发心血管疾病，如冠心病、心肌梗死和心肌病等。严重的主动脉瓣狭窄、梗阻性肥厚型心肌病，也是心源性休克的主要原因。

（九）药物性晕厥

老年人存在多重用药，一些药物可引起心动过缓、心动过速、直立性低血压、血管抑制等。药物与晕厥之间有因果关系，患者既往可能有用药晕厥史或家族用药晕厥史。引起晕厥的药物以心血管系统药物、解热镇痛药和抗菌药物多见。

三、护　　理

（一）护理评估

1. 病史。详细询问患者的病史，尤其是晕厥病史。

2. 体格检查。通过卧立位血压测量检测直立性低血压，典型的直立性低血压表现为站立 3min 内，收缩压下降≥ 20mmHg 和（或）舒张压下降≥ 10mmHg；注意心脏杂音、心率和节律、心包摩擦音等提示器质性心脏病证据；通过基本神经系统检查发现局灶性功能缺损；肛诊是否有隐血；对于不典型晕厥表现的老年人，必要时还需进行认知功能、视力、身体协调性、步速检查。

3. 通过晕厥风险评估，对引起晕厥的可控因素进行干预，加强其防范措施，尽量降低晕厥的发生。

4. 规范晕厥评估，降低老年人因晕厥而引发的人力、物力和财力等方面支出。

5. 给专业人员提供标准化的规范，使其工作更有效率。

6. 教育和指导老年患者、老年家庭照顾者和非老年科室医护人员。

（二）护理措施

1. 晕厥的处理

（1）一般处理：应将晕厥者置于仰卧位或下肢抬高位，以增加脑血流量。松解紧身衣服，头转向一侧，以免舌后坠堵塞气道。面部及颈部冷湿敷，如果体温低加盖毛毯。必要时针刺人中或给患者嗅有刺激性气味（如氨味）。

（2）病因治疗：血管减压性晕厥和直立性低血压晕厥，采取上述处理方法可缓解。

（3）发作性无力和突发的原发性意识丧失：给予吸氧和上述的一般处理。

（4）低血糖性晕厥：静脉注射葡萄糖。

（5）心源性晕厥：立即吸氧，配合相应护理的措施。心源性晕厥应经现场急救后再安全转运。

（6）脑源性晕厥：现场抢救措施有吸氧、保持呼吸道通畅、降压和降低颅内压，配合医师进行抢救。

（7）中暑性晕厥：将中暑性晕厥者转移至阴凉通风处迅速降温，用冰水、冷水或乙醇擦浴使皮肤发红，头部及大血管分布区放置冰袋，有条件者静脉点滴 5% 葡萄糖生理盐水。

2. 预防与干预措施　明确晕厥的病因，针对病因进行有针对性的预防和干预是减少晕厥发作的有效措施。

（1）直立性低血压晕厥：是老年人常见的晕厥原因。国外研究发现，直立性低血压晕厥占到晕厥病因的 20% ～ 30%。对于这类老年患者要注意做到 3 个 3min，可减少直立性低血压晕厥，即睡醒后不要马上起床，在床上再躺 3min；坐起来后再坐 3min；两条腿下垂在床沿又等 3min，然后下床走动。此外，直立性低血压的老年患者往往存在卧位收缩性高血压，适当的调整药物也是预防直立性低血压晕厥的有效措施。

（2）吞咽性晕厥：曾有过吞咽性晕厥的患者，吃饭时要细嚼慢咽，不要狼吞虎咽。

（3）咳嗽性晕厥：发生咳嗽性晕厥的老年患者，咳嗽时应保持合适力度，不可过分用力，如感咽部不适发痒，需控制咳嗽，通过发出长音，改善咽部出现的不适感。可嘱患者咳嗽时尽量弯背，呈俯卧位或头部垂到两膝之间，从而减少肺容量，利于防止出现咳嗽性晕厥；应防止肺部感染，治疗肺部炎症，疏通气道；尽量减轻体重、禁酒、戒烟。

（4）排尿性晕厥：为防止排尿性晕厥，睡前不要多喝水，入睡前要先排尿；夜间有尿要排出，不要憋尿；排尿时最好采用坐式便池，排便后起身要慢，起身后稍站一会儿再走。

（5）低血糖性晕厥：患有糖尿病的中老年人，一定要熟知低血糖反应的症状，包括头晕、乏力、出冷汗、心悸、饥饿感等，进而可能出现意识模糊，甚至晕厥。平时应避免空腹时剧烈运动，一旦有低血糖反应，立即进食糖果、饼干之类的小食品；如感觉可能出现意识不清，立即平卧，请求帮助。

（6）血管神经性晕厥：此类晕厥患者应早发现、早预防，有头晕不适等表现时，立即平卧，抬高腿部，并移至空气流通较好的地方。对于容易发生血管神经性晕厥的人，平时应加强体能和意志锻炼，防止过劳、过饿、过于激动等。

（7）颈动脉窦性晕厥：对于颈动脉窦过敏、颈动脉硬化及颈椎骨质增生的患者，要注意转头要慢、系领带不要过紧、不要穿高领衣服。

（8）心源性晕厥：此类晕厥是由于心输出量突然减少进而引起脑缺血而诱发的。患者平时应熟知自己的病情，随身携带必要的急救药品，避免情绪激动、突然用力、寒冷等诱发因素。

（9）药物性晕厥：老年患者多存在多重用药，药物的不良反应或药物的协同作用可能引起药物性晕厥。药物引起的晕厥包括心源性晕厥、体位性晕厥和血管抑制性晕厥等。老年人用药需注意合理选择药物、谨慎联合用药、使用较小剂量、缓慢增加药量、控制给药浓度和速度、规范用药操作和加强观察，以及加强心理护理等。

案例学习

刘爷爷，65岁，因“咳嗽半月，一过性意识丧失2d”于2018年1月2日入院。患者半月前无明显诱因出现咳嗽，无明显咳痰，无发热、咽痛、呼吸困难等。咳嗽剧烈时可出现一过性眼前发黑，数秒钟可自行缓解，未予重视。2d前患者坐位剧烈咳嗽后出现一过性意识丧失、双眼发直，无肢体抽搐、大小便失禁、牙关紧闭等。持续2min后患者意识恢复，对发病过程不知，患者未诉特殊不适。入院当天下午咳嗽时再次出现一过性意识丧失，大概2s意识恢复。既往高血压20年，最高血压170/100mmHg，服用“络活喜”（苯磺酸氨氯地平片）降压治疗，血压稳定。高脂血症多年，未服药。否认冠心病、糖尿病、脑血管病、精神病等病史。

查体：体温36.3℃，心率104次/分，血压150/94mmHg。神清、语利，记忆力、计算力、定向力等正常。

辅助检查：头部CT显示双侧基底核区多发腔隙性脑梗死；头颅磁共振血管成像（MRA）显示双侧大脑前动脉、大脑中动脉及大脑后动脉管壁规则，管腔未见明显狭窄；胸部CT显示左肺下叶少量感染。血常规、凝血功能等正常。

入院后给予患者盐酸氨溴索、喜炎平、复方甘草片等对症治疗，并指导患者咳嗽时注意体位。经过治疗，患者咳嗽缓解，未再发生晕厥或眼前发黑。

请思考以下问题：

1. 刘爷爷的护理诊断可能是什么？
2. 你针对刘爷爷的症状给出哪些护理措施？
3. 出院前将如何给刘爷爷进行健康宣教？

评判性思维训练

1. 选择一位发生过晕厥的老年人，并对他进行护理评估。
2. 为了确认老年人晕厥的原因，你会问老年人什么问题？
3. 老年人突发中暑导致的晕厥该如何处理？
4. 对于一位明确诊断为低血糖性晕厥的老年人，你会如何指导他做好预防措施？

（张　颖）

第十二章　尿便问题

学习目标

知识目标：

1. 列举老年人尿失禁的分类、便秘的病因。
2. 准确说出老年人尿失禁和便秘的临床表现。
3. 运用护理程序对老年人尿失禁和便秘进行针对性护理。

能力目标：

1. 针对老年人尿便问题进行系统全面护理。
2. 能解决老年人尿失禁、便秘典型案例常见护理问题。

素质目标：

1. 了解护士在护理存在尿便问题老年人时的重要作用，培养学生心怀敬畏、充满热爱的职业认同感。
2. 强调在护理存在尿便问题老年人过程中要体现人文关怀，培养学生对老年人的尊重、对生命的敬畏，提升其综合素养和人文修养。

老年人尿便问题包括尿失禁、便秘等，是常见的问题。本章将从护理评估、常见护理诊断、护理措施等方面系统地阐述针对老年人尿便问题的护理。全面的护理评估、准确提出主要的护理诊断或护理问题、给予针对性的护理，有助于改善老年人的生活质量。

第一节　尿　失　禁

一、概　　述

尿失禁（urinary incontinence）是指尿液不受主观控制而自行排出，主要是由于膀胱括约肌的损伤或神经功能障碍而导致。尿失禁并非一种独立的疾病，而是某些疾病累及膀胱功能导致的一系列综合症状的统称。全世界约有 2.5 千万人口发生此种健康问题，女性多于男性。据报道，中国女性约有 1/3 的人出现尿失禁。北京的一项研究表明，男性尿失禁的发生率约为 1/10，而在老年女性群体中该问题的发生率则高达 50% 以上。对于大多数老年人而言，尽管尿失禁并无生命危险，但会引起一系列不良后果，如尿路感染、接触性皮炎、压力性损伤及一系列心理问题等，严重影响老年人的身心健康和生活质量。

二、临床表现

老年人尿失禁通常分为压力性尿失禁、急迫性尿失禁、反射性尿失禁、充溢性尿失禁和功能性尿失禁等；有的老年人兼具上述几种类型，称为混合性尿失禁。

（一）压力性尿失禁

老年人大笑、咳嗽、打喷嚏或提重物等活动导致腹压增加时，有少量尿液不自主流出。常发生于尿道损伤、有多次分娩史的老年女性或前列腺术后的老年男性等。

（二）急迫性尿失禁

老年人出现不自主的膀胱收缩或膀胱逼尿肌不稳定，膀胱在充盈量较少的情况下出现强烈尿意而不能有效控制，如厕之前尿液已经流出。可分为感觉急迫性尿失禁和运动急迫性尿失禁两种类型。

（三）反射性尿失禁

老年人发生完全上运动神经元病变时导致自发性排尿。

（四）充溢性尿失禁

由于尿潴留，膀胱处于充盈状态不能完全排空，尿液不自主溢出。老年人常伴有尿道梗阻、脊髓肿瘤或结核性膀胱挛缩等。

（五）功能性尿失禁

由于认知功能障碍、体力运动或排尿环境不方便等非泌尿生殖系统因素而导致尿液不自主溢出，但老年人能感觉到膀胱充盈。

三、护　　理

（一）护理评估

1. 病因评估　老年人尿失禁发病因素复杂，主要包括以下几方面。

（1）尿道括约肌及逼尿肌功能失调：女性更年期后，因雌激素水平下降，其靶器官如尿道、膀胱三角及尿道出现萎缩、肌肉张力下降、盆腔底部支持性韧带组织松弛、膀胱底呈现漏斗状，当腹部压力增高时，易导致尿失禁。同时，女性多次分娩或产伤也会导致老年期骨盆肌肉松弛而发生尿失禁。老年男性前列腺摘除术或直肠手术易损伤尿道外括约肌，增加尿失禁发生的风险。另外，当老年人患有尿路感染时易导致逼尿肌反射亢进，从而发生暂时性尿失禁。

（2）神经精神系统疾病：尿失禁是卒中后的严重并发症，主要是由于老年人发生脑血管意外后，控制排尿的神经中枢失调。另外，认知症导致的神经性膀胱、精神因素等也增加老年人发生尿失禁的风险。老年退行性变化、脊髓损伤、肿瘤或感染引起反射弧水平以上的冲动传导障碍，发生反射性尿失禁。

（3）药物影响：药物作用是老年人发生尿失禁的重要影响因素。常见药物对尿失禁的影响见表 12-1。

表 12-1　常见药物对尿失禁的影响

药物种类	药物对尿失禁的可能影响
利尿药	尿量突然增多而导致漏尿
镇静催眠药	引起老年人感觉减退和活动障碍导致尿失禁
阿片类及其他有抗胆碱能副作用的药物	逼尿肌收缩力减弱导致充溢性尿失禁
抗帕金森病药及三环类抗抑郁药	引起老年人感觉减退和逼尿肌收缩力减弱
α- 受体拮抗药	后尿道松弛，易产生压力性尿失禁
抗肿瘤药及钙离子拮抗剂	尿液增多、逼尿肌松弛易产生尿失禁
血管紧张素转化酶抑制药	产生的咳嗽副作用易导致压力性尿失禁

（4）梗阻性因素：尿道狭窄、尿路结石梗阻、便秘或老年男性前列腺增生可能导致尿液在膀胱内潴留，产生溢出性尿失禁。

（5）感觉及活动障碍：视力减退、骨关节病或其他疾病后遗症可导致老年人出现活动障碍，因难以选择合适的排尿场所或不能迅速穿脱衣物而发生尿失禁。老年人易出现感觉或思维活动障碍，导致对排尿信号识别不敏感或对排尿的控制能力下降，增加尿失禁发生风险。

2. 辅助检查相关评估

（1）骨盆底肌肉张力检查：让老年人取站立位，在膀胱充盈的情况下，用一张干燥纸巾轻压会阴部，并嘱老年人做咳嗽动作，观察是否有尿液溢出。尿失禁患者诱发试验可出现阳性。

（2）尿垫试验：让老年人提前在会阴部放置一块已称重的卫生垫，随后进行体育锻炼，测量锻炼后卫生垫的重量，了解漏尿程度。

（3）尿流动力学检查：可测定膀胱压力、残余尿量、括约肌的功能、排尿过程中尿道内压力的变化等，从而鉴别尿失禁的类型。

（4）实验室检查：包括血液、尿液检查及肾功能检查等。

（5）影像学检查：超声检查用于测定膀胱内残余尿量；泌尿系统的造影检查可用于判定是否存在泌尿系统其他疾病。

3. 心理 - 社会状况评估　尿失禁可导致老年人活动能力下降、自尊心受损，产生很大的痛苦和不便，出现多疑、固执、焦虑、孤独等情绪，从而严重影响其生活质量。另外，尿失禁带来的不便还会产生社交障碍，增加家庭负担。

（二）护理措施

受国内一些传统观念的影响，很多老年人对尿失禁缺乏正确的认识，并未主动寻求专业帮助，而是自发采取不恰当的应对方法，如限制饮水、简单使用尿垫或成年人尿不湿、减少出门等，但上述措施均无法根本解决问题，因此，对该问题治疗、护理的主要目标是让老年人正确认识尿失禁，主动寻求正规的治疗护理并积极配合，增强治疗康复信心，降低对日常生活的困扰、恢复社交活动等。

1. 一般护理

（1）环境护理：尽量提供方便排尿的环境，如尽量安排老年人住靠近卫生间的卧室或将马桶或便壶放在床边等。另外，由于嘈杂环境下易加重尿频、尿急等症状，因此要保持环境尽量安静。

（2）简化着装：尽量避免穿不易穿脱整理的衣物，优先考虑缝有魔术贴的衣物，避免纽扣过多，以有松紧带的裤子来代替使用腰带，尽量穿着运动套装等。

（3）饮食护理：①鼓励老年人在心肾功能允许情况下，保证入液量 1500 ～ 2000ml/d。叮嘱老年人勿因担心尿失禁而盲目限制饮水，以免增加尿液浓度导致膀胱炎，加重尿急症状；另外，饮水过少会加重老年人便秘，升高腹压，增加尿失禁发生风险。②根据老年人耐受程度逐渐增加饮水量，避免盲目控制液体摄入，但应注意禁止摄入含咖啡因等刺激性饮品。③由于肥胖老年人易发生腹压增高等，加重尿失禁，故建议均衡饮食，增加纤维素摄入，尽量控制体重在合理范围。

（4）合理使用排尿用品：根据老年人尿失禁的原因，指导其合理使用排尿用品，如推荐压力性尿失禁的老年女性使用尿垫、失禁护垫或纸尿裤等，推荐无尿意而出现尿失禁的老年人使用合适的集尿器。同时，应注意每次更换尿垫时用温水清洗会阴部，减少对皮肤的刺激。

2. 康复训练与护理

（1）膀胱训练：①定时排尿训练。当老年人对尿意的感知能力较差时，建议老年人每隔 3 ～ 4h 如厕一次，并叮嘱其睡前排尿。②训练正确判断如厕时机。当老年人尚能稍微忍住尿时，尽量尝试有尿意时再如厕，如厕时给予足够的时间，勿催促；当老年人成功忍住尿意并如厕时，尽量给予鼓励，如若尝试失败要坚持提醒老年人下一次及时表达排尿需要，尝试自行如厕。③循序渐进延长排尿间隔。帮助老年人了解尿失禁产生的原因，教会憋尿技巧，如有尿意时避免急跑如厕，而是先尝试采取站立或坐下体位，深呼吸或分散注意力以减少尿意，再缓慢行走如厕。逐渐增加憋尿时间，从数分钟逐渐延至 2h 左右，这样做的目的是逐渐增加膀胱容量。

（2）骨盆底肌肉训练：主要目的是增强盆底肌肉的支持功能，缓解尿失禁。①首先要让老年人意识到该训练的重要性和长期性，了解需要锻炼的肌肉名称，告知老年人训练时使用的是盆底肌肉，避免习惯性使用腹部或大腿后部肌肉；②教会老年人在排尿中途忍住尿液，再尝试继续排尿，练习会阴部收缩的感觉；③在卧位或坐位训练时，先做收缩盆底肌肉的动作并保持 10s，继之放松 10s，重复以上动作 15 ～ 25 次，早晚各坚持一轮；④训练老年人通过尽量延长肌肉收缩时间来训练最大持久力，之后再通过快速收缩数次来增强肌肉的瞬间力量，目的是加强之前的训练效果；⑤也可以配合使用电刺激辅助患者进行盆底肌肉训练。

（3）排尿习惯训练：主要用于对排尿认知存在障碍的老年人。针对老年人的具体情况制订排尿计划，规定日间及夜间排尿次数，并尽量保证在晨起、餐后、睡前无论有无尿意均坚持定时排空膀胱，目的是使老年人养成规律排尿习惯，并随时注意观察老年人反应加以应对。

3. 导尿护理 对于存在尿潴留或躁动的老年人，建议先进行热敷或诱导排尿，再予以留置导尿管导尿，并同时记录残余尿量。但应注意的是，此种措施会增加老年人患尿路感染的风险，降低膀胱自动放射性排尿功能，因此不建议长期使用。随着老年人控尿功能恢复，建议逐渐减少导尿次数，并定期夹闭尿管，进行膀胱功能训练。

4. 用药护理

（1）了解常见治疗尿失禁药物的作用原理：①雌激素，针对老年女性进行替代治疗，缓解萎缩性阴道炎；②解痉药、M受体拮抗药和钙离子拮抗剂，用于控制膀胱逼尿肌不稳定；③α肾上腺素受体激动药：收缩尿道平滑肌，缓解压力性尿失禁；④镇静药和前列腺素合成抑制药，对抗尿频、尿急等不适症状；⑤抗生素，治疗因尿路感染导致的急迫性尿失禁。

（2）向老年人讲解用药注意事项：①α肾上腺素受体激动药，对于有高血压病史的老年人要注意监测血压，以免血压过高引起头晕等不适；②M受体拮抗药，注意观察是否产生口干、便秘等副作用；③抗生素，叮嘱老年人按时按量用药以维持血药浓度，避免对肾有损害的抗菌药。

5. 手术配合 对于存在严重尿失禁或伴有盆腔脏器脱垂的老年人，可采用手术治疗，包括耻骨后尿道悬吊术和悬吊带术及应用人工尿道括约肌等，护理人员要做好术前准备、手术配合和术后康复指导等。

6. 心理调适

（1）保护个人隐私：进行尿道护理操作时进行屏风遮挡，按要求为老年人保守秘密，与其亲友或照顾者谈论患者尿失禁前争取老年人同意。

（2）增强老年人的治疗信心：与老年人建立信任关系，给予尊重和鼓励，告知患尿失禁并非个人过错，不必因自卑而逃避社交，积极治疗配合可以得到缓解，应正视自己的健康问题，提高治愈信心。

（3）提供社会支持：与老年人家属保持密切联系，教育亲友提供必要的家庭支持。向社会宣传尿失禁的发病特点，摒弃传统歧视观念，鼓励社会接纳尿失禁老年人。

案例学习

李奶奶，73岁，8年前开始在打喷嚏、搬重物时出现尿液无法控制由尿道流出，近1年上述症状进行性加重，有时从床上坐起时也会有尿液流出，无尿频、尿急及尿痛等症状，为求进一步诊断而入院。

体格检查：体温36.4℃，脉搏90次/分，呼吸20次/分，血压160/100mmHg，身高155cm，体重60kg。心肺查体无特殊，腹部柔软，无压痛，肝脾、双肾未触及，肾区无叩击痛。腹部超声显示残余尿量20ml。外阴、阴道萎缩。诱发试验阳性，尿流动力学检查显示尿道闭合压下降，功能尿道长度缩短，膀胱逼尿肌稳定，膀胱内压正常。

患者40年前分娩时曾出现严重撕裂伤，而近年来一直因尿液不自主流出而羞于启齿，十分苦恼，不敢外出或参加各种社交活动，担心被别人发现而被笑话。患者为避免出现漏尿而自主减少饮水，以前仅考虑更换内裤及尿垫，并未想过到医院接受正规治疗，此次主要是在配偶、子女劝说下来就诊。但患者至今并不相信自己的问题属于疾病需要借助医疗手段，对自己的康复缺乏信心。

请思考以下问题：

1. 本案例中李奶奶的主要健康问题是什么？
2. 针对李奶奶目前的情况可采取哪些护理措施？
3. 应针对该患者进行哪些健康指导？

第二节 便 秘

一、概 述

便秘（constipation）是消化系统的常见症状之一，主要是指排便频率降低，或粪质干硬、排便时费力，或排便后仍有残便感。60 岁以上老年人便秘发生率高达 20% 左右，比其他成年人约高 4 倍，卧床老年人尤甚。便秘不仅影响老年人生活质量，在伴有冠心病、高血压等疾病时，还可能因排便时屏气用力诱发心肌缺血或脑血管意外危及生命。因此，老年人出现便秘不容忽视，应进行及早防治。根据有无胃肠道器质病变可将便秘分为原发性（功能性）和继发性（器质性）两大类，老年人便秘多属于前者。

二、临床表现

1. 持续至少 3 个月，出现排便费力、排便时肛门有阻塞感、粪便呈团块状、排便后出现便不尽感症状，严重时甚至需用手协助排便，排便频率小于 3 次 / 周。

2. 伴随症状包括消化道症状，如口臭、呃逆、恶心、下腹饱胀感、腹部不适、粪便堆积、直肠下坠感、会阴部胀痛；神经系统症状，如失眠、紧张、头重感、注意力难以集中等。

3. 听诊发现肠鸣音少于 5 次 / 分，蠕动声较慢，左下腹可触及乙状结肠处粪块。

4. 其他系统并发症。①全身症状，如头晕、乏力、头痛、食欲缺乏等；②心肌缺血症状，主要由便秘腹胀引起膈肌上升，反射性影响冠状动脉血流等导致；③屏气用力排便动作可引起心律减慢及呼吸费力；④既往存在高血压或脑卒中病史的老年人，用力排便时可再次诱发脑血管意外。

三、护 理

（一）护理评估

1. 病因评估 导致老年人便秘的原因，主要考虑以下几方面。

（1）肠道肌肉功能异常：老年人随着年龄增长，胃肠道出现退行性变，肌肉萎缩，松弛无力；膈肌麻痹、低血钾、甲亢、恶病质等均可导致腹壁肌肉力量减弱；应用麻醉药、腹部手术创伤等可导致肠道肌肉松弛、蠕动乏力、排便动力不足。肠内容物在消化道内因存留时间过长水分被吸干，易导致排便困难。

（2）肠道敏感性下降：患有震颤性麻痹、骶神经损伤、神经缺损、脊髓肿瘤、截瘫或多发性神经根炎的老年人，病变可累及支配肠道的神经，导致肠道麻痹，肠蠕动乏力；长期应用泻药使肠道敏感性下降，便意感觉阈上升，肠道自行排便能力下降。

（3）饮食习惯不良：有些老年人饮食结构不合理或因食欲缺乏进食量过少，导致纤维素摄入过少，肠内压及对肠道的有效刺激不足，减弱排便反射；未养成良好饮水习惯，口渴时才饮水，导致肠内水分不足，粪便干硬。

（4）运动过少：有些老年人因感觉活动不便而减少运动，导致肠蠕动变慢，肠道供血不足等；另外，长期卧床排便时，所需腹内压较高，也易产生排便费力。

（5）消化道梗阻或狭窄：肠道肿瘤、肠套叠、直肠脱垂、直肠或肛门狭窄及肠梗阻等均可能导致肠道狭窄、内压增加，阻碍肠内容物的顺利通过，引起滞留，水分被吸干引起大便秘结。

（6）精神心理因素：患有抑郁症、神经性厌食等精神病变可导致排便反射受抑制引起便秘；患有消化性溃疡、痔、肛裂、肛周脓肿的老年人，因怕疼痛而出现便意感觉阈值上升，排便受抑制，产生便秘。

2. 辅助检查相关评估 X 射线钡剂检查、纤维内镜检查等有助于病因诊断，也可结合钡剂灌肠、直肠肛门压力测定、球囊排出试验等进行判断。

3. 心理 - 社会状况评估 便秘可导致患者烦躁不安、注意力分散、工作学习效率降低，而长期精神紧张、焦虑、失眠等反过来又会加重便秘。因此，除便秘带来的躯体症状外，还应注意评估其心理社会状态。

（二）护理措施

护理的主要目标是发现并去除导致便秘的危险因素，使排便状况恢复正常、伴随症状减轻或消失，形成良好排便习惯，减少对轻泻药等药物的依赖。

1. 一般护理

（1）环境舒适：尽量为老年人提供安静、隐蔽的排便环境，提供充足的排便时间，勿催促，以免老年人因着急和焦虑而影响排便。若老年人所住房间有其他人，建议排便时拉帘或遮挡屏风，尽量避开进餐、查房及护理处置时间。

（2）建立良好的排便习惯：指导老年人养成定时排便的好习惯，一般排便时机选在早餐后为佳，此时胃 - 结肠反射及十二指肠 - 结肠反射最强，利于排便。另外，要向老年人强调排便时应集中注意力，克服在卫生间看报纸、杂志及听广播等不良习惯。卧床老年人需在床上排便时，若无疾病禁忌尽量坐起或抬高床头，以方便老年人利用重力作用增加腹压，促进排便。

（3）适当运动：能够自行活动者，协助老年人适当增加有氧运动，如散步、慢跑、太极拳等；活动不便时，则应帮助其进行床上被动活动等。

（4）饮食护理：①增加纤维素摄入。指导老年人在血糖允许的情况下，多吃富含纤维素的食物，如杂粮、豆类、蔬菜、芝麻、水果等，因为摄入的纤维素能够吸收水分、润滑肠道，使肠道内容物膨胀，刺激肠蠕动，激发排便反射。②补充足够水分。对于无心功能不全或肾脏疾病的老年人，建议增加水分摄入，达到2000ml/d 以上，饮水方式以少量多次为佳，尤其是晨起和餐前要养成饮温开水的习惯，能够起到刺激肠蠕动的作用，但应注意避免饮用含咖啡因的饮料。③增加有润肠通便作用食物的摄入。建议适当增加脂肪食物或烹饪时增加食用油，如麻油、豆油及花生油等。薯类、香蕉、蜂蜜、梅子等有润肠通便作用，无糖尿病的老年人可以适当多吃。另外，一些滋补药膳也比较适合老年人，如银耳粥、核仁粥、黑芝麻粥等。

2. 腹部按摩

（1）教会老年人在晨起和晚间排尿后取卧位用双手沿结肠走向，自右下腹向上、横行至左上腹、再向下至左下腹、沿耻骨上回到右下腹，做腹部环形按摩，同时可做肛门收缩动作，促进肠蠕动。

（2）排便时将手放在腹部，自右向左沿着结肠蠕动的方向进行按摩，增加腹内压，促进肠内容物向外移动。

（3）也可教会老年人隔着卫生纸或衣物用指端轻压肛门末端，促进排便，改善便秘。

3. 用药护理　当饮食、运动、按摩等一般治疗效果不佳时，可遵医嘱短期辅助应用一些药物。

（1）口服缓泻剂：缓泻剂的主要作用原理是增加粪便中的水分，加快肠蠕动，促进肠内容物向前推进，利于排出。常用的缓泻剂分为 3 类，即渗透性缓泻剂、容积性缓泻剂和刺激性缓泻剂，具体见表 12-2。可根据患者便秘情况及体质调整用量，一般服用后 6h 以上才会发挥作用，因此建议睡前用药，早餐后排便。但要注意的是，使用缓泻剂虽可暂时解除便秘，但不宜长期应用或滥用。一般排便动力不足者首选乳果糖，缺乏活动导致便秘的老年人选用渗透性或刺激性缓泻剂的效果优于容积性泻药。另外，容积性缓泻剂仅用于补充饮食纤维素无效的老年人，服药期间应注意补充足够的水分，但可能出现腹胀等不良反应；丹蒽醌有潜在致癌性，不建议常规使用。

表 12-2　常见缓泻剂的种类及作用

分类	代表药物	作用原理
渗透性缓泻剂	甘油栓剂、乳果糖、磷酸盐、山梨糖醇、聚乙二醇	升高肠道内渗透压，增加粪便含水量
容积性缓泻剂	甲基纤维素、矿物油、聚卡波非	滞留粪便中水分，增加粪便体积
刺激性缓泻剂	酚酞、大黄、芦荟、番泻叶、蓖麻油、比沙可啶、丹蒽醌	直接刺激肠道

（2）简易通便剂：主要作用原理是润滑肠壁、软化粪便、刺激肠蠕动。护理人员应注意正确使用方法。①开塞露：先挤出少量药液进行润滑，而后将剩余药液一次性挤入直肠内，让老年人忍住便意 5min 左右再排便；②甘油栓：使用时将栓剂尖端插入肛门 6cm 左右，一般用后 30min 之内即起效。

（3）胃肠促动药：主要适用于与运动功能失调有关的假性肠梗阻导致的便秘及慢性便秘患者的长期治疗。代表药如西沙比利，一般用药后 1 周左右起效，严重者则需 8 ～ 12 周。

（4）灌肠：以上方法无效时，可采用相应溶液进行灌肠，即将一定量灌肠液通过肛门经直肠灌入，从而软化粪便、刺激肠蠕动。老年人常用的灌肠液组成见表 12-3。

表 12-3　常见灌肠液的种类及组成

名称	组成
生理盐水	氯化钠 9g、温开水 1000ml
油剂	甘油或石蜡油 50ml、温开水 50ml 或各种植物油 120 ～ 180ml
肥皂水	固体肥皂 10 ～ 20g、温开水 1000ml
“1、2、3”溶液	50% 硫酸镁 30ml、甘油 60ml、温开水 90ml

4. 心理调适　护理人员应向老年人详细解释排便的机制，强调便秘的可缓解性，增加治愈信心，使之保持乐观情绪、精神放松，避免因精神紧张刺激而引发便秘。让老年人了解意识对排便的重要影响，鼓励老年人排便时进行自我暗示，促进排便成功。

评判性思维训练

1. 你认为不同性别的老年人对自身泌尿系统的可能期望是什么？

2. 你遇到这样一对老夫妻，妻子抱怨不知道如何处理丈夫的“臭屁股”，因为在洗衣服时经常发现丈夫衣服上有黄色污渍，并且经常闻到丈夫身上散发着尿臭，然而当她试图与丈夫讨论此事时，丈夫总是逃避话题。

假如你是责任护士，请思考以下问题：

（1）你能列出这位老先生的评估问题清单吗？

（2）你如何教会老先生填写膀胱日记？

（3）对于这位尿失禁老先生和他的妻子，你认为应该进行哪些健康宣教？

（陶巍巍）

第十三章 营养不良

学习目标

知识目标：

1. 列举老年人营养不良的分类、病因。
2. 准确说出老年人营养不良的临床表现。
3. 运用护理程序对老年人营养不良进行针对性护理。

能力目标：

1. 针对老年人营养不良进行系统全面护理。
2. 能解决老年人营养不良典型案例常见护理问题。

素质目标：

1. 了解护士在护理存在营养不良问题老年人时的重要作用，培养学生心怀敬畏、充满热爱的职业认同感。
2. 强调在护理存在营养不良问题老年人过程中应处处体现人文关怀，培养学生对老年人的尊重、对生命的敬畏，提升其综合素养和人文修养。

营养不良是临床常见的老年综合征，在住院及养老机构内的老年患者中，营养不良及营养风险患病率接近50%。老年人营养不良问题包括营养过剩和营养不足等。本章将从护理评估、常见护理诊断、护理措施等方面系统地阐述针对老年人营养不良问题的护理。全面的护理评估、准确提出主要的护理诊断或护理问题、给予针对性的护理，有助于改善老年人的生活质量。

第一节 营养不良的概述

一、概　　念

营养不良（malnutrition）主要包括营养过剩和营养不足或缺乏两方面，其中营养过剩是目前我国老年人群较为常见的问题。当男性体重指数高于25kg/m^2、女性体重指数高于24kg/m^{2}时，称为肥胖（obesity）；而随着老年人器官功能进行性衰退和各种急、慢性疾病及社会心理因素的影响，老年人群中非预期体重减轻（unintended weight loss，UWL）的问题也越来越突出，其中蛋白质-能量营养不足尤为常见。梅奥医学中心把非预期体重减轻（UWL）定义为在没有采取节食或体育锻炼等减肥方法的情况下，持续超过6～12个月无意识的体重减轻超过4.5kg或自身体重的5%。

二、流行病学特点

研究表明，国外65岁以上人群中肥胖的患病率达17.9%，而在养老机构中这一数据则接近1/3。英国65岁及以上的老年人中营养不足的发生率达到10%，而入住养老机构、医院及心理健康诊所的老年人中则增至30%左右。中华医学会肠外肠内营养学分会老年营养支持学组组织的关于中国65岁以上老年人的调查发现，14.67%存在营养不良，随着年龄增长，营养不良发生率均明显增加。体重不足（BMI＜20kg/m^2）和（或）30d内非预期体重减轻达自身体重的5%以上，会显著增加老年人的死亡率。老年人非预期体重减轻，特别是变化明显或持续的减轻，通常是潜在疾病的临床表现之一，尤其是伴有乏力、无饥饿感和排便习惯改变时，应该引起医护人员的足够重视。

第二节　营养不良的临床表现

一、营养过剩

体型改变　老年男性脂肪堆积以头、颈、躯干和腹部为主，老年女性则以胸、下腹、臀部和四肢为主，同时增加多种疾病发生的风险，如心脑血管疾病、代谢性疾病、骨关节炎、恶性肿瘤等。

二、营养不足

主要表现为蛋白质缺乏，早期出现疲乏、体重减轻、烦躁、抵抗力下降，以及伤口愈合及病后康复延迟等；晚期甚至会出现营养不良性水肿、肝功能不全及易并发感染等。

第三节　营养不良的护理

一、护理评估

（一）病因评估

1. 老化改变

（1）随着老化的进展，身体组成成分发生改变，肌肉和水分减少、脂肪沉积增加、身体灵活性下降、基础代谢率降低、热量消耗减少，容易产生肥胖。

（2）老年人生长激素分泌减少，更年期后女性雌激素水平下降，也增加了肥胖的发生风险。

（3）老年人出现以下因素易导致摄入减少和营养吸收不足，如唾液分泌减少、嗅觉和味觉降低、发生龋齿和牙脱落、牙龈萎缩、上下颌关节退化、食管蠕动下降、胃液分泌减少、视力受损、肠道菌群变化等，最终导致老年人摄取食物及消化吸收能力下降、食欲减退，能量需求和蛋白质的摄入随之减少，蛋白质的分解代谢大于合成代谢，易发生营养不足。

2. 饮食因素

（1）老年人基础代谢率下降，而胃容量维持老化前水平，导致摄入大于消耗；另外，饮食结构不合理（摄入过多脂肪和纤维素摄入不足）、进食过快等不合理进食方式也增加了肥胖的风险。

（2）嗜好饮酒者，酒精产生的热量替代了部分本应由食物提供的热量，从而减少了营养物质的摄入，导致体重减轻。

3. 环境心理因素

（1）生活安逸、久坐不动、经济富裕却文化素质不高等均增加肥胖的风险。

（2）老年人面临的经济状况变化、与社会接触减少、丧偶、独居等社会心理变化易影响食欲，加上营养知识不足、饮食习惯不良等也会增加营养不足的风险。

4. 疾病或药物因素

（1）一些神经精神疾病（如暴食症）、部分药物（如糖皮质激素等）均会增加肥胖的风险。

（2）部分精神疾病，如抑郁症、神经性厌食、躁狂症、阿尔茨海默病等则会引起老年人进食减少，体重下降。

（3）部分内科疾病，如甲状腺功能亢进症、慢性感染、吸收不良综合征等易导致老年人营养吸收障碍，出现体重减轻。

（4）部分药物可引起食欲减退，如地高辛、奎尼丁、肼苯哒嗪、维生素 A 等，而某些抗生素、非甾体抗炎药容易刺激胃肠引起恶心，还有些药物如甲状腺素、茶碱等则会增加能量代谢，最终均会引起老年人体重减轻。

（二）辅助检查相关评估

1. 体重　是反映机体营养状况的常见综合指标，老年人理想的体重公式（kg）为 [身高

（cm）–100]×0.9（男性）、[身高（cm）–105]×0.95（女性），实际体重超出或低于 10% 均属于正常范围，超过 10%、20%、30% 分别为超重、肥胖、严重肥胖，低于 10%、20% 以上分别为体重过轻和体重不足。身高和体重测量方法：早晨 6 点脱鞋后测定身高（采用经过校正的标尺，校正至 ±0.5cm）；实际体重尽可能空腹、着轻薄衣服或病房衣服、脱鞋，采用经过校正的磅秤（校正至 ±0.2kg）测量。

2. 体重指数（BMI） 为体重（kg）/ 身高（m）^{2}，BMI 超过 28kg/m^2 为肥胖，低于 18.5kg/m^2 提示营养不足。

3. 其他人体测量指标 包括上臂围、小腿围、利手握力等。

（1）上臂围检查方法：请患者于肘部弯曲其非优势手，手掌朝上，测量手臂背侧肩胛骨肩峰表面至肘部鹰嘴突之间的距离，在中点做出标记；请患者将上肢放松悬垂于身体一侧，将卷尺（标尺）环绕在上臂中点处并适当系紧，切勿挤压，记录数值。

（2）小腿围测量方法：被测量者应放松地坐在左侧，或者将重量均分于两腿站立，请患者卷起裤腿暴露小腿，将卷尺（标尺）围绕于小腿最粗处测量周径，在该处的上下两侧再进行上述测量，以确保第 1 次测量值是最大值，记录测量值（精确到 0.1cm）。

（3）利手握力检查方法：身体挺直双脚自然分开，双手自然下垂，根据手掌大小调节握力器位置至示指第二关节处，连续测量两次取最大值。

4. 微型营养评定（mini-nutritional assessment，MNA） 是目前公认的评估老年人营养状况的最佳工具，由美国、法国和瑞士学者于 1996 年研制。主要包括人体测量学指标、一般指标、主观指标和饮食状态 4 个维度，共 18 个问题，总分满分为 30 分，得分在 23.5 分以下为营养不足。

5. 营养风险筛查 2002（nutrition risk screening 2002，NRS2002） 由疾病严重状态评分（包括可能接受手术或有创治疗类型）、营养受损评分（包括 BMI、近期体重变化和膳食摄入变化）、年龄评分等组成。评分≥ 3 分认为存在营养风险，应立即开始营养支持；评分＜ 3 分暂时无营养风险，建议 1 周后复查（表 13-1）。

表 13-1 营养风险筛查（NRS 2002）

评分项目	评分内容	分值	得分
1. 疾病严重状态评分	①营养需要量轻度增加：髋骨骨折、慢性疾病有并发症、COPD、血液透析、肝硬化、一般恶性肿瘤患者	1	
	②营养需要量中度增加：腹部大手术、脑卒中、重度肺炎、血液恶性肿瘤	2	
	③营养需要量重度增加：颅脑损伤、骨髓移植、大于 APACHE 10 分的 ICU 患者	3	
2. 营养状态评分	①人体测量：BMI ≤ 18.5kg/m^2	3	
	注：因严重胸腔积液、腹水、水肿等得不到准确的 BMI 时，用白蛋白来替代（ESPEN 2006），白蛋白≤ 30g/L（3 分）		
	②近期（1 ～ 3 个月）体重下降		
	3 个月内体重下降≥ 5%	1	
	2 个月内体重下降≥ 5%	2	
	1 个月内体重下降≥ 5%	3	
	③ 1 周内进食量		
	较之前减少 25% ～ 50%	1	
	较之前减少 50% ～ 75%	2	
	较之前减少 75% ～ 100%	3	
3. 年龄评分	①年龄≥ 70 岁	1	
	②年龄＜ 70 岁	0	

人体测量：身高（m），精确到 0.5cm（免鞋）；实际体重（kg），精确到 0.5kg（空腹、病房衣服、免鞋）；COPD. 慢性阻塞性肺疾病；ICU. 重症监护室；BMI. 体重指数；APACHE. 急性生理学和慢性健康状况评价；ESPEN. 欧洲肠外肠内营养学会

6. 微型营养评定简表（mini-nutritional assessment short-form，MNA-SF） 的评价与 NRS2002

同时进行，方法来自欧洲临床营养与代谢学会（European Society for Clinical Nutrition and Metabolism，ESPEN）指南的建议。包括以下 7 个问题：①过去 3 个月内是否因为食欲缺乏、消化不良、咀嚼或吞咽困难而减少食量；②过去 3 个月内体重下降情况；③活动能力；④过去 3 个月内患者是否受到心理创伤或患上急性疾病；⑤精神心理问题；⑥ BMI；⑦小腿围。其结果判断为：营养不良（0 ～ 7 分）、营养不良危险（8 ～ 11 分）、正常营养状态（12 ～ 14 分）（表 13-2）。

表 13-2　微型营养评定简表（MNA-SF）

项目	评定内容	分值	得分
1. 过去 3 个月内有没有因为食欲缺乏、消化不良、咀嚼或吞咽困难而减少食量	食量严重减少	0	
	食量中度减少	1	
	食量没有减少	2	
2. 过去 3 个月体重下降的情况	体重下降大于 3kg	0	
	不知道	1	
	体重下降 1 ～ 3kg	2	
	体重没有下降	3	
3. 活动能力	需长期卧床或坐轮椅	0	
	可以下床或离开轮椅，但不能外出	1	
	可以外出	2	
4. 过去 3 个月内有没有受到心理创伤或患急性疾病	有	0	
	没有	2	
5. 精神心理问题	严重痴呆或抑郁	0	
	轻度痴呆	1	
	没有精神心理问题	2	
6. 体重指数（BMI）（kg/m^2）	BMI ＜ 19	0	
	19 ≤ BMI ≤ 21	1	
	21 ＜ BMI ＜ 23	2	
	BMI ≥ 23	3	
7. 小腿围（CC）（cm）	CC ＜ 31cm	0	
	CC ≥ 31cm	3	
总分			

7. 实验室检查　常用营养评价指标包括生化和免疫指标，如血清白蛋白、转铁蛋白、尿肌酐 / 身高指数、淋巴细胞计数等，但这些指标目前尚未建立适合老年人的参照标准，因此需要动态观察。若老年人无法获得 BMI，则测定血清白蛋白值，若低于 30g/L（除肝肾功能不全者外）为营养不足。

二、护理措施

（一）协助去除诱因

综合分析引起老年人营养不良的诱发因素，如体重减轻有酗酒史的老年人，应减少酒摄入量；由于经常单独进餐而导致摄入减少者，应鼓励家人共同进食、改善负性情绪等；疾病或药物因素导致的摄食量减少，则注意积极治疗原发病、采取替代药物等。

（二）营养教育

我国老年人群营养不良负担重，同时其营养知识水平及健康素养现状普遍不理想，对于营养风险、膳食营养、营养治疗等知识的了解仍十分匮乏。在未来的工作中，应加强老年人群尤其是慢性病患者及其家庭的营养教育，强化正确的营养观念，提高健康素养，改善营养管理现状。

营养教育的开展方法多种多样，基于“知识 - 态度 - 行为”的理论模式是开展营养教育的有效实践方法。针对住院或入住疗养院的老年人，应对其常规进行营养筛查与评定，由专门的老年营养团队进行规范且个性化的营养膳食管理与宣教。在家庭或社区中，营养教育应将合并多种慢性病的老年人作为关注的重点。营养教育的开展形式可根据老年人的不同特点进行，包括开展不同形式营养宣教（如实地宣讲、实物演示、发放营养知识音像制品或宣传资料、编写歌曲等）、规律随访、家访等。此外，也应根据老年人所罹患的不同疾病给出不同的营养教育及干预策略，如对老年糖尿病患者讲解糖尿病营养学知识并制订个性化饮食方案，对老年高血压患者宣传防治高血压的饮食模式，建议骨质疏松老年人进行有效的锻炼并配合口服补充维生素 D 等。

（三）改善营养

1. 肥胖老年人 一般不主张采用饥饿疗法，建议纠正不良饮食习惯，如戒掉零食、减慢进食速度、细嚼慢咽、控制晚餐热量摄入、少量多餐、清淡饮食、减少脂肪摄入、补充纤维素、适当饮水等。

2. 轻度营养不足老年人 则应注意补充足够的热量与蛋白质，烹调时保证食物的色香味齐全，经常更换花样，激发老年人食欲。肉类最好制成肉末，蔬菜要切细，采用炖或煮的方法，以利于消化吸收。选择食物要有一定黏稠度，避免呛噎，并注意合理搭配食物的种类。由于老年人味觉感觉力下降，为避免过度摄入钠盐升高血压，烹调时可用姜、醋、蒜等调味品，以刺激食欲。进餐时保证空气新鲜，尽量鼓励老年人与他人一起进餐。不能自理者由照顾者协助喂饭，但要把握好喂饭速度。上肢活动障碍的老年人，可为老年人推荐改良餐具，如转角勺、改良筷子、高低边碟、多功能易拿杯等；视力障碍者，要向老年人说明餐桌上食物的摆放位置和种类，并帮助其用手触摸以便确认；由于老年人唾液分泌减少易出现口干，进餐前应先喝水湿润口腔，进餐时应选择合适体位，尽量选择坐位或半坐位，偏瘫的老年人可采取健侧卧位，进食过程中应有人陪伴以防发生意外。另外，餐间增加零食、小食、点心等对于增加能量和蛋白质的摄入、改善营养状况也有积极作用。膳食强化是指使用自然食物或特殊营养制剂来增加膳食和饮水的营养密度，从而在进食相似食物量情况下增加营养素的摄入。自然食物可以选择鸡蛋、奶油、黄油、牛奶、酸奶、果汁、果泥等，特殊营养制剂可以选择乳清蛋白粉、肠内营养制剂等。

3. 严重营养不足的老年人 则应注意有计划、有步骤地补充营养。在纠正水、电解质紊乱的基础上，能耐受胃肠道饮食的老年人尽量通过口服、鼻饲或胃肠造瘘等方式补充营养；对于无法耐受胃肠道饮食或严重营养缺乏的老年人，可采取完全胃肠外营养。营养支持目标推荐范围基于既往代谢研究，摄入推荐目标范围的能量或蛋白质有助于改善受试者营养状况及预后。然而，老年人群因基础状况不同而导致个体间能量消耗存在较大差异。在临床实践中，营养支持目标值应根据营养评定结果进行个体化调整，每种营养素的需求可因营养状况、共病、器官功能、代谢状况、药物使用和营养支持持续时间而异。鼻饲的老年人应消毒胃管，食物应清洁，每次灌食前应试抽胃液以保证胃管在胃内；卧床老年人则应先适当抬高床头再进行鼻饲，每次鼻饲量不超过 200ml，间隔时间不少于 2h，温度不能过高，一般 38 ～ 40℃，每次灌食前、后要注入少量温开水；长期鼻饲的老年人则应每日进行口腔护理，定期更换胃管。周围静脉是短期给予胃肠外营养的首选，输入的营养液渗透压不宜超过 900 mOsm/L，对于需要接受高渗透压（> 900mOsm/L）或长期胃肠外营养（> 14d）的老年患者，建议通过中心静脉输入。对于需要长期或终身依赖胃肠外营养的老年患者，在病情稳定、患者及其家属能充分配合、家庭或就近初级医疗机构能够配置肠外营养液的条件下，可以尝试实施家庭肠外营养。为避免并发症的发生，护理人员应熟练掌握穿刺流程、严格无菌操作、加强导管日常护理，定期监测电解质、心功能及营养相关生化指标。此外，长期胃肠外营养需警惕因肠黏膜屏障功能减退、继发性肠道菌群移位可能引发的肠源性感染。

4. 一般老年人　每日能量摄入量推荐为 20 ～ 30kcal/kg，营养不良、低体重、应激状态的老年患者可提高至 30 ～ 40kcal/kg。总能量的 20% ～ 30% 应来自脂肪，50% ～ 65% 来自碳水化合物。蛋白质的每日推荐摄入量至少为 1g/kg，可根据患者功能状态、体力消耗、合并疾病及耐受性适当增加。对于合并急慢性疾病、肌少症的老年患者，每日摄入量建议增加至 1.2 ～ 1.5g/kg；严重营养不良、合并重症疾病者，可增加至 2g/（kg · d）。为避免出现脱水，在无限制液体量需求的情况下，老年男性每日液体需求量通常至少为 2000ml、女性为 1600ml。

（四）运动指导

1. 指导肥胖老年人进行合理的体育锻炼，护理人员可根据老年人具体状况（年龄、性别、体质、肥胖程度、有无伴随疾病等）帮助制订运动计划、选择合适的运动项目、控制合理的运动强度和时间。运动项目主要选择有氧运动，具体锻炼时间和强度可参看本教材第六章第三节。另外，考虑到肥胖老年人需要减轻膝关节负担，建议尽量选择骑自行车、游泳等运动项目；不适合长时间进行高冲击性的活动，如举重、跳绳、跳高等。

2. 因食欲减退导致营养不足的老年人也应加强运动，促进能量代谢和肠蠕动，改善情绪，增进食欲。研究显示，与单独给予营养支持比较，运动和营养联合干预更有利于改善老年人的营养状态、肌肉质量和身体功能。对体质较弱和适应能力较差的老年人，应慎重调整运动计划，延长准备和整理活动时间。患有慢性病且病情不稳定的情况下，患者应与医师一起制订运动处方。

（五）加强监护

1. 肥胖老年人应坚持每周至少称一次体重，减肥速度注意控制在每月 0.5 ～ 1kg。

2. 营养不足接受肠内或肠外营养的老年人，要注意监测其鼻饲量或滴注营养素的总量、滴注速度、营养液浓度等。另外，接受营养治疗的老年人因补充营养后易发生电解质紊乱、高血糖、吸入性肺炎等，还可能因摄入糖类释放血管扩张相关基因肽和降钙素相关基因肽而出现直立性低血压，因此，应加强监测水、电解质、血糖、心率、血压、肾功能等指标。

（六）用药护理

1. 肥胖老年人一般不主张药物减肥，但若肥胖已导致严重并发症，单纯饮食或运动疗法效果不佳时，可遵医嘱合理应用食欲抑制药或能量代谢增强药等。需要强调的是，老年人应用药物后容易产生不良反应，应加强监测。

2. 营养不足的老年人若正在服用地高辛、奎尼丁等可引起食欲减退的药物，在病情允许的情况下可考虑减量或换药；非甾体抗炎药及抗生素等药物建议饭后服用，减少对胃肠道的刺激。

3. 中医中药、药膳可能对老年患者的营养状态有一定的改善作用。中医认为，良好的饮食在疾病治疗过程中起着非常重要的作用，这与目前西医理论有着同工之处。中医药膳是指在“药食同源”“养医同理”等中医药理论指导下，将食物与药材按一定比例配比烹饪加工成的特殊膳食。药膳效用温和、色香味美，老年人群宜于接受，乐于尝试，有助于改善生活质量。药膳疗法可以改善社区老年人群的衰弱及营养状况。针灸也是祖国医学的重要组成部分，是中医特色疗法之一，具有疏通经络、扶正祛邪、调和阴阳等作用。针灸对消化系统及胃肠道功能具有调节作用，可促进食欲、改善腹泻或便秘症状等，发挥其调节营养吸收及胃肠蠕动的功能。

（七）心理调适

帮助老年人认识到肥胖或过于消瘦的危害性，避免无所谓和过度忧虑两种极端心理，认识到减肥或增重是长期行为，应注重坚持合理饮食与运动习惯，学习必要的营养学知识，积极配合治疗原发病，鼓励老年人参加有益的社交活动，保持心情愉悦。

案例学习

李爷爷，76 岁，吃变质的炸鱼 4h 后出现恶心、呕吐及胃部不适，继而出现腹泻水样便，每日 8 ～ 10 次，自服肠炎灵效果不佳，3d 后到医院就诊。

体格检查：体温 37.6℃，脉搏 92 次 / 分，呼吸 23 次 / 分，血压 130/80mmHg，身高 173cm，体重 63kg。查体合作，意识清楚，精神不振，四肢皮肤干燥。6 个月前李爷爷的老伴因病去世，当时他体重为 69kg。唯一的女儿定居外地，老年人目前独居，自理能力差，自诉平时很少外出，妻子去世后一直郁郁寡欢，食欲减退，无饥饿感，平素用餐较为随意。

实验室检查：血常规显示血红蛋白 104g/L、白细胞 12.6×10^9/L、中性粒细胞 0.86、淋巴细胞 0.16、单核细胞 0.02；血清白蛋白 32g/L。粪便检查发现：稀便伴黏液，白细胞 11 ～ 17/HPF，红细胞 0 ～ 1/HPF，粪便隐血（–）。血钾 5.7mmol/L，血钠 119mmol/L，血氯 88mmol/L。入院后诊断为慢性胃肠炎、轻度贫血，给予抗炎和补液治疗。

请思考以下问题：

1. 本案例患者是否存在营养不良问题？请给出判定依据。

2. 针对该患者的具体状态可采取哪些护理措施？

评判性思维训练

1. 选择一位存在营养不良的老年人，采取恰当的评估工具对其进行评估。

2. 李奶奶最近几个月出现了无明显诱因的体重减轻，她的丈夫很喜欢做饭，但这些美食对于李奶奶没有吸引力。你作为责任护士，发现李奶奶嘴唇很干、牙齿状况也不好，体重指数为 17.8 kg/m^2。李奶奶 1 年前曾患脑卒中，遗留了轻微吞咽困难和右侧肢体虚弱，平时还服用抗抑郁药和抗高血压药。面对以上情况，请思考以下问题：

（1）哪些因素导致了李奶奶体重减轻？

（2）为了进一步针对李奶奶的问题进行干预，你还会要求她提供哪些信息？

3. 你认为在营养问题方面应如何为老年人树立正确的健康观？

（陶巍巍）

第十四章 压疮与伤口

学习目标

知识目标：

1. 列举老年人压疮的风险因素。
2. 熟悉老年人压疮的好发部位。

能力目标：

1. 针对不同老年人的压疮问题，能正确理解预防压疮的护理措施。
2. 能解析老年人压疮分期与伤口的处理。

素质目标：

1. 了解护士在压疮与伤口评估中的重要作用，培养学生的评判性思维能力，提升岗位胜任力。
2. 强调在老年人压疮护理过程中体现人文关怀，培养学生对老年人的同理心和仁爱之心，提高学生对专业的热忱。

大多数压疮是由于其他原发疾病未能很好地护理而造成的皮肤损伤。一旦发生压疮，不仅给患者带来痛苦、加重病情及延长疾病康复的时间，严重时还会因继发感染引起败血症危及生命。因此，要加强老年人皮肤护理，预防和减少压疮发生。

第一节 压　　疮

压疮多发生于70岁以上老年人群，尤其是在养老机构中，患病率高达20%。老年人作为压疮的高危人群之一，如何降低老年人群的压疮发生率、提高老年人生存质量是老年护理学研究的重点之一。

一、概　　述

压疮（pressure ulcer）也常被称为褥疮（bedsore，decubitus），是指身体局部组织长期受压，血液循环障碍，局部组织持续缺血、缺氧，营养缺乏，致使皮肤失去正常功能而引起的局限性组织破损和坏死。通常位于骨隆突处，由压力所致。2007年美国国家压疮咨询委员会（National Pressure Ulcer Advisory Panel，NPUAP）将压疮定义更新为：由于压力、剪切力和（或）摩擦力而导致的皮肤、皮下组织和肌肉，以及骨骼的局限性损伤。

（一）流行病学

尽管压疮可以发生在任何年龄，但根据调查研究，压疮是卧床老年人最为常见的健康问题。有报道显示，在老年人中的患病率为3.34%，而在长期卧床老年人中发生率高达23.9%。在所有的卫生保健机构中，压疮的患病率都很高。在住院的老年人中，压疮的患病率约为15%；在疗养院中，患病率为2.3%～28%；在家庭保健机构中，压疮的患病率为6%～9%；在康复中心接受康复治疗的、罹患脊髓损伤、多发性创伤或慢性神经障碍等疾病的老年人中，因合并活动受限，患病率为12%～25%。

（二）危险因素

压疮的病因及机制极其复杂，虽然国内外学者进行了长期、大量的研究，但目前尚未明确，可能多种机制并存。压力、摩擦力、剪切力和潮湿是压疮发病中的4个重要物理因素及机制，而高龄、活动受限、营养不良，以及其他一些疾病因素则可促进压疮的发生与发展。因此，了解压疮的病因及病理生理尤为重要。

1. 压力 是导致压疮的首要因素，它通过扭曲毛细血管限制血液供应，造成局部组织的缺血和水肿，并最终导致压疮形成。正常小动脉末梢处的平均毛细血管压为32mmHg（1mmHg=0.133kPa），但在骨隆突处的平均毛细血管压力在坐位和卧位受压情况下增加，分别是正常压力的10倍和5倍。由于肌肉和皮下组织比表皮更容易受到压力的损伤，因此，压疮可以发展至深部组织而表皮组织却完好。

2. 摩擦力 发生在皮肤与其他物体表面接触互相摩擦时。

3. 剪切力 发生在两个组织面发生相反运动时。剪切力造成的组织相对移位可以造成更大范围内的组织缺血，比垂直产生的压力有破坏力。因此，相对于压力，剪切力能在更短的时间内对深部组织产生更为明显的损伤。

4. 潮湿 能使皮肤变软，并降低保护及抵抗力；潮湿还能增加摩擦系数，促使皮肤和物体表面贴合得更紧密，进一步加重组织损伤。此外，潮湿还减弱了皮肤角质层的屏障作用，使得有害物质容易侵袭皮肤并发生细菌感染。大小便失禁、大量出汗、伤口引流等均可导致局部皮肤长时间潮湿。而大小便失禁在患有认知功能障碍、意识障碍、活动障碍和卧床的老年人中尤为常见。尿液和粪便不仅使局部皮肤处于潮湿的状态，还破坏了皮肤的弱酸性环境，刺激皮肤，产生疼痛、皮肤破损、细菌滋生，并发感染和压疮。

5. 营养状态 对压疮的发生发展有重要影响。良好的营养状态是压疮预防与愈合的前提，营养不良是导致压疮发生发展和难以愈合的重要危险因素。营养不良常见于慢性病及衰弱的老年人，老年人因为多器官功能减退或衰竭、营养摄入不足导致营养状况差，发生压疮的风险显著增高，且一旦发生，伤口不易愈合。

6. 共病及并发症 老年人并发多种疾病均可增加压疮的风险。心血管疾病、骨折、糖尿病、神经系统疾病、认知功能障碍、风湿性疾病，以及肌肉和关节的挛缩及痉挛均可增加压疮的发生风险，因此老年人群发生压疮的风险也随之增加。

7. 机体活动和感觉障碍 活动障碍多由神经损伤、手术麻醉或制动造成，自主活动能力减退或丧失使局部组织长期受压、血液循环障碍而发生压疮。感觉受损可造成机体对伤害性刺激反应障碍，保护性反射迟钝，长时间受压后局部组织坏死而导致压疮发生。

8. 急性应激因素 急性应激使机体对压力的敏感性增加，导致压疮发生率增高。同时，急性应激引起体内代谢紊乱，应激激素大量释放，中枢神经系统和神经内分泌传导系统发生紊乱，机体内环境的稳定性被破坏，机体组织失去承压能力，从而引发压疮。

二、临床表现

（一）局部皮损

皮肤充血、水疱、破损甚至坏死；周围皮肤弹性差；组织深层可受累，甚至出现肌炎或骨髓炎。

（二）疼痛及瘙痒

老年人可出现不同程度的疼痛及瘙痒，但极度衰弱或感觉迟钝的老年人即便出现较深的溃疡也有可能不出现疼痛。

（三）并发症

压疮并发感染后可出现败血症、脓毒血症，以及坏疽等。

三、护　　理

（一）护理评估

1. 风险因素的评估　首先需要评估老年人的活动及肢体运动能力。将卧床或坐轮椅定义为活动能力障碍，而将肢体运动能力的减退以及频率的下降定义为肢体运动能力受限。运动及活动受限是压疮发生的必备条件，如果没有这两种情况则老年人发生压疮的风险会明显降低。

（1）Braden 压疮风险评估量表：此表在全球范围内应用较为广泛（表 14-1），对压疮高危人群具有较好的预测效果，且评估简便、易行。

表 14-1　Braden 压疮风险评估量表

评估内容	评估计分标准			
	1 分	2 分	3 分	4 分
感知能力	完全受限	十分受限	轻度受限	未受损害
潮湿程度	持续潮湿	常常潮湿	偶尔潮湿	干燥
活动能力	卧床	依靠轮椅	偶尔步行	经常步行
移动能力	完全受限	非常受限	轻微受限	不受限
营养摄取能力	非常差	可能不足	充足	丰富
摩擦力和剪切力	有问题	有潜在问题	无明显问题	—

评分标准：≥ 19 分为无风险；15 ～ 18 分为低危；13 ～ 14 分为中危；10 ～ 12 分为高危；≤ 9 分为极高危

（2）好发部位

1）长期受压及缺乏脂肪组织保护、无肌肉包裹或肌层较薄的骨隆突处。卧位不同，受压点不同，好发部位亦不同。

仰卧位：好发于枕骨粗隆、肩胛部、肘部、脊椎体隆突处、骶尾部及足跟部。

侧卧位：好发于耳郭、肩峰、肋骨、肘部、髋部、膝关节内外侧及内外踝处。

俯卧位：好发于面颊部、耳郭、肩部、女性乳房、男性生殖器、髂嵴、膝部及足尖处。

坐位：好发于坐骨结节处。

2）医疗器械与皮肤接触的相关部位，如无创面罩、连续加压装置、夹板、支架、尿管等医疗器械与皮肤接触的部位。

2. 皮肤的评估　全面、系统的皮肤评估对于压疮的预防及治疗至关重要。尤其卧床等高风险老年人，在每次进行体位变换时都应进行全面、简要、快速的皮肤评估，并将评估的重点放在骨隆突处。在进行皮肤组织的评估时，同时还要对老年人局部的疼痛做出评估。

（1）早期识别：压疮早期的皮肤组织损伤可表现为局部红斑，但是对于肤色较深的老年人则可能不容易识别，因此，局部皮温、水肿、组织硬度的改变成为了评估早期压疮所致皮肤缺损的重要指标。

（2）指压或透明板变白法：将手指压在红斑区域共 3s，移开手指后，评估皮肤变白情况；或者使用透明板，在红斑区域施以均匀压力，受压期间观察透明压板之下的皮肤是否存在变白现象。

（3）其他：皮温增加，局部水肿，与周围组织相比，受损部位组织硬度发生改变，可表现为硬结或硬化。

（二）护理措施

压疮的治疗采取局部治疗和全身治疗相结合的综合性治疗措施。

1. 全身治疗与护理 积极治疗原发病、补充营养和进行全身抗感染治疗等。良好的营养是创面愈合的重要条件，因此应给予患者平衡饮食，增加蛋白质、维生素及微量元素的摄入。对长期不愈的压疮，可静脉滴注复方氨基酸溶液。低蛋白血症患者可静脉输入血浆或人血清蛋白，提高血浆胶体渗透压，改善皮肤血液循环。胃肠道摄入、消化和吸入营养障碍者可采用全胃肠外营养治疗，保证营养物质供给，以满足机体代谢需要。

2. 局部治疗与护理

（1）压疮评估及愈合监测：全面的压疮评估是制订压疮治疗和护理方案的前提。初始评估后，需每周进行压疮评估至少一次，评估内容包括压疮的部位、分期、大小（长、宽、深）、颜色、组织类型、创缘、窦道、潜行、瘘管、渗出、气味及伤口周围情况等。每次更换敷料时需根据创面情况、渗出液变化和有无感染迹象等判断压疮是否改善或恶化。若伤口面积增大、组织类型改变、伤口渗液增多或出现临床感染等其他迹象，提示压疮恶化，需及时调整治疗方案；若渗液减少、伤口面积缩小和创面组织好转提示压疮愈合良好。

（2）疼痛评估与处理：压疮会产生痛感，无论在静息状态和进行治疗和护理操作时均可出现。因而，做好压疮相关性疼痛的评估、预防和管理，尤其是预防和减轻治疗和护理操作所致的疼痛至关重要。如为患者变换体位时可使用吊带或转运床单以减少摩擦力和剪切力，同时保持床单平整无皱褶；摆放体位时避开压疮部位和避免采用导致压力增加的体位；选择敷料时选择更换频率低、容易去除的敷料，避免对皮肤产生机械性损伤。

（3）使用伤口敷料：常用的湿性敷料包括水胶体敷料、透明膜敷料、水凝胶敷料、藻酸盐类敷料、泡沫敷料、银离子敷料、硅胶敷料和胶原基质敷料等。每种类型的敷料具有各自的优缺点和临床适应证，需根据保持创面湿性环境的特性、伤口渗出物的性质和量、创面基底组织状况、压疮周围情况及压疮大小、深度和部位，以及是否存在瘘管和（或）潜行等因素进行选择。

（4）伤口护理：包括清洗和清创。

1）清洗：每次更换敷料时需进行伤口清洗，以清除表面残留物和敷料残留物。伤口清洗液需根据伤口类型进行选择，创面无感染时多采用对健康组织无刺激的生理盐水进行冲洗，对确诊感染、疑似感染或疑似严重细菌定植的压疮，需根据创面细菌培养及药物敏感试验结果选择带有表面活性剂和（或）抗菌剂的清洗液。清洗时需避免交叉感染，并注意窦道、潜行或瘘管的处理。

2）清创：是指清除压疮创面或创缘无活力的坏死组织。常用的清创方法包括外科清创、保守锐性清创、自溶清创、生物清创和机械清创，清创方法需根据患者的病情和耐受性、局部伤口坏死组织情况和血液循环情况选择。对于免疫缺陷、供血障碍和全身败血症期间未采用抗生素治疗的患者，清创应慎重。

（5）药物治疗：为控制感染和增加局部营养供给，可于局部创面采用药物治疗，如碘伏、胰岛素等，或采用具有清热解毒、活血化瘀、去腐生肌的中草药治疗。

（6）手术治疗：对于经保守治疗无效的Ⅲ期和Ⅳ期压疮，或已发展为蜂窝织炎或疑似有败血症，或伴有潜行、窦道/瘘管和（或）广泛坏死组织的压疮，可采用手术方法予以修复。护士需加强围手术期护理，如术后体位减压、密切观察皮瓣的血供情况和引流物的性状、加强皮肤护理、减少局部刺激等。

（7）其他新兴治疗方法：如将生长因子、生物物理方法等用于压疮治疗。

压疮是全身、局部因素综合作用所引起的皮肤组织变性、坏死的病理过程。护士只有认识到压疮的危害性、了解其病因和发生发展规律、综合考虑压疮的危险因素、掌握其防治技术，才能自觉、有效地做好压疮防治工作。护理中应强化“预防为主，立足整体，重视局部”的观念，使压疮护理走向科学化、制度化、程序化和人性化。

案例学习

王奶奶，85岁，3个月前发生脑梗死，一直卧床治疗。近日被诊断为社区获得性肺炎、压疮感染入院治疗。

体格检查：神志清楚，失语，肢体活动受限，大小便失禁；腰骶部可见破损的浆液性水疱，水疱面积2.5cm×3.0cm，深度1.0cm，追问家属病史，腰骶部浆液性水疱已有1月余。体温39℃，脉搏102次/分，呼吸15次/分，血压110/80mmHg。

实验室检查：C反应蛋白15.7mg/L，红细胞2.95×10^{12}/L，血红蛋白105g/L，血清总蛋白58g/L，白蛋白34g/L。痰液细菌涂片显示草绿色链球菌及奈瑟菌生长。

请思考以下问题：

1. 什么原因导致王奶奶产生压疮？
2. 请列举王奶奶可能的护理诊断都有哪些？
3. 在王奶奶住院期间和出院后的压疮护理中，应注意哪些内容？

第二节　伤　　口

伤口护理是一项重要的护理技巧，在处理任何伤口前，必须对老年人进行全面且客观的评估，以判断伤口的严重程度及预后，并为实施有效的干预提供依据。伤口评估是一个动态的过程，便于不断调整护理方案。

一、护理评估

（一）全身评估

1. 营养状况　营养是影响伤口愈合的重要因素之一，营养不良所致的负氮平衡必然影响胶原合成，从而影响伤口愈合。

2. 年龄　老年人的伤口愈合较为缓慢，由于老年人细胞活性广泛降低、组织再生能力衰退而致伤口愈合延迟，愈合质量下降。

3. 代谢性疾病　糖尿病慢性并发症伤口难以愈合的原因有动脉硬化导致血液循环受阻使组织坏死；周围神经病变导致足部感觉不灵敏或麻痹，增加伤口感染的机会。肾衰竭影响了全身废物和毒素的排泄、血压的调节、水和电解质的平衡及凝血功能，增加伤口感染机会，导致伤口愈合减慢。

4. 免疫状态　某些疾病使老年人免疫系统受损，由于白细胞数目的减少、蛋白质的摄取受损，延迟了伤口的愈合。

5. 药物　类固醇的抗炎作用，使伤口愈合的炎症期被抑制，致使伤口愈合的过程受阻。化疗药物可减少骨髓中的细胞成分，使炎症细胞和血小板数量降低，相关生长因子不足，延迟伤口的正常愈合。

6. 血管功能　血管功能不全包括动脉功能不全和静脉功能不全。

7. 神经系统　由于神经系统受损，造成老年人知觉、感觉和运动的受损，常见于昏迷、半身麻痹、长期卧床、神志不清、卒中、脊髓损伤、大小便失禁及肢体活动受损的老年人。感觉系统受损的老年人对刺激没有反应，无法自卫性地保护伤口；活动受损的老年人血流速度减慢，甚至出现肢体肿胀，导致伤口愈合速度减慢；大小便失禁老年人易造成尿路感染或皮肤溃烂而影响伤口愈合。

8. 凝血功能　血友病、营养不良、血小板减少，或接受抗凝剂治疗的老年人因凝血功能障碍，伤口出血时间过长，导致伤口的愈合延迟。

9. 心理社会因素　伤口是局部的，但影响是身心整体的。如伤口分泌物恶臭使老年人沮丧，间接影响伤口愈合。老年人如果得不到家庭与社会的支持也会影响伤口的愈合。

（二）局部评估

对伤口进行局部评估，以便确定伤口的分期和特点，有助于选择合适的伤口处理措施和相应的敷料。

1. 伤口的颜色 采用红黄黑（RYB）方法将伤口分为红色、黄色、黑色及混合型。形容伤口时可使用单一颜色或者同时有 2 种或 3 种颜色。红色伤口外观为牛肉红样，且鲜亮、坚实，表示伤口有健康血流的肉芽组织，是干净或正处在愈合中的伤口；黄色伤口由渗液中堆积的坏死细胞组成，常以块状形式存在，表示伤口内有腐肉、渗液和感染；黑色伤口表示伤口内有缺乏血流的坏死组织，常伴有软或硬的焦痂；混合伤口内有上述各种颜色，表示伤口内混有部分健康和不健康的腐肉或焦痂的组织。

2. 伤口的位置 伤口位置的准确描述能为确定伤口的病因提供线索。如压疮常发生在骶尾部，静脉性溃疡常发生在“足靴区”，缺血性溃疡好发于肢体末端，糖尿病足常发生在足底部。特殊部位清创要注意保护血管、肌腱、神经等，防止损伤。

3. 伤口边缘及周围皮肤 观察伤口边缘的颜色、厚度、内卷、潜行情况，伤口边缘若出现内卷或与基底分离则提示伤口停止生长或发生变化，应查找相关因素。观察伤口周围皮肤的颜色、完整性，注意有无红斑、瘀斑、色素沉着、浸渍、水肿等。伤口干燥时，伤口边缘的上皮化和再修复就会迟缓，伤口边缘会出现坏死组织和结痂；渗液过多导致伤口边缘浸渍、发白时，上皮化过程也会受阻；肉芽过度增生、伤口菌群失调时，伤口边缘会变钝、内卷，需要去除诱发因素。

4. 疼痛 老年人对疼痛的反应可抑制自体免疫系统的活动，间接阻碍伤口愈合。疼痛作为一种主观感觉，要客观判定疼痛的轻重程度比较困难。

二、护理措施

清除创面残留物和敷料残留物对于进一步处理伤口非常重要，这也便于医护人员能够更好地观察伤口以进行评估。

（一）清洗

大多数的创面仅需要使用生理盐水进行清洗。如果伤口存在易感染因素，或表面存在不易清除的残留物、确诊感染、疑似感染或疑似严重细菌定植可以考虑使用消毒技术处理，可选择使用含有表面活性剂和（或）抗菌剂的清洗溶液。

（二）清创

最常用的清创方法有外科锐性清创、保守锐性清创、自溶清创、酶促清创、生物清创，以及机械清创（包括超声和水刀）等。护理人员在配合清创过程中应准备好所需用具，遵医嘱按时换药即可。

（三）健康教育

对老年人及其陪护者进行伤口预防、治疗及其诱发风险因素等相关知识的健康教育指导，将有利于伤口的恢复。鼓励老年人摄入营养丰富的饮食，减少卧床，主动活动；对于卧床老年人应鼓励其主动翻身。在伤口治疗过程中给予老年人心理辅导，帮助其树立治疗的信心，鼓励其积极配合治疗。

评判性思维训练

1. 请选择一位卧床老年人，为其评估压疮情况。
2. 请为有伤口的老年人制订护理计划及健康教育。

（刘　巍）

第十五章 抑郁、焦虑与睡眠障碍

学习目标

知识目标：

1. 复述老年抑郁、老年焦虑、睡眠障碍的概念。
2. 概括老年抑郁、老年焦虑、睡眠障碍的主要临床表现。
3. 熟练应用老年抑郁、老年焦虑、睡眠障碍评估方法或工具。

能力目标：

1. 能为老年抑郁、老年焦虑和睡眠障碍的患者进行评估，并提出明确的护理诊断和有效的护理措施。
2. 能为老年抑郁、老年焦虑和睡眠障碍的患者提供针对性的健康指导。

素质目标：

1. 了解护士在老年抑郁、老年焦虑和睡眠障碍干预中发挥的独特作用，培养学生发现问题、解决问题的思维和能力。
2. 强调对老年抑郁、老年焦虑和睡眠障碍患者进行非药物干预时应体现人文关怀，培养学生对老年人的尊重与理解，对生命的敬畏和珍视，提升服务老龄化社会需要的意识和素质。

抑郁、焦虑与睡眠障碍是老年综合征中典型的症状表现。本章将从概述、临床表现、诊疗要点、护理等方面系统地阐述老年抑郁、焦虑与睡眠障碍及其护理。更重要的是，认真把握老年抑郁、焦虑与睡眠障碍的发展过程及预防、干预方法，有利于临床护士及时发现老年患者的相应问题，可为科学、有效的临床护理决策和护理方案制订提供科学依据。

第一节 老年抑郁及其护理

一、概 述

（一）概念

老年抑郁（geriatric depression，GD）是以持久的情绪低落、思维迟缓、语言动作减少为典型特征的一种情感性的心理障碍症状，可能会导致老年人躯体功能下降、自杀倾向等，是常见的老年综合征之一。广义的老年抑郁是指发生于老年期（≥ 60 岁）人群的抑郁，包括原发性（含青年或成年期发病、老年期复发）和继发性抑郁。狭义的老年抑郁特指首次发病年龄≥ 60 岁的原发性抑郁。从世界范围来看，抑郁老年人占老年人口的 7% ～ 10%，而我国社区老年抑郁患病率为 6% ～ 29%。老年抑郁已经成为了老年心理保健中需要重点关注的突出问题，加强对老年抑郁的认识，提高识别率和检出率，并给予恰当的治疗，可以取得良好的效果。

（二）致病因素

老年抑郁是内生性抑郁的一种，但多数患者均存在明显的外界诱发因素，如处境困难、意外遭遇、过度紧张及其他精神创伤。另外，老年人普遍存在的心理倾向是固执和不安全感，对本疾病具有一定影响。老年抑郁的病因及发病机制未得出明确的结论，目前较为统一的观点是老年人老化过程中的心理、生理及大脑解剖结构病理变化综合作用的结果。

1. 心理社会因素 随着年龄增长、老年人各种生理功能减退和社会角色改变，遭受各类精神刺激的频度和强度有明显增加。社交减少、缺乏社会支持、经济收入减少、亡偶丧子等均是引发老年抑郁的负性生活事件。

2. 大脑解剖病理变化 近年来，随着影像学技术的发展，学界认为脑室附近白质信号的改变是大脑老化的征象，老年抑郁患者中脑实质密度改变占22%。

3. 神经内分泌改变 人体在进入老年期后，下丘脑的神经内分泌系统功能会发生紊乱，神经递质、激素释放功能一定程度上会受损，进而导致人体皮质醇、女性生长激素等物质水平的改变，均可能是本病的致病因素。

4. 其他因素 电生理改变、使用神经系统疾病治疗药物（如皮质类固醇、左旋多巴、5-羟色胺拮抗药、非甾体抗炎药）、合并神经系统性疾病（如阿尔茨海默病、帕金森病和亨廷顿舞蹈症）也是本疾病的致病因素。

二、临床表现

老年抑郁的发展受机体生理和心理变化的影响，其发生是隐匿而渐进的，患者开始主要表现为闷闷不乐或一些神经衰弱症状，如头晕、头痛、纳差、倦怠、疲乏等。

（一）基本症状

1. 情感障碍 大部分患者表现为情绪低落，对一切事物缺乏兴趣；认为生活毫无价值，或对自己的治疗没有信心；对自己的前途丧失希望，认为自己拖累家人，甚至产生厌世、自杀念头。老年抑郁患者常伴有焦虑，表现为捶胸顿足、坐立不安、徘徊走动。

2. 思维活动障碍 精神运动性迟滞（psychomotor retardation）的患者表现为思维迟缓、反应迟钝、记忆力和注意力下降，主动性的语言减少，痛苦性的联想增多，常自责、自罪、厌世。精神运动性激越（psychomotor agitation）的患者则表现为思维跳跃混乱，大脑处在紧张状态，但思维毫无条例，思维内容贫乏、迟缓，部分患者常常回忆不愉快事件。

3. 智力活动障碍 患者会出现比较明显的认知功能损害的症状，如记忆力显著减退，计算力、判断力下降，缺乏主动性和积极性。严重时，患者日常生活也会逐渐疏于料理，进一步发展可出现不吃不喝，呈木僵状态，逐步丧失生活自理能力。

4. 意志行为障碍 患者意志活动减少，轻症者依赖他人，进一步发展可出现社交活动减少的情况；严重者处于无欲无求状况，日常生活也无法自理。最危险的病理性意向是自杀企图和行为，老年人一旦有了自杀企图，其往往比青年患者更加坚定、行为更加隐蔽、成功率更高，应引起高度重视。

（二）一般症状

1. 睡眠紊乱 患者常诉说入睡困难、夜间多梦或早醒，并且醒后再次入睡困难，最显著的特征是早醒。患者日间尤其是上午会表现出疲乏、精神萎靡。也有患者表现相反，睡眠增多。

2. 疲乏 表现为懒惰、精力下降、全身软弱无力、无精打采、日常活动和社交减少、不愿见人、久坐或卧床时间增多。

3. 体重明显改变 患者常表现为食量下降、食欲缺乏，长久则出现体重减轻，甚至营养不良。也有少数患者出现食欲亢进和体重增加。

三、治疗要点

老年抑郁的治疗主要包括药物治疗和心理治疗，需要临床医师和心理医师的配合。老年抑郁的治疗目标是提高临床治愈率，最大限度地减少病残率和自杀率；提高患者生存质量，恢复其社会功能；预防疾病复发。

（一）心理治疗

对有明显心理社会因素作用的老年抑郁患者，应采取药物治疗合并心理治疗的方法。常用的心理治疗方法包括支持性心理治疗、认知行为治疗、精神动力学治疗等；其中，认知行为治疗对依赖性和回避行为的作用较为显著。

（二）药物治疗

首先是对原发疾病如脑血管病变、阿尔茨海默病、高血压、糖尿病的治疗，同时针对抑郁状态进行治疗。个体化合理用药是用药原则，药物应选择相互作用小的药物，从小剂量开始逐渐增加治疗量，同时要达到充分的血药浓度，停药也应该逐渐减量，避免出现停药反应。

目前，临床上适用于老年人群的抗抑郁药包括四环类抗抑郁药和选择性 5- 羟色胺再摄取抑制药。四环类抗抑郁药，代表药物有马普替林，不良反应较小，镇静作用温和，适合老年患者；选择性 5- 羟色胺再摄取抑制药，目前是治疗老年抑郁最为优选的药物，代表药物有帕罗西汀、氟西汀、舍曲林等。

（三）物理治疗

有严重消极情绪及自杀企图的患者，以及药物治疗无效或因不良反应无法耐受的患者，可采取改良电休克治疗（modified electro-convulsive therapy，MECT）。电休克治疗对于较为严重或顽固性老年抑郁是比较常用的治疗方法，安全有效，效果不会随着年龄增长而降低。

（四）其他方法

包括中医治疗、替代性治疗，如针灸、瑜伽、催眠、按摩、生物反馈疗法、脊柱指压疗法。

四、护　　理

（一）护理评估

老年抑郁患者的护理评估主要包括以下内容。

1. 病史评估　既往病史是评估老年患者抑郁的重要部分，既往病史包括疾病史（有无脑器质性疾病、神经系统疾病等）、服用药物史（用药情况，尤其关注与抑郁相关的药物使用情况）。

2. 精神心理评估　是老年抑郁评估最关键的部分，沮丧、恐惧等心理状况都会增加老年抑郁的风险。目前，临床普遍运用成熟的量表对老年抑郁进行评估和筛查，主要介绍以下 3 种。

（1）老年抑郁量表（geriatric depression scale，GDS）：于 1982 年创制，是老年抑郁筛查的专用量表，该量表共包含 30 个条目。病情越严重则总分越高。

（2）汉密尔顿抑郁量表（Hamilton depression scale，HAMD）：于 1960 年编制，是临床使用最普遍的抑郁评估量表。该量表经多次修订现有 3 个版本，各包括 17、21、24 个条目。总分越高代表抑郁程度越严重。

（3）Zung 抑郁自评量表（self-rating depression scale，SDS）：于 1965 年编制，用于衡量抑郁状态的轻重程度及其在治疗中的变化，可反映受试者 1 周内的自评抑郁程度。共 20 个条目，总分越高代表抑郁程度越重。

（二）护理措施

1. 一般生活护理

（1）饮食护理：抑郁患者常出现胃肠道症状，表现为纳差、便秘等。应根据患者饮食偏好和患者的进食能力，选择营养丰富、富含纤维素的食物，可采取陪伴患者用餐或少量多餐的方式。若患者有自罪妄想时，可让患者从事为他人做事的活动，以此让患者接受进食；若患者态度坚决，或体重明显减轻，则需要采取进一步的护理措施，如喂食、静脉输液、鼻饲，以补充机体所需水分和营养。

（2）休息与活动：鼓励患者日间参加适当的娱乐活动和团体活动，如下棋、打球、唱歌、绘画等；避免观看引起兴奋、激动的电视节目或会客。为患者创造舒适、安静的睡眠环境，确保光线和温度适宜。鼓励患者维持一个良好的仪表形象，同时维持日常生活自理状态。

2. 安全护理 重点识别有自杀倾向的患者。患者自杀前常有先兆症状，如焦躁不安、沉默寡言或心情突然开朗等较大情绪改变，终日徘徊于房间内、拒食等。护理人员应尽量避免其单独活动；及时联系家人、亲友探望患者，增加其与亲友的交流，增强生活信心，打消自杀倾向。对有消极意念和动向的患者应重点巡视，特别是加强夜间、凌晨（抑郁患者自杀最危险的时期）、交接班及节假日等情况下的防范，做到防范到位。

3. 心理护理 鼓励患者增加社会交往，尤其是同龄和近邻，倡导积极的生活方式；此外，护理人员应帮助患者确定消极想法并加以改变；鼓励患者表达自己的真实想法，选择患者感兴趣的话题进行交流；护理人员应保持充足的耐心和充分的支持，通过一些非语言方式表达关心，引导患者关注周围世界。

4. 用药护理 坚持用药，注意观察药物的疗效和不良反应。发药后要确保患者无藏药行为，不可以随意增减用药量，不能随意中途停药。及时向医师反馈患者的用药情况。遵循个体化用药原则，合理用药、个体化用药。

5. 健康指导 指导按时复查。向患者及其家属说明坚持用药、定期门诊复查的重要性，对于首次治愈患者，应至少坚持维持治疗 1 年，若症状复发则应及时咨询医师。

第二节 老年焦虑及其护理

一、概 述

（一）概念

老年焦虑是另一种常见的老年综合征，以广泛和持久性焦虑或反复发作的惊恐不安为主要特征。老年焦虑在临床上常伴有自主神经症状和运动性不安，如头痛、胸闷、心悸、呼吸急促、出汗、肌肉震颤、尿频、尿急等。由于老年人脑功能下降，精神应激较多出现，容易发生焦虑，其紧张不安的程度常常与现实处境不相称。

（二）致病因素

焦虑的病因目前仍不清楚，但已认识到其与社会心理因素、遗传因素、生长发育因素、人格因素、个体神经因素、生化因素、内分泌因素、药物因素等有密切关系。焦虑存在身心两方面的病理过程，是生理、心理、社会因素综合作用的结果，老年焦虑增多与老年人体弱多病、肢体功能障碍、离退休问题、疑病症、生活状况、社会治安问题等有关。

二、临床表现

焦虑作为一种复杂的心理过程，包括心理、生理、行为 3 个方面的表现。

（一）心理症状

多指患者心理上的体验和感受。患者表述的症状通常是与现实处境并不符合的痛苦情绪体验，如担忧、紧张、焦躁、不安、害怕、恐惧等情绪反应，但患者常常无法描述紧张害怕的具体原因。

（二）生理症状

多表现为交感神经兴奋的反应性症状；严重者则被称为躯体性焦虑，主要以呼吸系统、心血管体系、神经系统、泌尿生殖系统及皮肤血管反应症状为主。患者常自述头晕、头痛、胸闷气短、心前区不适、面色潮红、睡眠紊乱、肌肉抽搐、排尿障碍、手脚发汗等，有时还有窒息感、濒死感。

（三）行为表现

是心理和躯体症状的外在表现，主要是外显情绪和躯体运动症状，如表情紧张、眉目紧缩、双唇紧闭、坐立不安、小动作多（抓耳挠腮、搓手、踢腿）、不自主震颤或发抖；语无伦次、结巴；注意力涣散或警觉性高，严重者有回避行为。

三、治疗要点

（一）药物治疗

药物可有效抑制焦虑性躯体反应，改善患者的躯体状况。传统的苯二氮䓬类药物应用比较广泛、有效，但不良反应较多。选择性5-羟色胺再摄取抑制药（如帕罗西汀、舍曲林、氟西汀、西酞普兰等）目前已经成为间歇发作性焦虑的首选药物。

（二）心理干预

心理干预是围绕增强支持因素、减少不利因素开展的。要向患者讲解焦虑有关的知识及相关躯体疾病的知识，帮助患者明确病因、诱因，学习控制焦虑的方法，帮助患者克服和纠正不良的生活方式、行为习惯、情绪障碍、认知偏见等。心理治疗对焦虑的缓解及预防起重要作用。主要的干预方法有支持治疗、行为治疗、认知治疗、生物反馈治疗等。

四、护　　理

（一）护理评估

目前针对老年焦虑患者，主要运用量表进行评估。

1. 焦虑自评量表　主要用于评定焦虑患者的主观感受，在国内被广泛应用。

2. 汉密尔顿焦虑量表（Hamilton anxiety scale，HAMA）　是经典的焦虑评定量表，量表分为躯体性和精神性两项，主要用于评定神经症和其他患者的焦虑程度。

3. 状态 - 特质焦虑问卷　前20项评定状态焦虑，后20项评定特质焦虑，适应性广。

（二）护理措施

1. 一般生活护理

（1）环境要求：有严重焦虑的患者，应将其置于安静舒适的房间内，避免干扰；设施确保安全，专人护理。

（2）病情观察：对严重躯体疾病老年患者，需监测其生命体征，还需要调整其饮食结构，加强营养素的摄入。

2. 用药护理　轻度焦虑不需要特殊处理，护理人员可指导老年患者保持良好的心态，学习自我疏导、自我放松的方式。用药患者应观察药物的疗效和不良反应；指导患者正确用药，严格遵医嘱服药，提高服药依从性；指导患者不得随意更改用药剂量，更不能随意停药；应告知患者部分抗焦虑药（如阿普唑仑）易产生耐受性和依赖性，突然停药可产生戒断反应。

3. 心理护理　主要可通过支持治疗和疏泄疗法为主。护理人员应帮助患者了解疾病的性质、治疗预后情况，及时解答患者及其家属关于疾病及治疗的问题；对患者应有充分的耐心，允许患者适当的发泄行为，并运用沟通技巧，鼓励老年患者充分表达内心情绪和真实感受，明确焦虑的相关因素；指导患者培养兴趣爱好，处理各类应急事件，增强心理防御能力和抗压能力。

案例学习

刘奶奶，75岁，已退休，原某大学教授，丈夫已去世。刘奶奶平时性格外向、脾气急躁、好强。1年前，刘奶奶主诉“心悸、胸闷气短”。门诊心电图显示“ST-T改变”，进一步检查未发现冠状动脉异常，但刘奶奶仍然担心有未查出的疾病，不断搜索相关资料并自行买药服用。7个月前，刘奶奶出现失眠、烦躁易激怒、坐立不安，对生活充满担忧，不能控制自己的情绪，尚能操持家务。近日，刘奶奶自诉出现阵发性呼吸急促、胸闷、心悸、多汗等全身不适症状，但无法指出具体不适，到医院就诊后，检查结果无法解释其症状，生活明显受到影响。

请思考以下问题：

1. 刘奶奶可能存在哪些疾病诊断？
2. 请为刘奶奶制订一份有针对性的健康指导。

第三节　老年睡眠障碍及其护理

一、概　　述

（一）概念

睡眠作为生命所必需的过程，是机体复原、整合和巩固记忆的关键环节，也是健康必不可少的组成部分。睡眠障碍（sleep disorder）是睡眠的解剖部位发生病变或生理功能紊乱，引起睡眠异常或睡眠过度等症状，包括睡眠失调和异态睡眠。相关研究表明，40%以上的人存在睡眠障碍，其中3/4是40～60岁的中老年人。一项2018年的研究发现，中国老年人睡眠障碍患病率为35.9%，且农村地区的老年人睡眠障碍率高于城市地区的老年人。长期睡眠不足、失眠可引起思考能力减退、警觉力和判断力下降、免疫功能降低、内分泌紊乱等，最终导致疾病的发生。

（二）疾病机制

1. 睡眠与觉醒　是脑2个周期性的相互转化的主动生理过程，对于维持正常的精神活动起着非常重要的作用。研究发现，睡眠有2个时相，即非快速眼动睡眠（non-rapid eye movement sleep，NREMS，又称正相睡眠或慢波睡眠）和快速眼动睡眠（rapid eye movement sleep，REMS，又称异相睡眠或快波睡眠）。大脑内存在睡眠中枢调节睡眠与觉醒。

2. 睡眠与中枢神经递质　脑干是睡眠中枢所在，此部位的病变可引起睡眠异常。此外，中枢神经递质参与睡眠，刺激5-羟色胺能神经元或注射5-羟色氨酸可产生NREMS；使用去甲肾上腺素拮抗药会使REMS减少。

3. 老年人的睡眠特点　随着年龄的增长，老年人的睡眠质量逐渐下降，但老年人对睡眠的需求并没有减少。老年人的睡眠生理节律发生了分布改变，睡眠能力减弱。老年人觉醒次数增多、时间延长，日间常常打盹，以补充夜间睡眠不足，其睡眠总时间不变。从睡眠结构上看，老年人浅睡眠比例增加，深睡眠比例减少。

（三）致病因素

1. 老化因素　老年人的睡眠模式随着年龄增长而发生相应改变，会出现睡眠时相提前，表现为早睡、早醒；也可能出现多相性睡眠，也就是睡眠时间在昼夜之间重新分配，夜间睡眠减少而日间瞌睡增多。此外，随着肾脏的老化，肾功能下降，肾小管的重吸收作用降低，老年人夜尿增多、排尿频繁，也会导致觉醒次数增多和睡眠变浅。

2. 躯体疾病因素　老年人全身各个系统生理功能均会存在不同程度上的老化，常常易患多种基础疾病，基础疾病本身的症状和体征会导致睡眠障碍，如咳嗽气喘、皮肤瘙痒、尿频尿急、因病重瘫痪卧床等。2003年国际睡眠基金会的调查曾显示，老年人睡眠问题的主要原因是健康状况差，老年人的医学问题越多，睡眠问题就越多。

3. 社会家庭因素　进入老年期后，个体对社会生活的适应能力下降。此外，老年人还面临着退休、社交活动减少、亲情关系改变、丧偶等诸多事件，容易产生不良心理问题，如焦虑、抑郁等，进而引起睡眠问题，威胁老年人的身心健康。

4. 睡眠习惯不良　是指由于各种可能诱发睡眠困难的日常生活与行为习惯导致睡眠障碍。睡眠习惯不良会破坏睡眠 - 觉醒节律，如睡前饮用咖啡和浓茶、吸烟等，均会造成兴奋难眠、入睡困难或睡眠中断。睡前剧烈运动、兴奋行为也可能导致失眠。

5. 环境因素　老年人对环境因素的改变更为敏感，更换新环境、卧室温湿度异常、光线强烈、环境噪声等，均会改变老年人的睡眠规律，影响其睡眠质量。

6. 药物因素　由于中枢神经递质与睡眠觉醒机制改变有关，能够影响 5- 羟色胺、多巴胺、乙酰胆碱、去甲肾上腺素等中枢神经递质释放的药物，均可能引起药源性睡眠障碍。

二、临床表现

（一）睡眠量异常

1. 发作性睡眠　是指老年人因各种脑器质性病变、内分泌疾病等引发的嗜睡状态。表现为短时间内不自主地睡眠发作，常伴有入睡前幻觉、摔倒等症状。

2. 睡眠量不足　又称失眠，通常是指整夜睡眠时间少于 5h，表现为入睡困难、睡眠浅、早醒等。失眠可由外界环境因素、躯体因素或心理因素等引起。

（二）睡眠质异常

睡眠质异常是指睡眠发作性异常行为。主要表现在睡眠过程中出现的一些异常行为，如梦游、夜惊（在睡眠过程中突然活动、惊叫、心跳加快、呼吸急促、出汗、出现幻觉）、梦呓（说梦话）、梦魇（做噩梦）等。

三、治疗要点

（一）药物治疗

抗焦虑药，如苯二氮䓬类、抗抑郁药、抗精神病药。

（二）心理治疗

早期心理介入对于老年人睡眠障碍的预防和干预具有重要作用。目前，心理治疗有认知疗法、睡眠限制疗法、刺激控制疗法、松弛疗法、生物反馈疗法、睡眠卫生教育。

四、护　　理

（一）护理评估

1. 睡眠史　向患者及其家庭成员了解患者睡眠 - 觉醒周期，以及睡眠障碍的性质、严重程度及病程。

2. 临床心理学评估　采用精神病学筛查量表，如简明症状量表、贝克抑郁问卷等检查患者是否存在精神障碍的共病，对心理症状和情绪进行监测和量化。

3. 睡眠日记和睡眠问卷　睡眠日记监测是最实用、最经济和应用最广泛的睡眠评估方法之一，能更准确地了解患者的睡眠情况。睡眠问卷主要用于全面评估睡眠质量、特征和行为，以及与睡眠相关的症状和态度，目前较常使用的有匹兹堡睡眠质量指数量表、睡眠行为量表等。

4. 多导睡眠图（polysomnography，PSG）　不仅提供了一个评估睡眠和觉醒状态的方法，同时可以识别睡眠过程中发生的异常生理事件，为睡眠障碍的诊断、分类和鉴别提供客观依据，是诊断多种睡眠障碍的金标准。

（二）护理措施

睡眠障碍与老年人机体所处的内外环境改变有关，因此，要针对老年人的特点及环境，采取相应的护理措施。

1. 创建良好的睡眠环境 医护人员及其家庭成员应为老年人创造一个安静舒适的睡眠环境。卧室光亮及温湿度适宜，减少周围的噪声；护士避免在患者有限的睡眠时间内实施影响睡眠的治疗和护理操作，必须进行的操作应在患者自然觉醒时进行。

2. 心理护理及社会支持 医护人员可鼓励老年人积极参与制订改善睡眠的护理措施，及时反馈睡眠体验的效果。积极指导家庭成员主动参与改善老年人睡眠的护理工作，帮助老年人妥善处理各类引起不良心理刺激的事件。

3. 健康教育 护理人员应尽快适应社会老龄化的需要，自觉完善和丰富睡眠相关知识，发挥健康教育的作用。不断拓宽护理业务范围，主动参与出院后跟踪随访，开展形式多样的社区睡眠健康教育活动，纠正老年人的不良睡眠习惯、认知和态度，提高其健康意识。

评判性思维训练

1. 作为一名临床护士，你将如何识别、管理有自杀倾向的老年抑郁患者？
2. 对于抑郁、焦虑共病的老年患者，你会如何进行用药指导？

（刘民辉）

第十六章 虐待与忽视

学习目标

知识目标：

1. 列举老年人虐待的类型。
2. 列举老年人自我忽视的行为表现。

能力目标：

1. 熟练运用老年人虐待、老年人自我忽视评估工具。
2. 评估老年人虐待现象的原因并提出干预方案。
3. 评估老年人自我忽视现象的原因并提出干预方案。

素质目标：

1. 从老年人虐待和自我忽视现象中反思我国家庭养老和社会尊老传统的淡漠，强化学生尊老爱老的道德规范。
2. 强调护士在预防和干预老年人虐待和自我忽视中的重要作用，提升学生的社会责任感和职业认同感。

第一节 老年人虐待现象

一、概 述

（一）概念

2015年世界卫生组织（WHO）将老年人虐待界定为在任何关系中发生的一次或重复的行为或不当的行动，对老年人造成伤害或痛苦的行为。虐待行为会给老年人的身心健康带来不利影响，导致老年人终身伤残、躯体功能下降、慢性病患病率增加、营养不良、焦虑、恐惧、抑郁，甚至导致自杀倾向、死亡率增加。虐老现象的识别对于规避和减少老年人虐待行为具有重要意义，虐老现象的预防和干预需要全社会的共同协作，以实现尊老爱老、文明养老和谐社会的美好愿景。

（二）先决条件和危险因素

老年人虐待问题已经成为全球性的社会和健康问题，涉及社会、心理、经济、文化等因素。分析老年人虐待的先决条件和危险因素对提高医护人员对虐老现象的认识有重要作用。

1. 老年人虐待的先决条件 分为内在因素（老年人特质）和外在因素（照顾者因素）。

（1）内在因素：老年女性总体受虐比例较男性高，特别是在忽视或疏于照顾和性虐待方面。健康状况不佳的老年人易遭到虐待。低收入或无收入的老年人因增加照顾者经济负担而遭到虐待，而有收入但寄生施虐者的老年人易受到经济剥夺。

（2）外在因素：社会资源缺乏、失业或存在经济问题、工作生活压力大均是导致照顾者对老年人实施虐待的危险因素；其次，照顾者童年的虐待经历、缺乏家庭关爱和代际支持，以及个性易激惹、嗜酒、药物滥用、生活不独立等也是施虐者的重要特点。

2. 老年人虐待的危险因素

（1）生理因素：随着年龄的增长，老年人生理健康状况呈现“一降三多”现象，即生活自理能力下降及健康疾患增多、慢性病增多、残疾或因病致残因素增多。生理改变会给老年人及其家庭带来一定的经济和心理等负担，从而导致虐待老年人现象的发生。

（2）心理因素："心理脆弱性"是老年人典型的心理表现，也是导致虐待发生的重要原因，主要包括部分自主权的丧失、对外依赖性增强和心理防线的弱化。同时，老化带来的无用感、失落感、孤独感和自卑感，以及传统的"家丑不外扬"等观点，导致被虐待后报告率低。

（3）社会文化因素：城市化进程的推进、代际冲突导致传统孝道观念的改变，子女认为孝就是给父母提供金钱满足其物质需求，而忽视父母其他方面的需求。独生子女家庭赡养负担沉重；国家养老政策滞后，资金投入不足；养老机构基础设施的不完善，护理员负担重且待遇差等均为虐待发生的危险因素。

二、老年人虐待的类型

（一）身体虐待

身体虐待（physical abuse）是指通过暴力或不适当的监禁等手段，造成老年人躯体疼痛或健康受损，被认为是最恶劣的虐待形式。

（二）精神虐待

精神虐待（psychological abuse）又称心理虐待、情感虐待，是指语言或行为对老年人施加的精神、心理上的痛苦，包括指责、剥夺老年人的行动、不理睬老年人或不尊重其隐私等。

（三）经济虐待

经济虐待（financial abuse）是指不合法地剥夺金钱和资源，包括滥用老年人收入或经济资源、剥夺老年人使用及控制个人资金的权利、盗取老年人钱财等。

（四）疏于照料

疏于照料（neglect）又称忽视，是指照顾者拒绝或不履行对老年人应尽的法律义务，具体包括遗弃、不赡养老年人及有意或无意地剥夺食物、药品或其他生活必需品等。

（五）社会虐待

社会虐待（social abuse）是指切断老年人与他人的社交联系，或限制老年人社交活动以使其在社会上孤立、感到被社会排斥。

（六）性虐待

性虐待（sexual abuse）是指强迫与老年人发生性接触、实施性骚扰、强迫性暴露或拍摄相关照片或视频等。

三、老年人虐待的评估及预防管理

（一）老年人虐待的评估工具

应用便捷有效的老年人虐待评估工具，可以帮助医务人员筛查和识别受虐者和施虐者，有利于早期发现虐老风险，并及时地对虐老行为进行有效干预。本章仅介绍常见的评估工具。

1. 老年人虐待筛查测试 是 Hwalek 和 Sengstock 在 1987 年编制的量表（Hwalek-Sengstock elder abuse screening test，H-S/EAST），主要用于老年人身体虐待、精神虐待、经济虐待和性虐待的评估。量表共 15 个条目，总分≥ 3 分即表示有虐待风险，且得分越高受虐待的风险越大。

2. 虐待筛查指标（indicators of abuse screen，IOA） 是 Reis 等于 1998 年编制的量表，主要用于老年人身体虐待、精神虐待、经济虐待和疏于照料的评估。量表共 29 个条目，总分≥ 16 分表示存在虐待风险。后发展出可应用于医院急诊环境的 E-IOA 版本。

3. 照顾者虐待老年人评估量表（the caregiver abuse screen，CASE） 由Reis等基于中立理论编制，由8个条目组成。得分范围为0～8分，得分在2分及以下者无虐待危险行为，3分及以上者提示存在虐待倾向，得分越高表明虐待危险性越大。

（二）老年人虐待的预防与管理

1. 一级预防

（1）立法和制定政策法规：我国出台的《老年人权益保障法》规定，老年人合法权益受到侵害时，被侵害人或其代理人有权要求有关部门处理，或依法向人民法院起诉。这在一定程度上发挥了保障老年人权益的作用，但在立法体制、文化治理等方面还有待完善。

（2）宣传和教育：可以通过讲座（面对面和线上）、教育视频、角色扮演、情景模拟和基于现实场景的互动练习等，向专业人员、老年人、照顾者及公众传递老年人虐待的知识，以提高其对虐老现象的认识、改善对待老年人的态度和虐老现象的应对技巧、增加虐老现象的检出率并减少新虐待事件的发生。

2. 二级预防

（1）以家庭为基础的干预：以家庭为基础的干预将每个家庭视为独立的个体，并使家庭和专业人员之间建立良好的协作关系，进而根据家庭情况及家庭成员文化背景制订个体化干预方案；鼓励家人和老年人一起讨论老年人的照护需求，共同制订照护方案；教会老年人在受到虐待时如何寻求政府和法律的帮助。

（2）社会支持与团队支持：社会慈善机构和社会组织要发挥积极作用，为需要帮助的老年人及其家庭提供帮助，提高照顾者和老年人的社会支持，如为经济困难的老年人及其家庭提供援助、提供参加社会活动的机会、提供喘息服务以减轻照顾者的负担。

3. 三级预防

（1）多学科团队服务：虐待老年人问题涉及司法、卫生保健、精神卫生和护理等多个学科，而团队服务（包括医师、护士、社会工作者、律师、精神科医师等）是一种有效的老年人虐待预防和干预措施，可以充分发挥多学科优势，合理利用资源。

（2）应急避难所：我国曾为家庭暴力受害者设立临时庇护，但实际主要收住流浪、乞讨人员，相应的心理支持也较缺乏，应进一步增加政府投入并拓展支持性服务，以使受虐待的老年人得到社会保障，安度晚年。

案例学习

胡奶奶，82岁，退休已经20多年，育有一儿一女。1年前老伴去世后搬来与儿子同住，女儿远嫁不便探望。胡奶奶患有高血压和类风湿关节炎，常年服用药物，退休金仅能维持日常开销。儿子酗酒好赌，经常向胡奶奶索要钱财，若索要无果便恶语相向，甚至殴打。医师建议胡奶奶坚持服用抗高血压药，但胡奶奶自觉血压良好时便选择不服药。高血压患者情绪不宜过于激动，但儿媳脾气暴躁，婆媳矛盾严重，经常抱怨“你这个老太太怎么还不死”。有一次胡奶奶被气得血压升高，晕倒在地。胡奶奶的关节疼痛，冬天不能受凉，但儿媳经常苛责婆婆白天一个人在家取暖浪费电。

请思考以下问题：

1. 胡奶奶遭受到了哪些方面的虐待？
2. 胡奶奶受到虐待的原因有哪些？
3. 如果你作为一名社区工作人员，你会采取哪些措施进行干预？

第二节 老年人自我忽视

一、概 述

（一）概念

自我忽视（self-neglect）是老年人群中普遍存在且严重的社会和公共卫生问题，不仅会对老年人的身心健康产生负面影响，还会增加住院率和死亡率，加重家庭的医疗负担。了解老年人自我忽视的影响因素和行为表现有利于提出预防和干预措施，减少不良结局的发生。

（二）影响因素

1. 人口社会文化因素 年龄越大更容易发生自我忽视，男性发生自我忽视的风险高于女性。相比有配偶的老年人，无配偶的老年人自我忽视水平更高。文化程度高的老年人在经济状况、家庭及社会地位、健康生活习惯等方面均占有优势，故较少发生自我忽视。我国文化中的“以子女为重”“不服老”“过度节俭”的观念与老年人自我忽视行为的发生密切相关。

2. 生理健康 认知障碍是诱发老年人自我忽视的重要原因，患有老年痴呆的老年人发生自我忽视的风险是正常老年人的4倍。衰弱会导致老年人在日常生活中基本活动能力或生活能力的丧失或受限，而存在躯体功能障碍的老年人更容易发生自我忽视。

3. 心理健康 抑郁、孤独、自我认同感低等心理因素会导致老年人对正常活动失去兴趣、食欲缺乏或者缺乏行动力，不愿意主动寻求帮助，最终导致自我忽视的发生。此外，既往遭受虐待也是自我忽视的风险因素。

二、老年人自我忽视的行为表现

（一）忽视生存需求

1. 忽视饮食状况 表现为老年人饮食将就、忽视饮食健康。

2. 忽视健康保障 表现为延迟就医、逃避就医、服药依从性差等。

3. 忽视人身安全 表现为忽视存在的安全隐患、做超出自己能力的事及缺乏安全措施的行为。

4. 忽视居所安全及卫生状况 表现为忽视环境中的安全隐患和卫生条件。

（二）忽视相关关系

1. 忽视社交 表现为缺乏社交活动以致社会孤立。老年人容易产生无用感、自我否定等负面情绪，从而主动避开社交活动。

2. 忽视情感需求 表现为老年人很少与亲朋好友倾诉自己的喜怒哀乐，将子女放在首位，不愿意给子女添麻烦，而选择自己将所有事情都埋在心里。

（三）忽视自我发展

1. 忽视自尊 表现为老年人放弃对自我的约束，忽视自己的公众形象。

2. 忽视自我实现 表现为放弃自己的兴趣爱好，采取得过且过的态度。

三、老年人自我忽视的评估及预防管理

（一）老年人自我忽视的评估工具

由于不同社会价值、文化之下的老年人自我忽视内涵存在差异。目前，老年人自我忽视缺乏具有公认效度、信度的评估工具。本章仅介绍几种常见的评估工具。

1. 自我忽视严重程度量表（self-neglect severity scale，SSS） 是Dyer等设计出的供研究人员

使用的老年人自我忽视严重程度量表，包括个人卫生评估、功能状态和环境评估 3 个维度，共 21 个条目。SSS 采用 0 ～ 4 分评分方法，评分越高说明老年人自我忽视的程度越严重。

2. 老年人自我忽视评估量表（elder self-neglect assessment，ESNA） 是 Iris 等在自我忽视概念模型基础上编制的，包含 6 个维度，共 62 个条目。问卷为老年机构人员他评问卷，采用 0 ～ 4 级评分，分别对应不适用、不知道、可疑、否（不存在问题）与是（存在问题）。

3. 老年人自我忽视问卷 此问卷由蔡昭敏编制，分为 4 个维度，包括生活方式、医疗保健、社会交往和居住环境，共 23 个条目，采用 0 ～ 1 分计分方式，得分越高，表明老年人越可能存在自我忽视。

（二）老年人自我忽视的预防与管理

1. 加强对老年人自我忽视评估的培训 老年人自我忽视的预防与管理离不开专业理论指导和系统操作实践，需要加强医学生、临床医护人员、社会工作者对自我忽视知识的培训，指导使用评估工具，以便及早鉴别老年人的自我忽视。

2. 早发现、早报告、早干预 应建立老年人自我忽视的报告制度，明确报告人的职责，成立具有接受报告、调查、转诊、安置等职能的老年保护机构。此外，要强化初级保健医师的家庭访视制度，开展多学科团队干预，协助处理老年人自我忽视问题。

3. 加强健康教育 对老年人及其照顾者进行健康教育，普及自我忽视的行为表现是预防老年人自我忽视的重要环节。应鼓励老年人关注自身健康状况，改善生活条件，同时积极争取其家人的理解和配合，给予家庭关怀和情感支持。

案例学习

雷叔叔，66 岁，患有糖尿病，育有 1 个女儿，老伴去世后独居。医师叮嘱少吃精制碳水化合物，多吃粗粮，但雷叔叔表示吃不惯。服药也不规律，经常自行停药，血糖控制不佳。雷叔叔平时不注意个人卫生，很少打扫房间，导致屋里堆满了废品和垃圾。1 年前他在浴室滑倒，致髋骨骨折，经手术治疗后基本恢复日常生活能力，但步态不稳，也不能久站。出院后被送入养老院。雷叔叔性格孤僻，不好与人交际，每天把自己关在房间，也很少与女儿沟通。

请思考以下问题：

1. 雷叔叔存在哪些自我忽视行为？
2. 分析雷叔叔发生自我忽视的原因。
3. 针对雷叔叔的情况，需要采取哪些措施进行干预？

评判性思维训练

假设你是肾内科的护士，遇到这样一个老年患者：男性，67 岁，住院期间不注意个人卫生，无家属陪护。治疗方案是腹膜透析，出院时曾对其进行操作指导，但近期已经因腹膜感染入院两次。针对上述情况，你认为患者存在什么问题？接下来你应该怎么办？

（刘民辉）

第四篇　老年疾病护理

第十七章　老年人神经系统疾病与护理

学习目标

知识目标：

1. 了解老年人神经系统功能。
2. 熟悉老年人神经系统常见疾病的临床表现及评估内容。
3. 掌握老年人神经系统疾病的常见护理问题和护理措施。

能力目标：

1. 针对患有不同神经系统疾病的老年人，能进行系统全面的健康评估。
2. 能解析老年人常见神经系统疾病的辅助检查结果。

素质目标：

1. 了解护士在老年神经系统疾病患者评估中的重要作用，培养学生心怀敬畏、充满热爱的职业认同感。
2. 强调老年人护理过程中应处处体现人文关怀，培养学生对老年人的尊重、对生命的敬畏，提升其综合素养和人文修养。

准确、全面掌握神经系统疾病的病因、发病机制及临床表现，是确认老年神经系统疾病、制订护理目标及相应措施、实施优质护理的重要前提。本章将从病因、发病机制、临床表现、辅助检查及护理等多个维度系统地阐述老年人常见神经系统疾病的发生发展过程及诊断，详细介绍老年人神经系统疾病的护理措施，并着重阐明其对促进老年人身心健康、提高生命质量的重大意义。老年人动脉粥样硬化及退行性变日益明显，神经系统疾病的发生率显著提高，其中以脑血管病、帕金森病、阿尔茨海默病最为多见。其中，脑血管病发病率占神经系统总住院病例的 1/4 ～ 1/2。本章将系统讲述以上 3 种疾病的发生及发展过程，列举常用的治疗及护理措施。

第一节　脑血管病

脑血管病（cerebral vascular disease，CVD）是指由各种原因导致的脑血管病变所引起的局限性或弥散性脑功能障碍的临床综合征。出现局限性或弥散性脑功能缺损为共同临床特征，为一组器质性脑损伤导致的脑血管病的总称。该病是神经系统常见病和多发病，死亡率约占所有疾病的 10%，同时还是重要的严重致残疾病。

脑血管病是危害中、老年人身体健康和生命的主要疾病之一。卒中是目前导致人类死亡的第二位原因，近年来卒中在我国全死因顺位明显前移。我国脑卒中的发病率有北方高于南方、西部高于东部的特征，且寒冷季节发病率高，尤其是出血性脑卒中的季节性更为明显。国内流行病学资料显示，男性脑卒中的发病率和死亡率明显高于女性。

脑血管病有不同的分类方法：①依据症状持续时间分为短暂性脑缺血发作（＜ 24h）和脑卒中（＞ 24h）。②依据病理性质分为缺血性脑卒中和出血性脑卒中。前者又称为脑梗死，包括脑血栓形成和脑栓塞，统称为脑梗死；后者包括脑出血和蛛网膜下腔出血。③依据发病急缓，分为急性脑血管病和慢性脑血管病。前者包括短暂性脑缺血发作、脑梗死、脑栓塞、脑出血、蛛网膜下腔出血；后者包括脑动脉硬化症和血管性痴呆。本节详细介绍脑血栓形成及脑出血的相关内容。

一、脑血栓形成

（一）概述

脑血栓形成（cerebral thrombosis，CT）是在脑动脉粥样硬化等动脉壁病变的基础上，脑动脉主干或分支管腔狭窄、闭塞或形成血栓，造成该动脉供血区局部脑组织血流中断面发生缺血、缺氧性坏死，引起偏瘫、失语等相应的神经症状和体征。脑血栓形成是临床最常见的脑血管病，也是脑梗死最常见的临床类型，约占全部脑梗死的60%。病因主要为脑动脉粥样硬化、脑动脉炎，少数病因为真性红细胞增多症、血小板增多症、弥散性血管内凝血、脑淀粉样血管病、颅内外夹层动脉瘤等。

（二）临床表现

脑血栓形成的临床表现与梗死部位、受损区侧支循环等情况有关。

1. 临床特点　①多见于50岁以上有动脉粥样硬化、高血压、高血脂、糖尿病者；②安静或休息状态发病，部分患者发病前有肢体麻木、无力等前驱症状或短暂性脑缺血发作（transient ischemic attack，TIA）；③起病缓慢，症状多在发病后10h或1～2d达高峰；④以偏瘫、失语、偏身感觉障碍和共济失调等局灶定位症状为主；⑤部分患者可有头痛、呕吐、意识障碍等全脑症状。

2. 临床类型　根据起病形式和病程可分为以下临床类型。

1）完全型：起病后6h内病情达高峰，病情重。表现为一侧肢体完全瘫痪，甚至昏迷。

2）进展型：发病后症状在48h内逐渐进展或呈阶梯式加重。

3）缓慢进展型：起病2周以后症状仍逐渐发展。多见于颈内动脉颅外段血栓形成，与全身或局部因素所致脑灌注减少有关。

4）可逆性缺血性神经功能缺失：症状和体征持续时间超过24h，但在1～3周内完全恢复，不留任何后遗症。

（三）治疗要点

脑卒中患者应收入脑卒中单元。脑卒中单元（stroke unit，SU）是指提高住院脑卒中患者疗效的医疗管理模式，专为脑卒中患者提供药物治疗、肢体康复、语言训练、心理康复和健康康复的组织系统。脑卒中单元的核心工作人员包括临床医师、专业护士、物理治疗师、职业治疗师、语言训练师和社会工作者。将脑卒中的急救、治疗、护理及康复有机地融为一体，使患者得到及时、规范的诊断和治疗，能有效降低病死率和致残率、提高生活质量、缩短住院时间、减少花费，并有利于出院后的管理和社区治疗。

治疗应遵循超早期、个体化和整体化的原则。①超早期治疗：发病后力争于治疗时间窗内选用最佳治疗方案；②个体化治疗：根据患者年龄、病情严重程度、临床类型及基础疾病等采取最适当的治疗；③整体化治疗：采取病因治疗、对症治疗、支持治疗和康复治疗等综合措施，同时对高危因素进行预防性干预。重点是急性期的治疗。

1. 急性期治疗

（1）早期溶栓：在发病后3～4h以内进行溶栓使血管再通，重组组织型纤溶酶原激活剂和尿激酶是我国目前使用的主要溶栓药物。应用溶栓药物期间应严密监护患者。

（2）调整血压：急性期应维持患者血压较平时稍高水平，以保证脑部灌注，防止梗死面积扩大。除非血压过高（收缩压＞220mmHg或舒张压＞120mmHg及平均动脉压＞130mmHg），否则不予应用抗高血压药。

（3）防治脑水肿：脑水肿常于发病后3～5d达高峰，多见于大面积梗死。严重脑水肿和颅内压增高是急性重症脑梗死的常见并发症和主要死亡原因。常用 20% 甘露醇快速静滴；心、肾功能不全的患者可改用呋塞米静脉注射，亦可用 10% 复方甘油、白蛋白等。

（4）控制血糖：急性期患者血糖升高较常见，可能为原有糖尿病的表现或应激反应。当血糖 > 11.1mmol/L 时，应立即给予胰岛素治疗，控制血糖于 8.3mmol/L 以下；当血糖 < 2.8mmol/L 时，给予 10% ～ 20% 葡萄糖口服或静脉注射。

（5）抗血小板聚集：未行溶栓治疗的患者，应在发病后 48h 内服用阿司匹林，但不主张在溶栓后 24h 内应用，以免增加出血风险。

（6）抗凝治疗：常用药物包括肝素、低分子肝素和华法林。

（7）脑保护治疗：应用胞磷胆碱、钙通道阻滞药尼莫地平、自由基清除剂依达拉奉、脑蛋白水解物等药物。

（8）其他治疗：如高压氧舱治疗、中医中药治疗，或外科或介入治疗。

2. 恢复期治疗 脑卒中恢复中期一般是指发病后的 4 ～ 12 周。本期继续稳定患者的病情，如高血压患者控制血压、高血脂患者控制血脂等。恢复期患者的患侧肢体由弛缓性瘫痪逐渐进入痉挛性瘫痪，康复治疗是重要的治疗手段。原则是综合各种康复手段，如物理疗法、针灸、言语训练、认知训练、吞咽功能训练、合理使用各种支具，促进患者患肢随意运动的出现，强化日常生活活动（ADL）能力训练，为患者早日回归家庭和社会做好必要的准备。

（四）护理

1. 护理评估

（1）病史

1）病因和危险因素：了解患者有无颈动脉狭窄、高血压、糖尿病、高脂血症、TIA 病史；有无脑血管病的家族史；有无长期高盐、高脂饮食和烟酒嗜好；是否进行体育锻炼等。详细询问 TIA 发作的频率与表现形式，是否进行正规、系统的治疗。询问是否遵医嘱正确服用抗高血压药、降血糖药、降血脂药、抗凝血药及抗血小板聚集药，以及治疗效果及目前用药情况等。

2）发病情况和临床表现：了解患者发病的时间、急缓及发病时所处状态，有无头晕、肢体麻木等前驱症状；是否存在肢体瘫痪、失语、感觉和吞咽障碍等局灶定位症状和体征；有无剧烈头痛、喷射性呕吐、意识障碍等全脑症状和体征及其严重程度。

3）心理 - 社会状况：观察患者是否存在因疾病所致焦虑等心理问题；了解患者和家属对疾病发生的相关因素、治疗和护理方法、预后、如何预防复发等知识的认知程度；了解患者家庭条件与经济状况及家属对患者的关心和支持度。

4）身体评估：评估生命体征、意识状态及头颈部、四肢、脊柱等。

（2）辅助检查

1）血液检查：血糖、血脂、血液流变学和凝血功能检查是否正常。

2）影像学检查：头部 CT 和 MRI 有无异常及其出现时间和表现形式；数字减影血管造影（DSA）和磁共振血管成像（MRA）是否显示有血管狭窄、闭塞、动脉瘤和动静脉畸形等。

3）经颅多普勒超声（TCD）：检查有无血管狭窄、闭塞、痉挛或侧支循环建立情况。

2. 常见护理诊断 / 问题

（1）躯体活动障碍：与运动中枢损害致肢体瘫痪有关。

（2）语言沟通障碍：与语言中枢损害有关。

（3）吞咽障碍：与意识障碍或延髓麻痹有关。

（4）其他护理诊断 / 问题

1）有失用综合征的危险：与意识障碍、偏瘫所致长期卧床有关。

2）焦虑 / 抑郁：与瘫痪、失语、缺少社会支持及担心疾病预后有关。

3）知识缺乏：缺乏疾病治疗、护理、康复和预防复发的相关知识。

3. 护理计划与实施

（1）躯体活动障碍

1）生活护理：可根据 Bathel 指数评分确定患者的日常生活活动能力，并根据自理程度给予相应的协助。卧床及瘫痪患者应保持床单位整洁、干燥、无渣屑，减少对皮肤的刺激；瘫痪患者垫床垫或按摩床，抬高患肢并协助被动运动，必要时对骶尾部及足跟等部给予减压贴保护，预防压疮和下肢静脉血栓形成，帮助患者建立舒适卧位，协助定时翻身、拍背，每日全身温水擦拭 1～2 次，促进肢体血液循环，增进睡眠。患者需在床上大、小便时，为其提供方便的条件、隐蔽的环境和充足的时间；指导患者学会和适应使用便器，便盆置入与取出要动作轻柔，注意勿拉和用力过猛，以免损伤皮肤；鼓励和帮助患者摄取充足的水分和均衡的饮食，养成定时排便的习惯，便秘者可适当运动和按摩下腹部，促进肠蠕动，预防肠胀气，保持大便通畅。注意口腔卫生，每日口腔护理 2～3 次，保持口腔清洁；提供特殊的餐具、牙刷、衣服等，方便和协助患者洗漱、进食、如厕、沐浴和穿脱衣服等，增进舒适感和满足患者基本生活需求。

2）心理护理：因偏瘫、失语及肢体和语言功能恢复速度慢、需时长，日常生活需依赖他人照顾，可使患者产生焦虑、抑郁等心理问题，进而影响疾病的康复和患者生活质量。应关心、尊重患者，鼓励其表达自己的感受，避免任何刺激和伤害患者的言行；多与患者和家属沟通，耐心解答患者和家属提出的问题，解除患者思想顾虑；鼓励患者和家属主动参与治疗、护理活动。

3）用药护理：患者常联合应用溶栓、抗凝、脑代谢活化剂等多种药物治疗。护士应熟悉患者所用药物的药理作用、用药注意事项、不良反应和观察要点，遵医嘱正确用药。

①溶栓和抗凝药物：应严格掌握药物剂量，监测出凝血时间和凝血酶原时间，观察有无黑便、牙龈出血及皮肤瘀点、瘀斑等出血表现。

②甘露醇：选择较粗大的静脉给药，以保证药物能快速静脉滴注（125ml 在 15～30min 内滴完），注意观察用药后患者的尿量和尿液颜色，准确记录 24h 出入量。

（2）吞咽障碍

1）病情评估：观察患者能否经口进食及进食类型（固体、流质、半流质）、进食量和进食速度、饮水时有无呛咳；评估患者吞咽功能、有无营养障碍。

2）饮食护理：①体位选择。选择既安全又有利于进食的体位。能坐起的患者坐位下进食，头略前屈；不能坐起的患者取仰卧位，将床头摇起 30°，头下垫枕使头部前屈。②食物的选择。选择患者喜爱的、营养丰富易消化的食物，注意食物的色、香、味及温度；为防止误吸，便于食物在口腔内的移送和吞咽，食物应符合：柔软，密度与性状均一；不易松散，有一定黏度；能够变形，利于顺利通过口腔和咽部；不易粘在黏膜上。③吞咽方法的选择。空吞咽和吞咽食物交替进行；侧方吞咽，吞咽时头侧向健侧肩部，防止食物残留在患侧梨状隐窝内，尤其适合偏瘫的患者；点头样吞咽，吞咽时配合头前屈、下颌内收如点头样的动作，加强对气道的保护，利于食物进入食管。④对不能吞咽的患者，应予鼻饲饮食，并教会照顾者鼻饲的方法及注意事项，加强留置胃管的护理。

3）防止误吸、窒息：因疲劳有增加误吸的危险，所以进食前应注意休息；应保持进餐环境的安静、舒适，告知患者进餐时不要讲话；患者不可用吸管饮水、饮茶，用杯子饮水时，保持水量在半杯以上，以防患者低头饮水的体位增加误吸的危险。

（3）健康指导

1）疾病预防指导：对有发病危险因素或病史者，指导进食高蛋白、高维生素、低盐、低脂、低热量清淡饮食，多食新鲜蔬菜、水果、谷类、鱼类和豆类，保持能量供需平衡；戒烟、限酒；应遵医嘱规则用药，控制血压、血糖、血脂和抗血小板聚集；告知改变不良生活方式，坚持每天进行 30min 以上的慢跑、散步等运动，合理休息和娱乐。对有 TIA 发作史的患者，指导在改变体位时应缓慢，避免突然转动颈部；洗澡时间不宜过长，水温不宜过高；外出时有人陪伴；气候变化时注意保暖，防止感冒。

2）疾病知识指导：告知患者和家属疾病的基本病因和主要危险因素、早期症状和及时就诊的指征；指导患者遵医嘱正确服用抗高血压药、降糖和降脂药，定期复查。

3）康复指导：告知患者和家属康复治疗的知识和功能锻炼的方法，帮助分析和消除不利于疾病康复的因素，落实康复计划，并与康复治疗师保持联系，以便根据康复情况及时调整康复训练方案。

4）鼓励生活自理：鼓励患者从事力所能及的家务劳动，日常生活不过度依赖他人；告知患者和家属功能恢复需经历的过程，使患者和家属克服急于求成的心理，做到坚持锻炼、循序渐进。嘱家属在物质和精神上对患者提供帮助和支持，使患者体会到来自多方面的温暖，树立战胜疾病的信心。同时，也要避免患者产生依赖心理，增强自我照顾能力。

4. 护理评价

（1）患者掌握肢体功能锻炼的方法，并在医护人员和家属协助下主动活动、肌力增强，生活自理能力提高，无压疮和坠积性肺炎等并发症。

（2）能通过非语言沟通表达自己的需求，主动进行语言康复训练，语言表达能力增强。

（3）掌握正确的进食或鼻饲方法，吞咽功能逐渐恢复，未发生营养不良、误吸、窒息等并发症。

二、脑 出 血

（一）概述

脑出血（intracerebral hemorrhage，ICH）又称自发性脑出血，是指原发性、非外伤性脑实质内出血。该病占急性脑血管病的20%～30%，发病率为60～80人/（10万人口·年）；急性期病死率为30%～40%，是急性脑血管病中最高的。在脑出血中大脑半球出血约占80%，脑干和小脑出血约占20%。最常见病因为高血压合并细、小动脉硬化，其他病因包括脑动脉粥样硬化、颅内动脉瘤和动静脉畸形、脑动脉炎等。

（二）临床表现

临床表现的轻重主要取决于出血量和出血部位。出血量小者，可表现为单纯某一症状或体征，无全脑症状或较轻；出血量大者，发病后立即昏迷，全脑症状明显，出现脑水肿或脑疝。发生在脑干的出血，即使出血量不大，病情也较凶险。

临床特点：①多见于50岁以上有高血压病史者，男性较女性多见，冬季发病率较高；②体力活动或情绪激动时发病，多无前驱症状；③起病较急，症状于数分钟至数小时达高峰；④有肢体瘫痪、失语等局灶定位症状和剧烈头痛、喷射性呕吐、意识障碍等全脑症状；⑤发病时血压明显升高。

（三）治疗要点

治疗原则为脱水降颅压、调控血压、防止继续出血、减轻血肿所致继发性损害、促进神经功能恢复、防治并发症。

1. 一般治疗 卧床休息，密切观察生命体征，保持呼吸道通畅，吸氧，保持肢体的功能位，通过鼻饲维持营养供给，积极预防感染，维持水、电解质平衡等。

2. 脱水降颅压 脑出血后48h脑水肿达高峰，维持3～5d后逐渐降低，可持续2～3周或更长。可选用20%甘露醇、呋塞米、甘油果糖脱水、降颅压。

3. 调控血压 脑出血后血压升高，是机体对颅内压增高的自动调节反应，以保持相对稳定的脑血流量，当颅内压下降时血压也随之下降。因此，脑出血急性期一般不应用抗高血压药，而以脱水降颅压治疗为基础。

4. 止血和凝血治疗 仅用于并发消化道出血或有凝血障碍时，对高血压脑出血无效。常用6-

氨基己酸、对羧基苄氨、氨甲环酸等。应激性溃疡导致消化道出血时，可用西咪替丁、奥美拉唑等药物。

5. 外科治疗　壳核出血量＞30ml、小脑或丘脑出血＞10ml，或颅内压明显增高内科治疗无效者，可考虑行开颅血肿清除、脑室穿刺引流、经皮钻孔血肿穿刺抽吸等手术治疗。一般认为手术应在发病后6～24h内进行。

6. 亚低温疗法　亚低温疗法是在应用肌松药和控制呼吸的基础上，采用降温毯、降温仪、降温头盔等进行全身和头部局部降温，将温度控制在32～35℃。局部亚低温治疗是脑出血的一种新的辅助治疗方法，可减轻脑水肿、减少自由基生成、促进神经功能缺损恢复、改善患者预后，且无不良反应，安全有效。初步的基础与临床研究认为，脑出血发生后越早应用亚低温疗法，预后越好。

7. 康复治疗　早期将患肢置于功能位。患者生命体征稳定、病情控制后，应尽早进行肢体、语言功能和心理的康复治疗，以促进神经功能恢复，提高生存质量。

（四）护理

1. 护理评估

（1）病史

1）病因和危险因素：询问患者既往有无高血压、动脉粥样硬化、血液病和家族脑卒中病史；是否遵医嘱进行降压、抗凝等治疗和治疗效果及目前用药情况；了解患者的性格特点、生活习惯与饮食结构。

2）发病情况和临床表现：了解患者是在活动时还是安静状态下发病；发病前有无情绪激动、活动过度、疲劳、用力排便等诱因和头晕、头痛、肢体麻木等前驱症状；发病时间及病情发展的速度；是否存在剧烈头痛、喷射性呕吐、意识障碍、烦躁不安等颅内压增高的表现及其严重程度。

3）心理-社会状况：了解患者是否存在因突然发生肢体残疾或瘫痪卧床，生活需要依赖他人而产生的焦虑、恐惧、绝望等心理反应；患者及其家属对疾病的病因和诱因、治疗护理经过、防治知识及预后的了解程度；家庭成员组成、家庭环境及经济状况和家属对患者的关心、支持程度等。

（2）身体评估：评估血压升高程度；有无中枢性高热和呼吸节律（潮式、间停、抽泣样呼吸等）、频率和深度的异常；脉率和脉律、瞳孔大小及对光反射有无异常；有无意识障碍及其程度；有无失语及其类型；有无肢体瘫痪及其类型、性质和程度；有无吞咽困难和饮水呛咳；有无排便、排尿障碍；有无颈部抵抗等脑膜刺激征和病理反射；机体营养状况。

2. 常见护理诊断/问题

（1）意识障碍：与脑出血、脑水肿有关。

（2）潜在并发症：脑疝。

（3）潜在并发症：上消化道出血。

（4）其他护理诊断/问题

1）自理缺陷：与脑出血所致偏瘫、共济失调或医源性限制（绝对卧床）有关。

2）有失用综合征的危险：与脑出血所致意识障碍、运动障碍或长期卧床有关。

3. 护理计划与实施

（1）意识障碍

1）日常生活护理：卧气垫床或按摩床，保持床单位清洁、干燥，减少对皮肤的机械性刺激，定时给予翻身、拍背，按摩骨突受压处，预防压疮；做好大小便的护理，保持外阴部皮肤清洁，预防尿路感染；注意口腔卫生，不能经口进食者应每天口腔护理2～3次，防止口腔感染；谵妄躁动者加床栏，必要时做适当的约束，防止坠床和自伤、伤人；慎用热水袋，防止烫伤。

2）饮食护理：给予高维生素、高热量饮食，补充足够的水分；遵医嘱鼻饲流质者应定时喂食，保证足够的营养供给；进食时以及进食后30min内抬高床头，防止食物反流。

3）保持呼吸道通畅：给予平卧头侧位或侧卧位，开放气道，取下活动性义齿，及时清除口鼻分泌物和吸痰，防止舌根后坠、窒息、误吸或肺部感染。

4）病情监测：严密监测并记录生命体征及意识、瞳孔变化，观察有无恶心、呕吐及呕吐物的性状与量，准确记录出入水量，预防消化道出血和脑疝发生。

（2）潜在并发症：脑疝

1）病情评估：脑疝是指颅内疾病（脑水肿、血肿、脓肿、肿瘤）引起颅内压增高以及颅内压增高加剧的一种严重危象，是脑出血患者最常见的直接死亡原因。应密切观察瞳孔、意识、体温、脉搏、呼吸、血压等生命体征，如果患者出现剧烈头痛、喷射性呕吐、烦躁不安、血压升高、脉搏减慢、意识障碍进行性加重、双侧瞳孔不等大、呼吸不规则等脑疝的先兆表现时，应立即报告医师。

2）配合抢救：立即为患者吸氧并迅速建立静脉通道，遵医嘱快速静脉滴注甘露醇或静脉注射呋塞米，甘露醇应在15～30min内滴完，避免药物外渗。注意甘露醇的致肾衰竭作用，观察尿量和尿液颜色，定期复查电解质。备好气管切开包、脑室穿刺引流包、呼吸机、监护仪和抢救药品等。

（3）潜在并发症：上消化道出血

1）病情监测：观察患者有无恶心、上腹部疼痛、饱胀、呕血、黑便、尿量减少等症状和体征；胃管鼻饲的患者，每次鼻饲前先抽吸胃液，并观察其颜色，如为咖啡色或血性，提示发生出血；观察患者粪便的量、颜色和性状，进行粪便隐血试验，以及时发现小量出血；观察患者有无面色苍白、口唇发绀、皮肤湿冷、烦躁不安、尿量减少、血压下降等失血性休克的表现，如有则配合抢救，迅速建立静脉通道，遵医嘱补充血容量、纠正酸中毒、应用血管活性药物和H_2受体拮抗药或质子泵抑制药。

2）心理护理：告知患者和家属上消化道出血的原因。上消化道出血是急性脑血管病的常见并发症，系病变导致下丘脑功能紊乱，引起胃肠黏膜血流量减少及胃和十二指肠黏膜出血性糜烂、点状出血和急性溃疡所致。应安慰患者，消除其紧张情绪，创造安静舒适的环境，保证患者休息。

3）饮食护理：遵医嘱禁食，出血停止后给予清淡、易消化、无刺激性、营养丰富的温凉流质饮食，少量多餐，防止胃黏膜损伤及加重出血。

4）用药护理：遵医嘱应用H_2受体拮抗药如雷尼替丁、质子泵抑制药如奥美拉唑，以减少胃酸分泌；冰盐水+去甲肾上腺素经胃管注入止血、枸橼酸铋钾口服保护胃黏膜等。注意观察药物的疗效和不良反应，如奥美拉唑可能致转氨酶升高、枸橼酸铋钾致粪便发黑（注意与上消化道出血所致的黑便相鉴别）等。

（4）健康指导

1）疾病预防指导：指导高血压患者避免使血压骤然升高的各种因素，如保持情绪稳定和心态平和，避免过分喜悦、愤怒、焦虑、恐惧、悲伤等不良心理和惊吓等刺激；建立健康的生活方式，保证充足睡眠，适当运动，避免体力或脑力过度劳累和突然用力；低盐、低脂、高蛋白、高维生素饮食；戒烟酒；养成定时排便的习惯，保持大便通畅。

2）用药指导与病情监测：告知患者和家属关于疾病的基本病因、主要危险因素和防治原则，如遵医嘱正确服用抗高血压药，维持血压稳定；教会患者及其家属测量血压的方法和对疾病早期表现的识别，发现血压异常波动或无诱因的剧烈头痛、头晕、晕厥、肢体麻木、乏力或语言交流困难等症状，应及时就医。

3）康复指导：教会患者和家属自我护理的方法和康复训练技巧，如向健侧和患侧的翻身训练、桥式运动等肢体功能训练及语言和感觉功能训练的方法，使患者和家属认识到坚持主动或被动康复训练的意义。

4. 护理评价

（1）患者未发生因意识障碍而并发的误吸、窒息、压疮和感染。

（2）发生脑疝、上消化道出血时，能及时发现并进行抢救。

（3）能适应长期卧床的状态，生活需要得到满足。

第二节　阿尔茨海默病

一、概　述

阿尔茨海默病（Alzheimer's disease，AD）是指发生于老年期或老年前期以进行性认知功能障碍和行为损害为特征的中枢神经系统退行性病变。它是老年期痴呆中最常见的类型，病因不明，AD 约占所有痴呆分型的 50% ～ 70%。目前认为，AD 患者在痴呆之前，还有一个痴呆前阶段，此期已出现 AD 病理生理改变，但仅有轻微或无痴呆症状表现。我国 65 岁以上人群中 AD 患者占到 3% ～ 7%，发达国家为 4% ～ 8%。85 岁以上人群中，每 3 ～ 4 名老年人中就有一位 AD 患者。众多研究发现，高龄是 AD 的危险因素之一。在 65 ～ 90 岁人群中，患病率随年龄增长而增高，平均年龄每增加 5 岁，患病率约增加 1 倍。AD 女性患病率显著高于男性。在我国，高龄、女性、低教育、农村地区是 AD 的高发危险因素。

二、临床表现

AD 通常起病隐匿，很难确切了解具体的发病时间，病程为持续进行性。临床症状主要分为认知功能减退及其伴随的社会生活功能减退症状和非认知性神经精神症状。患者往往表现为不同程度的记忆、语言、视空间功能、认知功能（理解、计算、时间 / 空间定向力、思维、判断、执行能力等）减退，以及精神行为异常。

三、护　理

（一）护理评估

1. 健康史　询问患者既往有无心血管疾病、脑外伤、脑卒中史；了解患者的生活方式与饮食结构等；评估患者有无记忆障碍及精神症状等临床表现。

2. 心理测验　可使用简易智力状态检查量表（minimum mental state examination，MMSE）、长谷川痴呆量表、蒙特利尔认知评估量表（Montreal cognitive assessment，MoCA）等工具筛查 AD；使用韦氏记忆量表和临床记忆量表测查记忆；使用韦氏成人智力量表进行智力测查。

3. 心理 - 社会状况　了解患者是否存在孤独、寂寞、绝望、抑郁等心理反应。家属对疾病的病因和诱因、护理要点等内容的了解程度；家庭成员组成、家庭环境及经济状况和家属对患者的关心、支持程度等。

（二）常见护理诊断 / 问题

1. 生活能力低下　与患者痴呆有关。

2. 知识缺乏　缺乏本病相关知识与药物治疗知识。

3. 认知障碍　与疾病病因有关。

4. 营养障碍　与患者自理能力低下有关。

（三）护理计划与实施

1. 生活护理　AD 患者生活照料和家庭护理极为重要，尤其是对日常生活活动能力明显减退的中、重度痴呆患者。有效的护理能够延长患者的生命，改善患者的生活质量，并且能够防止跌倒、摔伤、外出不归等意外事件的发生，有时可能优于治疗的效果。应对痴呆患者进行全面的护理评估，以制订护理计划。评估内容需覆盖患者的整体病情，如意识状态、认知状况、行为症状、精神状况、生活功能；同时，还应对患者生活的支持系统和决策能力、主要照料者心理和身体健康情况、患者家庭的文化、信仰、语言、教育、家庭决策过程等方面进行评估。

护理原则包括：①护理者应帮助患者、照料者或患者家属掌握基本相关知识和发展规律，提高照料者照顾患者的意愿和照料能力；②鼓励家属参与支持性团队，使患者家庭有足够的心理准备共同参与护理；③协助照料者或家属为患者构建适宜的生活环境；④协助照料者或家属建立辅助支持系统以帮助患者最大化保留生活能力，如可利用各种提示物增加对患者的感官刺激等；⑤充分尊重患者的尊严、隐私，杜绝一切剥夺、污蔑患者人格的事情发生；⑥提高患者的自信心和成就感，护理中鼓励和赞赏、帮助照顾者顺利接触痴呆患者，完成护理计划；⑦提供身心统一的整体护理，多用肢体语言进行交流以增进亲和力，最好使用非药物方法处理患者的异常行为；⑧保持患者与家属之间的亲密关系；⑨注意潜在性的危险和意外，不要让患者独自外出，以免发生迷路或丢失。

2. 用药护理 胆碱酯酶抑制药可导致部分患者出现腹泻、恶心、呕吐、食欲缺乏等不良反应；可应用兴奋性氨基酸受体拮抗药如盐酸美金刚、神经保护性药如维生素 E 和雌激素等，以及抗精神症状药如四环类抗抑郁药、苯二氮䓬类、氟哌啶醇等。无论选用何种精神药物，均需注意老龄化和痴呆患者对药物的敏感性，以小剂量开始为宜，逐渐增加治疗剂量，并且不可长期使用。可应用中医中药治疗如银杏叶、鼠尾草提取物等；也探索针灸疗法对痴呆的影响，如头针取双侧语言区、晕听区，耳针取心、脑皮质下及内分泌穴，体针取丰隆、间使、大椎、肾俞、人中、内关、风池等穴治疗，取得了一定疗效。

3. 康复护理

（1）记忆功能训练：记忆减退是 AD 患者最明显的表现之一，故任何一种能够帮助患者适应、减轻、改善因脑部受损而导致记忆障碍的技巧或策略，均称为记忆功能训练。可通过联想法、背诵法、分解、联合法、提示法、记忆技巧法等进行训练；也可给予注意力和集中力训练，如猜测游戏、删除作业、时间感训练、数目顺序；还可应用推理及解决问题能力的训练，如指出报纸中消息、排列数字、分类训练、定向能力训练等。针对存在失认症、失用症的患者，给予失认症训练及失用症训练。

（2）运动训练：AD 患者的运动康复调练应从发病早期开始。根据运动功能评估的结果，进行针对性的运动训练。尤其是协调性训练、平衡功能训练、转移训练、心肺功能训练和步行功能训练。以任务为导向的训练可以促进日常生活活动的程序化记忆的输入，促进记忆功能的改善。综合运动训练，可以显著改善患者的活动能力，一定程度上促进患者功能的恢复，延缓痴呆发展。

（3）音乐疗法：目前有研究提出，音乐康复治疗对于 AD 患者保持良好心情、增加社会交往和减少认字的困难方面有利。有研究表明，音乐能够使 AD 患者唤醒更多的具体事件的信息，让低认知能力的人包括 AD 患者提高他们的自我记忆。与在安静条件下让患者唤醒记忆相比，在有音乐的环境下患者的记忆恢复更快、内容也更具体，伴随着更多的情绪内容同时少了执行回忆的过程，认为是音乐治疗无意识地唤起了患者的记忆。

（4）康复工程：对于具有严重认知障碍的部分老年期痴呆患者，应用一些电子计算机及其辅助装置、电子耳蜗、助听器、机器人，以及矫形器、辅助用具、轮椅等康复设备和器材，将极大地改善患者认知功能，提高日常生活能力，延缓社会功能的减退，更好地帮助患者回归社会、回归工作。

（5）精神行为症状的治疗：部分具有非认知性精神行为症状的痴呆患者，主要通过非药物治疗和改善认知功能的药物及抗精神药物进行治疗，一定程度上可以改善或减轻症状。非药物治疗以支持性心理治疗为主，医务人员通过语言，情感和行为影响患者的心理和行为。精神行为症状与认知功能减退密切相关，通过改善认知功能，可以减轻精神行为症状；严重者需要使用抗精神药物进行治疗。

4. 健康教育

（1）目前，AD尚无特殊的治疗方法，正确预防、处理引起AD的一系列危险因素是痴呆治疗的基础，尽管目前已经有部分药物能够延缓疾病的进程，但尚未找到能够彻底根治AD的方法。所以，早发现、早预防、早治疗仍是防治AD的关键。

（2）当家中的老年人逐渐出现记忆减退、性格改变、固执多疑、急躁易怒、行为幼稚等症状和体征时，作为亲属就应该警惕，AD可能正悄悄地临近家中的老年人。此时，应该及时带老年人到医院进行相应检查、评估，判断是否存在AD，确定AD的程度，明确病因。一旦明确老年人具有AD的征兆或症状和体征，立即实施AD的一级预防，给予患者调整饮食结构、改变生活方式、加强适度有规律的体育锻炼、进行良好的人际交流等一系列处理措施，以期控制痴呆的进展。

（3）AD后期，大部分的照料护理工作主要由照顾者和家属完成。应对照顾者和家属进行专门的培训，提高他们对患者护理的能力和技巧，从而有针对性地制订照护计划，提高照护效果，减轻照顾者的负担。

（4）照顾痴呆患者是一项非常辛苦的工作，耗费照顾者和家属大量的体力和精力，甚至严重影响到个人生活。社会以及医疗机构对痴呆照顾者应尽可能提供咨询和支持。

（四）护理评价

1. 经过预防、治疗和护理干预后，老年人的认知能力有所提高或衰退有所延缓。
2. 能最大限度地保持社交能力和日常生活自理能力，生活质量有所提高。

第三节　帕金森病

一、概　述

帕金森病（Parkinson’s disease，PD）又称震颤麻痹，是中老年常见的神经系统变性疾病，以静止性震颤、运动迟缓、肌强直和姿势平衡障碍为临床特征，病因不明。该病常为60岁以后发病，男性稍多，起病缓慢，进行性发展。首发症状多为震颤（60%～70%），其次为步行障碍（12%）、肌强直（10%）和运动迟缓（10%）。

二、临床表现

静止性震颤多始于一侧上肢远端，呈现有规律的拇指对掌和手指屈曲的不自主震颤，类似“搓丸”样动作。

肌强直多从一侧的上肢或下肢近端开始，逐渐蔓延至远端、对侧和全身的肌肉。可表现为“折刀样肌强直”或“铅管样肌强直”。多数患者因伴有震颤，检查时可感到均匀的阻力中出现断续停顿，如同转动齿轮感，称为“齿轮样肌强直”，这是由于肌强直与静止性震颤叠加所致。患者出现运动迟缓，随意动作减少、减慢。多表现为开始的动作困难和缓慢，如行走时起动和终止均有困难。面肌强直使面部表情呆板，双眼凝视和瞬目动作减少，笑容出现和消失减慢，造成“面具脸”。手指精细动作如系裤带、鞋带很难完成；有书写时字越写越小的倾向，称为“写字过小征”。

可出现姿势步态异常，早期走路时患侧上肢摆臂幅度减小或消失，下肢拖拽；随病情进展，步伐逐渐变小变慢，启动、转弯时步态障碍尤为明显；晚期有坐位、卧位起立困难，有时行走中全身僵住，不能动弹，称为“冻结”现象；有时迈步后碎步、往前冲，越走越快，不能及时止步，称为“慌张步态”。

此外，患者可有感觉障碍，早期出现嗅觉减退或睡眠障碍。常见自主神经功能障碍的表现，如便秘、多汗、流涎、性功能减退和脂溢性皮炎（脂颜）等。约50%的患者伴有抑郁症；有15%～30%的患者在疾病晚期出现智能障碍。

三、治疗要点

（一）药物治疗

早期无须药物治疗，当疾病影响患者日常生活和工作能力时，适当的药物治疗可不同程度地减轻症状，并可因减少并发症而延长生命。以替代性药物如复方左旋多巴、多巴胺受体激动药等效果较好，但不能完全控制疾病的进展，且都存在不良反应和长期应用后药效衰减的缺点。

（二）外科治疗

对于长期药物治疗疗效明显减退，同时出现异动症的患者，可以考虑手术治疗。但手术只是改善症状，不能根治，术后仍需药物治疗。

（三）康复治疗

如进行肢体运动及语言、进食等训练和指导，可改善患者的生活质量，减少并发症。心理疏导与疾病教育也是帕金森病的重要综合治疗措施。

四、护　　理

（一）护理评估

1. 健康史　本病的病因未明，目前认为PD的发生可能与以下因素有关。

（1）环境因素：长期接触与1-甲基4-苯基-1,2,3,6-四氢吡啶（MPTP）分子结构类似的农业毒素可能是导致PD的危险因素。

（2）神经系统老化：本病多见于中老年人，随着年龄的增长，黑质多巴胺能神经元数目逐渐减少，纹状体内多巴胺递质水平逐渐下降。

2. 身体状况　了解患者是否存在运动功能改变，如静止性震颤、运动迟缓和肌强直，以及非运动性症状（如反应迟钝、淡漠、痴呆、乏力、自主神经功能障碍等）表现及其严重程度。

3. 心理-社会状况　评估PD患者有无焦虑、抑郁、痴呆等心理精神症状及严重程度。

（二）常见护理诊断/问题

1. 躯体活动障碍　与黑质病变、锥体外系功能障碍所致震颤、肌强直、体位不稳、随意运动异常有关。

2. 自尊低下　与震颤、流涎、面肌强直等身体形象改变和言语障碍、生活依赖他人有关。

3. 知识缺乏　缺乏本病相关知识与药物治疗知识。

4. 营养失调　低于机体需要量，与吞咽困难、饮食减少和肌强直、震颤所致机体消耗量增加等有关。

5. 其他护理诊断/问题

（1）便秘：与消化功能障碍或活动量减少等有关。

（2）语言沟通障碍：与咽喉部、面部肌肉强直及运动减少、减慢有关。

（3）无能性家庭应对：与疾病进行性加重、患者需要长期照顾、经济或人力困难有关。

（4）潜在并发症：外伤、压疮、感染。

（三）护理计划与实施

1. 躯体活动障碍

（1）生活护理：加强巡视，主动了解患者的需要，指导和鼓励患者自我护理，做自己力所能及的事情；协助患者洗漱、进食、沐浴、大小便料理和做好安全防护；增进患者的舒适，预防并发症；注意个人卫生、预防压疮、提供生活方便、采取有效沟通方式、保持大小便通畅。

（2）运动护理：告知患者运动锻炼的目的在于防止和推迟关节强直与肢体挛缩；有助于维持

身体的灵活性，增加肺活量，防止便秘，保持并增强自我照顾能力。应与患者和家属共同制订切实可行的具体锻炼计划。疾病早期应指导患者维持和增加业余爱好，鼓励患者积极参与家居活动和参加社交活动，坚持适当运动锻炼；疾病中期要有计划、有目的地锻炼，告诉患者知难而退或简单地由家人包办只会加速其功能衰退；疾病晚期应帮助患者采取舒适体位、被动活动关节、按摩四肢肌肉，注意动作轻柔，勿造成患者疼痛和骨折。

（3）安全护理：强调谨防烧伤、烫伤等，避免接触玻璃和陶瓷制品等；对有精神症状或智能障碍的患者，应特别强调专人陪护。

2. 自尊低下　加强对帕金森病患者的心理护理，应细心观察患者的心理反应，鼓励患者表达并注意倾听他们的心理感受，与患者讨论身体健康状况改变所造成的影响、不利于应对的因素，及时给予正确的信息和引导，使其能够接受和适应自己目前的状态并能设法改善。督促进食后及时清洁口腔，随身携带纸巾擦拭口角溢出的分泌物，注意保持个人卫生和着装整洁等，以尽量维护自我形象。

3. 知识缺乏　对帕金森病患者给予疾病知识指导、治疗指导。

4. 营养失调　对帕金森病患者给予饮食指导、营养支持、进行营养状况监测。

5. 健康指导　帕金森病为慢性进行性加重的疾病，后期常死于压疮、感染、外伤等并发症，应帮助患者及其家属掌握疾病相关知识和自我护理方法，帮助分析和消除不利于个人及家庭应对的各种因素，制订切实可行的护理计划并督促落实。

（1）皮肤护理指导：患者因震颤和不自主运动出汗多，易造成皮肤刺激和不舒适感，皮肤抵抗力降低，还可导致皮肤破损和继发皮肤感染，应勤洗勤换，保持皮肤卫生；中晚期患者因运动障碍，卧床时间增多，应勤翻身、勤擦洗，防止局部皮肤受压，改善全身血液循环，预防压疮。

（2）活动与休息指导：鼓励患者维持和培养兴趣爱好，坚持适当的运动和体育锻炼，做力所能及的家务劳动等，可以延缓身体功能障碍的发生和发展，从而延长寿命，提高生活质量。患者应树立信心，坚持主动运动，如散步、打太极拳等，保持关节活动的最大范围；加强日常生活动作训练，进食、洗漱、穿脱衣服等应尽量自理；卧床患者协助被动活动关节和按摩肢体，预防关节僵硬和肢体挛缩。

（3）安全指导：①指导患者避免登高和操作高速运转的机器，勿单独使用煤气、热水器及锐利器械，防止受伤等意外；②避免让患者进食带骨刺的食物和使用易碎的器皿；③直立性低血压患者睡眠时应抬高床头，可穿弹力袜，避免快速坐起或下床活动，防止跌倒；④外出时需人陪伴，尤其是精神智能障碍者其衣服口袋内要放置写有患者姓名、住址和联系电话的“安全卡片”，或佩戴手腕识别牌，以防走失。

（4）照顾者指导：①本病为一种无法根治的疾病，病程长达数年或数十年，家庭成员身心疲惫，经济负担加重，容易产生无助感。医护人员应关心照顾者及家属，倾听他们的感受，理解他们的处境，尽力帮他们解决困难、走出困境，以便给患者更好的家庭支持。②照顾者应关心体贴患者，协助进食、服药和日常生活的照顾。③督促患者遵医嘱正确服药，防止错服、漏服。④细心观察，积极预防并发症和及时识别病情变化。⑤当患者出现发热、外伤、骨折、吞咽困难或运动障碍、精神智能障碍加重时应及时就诊。

（四）护理评价

1. 老年人的躯体活动障碍有所改善。
2. 营养摄入可满足机体需求。
3. 便秘得到纠正。
4. 人际交往意愿增强。
5. 无跌倒、压疮、感染等并发症发生。

案例学习

李某，女，60 岁，平素与老伴同住，老伴身体健康，每日早晨 5～7 点外出晨练。李某 3 年前发现血压增高，最高达 180/100mmHg，于附近医院就诊，明确诊断为高血压病 3 级，给予系统降压治疗。出院后李某未曾规律服药，平常很少进行血压的测量。今晨其老伴回家发现李某仍未起床，呼叫后可回答，反应较慢，枕边有少量呕吐物，是昨日晚饭食物，李某爱人立即拨打了 120。

急诊查体：意识模糊，语言欠流利，左侧鼻唇沟变浅，左侧肢体肌力为 1 级，肌张力稍低，左半身痛觉减退，大小便正常。查血压 170/90mmHg，心率 108 次 / 分，律齐。头部 CT 显示右基底节区高密度影。明确诊断为脑出血。

入院后给予系统治疗，现患者查体：神清语明，左侧鼻唇沟浅，左侧肢体肌力为 1 级，肌张力增高，左半身痛觉减退，左侧病理征阳性。查血压 160/90mmHg，心率 108 次 / 分，律齐。

请思考以下问题：

1. 什么因素会导致李某出现上述症状？
2. 你会对李某开展哪些领域的深度评估？
3. 请列举李某可能的护理诊断有哪些？
4. 此时给予床头康复是否可行？

评判性思维训练

1. 假如你身边有一位帕金森病的患者，你应该对他进行哪些健康指导？
2. 对阿尔茨海默病的患者应该进行哪些护理？

（张　敏）

第十八章　老年人循环系统疾病与护理

学习目标

知识目标：

1. 陈述老年人循环系统疾病的概念。
2. 区别老年人循环系统疾病的典型症状和体征。
3. 提出老年人循环系统疾病的护理措施和护理评价。

能力目标：

能够运用护理程序，完成老年人循环系统疾病的护理。

素质目标：

强调在老年人循环系统疾病的护理过程中应处处体现人文关怀，培养学生对老年人的尊重、对生命的敬畏，提升其综合素养和人文修养。

老年人循环系统疾病是老年人常见疾病中非常重要的一部分，发病率和死亡率均居于首位。其中，最常见的是高血压、冠心病，老年人常见的脑血管病如脑出血、脑梗死等，均与高血压、冠心病有着一定的内在联系，多数发病机制相同。与高血压相关的死亡原因，主要有两个并发症，即脑血管病和冠心病。了解老年人循环系统老化及疾病的特点，有利于疾病的正确诊断、治疗，有利于护士为老年患者提供更优质的护理服务。

第一节　高　血　压

一、概　　述

老年高血压（elderly hypertension）是指年龄≥ 60 岁（发达国家≥ 65 岁），在未使用抗高血压药的情况下，血压持续或非同日 3 次以上收缩压≥ 140mmHg（18.7kPa）和（或）舒张压≥ 90mmHg（12.0kPa）。老年高血压患者中单纯收缩期高血压（isolated systolic hypertension，ISH）者超过 50%，即收缩压≥ 140mmHg，舒张压＜ 90mmHg。老年高血压患病率约占 50%，且随年龄增长而提高。据统计，65 ～ 74 岁、75 岁及以上人群的患病率分别高达 56%、59.8%。导致老年高血压的主要原因是外周血管阻力增加，血容量增加者则较少见。老年高血压常伴随有心、脑、肾等脏器的损害，是一种排除假性或继发性高血压的全身性疾病，是老年人多种疾病的重要发病原因和诱发因素，是老年人重要的致残和致死原因之一。

二、临床表现

高血压可分为原发性高血压（essential hypertension）和继发性高血压（secondary hypertension）。目前，原发性高血压的病因尚不清楚。有 5% ～ 10% 的高血压患者为继发性高血压，继发性高血压常是由一些确定的疾病或病因所导致的血压升高。主要临床表现为：以收缩压增高为主，脉压增大，血压的波动较大，容易发生直立性低血压；常合并餐后低血压，可见血压昼夜节律异常；与多种疾病并存，并发症较多；诊室高血压、继发性高血压容易漏诊。

三、治疗要点

老年高血压治疗的主要目的是最大程度的降低老年人心脑血管并发症与死亡发生的危险。在治疗过程中，同时要对其他可逆性心血管危险因素、靶器官损害及各种并存的临床情况进行适当的干预。在患者可耐受的前提下，逐步降压至达标。老年高血压患者（≥65岁）的血压应降至150/90mmHg以下，如果老年人感觉能够耐受，可进一步将血压降至140/90mmHg以下。

四、护　理

（一）护理评估

1. 健康史

（1）内在因素：高血压具有遗传性，有研究显示双亲均有高血压，其子女高血压的发病概率高达46%，约有60%的高血压患者有高血压家族史。各种老化因素，如动脉粥样硬化、激素反应性减低等，也与高血压的发生有关。

（2）外在因素：影响高血压的主要因素为环境因素，如摄入钠盐过多、大量饮酒、吸烟、肥胖、在噪声环境工作和从事紧张度高的职业等。

2. 身体状况

（1）单纯收缩期高血压：多见于65岁以上的高血压患者。老年高血压以ISH为主，脉压增大较常见。随着年龄的增长，老年人的收缩压也随之升高，但舒张压却降低或不变，因而导致脉压增大。ISH是反应动脉损伤程度的重要标志，可更早提示心血管事件的发生。

（2）血压波动性大：老年人的血压波动程度相对较大，尤其是收缩压，一天之内的波动可达40mmHg。80岁以上的老年人多无血压的昼夜节律，因此，其心、脑、肾等器官发生损害的危险性增加。

（3）症状不明显：多数老年高血压患者在发生靶器官明显损害之前并无症状，从而导致其缺乏对自身健康的足够重视。

（4）多种疾病并存：老年高血压常同时合并多种并发症，如脑卒中、冠心病、心力衰竭、糖尿病、高脂血症、肾功能不全、肾衰竭等，使治疗的复杂性增加，且预后不佳，死亡率较高。

（5）直立性低血压：在老年高血压患者中较为多见，尤其经常出现在降血压治疗过程中。

（6）辅助检查：老年高血压与一般成年人高血压在一些辅助检查方面存在区别。①24h动态血压监测：老年高血压患者的血压波动性较大，且部分高龄老年人的血压昼夜节律可消失。②血脂、血糖检测：老年高血压患者常同时合并高血脂、高血糖。③内分泌检测：老年高血压多为低肾素型，表现为血浆肾素活性、醛固酮水平、β受体数目及反应性均降低。

3. 心理-社会评估　情绪激动可导致老年高血压患者的病情进一步加重，因此，要评估老年人是否存在对疾病的发展与治疗的焦虑、对终身用药的担心，以及老年人靶器官受损的程度是否影响其生活与社交活动、家庭与社区的支持度。

（二）常见护理诊断/问题

1. 头痛　与血压升高导致脑供血不足有关。

2. 活动无耐力　与血压升高导致的心、脑、肾循环障碍有关。

3. 有受伤的危险　与视物模糊、意识障碍、低血压反应有关。

4. 知识缺乏　缺乏高血压的相关知识。

（三）护理计划与实施

1. 一般护理

（1）环境舒适：高血压的发病受环境因素影响较大，不良的环境刺激可导致老年高血压患者病情的加重，因此应注意创造和保持良好的生活环境，如患者的居住环境要干净整洁、温湿度适宜、光线柔和等。护理操作应相对集中，动作尽量轻巧，保证老年人的充分休息。

（2）适当运动：依据老年高血压患者的危险性分层确定老年患者的运动量。极高危组应绝对卧床；高危组以休息为主，同时根据老年人身体的耐受情况，指导其进行适量运动；中危和低危组应指导其选择适合的运动方式，持之以恒，运动量以运动后自我感觉良好、体重保持理想为标准。

2. 病情观察 老年人血压波动较大，每天应定时、多次进行血压测量。老年人容易发生直立性低血压，进行血压测量时，应强调测量立位血压，且注意观察是否出现靶器官损害的征象。患者应关注自身24h血压的控制情况，特别是每日清晨时的血压应控制在＜135/85mmHg。严格控制24h血压所带来的保护作用远高于诊室血压的评估结果。患者意识如果发生改变，应嘱患者绝对卧床休息，并将床头抬高15°～30°，同时注意为患者做好口腔及皮肤护理，预防口腔溃疡和压疮的发生。

3. 治疗配合 合理地选择抗高血压药不仅有利于患者血压的控制，还可有效降低老年高血压患者心血管疾病的发病率、致死率和致残率，减少靶器官的损害，降低心血管事件的发生率。

（1）老年高血压的治疗：根据指南其应按以下顺序 ①治疗前需检查患者是否有直立性低血压。②选择有益于合并症的药物，选择原则为：无并发症者，选择噻嗪类利尿药和保钾利尿药；若需联合使用第二种药物，可选择钙通道阻滞药；除非患者有强适应证，否则一般不宜使用β受体阻滞药。③用药量从小剂量开始，逐渐递增。④使用长效剂型，1次/日。⑤注意避免药物间的相互作用，如非甾体抗炎药等非处方药。⑥注意观察与药物相关的副作用，如眩晕、虚弱、抑郁等。⑦防止患者出现血压过低，应定时监测患者的血压。

（2）药物副作用的观察：目前常用的抗高血压药可归纳为5大类，老年高血压患者选择抗高血压药时受多种因素的影响，如危险分层、合并症等，注意考虑药物的作用以及老年人的自身情况，观察老年人对不同种类药物的适应性以及可能会出现的不良反应。

（3）联合应用两种抗高血压药进行治疗的原则：①由小剂量开始，若血压未能达标，可将其中的一种药物增加至足量；若血压仍未达标，可将两种药物用量都增加至足量或小剂量加用第三种药物。②避免同时使用降压机制相近的药物，如不要将β受体阻滞药与血管紧张素转化酶抑制药（angiotensin converting enzyme inhibitor，ACEI）或血管紧张素受体拮抗药（angiotensin receptor blocker，ARB）联合使用。③选择可提升降压疗效、降低不良反应的降压方案，如联合应用β受体阻滞药与钙通道阻滞药（calcium channel blocker，CCB）。

4. 心理护理 情绪波动可导致老年高血压患者的病情加重，要鼓励老年人进行正向调适、鼓励其与家人及朋友建立良好关系，获得情感支持和愉悦感受。

5. 健康指导

（1）健康教育：选择面对面培训的方式对老年人进行健康教育，提升老年人的高血压相关知识、技能的水平和自信心，使其明确定期进行血压检测、长期坚持治疗的重要性，养成定时定量服药、正确测量血压的好习惯。告知患者及其家属抗高血压药的名称、剂量、用法和副作用，为其提供健康知识宣传手册。

（2）生活指导：①控制体重。注意减少总热量的摄入，加强锻炼。老年人群中超重较为普遍，减重对预防老年高血压和延缓病情进展有重要作用。②调节膳食。减少饮食中脂肪的摄入量，注意补充优质蛋白，增加含钾、钙高的食物及新鲜蔬菜、水果。减少钠盐的摄入，减少含盐量高的调味品的使用，少食各种腌制食品。指导患者戒烟限酒，少喝咖啡。③调适心理。保持乐观的心态，帮助老年患者预防和缓解精神压力，提升其应对突发事件的能力，避免情绪激动。④劳逸结合。生活作息要规律，睡眠充足，避免过度脑力及体力的负荷。

（3）康复训练：定期进行适当的体育锻炼可增加机体的能量消耗、改善机体的糖代谢，有利于降低血压、提高心肺功能。

（4）中医中药：中国传统的中药、针灸、推拿、健身气功等对老年高血压患者的康复具有一定疗效。如“轻揉腹部”，患者取仰卧位，自然呼吸，操作者用掌根轻揉、按摩患者的整个腹部，以顺时针方向转动，持续时间约为每次5min。

（5）定期检测血压：每日应定时测量血压并记录，尤其当患者有自觉症状或发生情绪波动时，需及时测量，发现异常时应及时就诊。此外，患者应定期进行尿常规、心电图、血生化及眼底检查等。

（四）护理评价

1. 患者疼痛有效缓解或消失。
2. 患者能够进行日常活动。
3. 患者未发生受伤事件。
4. 患者了解高血压的相关知识。

第二节 冠状动脉粥样硬化性心脏病

冠状动脉粥样硬化性心脏病（coronary atherosclerotic heart disease）是指冠状动脉粥样硬化使血管腔狭窄、阻塞和（或）因冠状动脉功能性改变（痉挛）导致心肌缺血缺氧或坏死而引起的心脏病，统称冠状动脉性心脏病（coronary artery heart disease，CHD），简称冠心病，亦称为缺血性心脏病（ischemic heart disease）。冠心病的发病率和死亡率随年龄而增加，是老年人最常见的心脏病，是导致器官病变的最常见类型。心绞痛（angina pectoris）是冠心病最常见的类型，与一般成年人相比，老年人急性心肌梗死（acute myocardial infarction，AMI）的发病率相对较高，高龄老年人的 AMI 病死率也较高。

一、老年心绞痛

（一）概述

老年心绞痛（elderly angina pectoris）是冠状动脉机械性或动力性狭窄致冠状动脉供血不足，心肌急剧、暂时缺血、缺氧所引起的以短暂胸痛为主要表现的临床综合征。约 90% 的老年心绞痛是由冠状动脉粥样硬化引起。

（二）临床表现

典型表现为胸骨中下段出现难以忍受的憋闷感、压迫感或紧缩感，持续时间为 3 ～ 5min。老年心绞痛以不稳定型心绞痛为多见，且症状多不典型。疼痛部位可在上颌部与上腹部间的任何部位。由于老年人的痛觉减退，因此其疼痛程度往往相对较轻，气促、疲倦、喉部发紧、左上肢酸胀、胸骨后灼烧感等疼痛以外的症状表现较多。

（三）治疗要点

老年心绞痛的治疗原则是改善冠状动脉的血供和降低心肌耗氧量，改善老年患者的症状，提高其运动耐量，改善老年心绞痛患者的生活质量。治疗目标是治疗冠状动脉粥样硬化、预防心肌梗死的发生，延长老年患者的生存期。

（四）护理

1. 护理评估

（1）健康史：询问患者疼痛的部位、性质、程度、持续时间、有无诱发因素及缓解方式；老年患者除饱餐、寒冷、酷热等一般诱因外，体力活动和情绪激动是导致老年心绞痛发生的最常见诱因。询问患者有无出汗、乏力、头晕，既往是否有类似发作情况等。

（2）身体状况

1）疼痛部位不典型：老年心绞痛常出现异位疼痛，疼痛部位可出现于上颌部与上腹部之间的任意部位，或仅表现为胸骨后的压迫感、窒息感等。

2）疼痛性质不典型：老年人痛觉敏感性降低，因此疼痛程度较轻或无疼痛，可表现为气急、憋闷、软弱无力或疲劳。少数老年人心前区有针刺样或压榨样疼痛，可持续几分钟至十几分钟。

3）体征：老年心绞痛患者平时一般无异常体征；发作时患者可出现表情焦虑、心率增快、血压升高、皮肤冷或出汗。

4）辅助检查：①心电图。心电图是最常用于发现心肌缺血、诊断心绞痛的方法，主要包括静息心电图、运动心电图及 24 小时动态心电图。非特异性 ST-T 段或间期改变是老年心绞痛患者最常见的心电图异常，即心绞痛发作时一过性的完全性左束支传导阻滞，常提示多支冠状动脉病变或左心功能不全。心电图负荷试验阳性对冠心病诊断具有一定价值，但可因老年患者肺功能差或者体力不支而影响结果的判断。②放射性核素检查。可早期显示心肌缺血区的部位与范围，结合其他临床资料，对老年心绞痛的诊断具有较大价值。③冠状动脉造影。为有创性检查，是目前诊断冠心病较为准确且安全可靠的方法。冠状动脉造影不仅可确诊或排除冠心病，是判断患者是否需行冠状动脉血运重建的必要检查手段。④超声心动图。患者心绞痛发作时可出现缺血区室壁运动幅度降低、无运动或反向运动，射血分数降低。⑤冠状动脉内超声。可实时显示冠状动脉血管壁的形态、结构和功能，用于某些特殊临床情况，对心绞痛反复发作而冠状动脉造影正常的患者意义较大。⑥其他。血糖、血脂检查用于了解冠心病相关危险因素；胸痛明显的患者需进行血清心肌损伤标志物检查；血常规检查注意有无贫血；胸部 X 线检查可帮助了解患者其他心肺疾病的情况。

（3）心理 - 社会评估：评估老年患者是否因心肌缺血而出现恐惧、抑郁，以及是否因对病情及预后的不了解而焦虑。评估患者家属对医护方案实施的支持和配合程度。

2. 常见护理诊断 / 问题

（1）急性 / 慢性疼痛：与心肌缺血、缺氧有关。

（2）活动无耐力：与心肌供需失调有关。

（3）知识缺乏：缺乏纠正诱发因素及药物应用相关知识。

（4）潜在并发症：心肌梗死。

3. 护理计划与实施

（1）一般护理：老年患者心绞痛发作时，要立即休息，停止活动后症状即可逐渐消失；有条件可给予间歇性氧气吸入，调节氧流量为 2 ～ 3L/min。若心绞痛仍不缓解，可舌下含服硝酸甘油 0.5mg，1 ～ 2min 即可起效，必要时间隔 5min 可重复使用。

（2）病情观察：严密观察老年患者胸痛的特点和伴随症状，注意监测患者的生命体征和心电图的变化，判断有无发生急性心肌梗死的可能。

（3）治疗配合

1）硝酸酯制剂：为老年心绞痛患者的常备药物，对于缓解心绞痛最为有效。老年人可先用温水湿润口腔，再舌下含服硝酸甘油，如将药物嚼碎后含服更有利于药物的快速起效；有条件者可使用硝酸甘油喷雾剂。老年人首次使用硝酸甘油时宜选择平卧位，同时注意观察患者有无头痛、面色潮红、心率反射性加快等不良反应的发生。

2）β 受体阻滞药：老年人用药剂量相对中年人要较小。用药时，应从小剂量开始，注意心率应维持在 55 次 / 分以上。患有慢性阻塞性肺疾病、心力衰竭、心脏传导病变的老年人，对 β 受体阻滞药较为敏感，但容易出现副作用，需逐渐减量、停药。

3）钙通道阻滞药：可扩张周围血管，降低动脉压，可使老年人发生低血压，用药时应注意由小剂量开始。常见的副作用有外周水肿、便秘、心悸、面部潮红、头痛、头晕、失眠、虚弱无力等。常用药物有维拉帕米、硝苯地平、氨氯地平、地尔硫䓬。

4）抗血小板药：使用期间需密切观察有无出血倾向，注意定期监测患者的出、凝血时间及血小板计数。阿司匹林的主要不良反应是胃肠道出血或患者对阿司匹林过敏，无法耐受的老年患者可改用氯吡格雷。

5）他汀类药物：有调脂、抗炎、延缓斑块进展、稳定斑块和保护心肌的作用。伴有高脂血症的老年患者应坚持使用。用药期间应注意监测转氨酶及肌酸激酶等生化指标，及早发现药物引起的肝脏损害。

6）中医中药治疗：目前最常用的有“活血化瘀”“芳香温通”“祛痰通络”治疗。中医的针刺或穴位按摩也具有一定疗效。

（4）心理护理：安慰患者，为患者讲解疾病的本质和预后，纠正老年患者对疾病的错误理解和认识，指导其通过自我暗示改变消极心态，减轻精神负担。

（5）健康指导

1）健康教育：通过教育和咨询，使老年患者及其家属了解心绞痛的发生机制、危险因素、治疗及康复方法，改善其在治疗、护理、康复过程中的配合度。

2）生活指导：生活方式的改变是冠心病治疗的基础。健康的生活方式可减少或消除危险因素，延缓病程的进展，减少老年患者的心绞痛发作。老年人心脏储备功能差，因此，防止诱因对于老年患者而言尤为重要。指导老年患者养成少食多餐、清淡饮食的习惯，戒烟限酒，每日的饮酒量应少于50g；适量运动，避免过度劳累；调整心态，保持情绪的乐观、稳定；注意防寒保暖及控制合并症。

3）康复训练：在全面评估老年患者病情的基础上，可结合老年人自身的运动习惯，有针对性地为其制订运动计划，运动时注意循序渐进。活动过程可从仰卧位到坐位、到站立、再到下地活动。若活动过程中无不良反应，可循序渐进到患者能耐受的水平；若活动过程中出现不良反应，必须终止当时运动，从低一级的运动量重新开始。

4）中医康复：中国传统中医疗法对心绞痛患者的康复具有一定的效果，如适合老年人群的气功强调“放松、入静、意守丹田”和“意到、气到、力到”等原则，可平衡神经系统的兴奋与抑制。老年心绞痛患者在康复早期应练习静气功，待病情稳定后方可改练动气功。

4. 护理评价

（1）患者疼痛缓解或消失。

（2）患者活动耐力增强，活动后无不适反应。

（3）患者了解控制诱发因素和药物应用的相关知识。

（4）患者无并发症出现，或出现后得到及时处理。

二、老年急性心肌梗死

（一）概述

老年急性心肌梗死（elderly acute myocardial infarction）是在冠状动脉粥样硬化的基础上，冠状动脉内斑块破裂出血、血栓形成或冠状动脉严重持久地痉挛，发生冠状动脉急性阻塞，血供急剧减少或中断，相应心肌严重而持久地缺血，引起部分心肌缺血性坏死。老年急性心肌梗死的发生率明显高于一般成年人。年龄是影响急性心肌梗死预后的重要因素。

（二）临床表现

心绞痛持续的时间延长，超过30min，患者可出现大汗淋漓、面色苍白、躁动不安、濒死感，舌下含化硝酸甘油不能缓解。但大多数老年AMI患者表现不典型，少有心前区疼痛，尤其是患有糖尿病的高龄老年人，可无胸痛表现，而仅表现为牙、肩、腹等部位的疼痛，但多数老年人可有气急、疲劳、衰弱、胸闷、恶心、头晕、休克、意识障碍等表现。

（三）治疗要点

强调早发现、早住院，加强住院前的就地处理。老年AMI患者的治疗原则是尽快恢复患者心肌的血液灌注（入院后30min内即开始进行溶栓或者90min内进行介入治疗），以挽救濒死的心肌，缩小心肌缺血的范围或防止梗死的进一步扩大，保护和维持心脏功能，减少并发症的发生，使老年患者度过急性期。

（四）护理

1. 护理评估

（1）健康史

1）外部因素：不同于一般成年人，缺乏体育锻炼和社交活动减少是老年 AMI 的主要危险因素。老年 AMI 常可在休息或睡眠的过程中发生，便秘、饱餐、情绪激动等亦可引发老年人出现 AMI。此外，发热和感染（大多为呼吸道感染）尤其对于高龄老年人而言，是导致 AMI 发生的常见诱因。

2）内在因素：老年 AMI 患者大部分存在多支血管的严重病变。老年患者有不同程度的神经体液调节障碍，可导致代谢产物血栓素 A_2 增多，诱发冠状动脉的强烈痉挛。

3）发病特点：老年 AMI 患者的发病表现个体差异较大，约 1/3 的患者发病急骤，约 1/2 的患者症状较轻微，诱发因素不明显。因 AMI 而死亡的患者中，约有 50% 是在发病后的 1h 内于院外发生猝死，致命性心律失常为其主要死因。因此，做好院前急救以防延误病情是非常重要的。

（2）身体状况

1）症状不典型：表现为疼痛的发生部位、性质、持续时间、对药物的反应等不典型，首发症状疼痛的发生率随年龄增加而降低，而气促、意识障碍随年龄增加而增多。无痛多见于伴有糖尿病的高龄老年人，有的老年人则表现为牙、肩、腹等部位的疼痛或胸闷、憋气、恶心、呕吐、休克、意识障碍等。

2）并发症多：老年 AMI 患者并发症的发生率要明显高于一般成年人。室壁瘤的发生率是一般成年人的 2 倍；心律失常的检出率极高，为本病重要的死因之一；70 岁以上的心肌梗死患者，心脏破裂的发生率较中青年高 3 倍；水、电解质紊乱的发生率为 56.7%（一般成年人为 31.3%）；院内感染的发生率为 20.4%（一般成年人为 5.7%）。

3）全身症状：发热一般发生于发病后的 2 ～ 3d，体温一般在 38℃左右，很少超过 39℃，持续 1 周左右。同时，可伴有心动过速、白细胞增高和红细胞沉降率增快等，与坏死物质被吸收有关。疼痛时常伴有频繁恶心、呕吐及上腹胀痛、食欲减退等消化道症状，下壁心肌梗死时较为明显。

4）其他：老年 AMI 病程较长，而长期的慢性缺血有助于侧支循环的建立，因此，老年 AMI 患者发生非 Q 波性心肌梗死者较多，出现再梗死和梗死后心绞痛的发生率较高，易导致梗死范围的扩大。

5）辅助检查：①心电图。心电图是诊断 AMI 最有价值的检查方法，常有进行性变化，有助于判断心肌梗死的部位、范围、病情演变及预后。除特征性与动态性改变之外，老年 AMI 患者的心电图可仅表现为 ST-T 改变，且无病理性 Q 波。②血清心肌坏死标志物。诊断老年 AMI 患者心肌梗死的最特异和最敏感的生物标志物为肌钙蛋白，其出现和升高表明心肌出现坏死。临床常通过心肌损伤标志物的动态演变判断病情。

（3）心理 - 社会评估：评估老年人及其家属是否因发病急骤和病情严重而恐惧、慌乱。

2. 常见护理诊断 / 问题

（1）急性疼痛：与心肌缺血、坏死有关。

（2）活动无耐力：与心输出量减少有关。

（3）恐惧：与病情危重有关。

（4）潜在并发症：心源性休克、心力衰竭、心律失常。

3. 护理计划与实施

（1）一般护理：发病 12h 内应绝对卧床休息，减少探视，保持环境安静，注意缓解患者焦虑。对有严重并发症、高龄、体弱的患者，适当延长卧床的时间，患者下床活动时应有人照料。

遵医嘱给予吸氧、吗啡或哌替啶镇痛。患者的饮食从流质逐渐过渡到低脂、低胆固醇、清淡饮食。

（2）病情观察：严密监测患者的心电图、血压、呼吸 5 ～ 7d。随时做好除颤准备，必要时监测患者的血流动力学变化。

（3）治疗配合

1）溶栓治疗：可在 12h 内溶栓，起病 3 ～ 6h 内溶栓效果最好。若无禁忌证且条件允许应立即（接诊 30min 内）为患者进行溶栓治疗。在此过程中，注意密切观察患者有无头痛、意识改变和肢体活动障碍，注意患者的血压及心率变化，及时发现脑出血的征象。

2）急性介入治疗：老年 AMI 患者介入治疗的并发症较多，需密切观察患者有无再发心前区疼痛以及心电图的变化，及时判断是否有新的缺血性事件的发生。

3）常规药物治疗：①镇痛药。如吗啡或哌替啶，老年人对吗啡的耐受性降低，使用时要密切观察患者是否发生呼吸抑制、低血压等不良反应。伴有肺部疾病的患者忌用，如慢性阻塞性肺气肿等。②抗凝剂。阿司匹林可降低老年 AMI 患者的死亡率，70 岁以上的老年人受益更多，目前已成为老年 AMI 的标准治疗。使用过程中要注意观察患者的胃肠道反应以及有无出血情况的发生。③ β 受体阻滞药。在发病 24h 内及早应用可有效降低老年 AMI 的死亡率，可选用比索洛尔或美托洛尔，其对心脏具有选择性，服用时从小剂量开始然后逐渐增量，以患者静息状态下的心率 60 次 / 分为宜。④ ACEI。可致头晕、乏力、肾功能损害等副作用，因此老年 AMI 患者应选用效制剂，由小剂量开始用药，几天内逐渐增加至可耐受剂量，用药过程中应严密监测患者的血压、血清钾浓度和肾功能。⑤钙通道阻滞药和洋地黄制剂，一般不作为 AMI 的一线用药。

4）并发症治疗：①心律失常。老年 AMI 患者窦性心动过缓的发生率较一般成年人高，老年人应用阿托品进行治疗时容易发生尿潴留和青光眼急性发作；应用异丙肾上腺素治疗可导致室性心律失常，甚至扩大梗死面积。因此，用药应慎重且严密观察患者反应。②心力衰竭。利尿药对治疗 AMI 伴中度心力衰竭者疗效较好，过度利尿可导致老年人出现头晕、心悸等不良反应，因此尽量选择口服给药。老年人容易发生洋地黄中毒，因此在应用快速制剂并控制剂量的基础上，还要动态监测患者的肾功能与电解质。老年患者容易对多巴胺产生依赖性，因此不宜长期使用。③心源性休克。有适应证者应立即进行溶栓或介入治疗，可显著降低死亡率。

（4）心理护理：对入住监护室的老年患者应及时给予心理安慰，并告知患者医护人员将随时监测其病情变化，给予及时处理和治疗。医护人员工作时注意紧张有序，避免使老年人及其家属产生不信任和不安全感。

（5）健康指导

1）健康教育：心肌梗死是心脏性猝死的高危因素，应指导老年 AMI 患者的照顾者学习并掌握心肺复苏技术，以备出院后居家发生紧急情况时实施抢救。

2）康复运动：美国学者 Wenger 提出心肌梗死后急性期的康复模式可适用于老年 AMI 患者。Wenger 将心脏康复分为 4 个阶段：第一阶段为急性期，即患者从入院至出院阶段；第二阶段为恢复期，即患者在家延续第一阶段的训练直至心肌梗死瘢痕成熟；第三阶段为训练期，即心肌梗死愈合后的安全有氧训练阶段；第四阶段为维持期，即终身有规律的运动。从第二阶段正规康复训练开始，运动处方要求基本同心绞痛。

4. 护理评价

（1）患者疼痛缓解或消失。

（2）患者活动耐力增强，且活动后无不适反应。

（3）患者情绪乐观稳定，积极配合治疗与护理。

（4）患者无并发症出现，或出现后得到及时处理。

案例学习

王某，女，66岁。今日凌晨出现胸闷、左胸心前区剧痛，伴大汗、恶心、呕吐，家人拨打“120”急救。患者既往有高血压、冠心病病史。2d前患者上腹部疼痛，但一般几分钟后便可自行缓解，以为是胃疼发作，未就医治疗。5h前突然发生胸闷、心前区疼痛并逐渐加重，服硝酸甘油3片未缓解，急诊入院。现患者出现面唇青紫，意识逐渐模糊。

请思考以下问题：

1. 列出该患者主要的护理诊断。
2. 依据护理诊断，列出护理抢救措施。

第三节　常见心律失常

一、概　　述

心律失常（cardiac arrhythmia）是指心脏冲动的频率、节律、起源部位、传导速度或激动次序的异常。可大致分为缓慢性心律失常和快速性心律失常两大类。

二、临床表现

老年患者的自觉症状常不明显，可仅有乏力和烦躁的感觉，或虽然频发期前收缩或心房颤动，但患者自身并无明显不适。老年人的心、脑、肾功能存在不同程度的衰退，导致其药物耐受性降低；重要脏器供血不足，如脑动脉硬化。任何类型的心律失常均可导致心、脑严重综合征，出现血流动力学变化，导致老年患者出现心悸、胸痛、晕厥、阿-斯综合征、休克等临床表现。

三、治疗要点

（一）病因治疗

老年人的心律失常大多继发于各种器质性心脏疾病。因此，应积极治疗原发病，消除诱因，如调节血脂、降血压、扩张冠状动脉等。控制原发疾病的发展，调节心功能，改善心肌供血，减少心律失常的发生。注意避免诱因，如情绪激动、精神紧张、劳累过度、电解质紊乱等。

（二）合理用药

老年人心律失常的种类多且临床表现不典型，可无任何症状，也可出现严重心律失常。无症状者，在积极治疗原发病的基础上，应注意保持生活规律，避免各种诱因；症状明显者，在此基础上可同时选用抗心律失常药治疗。根据心律失常的种类和严重性合理选用抗心律失常药，如为症状明显的慢性心房颤动，可用胺碘酮200～300mg，3次/日，无效时可用奎尼丁，需注意晕厥的发生；如为缓慢型心律失常，如心动过缓、房室传导阻滞等可用阿托品等。老年人心律失常选药应慎重，要全面考虑老年患者的年龄、体重及心、肝、肾等脏器的功能状况；减少用药剂量至中年人的1/3～1/2，甚至更小，用药过程中要密切观察老年人病情的变化，进行剂量的调整，以获得最佳效果。

（三）介入治疗

1. 心脏电复律　适用于各种严重的心律失常及持续时间较长的快速性心律失常。禁忌证：①病史长、心脏明显增大、心房内有新鲜血栓形成或近3个月内有栓塞史者；②伴高度或完全性房室传导阻滞的心房颤动或扑动；③伴病态窦房结综合征的异位性快速性心律失常；④洋地黄中毒、低钾血症。要掌握介入治疗的操作方法，熟悉常见并发症。

2. 心脏起搏治疗　通过不同的起搏方式纠正心率及心律的异常，提高患者的生存质量，减少病残的发生。

四、护　　理

（一）护理评估

1. 健康史　了解引起老年人心律失常的原因和其他功能性的因素。评估老年患者有无心源性疾病，如冠心病、风湿性心脏病、心肌炎、高血压心脏病、肺源性心脏病、先天性心脏病等。因心悸而引起老年人的不适可伴有呼吸困难、发热、胸痛或晕厥、抽搐等。

2. 身体状况　心律失常患者临床表现为一种突然发生的规律或不规律的心悸、胸痛、眩晕、心前区不适感、憋闷、气急、手足发凉和晕厥，甚至休克；意识丧失、抽搐、心跳呼吸停止。应注意评估老年患者心律失常的类型、发作频率、持续时间、起止方式、发作时的自理程度，以及伴随症状。少数心律失常患者也可无症状，仅有心电图改变。

（1）病因多、诱因多：引起老年人心律失常的原因很多，如炎症、退行性病变、纤维化、缺血等。器质性心脏病是老年人心律失常的基本病因，冠心病为主，约占 50% 以上；高血压、肺源性心脏病等次之。应激、低血钾、贫血、大出血等也可诱发老年人的心律失常。

（2）症状不典型、易误诊：老年人机体调节能力、适应能力下降，感觉与反应较差，老年患者自觉症状常不明显，可仅有心悸、气短、心前区不适、头晕、乏力、烦躁不安等；或毫无症状，仅体检时发现。老年人容易出现休克、心绞痛、心力衰竭和脑循环功能不全的症状，以脑循环功能不全多见，容易误诊。

（3）心律失常的性质严重：老年人因心脏传导系统出现退行性变、二尖瓣环钙化、心脏淀粉样浸润、脂褐素沉积增多，导致心肌失去正常的生理特性，且常有多种器质性心血管疾病并存，使老年人发生的心律失常往往更严重，尤其高龄老年人并发室性心律失常时可发生猝死。

（4）复发率高，危险性大：老年人心律失常病因多、药物敏感性差、治疗效果较差、复发率高，要坚持长期治疗和观察。此外，严重心律失常时可使老年人发生晕厥或脑组织一过性缺血，增加跌倒和意外发生的危险性。

（5）辅助检查：①心电图。是诊断心律失常最重要的无创性检查技术。②血电解质测定。高血钾、低血钾等电解质紊乱是导致老年心律失常发生的重要诱发因素。③药物浓度测定。使用抗心律失常药时，剂量过大、过小或不合理配伍，均可诱发新的心律失常发生。

3. 心理 - 社会评估　评估老年患者对疾病的反应，如有无紧张、害怕；了解心律失常对老年人日常生活及社会活动参与能力的影响；了解家属对老年人患病的态度、心理支持及生活照顾等情况。

（二）常见护理诊断 / 问题

1. 活动无耐力　与心律失常导致心输出量减少有关。

2. 恐惧　与心律失常引起的心悸、心跳停顿感有关。

3. 有受伤的危险　与心律失常引起的头晕或晕厥有关。

4. 潜在并发症　心力衰竭。

（三）护理计划与实施

1. 一般护理　根据心律失常的严重程度指导患者合理休息和适当运动。偶发、无器质性心脏病者，无须卧床，注意劳逸结合；有症状的轻度心律失常者，适当休息，避免劳累；严重心律失常者，需卧床休息，减少心肌耗氧量及对交感神经的刺激。长期卧床者容易发生静脉血栓、直立性低血压，因此，恢复期应鼓励患者适当运动；发绀、呼吸困难等患者，可给予吸氧。

2. 病情观察　严密观察，发现以下情况及时报告医师并及时处理。①测心率、脉搏 1min 以上发现心音、脉搏消失及心率每分钟＜ 40 次或每分钟＞ 160 次时；②患者收缩压＜ 80mmHg，脉压＜20mmHg，且面色苍白、脉搏细速、出冷汗、神志不清、四肢冷、尿量减少者；③阿 - 斯综合征患者出现意识丧失、昏迷或抽搐，且此时大动脉搏动消失、心音消失、血压测不到、呼吸停止、瞳孔放大者；④心搏骤停，表现与阿 - 斯综合征相似。严重心律失常者，行心电图和生命体征的监护。出现以下任何一种心律失常时，应立即报告医师，准备急救处理。①频发室性期前收缩或室性期前收缩呈二联律；②连续出现 2 个以上多源性室性期前收缩或反复发作的阵发性室上性心动过速；③室性期前收缩落在前一搏动的 T 波之上；④阵发性室性心动过速或三度房室传导阻滞。出现阿 - 斯综合征、心搏骤停等急症时，要积极配合医师进行救护。

3. 治疗配合 遵医嘱给予抗心律失常的药物，观察药物疗效及不良反应，并给予相应护理。利多卡因可引起头晕、嗜睡、视物模糊、抽搐和呼吸抑制，静脉注射累积不宜超过 300mg/2h；苯妥英钠可致皮疹、白细胞减少，用药期间需定期做血液检查；普罗帕酮易致恶心、口干、头痛等，宜饭后服用。应用奎尼丁期间，要定期进行心电图监测及血压、心率的测量，若血压下降、心率减慢或不规则应暂时停药。

4. 心理护理 安慰、陪伴老年患者，鼓励其表达自身感受，保持乐观稳定的情绪。

5. 健康教育 ①教会患者及其家属进行自我病情监测的方法，如脉搏的测量；对于反复发生的严重心律失常患者，应教会患者家属及其照顾者心肺复苏技术以备急用。②调整生活方式，保证足够的休息与睡眠，注意劳逸结合；注意保持乐观、稳定的情绪；戒烟、酒，不宜饮浓茶、咖啡等刺激性饮料；避免饱食，多食用富含纤维素的食物；注意加强锻炼，预防感染。③嘱患者按医嘱服药，不可随意增减药量或停药。④安装人工心脏起搏器的患者，应使患者及其家属了解起搏器的设置频率、使用年限，避开强磁场和高电压、随身携带和妥善保管起搏器卡等。⑤定期随访，检查心电图，随时调整治疗方案。

（四）护理评价

1. 患者活动后无不适反应。
2. 患者积极配合治疗与护理。
3. 患者没有受伤事件发生。
4. 患者无并发症出现，或出现后得到及时处理

第四节 心力衰竭

一、概 述

心力衰竭（heart failure，HF）是指各种心脏结构或功能性疾病导致心室充盈和（或）射血功能受损，心输出量不能满足机体组织代谢需要，以肺循环和（或）体循环淤血及器官、组织血液灌注不足为临床表现的一组综合征，主要表现为呼吸困难、体力活动受限和体液潴留。心功能不全（cardiac insufficiency）或心功能障碍理论上是一个更广泛的概念，伴有临床症状的心功能不全称之为心力衰竭（简称心衰）。

老年人各个系统的形态与功能均随年龄的增加而发生一系列变化，即“生理性老化”。老年人的心肌收缩力、心输出量、心脏储备功能均下降，左心室的顺应性减退，外周血管的阻力增加。此外，老年人常有多系统、多器官疾病并存，机体的内环境稳定性发生变化；老年人的抗病能力、各器官的储备功能均下降。因此，老年人易患心力衰竭，临床表现错综复杂；治疗矛盾多、疗效较差，易发生药物之间相互影响，增加了治疗和处理难度。心肌损伤、心脏负荷过重、心脏机械功能衰退、心脏负荷不足、血液循环容量过多均可导致心力衰竭的发生。

二、临床表现

心力衰竭开始以左心衰竭较多见，以后继发肺动脉高压，导致右心衰竭，单纯的右心衰竭较少见。左心衰竭时可导致肺循环淤血和心输出量降低，表现为呼吸困难、咳嗽、咳血丝痰或咯血

及乏力、疲倦、头晕、心悸，以及夜尿和少尿等。右心衰竭时可导致体循环静脉淤血，表现为腹胀、食欲缺乏、恶心、呕吐等消化道症状，以及劳力性呼吸困难、肝区疼痛、夜尿增多、下肢水肿等。全心衰竭多见于器质性心脏病晚期，具有左心和右心衰竭的双重特点。

三、治疗要点

对老年人而言，治疗目标不仅是缓解症状、改善心功能和生活质量、提高老年人的自理能力，更重要的是针对心肌重构机制，防止或延缓心肌重构的发生，降低心衰的病死率和住院率。治疗原则与一般心力衰竭类似，但应更加谨慎，需注意老年人器官老化、基础疾病多、药动学有别于年轻人的特点；老年人使用药物种类较多，要注意药物间的相互作用。对于老年患者而言，几乎无法完全祛除导致心力衰竭的病因，要采取积极措施防止心肌的进一步损害。

四、护　　理

（一）护理评估

1. 健康史　评估老年患者既往有无冠心病等基础心脏病病史及有无呼吸道感染、心律失常、过度疲劳等诱发因素；了解患者首次发病的时间、呼吸困难的特点和严重程度；有无咳嗽、咳痰或痰中带血、疲乏、头晕、失眠等左心衰竭表现，是否有恶心、呕吐、食欲缺乏、腹胀、体重增加及身体低垂部位水肿等右心衰竭表现；了解患者本次发病是否较以往加重，了解其食欲、饮水量、摄盐量、睡眠状况、自理能力、活动受限程度等。

2. 身体状况

（1）多病因共存：老年人心力衰竭是多种因素共同作用的结果，多种心血管与非心血管疾病都可对老年人心力衰竭的发生、发展及预后产生重要影响。心血管疾病是引起心力衰竭的常见原因，如高血压、缺血性心脏病、瓣膜性心脏病、先天性心脏病和心肌病等。

（2）症状不典型：①无症状，可无典型表现，甚至中度心力衰竭者也可完全无症状，诱因出现时，则可发生重度心力衰竭，危及生命。②非特异性症状，表现为疲乏无力、运动耐量下降、大汗淋漓、慢性干咳、味觉异常、日间尿量减少、夜晚尿量增多。此外，患者胃肠道症状明显，如厌食、腹部不适、恶心、腹泻等；神经精神症状突出，如精神错乱、易怒、睡眠障碍。

（3）并发症多：①心律失常。最多见的是窦性心动过缓和心房颤动，室性心律失常、房室传导阻滞也较为常见。心律失常可诱发或加重心力衰竭。②肾功能不全。由于肾灌注不足而导致，出现少尿和肾前性氮质血症，心肾同时衰竭使治疗难度和死亡率增加。③电解质及酸碱平衡失调。因老年人心力衰竭患者限钠，易出现食欲减退；因继发性醛固酮增加及应用利尿药等，容易发生电解质紊乱，如低钾、低镁、低氯等，或代谢性碱中毒或酸中毒，导致病情恶化，加速死亡。

（4）辅助检查

1）血液检查：B 型脑钠肽和氨基末端 B 型利尿钠肽前体是心力衰竭诊断、患者管理、临床事件风险评估的重要指标。患者未经治疗，B 型脑钠肽水平正常可基本排除心力衰竭；若已接受治疗的患者，B 型脑钠肽水平高则提示预后差。但多种疾病均可导致 B 型脑钠肽升高，因此其特异性不高。其他包括血常规、肝肾功能、电解质、血糖、血脂等也非常重要。

2）X 线检查：心影大小及外形可为病因诊断提供重要依据，心脏的扩大程度以及动态改变亦可间接反映心功能状态。肺淤血的有无以及肺淤血的程度均可直接反映左心功能状态。

3）超声心动图：比 X 线检查更准确地反映各心腔大小变化、心脏瓣膜结构与功能的情况，是诊断心力衰竭最主要的仪器检查。左室射血分数（left ventricular ejection fraction，LVEF）可反映心脏收缩功能；超声多普勒可判断舒张功能。

4）放射性核素检查：放射性核素心血池显影有助于判断心室腔的大小，计算 EF 值及左心室最大充盈速率，可反映心脏的收缩与舒张功能。行心肌灌注显像，可评价存活 / 缺血心肌。

5）心 - 肺运动试验：即运动状态下测定患者对运动的耐受量，仅适用于慢性稳定性心衰患者。可测定最大摄氧量 [VO_{2max}，ml/（kg · min）]。心功能正常时，此值应＞ 20。无氧阈值越低说明心功能越差。

6）有创性血流动力学检查：急性重症心衰患者必要时采用右心漂浮导管（Swan-Ganz 导管）检查，经静脉插管至肺小动脉，测定各部位的压力及血液含氧量，计算心脏指数（CI）及肺小动脉楔压（PCWP），直接反映左心功能。正常时 CI ＞ 2.5L/（min · m^2），PCWP ＜ 12mmHg。危重患者也可采用脉搏指示连续心输出量监测（PiCCO），经外周动、静脉置管，应用指示剂热稀释法估测血容量、外周血管阻力、全排血量等指标，更好地指导容量管理，通常仅适用于具备条件的 CCU、ICU。

3. 心理 - 社会评估 评估老年患者的不良情绪。询问其近期有无发生不良生活事件。心力衰竭常是心血管疾病发展到晚期的表现，老年人受疾病影响，体力活动受限，日常生活需他人照顾，使老年人陷于焦虑不安、内疚、绝望，甚至对死亡的恐惧之中。

（二）常见护理诊断 / 问题

1. 气体交换受损 与左心衰竭导致肺淤血有关。

2. 活动无耐力 与心输出量下降有关。

3. 体液过多 与右心衰竭至体静脉淤血、水钠潴留、低蛋白血症有关。

4. 有皮肤完整性受损的危险 与长期卧床或强迫体位、水肿、营养不良有关。

5. 焦虑 与慢性病程、病情反复发作呈加重趋势、担心疾病预后有关。

6. 潜在并发症 洋地黄中毒、电解质紊乱、猝死。

（三）护理计划与实施

1. 一般护理

（1）休息与活动：休息可减轻心脏的负担，但长期卧床可致消化功能降低、肌肉萎缩、静脉血栓的形成有发生肺栓塞的危险。因此，应根据心力衰竭患者病情的轻重安排休息。心功能Ⅰ级，应避免剧烈运动和重体力劳动。心功能Ⅱ级，避免较剧烈运动，保证充足睡眠。心功能Ⅲ级，限制体力活动，日常生活可自理或在他人协助下可自理，保证充足休息时间，晚间睡眠时可枕高枕。心功能Ⅳ级，绝对卧床休息，日常生活由专人协助和护理；定时更换卧位，预防压疮的发生。根据病情安排患者进行床上肢体运动和床边活动等，预防静脉血栓形成及肺栓塞。

（2）饮食：给予低盐、低热量、高蛋白、高维生素的清淡易消化饮食，避免浓茶、咖啡、辛辣刺激及产气食物；戒烟酒；少量多餐，不宜过饱。限制水分和钠盐的摄入，钠盐摄入量在每日 5g 以下，中度心力衰竭患者每日 2.5 ～ 3g，重度心力衰竭控制在 1g 以下，同时注意控制含钠量高的食品。使用强效排钠利尿药时，不可过分限盐，避免发生低钠血症。

（3）排便的护理：指导患者养成每日按时排便的习惯，预防便秘。排便时切忌过度用力，以免增加心脏的负荷，诱发严重心律失常。长期卧床者，定期更换卧位，顺时针按摩腹部，或每日进行数次腹肌收缩，必要时给予适量的轻泻药。

2. 病情观察 密切观察患者呼吸困难、发绀、水肿变化情况，控制输液量与速度（15 ～ 30 滴 / 分为宜）。详细记录患者 24h 出入液量，准确测量体重并记录。

3. 吸氧 持续吸氧，流量为 2 ～ 4L/min，保持输氧管通畅。观察患者的呼吸频率、节律及深度变化，随时评估呼吸困难的改善情况并做好记录。

4. 用药护理 ①洋地黄类药物：遵医嘱给药，给药前测量心率、心律，心率低于 60 次 / 分，或发生节律改变，要暂停服药并通知医师。用药后严密观察疗效及毒性反应，发现异常立即报告医师，给予相应处理。毒性反应处理：立即停药、补充钾盐及镁盐、针对心律失常及特异性抗体进行治疗。口服或静脉补充氯化钾、门冬氨酸钾镁，停用排钾利尿药。有快速性心律失常者，应用利多卡因或苯妥英钠。心动过缓者，可应用阿托品或临时起搏器。地高辛中毒可用抗地高辛抗体。②利尿药：遵医嘱用药，用药前测量体重，尽量早晨或日间用药，避免夜间频繁排尿影响休息；用药后准确记录出入液量，判断利尿效果。严密观察用药后的不良反应；监测血钾，观察有无乏力、腹胀、肠鸣音减弱等低钾血症的表现，补充含钾丰富的食物，必要时遵医嘱补充钾盐。使用保钾利尿药时，应注意有无胃肠道反应及嗜睡、乏力、皮疹、高血钾等不良反应。③β受体阻滞药：使用后可出现心肌收缩力减弱、心率减慢、房室传导时间延长、支气管痉挛、低血糖、血脂升高等不良反应。用药后需监测患者的心音、心率、心律和呼吸，定期查血糖、血脂。

5. 心理护理 鼓励患者说出焦虑的感受及原因。指导患者做好心理调整，减轻焦虑，保持积极、乐观的情绪，树立战胜疾病的信心。

6. 健康指导

（1）健康教育：向患者及其家属讲解心力衰竭的病因、常见诱因，教育、指导患者家属给予患者积极的理解与支持，帮助患者树立战胜疾病的信心，保持情绪稳定。

（2）生活指导：让患者了解疾病的诱因并注意避免。注意保暖，防止受凉感冒，保持乐观稳定的情绪。指导患者合理休息与活动，活动时以不出现心悸、气急为原则，注意循序渐进。保证充足睡眠。坚持合理饮食，提倡低盐、低脂、低热量、高蛋白、高维生素、清淡易消化的饮食；少量多餐，避免过饱；戒烟、酒；避免浓茶、咖啡及辛辣刺激性食物。

（3）自我监测：教会患者及其家属进行自我脉搏的监测，观察患者的病情变化，若患者出现足踝部水肿、气急加重、夜尿增多、体重增加、厌食和饱胀感，提示心力衰竭复发。

（4）用药指导：告知患者及其家属强心药、利尿药等药物的名称、给药方法、用药剂量、不良反应和注意事项。应定期复查，若感不适，应及时复诊。

（四）护理评价

1. 患者的呼吸困难减轻，血气分析结果正常。
2. 患者心输出量增加。
3. 患者水肿、腹水减轻或消失。
4. 患者未发生压疮。
5. 患者的焦虑减轻，治疗疾病的信心增强，积极配合治疗。
6. 患者无洋地黄中毒、电解质紊乱和猝死发生，或者及时被发现得以控制。

评判性思维训练

1. 如何对老年高血压患者应进行健康指导？
2. 对患有冠心病的老年人应如何指导其进行活动？

（穆晓云）

第十九章　老年人呼吸系统疾病与护理

学习目标

知识目标：

1. 正确复述老年人呼吸系统疾病的概念。
2. 了解老年人呼吸系统疾病的治疗要点。
3. 掌握呼吸系统疾病的临床表现、护理评估及护理措施。

能力目标：

1. 应用所学知识为老年慢性阻塞性肺疾病患者提供康复指导。
2. 应用所学知识为老年肺炎患者实施整体护理。
3. 运用所学知识为阻塞性睡眠呼吸暂停综合征患者实施健康教育。
4. 运用所学知识为呼吸衰竭患者进行正确氧疗。

素质目标：

1. 将老年友善及人文关怀理念融入对老年呼吸系统患者的护理中，培养学生尊老、敬老、助老、爱老的美德。
2. 讲解医务人员在呼吸系统疾病防治中的责任与担当，培养学生的社会责任感。

老年人由于呼吸系统器官退行性变，出现肺活量减少、残气量增加、最大通气量明显减少等特点，再加上老年人免疫功能下降、季节变化、寒冷等因素，致使呼吸系统疾病成为老年人的常见病、多发病，严重危害老年人的健康。本章介绍了老年人呼吸系统常见疾病的病因、发病机制、临床表现、治疗要点和护理等，突出老年人呼吸系统疾病的特点和护理要点，使学生能够有针对性地护理老年呼吸系统疾病患者。同时介绍了老年人呼吸系统疾病的进展和技术，使学生了解这一领域的学术前沿和发展。

第一节　慢性阻塞性肺疾病

一、概　　述

慢性阻塞性肺疾病（chronic obstructive pulmonary disease，COPD）简称慢阻肺，是一种以持续性呼吸道症状和气流受限为特征的、可以预防和治疗的疾病，其气流受限不完全可逆、呈进行性发展。COPD是老年人常见的呼吸系统疾病，严重危害患者身心健康。调查显示，在老年人群疾病负担最重的前15种疾病中，慢阻肺居第三位，仅次于缺血性心脏病和脑卒中。

二、临床表现

（一）症状

1. 慢性咳嗽　为首发症状，随病程发展可终身不愈。初为间断性咳嗽，早晨较重，之后早晚或整日均有咳嗽，夜间咳嗽常不显著。

2. 咳痰　一般为白色黏液或浆液性泡沫痰，偶可带血丝，清晨排痰较多。急性发作期痰量增多，可有脓性痰。

3. 气短或呼吸困难　晨起气短或呼吸困难。

4. 喘息和胸闷　部分患者特别是重度患者或急性期加重时会出现喘息。

（二）体征

COPD早期体征不明显，随着疾病进展可出现以下体征。

1. 视诊 胸廓前后径增大，肋间隙增宽，剑突下胸骨下角增宽，称为桶状胸。部分患者呼吸变浅、频率增加，严重者可有缩唇呼吸等。

2. 触诊 双侧语颤减弱。

3. 叩诊 肺部过清音，心浊音界缩小，肺下界和肝浊音界下降。

4. 听诊 两肺呼吸音减弱，呼气期延长，部分患者可闻及湿啰音和（或）干啰音。

三、治疗要点

（一）急性加重期治疗

1. 确定急性加重期的原因（最多见的急性加重原因是细菌或病毒感染）及病情严重程度，根据病情严重程度决定门诊或住院治疗。

2. 药物治疗

（1）支气管扩张药：可松弛支气管平滑肌、扩张支气管，缓解气流受限。包括β_2受体激动药、抗胆碱能药、茶碱类药。吸入性短效β_2受体激动药（SABA）联合或不联合吸入性短效抗胆碱能药物（SAMA）是治疗老年COPD急性加重的首选措施。

（2）糖皮质激素：全身激素治疗可以缩短住院和恢复时间，改善肺功能和氧饱和度，降低早期复发和治疗失败的风险，是中重度COPD急性加重治疗的关键。老年COPD急性加重选择全身激素需要权衡可能的获益与风险，可给予泼尼松龙30～40mg/d，疗程5～14d，口服与静脉给药疗效相同。

（3）抗菌药物：当患者出现呼吸困难加重、痰量增加和痰液呈脓性3种主要症状，或有两种症状（包括脓性痰）或需要机械通气呼吸支持时，应根据患者所在地细菌流行病学资料及耐药情况选用抗菌药物。老年患者因肝肾代谢功能下降、合并症较多、常同时应用多种治疗药物，在选择抗菌药物治疗时，应首选安全性较好、药物相互作用少的药物。

（4）祛痰药：对于痰液不易咳出者，可使用盐酸氨溴索30mg，每日3次；溴己新8～16mg，每日3次。

3. 呼吸支持治疗

（1）氧疗：氧疗是老年COPD急性加重患者住院治疗中的关键部分。调节吸入氧浓度，使合并低氧血症患者的氧饱和度改善到88%～92%；密切监测血气分析，以确保氧合满意且不出现二氧化碳潴留和（或）酸血症加重。

（2）呼吸机支持治疗：对氧疗和药物治疗无反应的严重恶化患者，可采取呼吸机支持治疗，分为无创通气（noninvasive ventilation，NIV）和有创通气（invasive mechanical ventilation，IMV）治疗。NIV更适合作为老年COPD急性加重住院患者急性呼吸衰竭的一线治疗。

4. 合并症治疗 如果患者并发肺源性心脏病、心力衰竭、呼吸衰竭等给予相应治疗。具体治疗方法参照相关章节内容。

（二）稳定期治疗

1. 远离致病因素。因职业或环境粉尘、刺激性气体致病者，建议其脱离污染环境，教育和劝导患者戒烟。

2. 规律使用支气管扩张药，包括β_2受体激动药、抗胆碱能药、茶碱类药。

3. 酌情使用祛痰药。

4. 糖皮质激素的应用。

5. 长期家庭氧疗。

6. 康复治疗。

四、护　理

（一）护理评估

1. 健康史　确定 COPD 的危险因素及干预可控性危险因素对于预防和治疗 COPD 相当重要。COPD 是遗传和环境相互作用导致的疾病，相关因素如下。

（1）老年人自身因素：包括老年人支气管和肺组织的老化、自主神经功能失调、肾上腺皮质功能和性腺功能减退、免疫球蛋白减少、单核巨噬细胞功能低下等。

（2）危险因素：随着年龄的增长，COPD 的发病率和死亡率不断上升。国内多数研究发现，男性患病风险显著高于女性；呼吸道感染已被认为是诱发 COPD 急性加重的重要因素；吸烟是目前最常见的导致 COPD 的危险因素。其他危险因素还包括室内外空气污染、哮喘、气道高反应、BMI、家族史等。

2. 身体状况　老年 COPD 患者存在不同于一般成年人的特点。

（1）呼吸困难更突出：老年人随着气道阻力的增加，呼吸功能发展为失代偿时，轻度活动甚至静息时即有胸闷和气促发作。

（2）典型症状弱化或缺如：老年人由于机体反应能力差，COPD 的典型症状可能不明显。如在急性感染时体温不升、白细胞不高、咳嗽不重、气促不显著，可表现为厌食、胸闷、少尿等，体格检查精神萎靡、发绀、呼吸音低或肺内啰音密集等。

（3）易反复感染且并发症多：老年人气道屏障功能和免疫功能减退，体质下降，容易发生反复感染，肺源性心脏病、休克、电解质紊乱、呼吸性酸中毒、肺性脑病、DIC 等并发症的发生率增高，且心血管系统疾病是导致 COPD 患者死亡的首要原因。

3. 心理 - 社会状况　老年人因明显的呼吸困难导致自理能力下降，从而产生焦虑、孤独等情绪。病情反复会造成抑郁和失眠，对治疗失去信心。评估患者的心理状态及其家庭成员对疾病的认知和照顾能力等。

（二）常见护理诊断 / 问题

1. 气体交换受损　与气道阻塞、通气不足、呼吸肌疲劳、分泌物过多和肺泡呼吸面积减少有关。

2. 清理呼吸道无效　与分泌物增多而黏稠、气道湿度减低和无效咳嗽有关。

3. 低效性呼吸型态　与肺通气和换气功能障碍、缺氧和二氧化碳潴留、心力衰竭有关。

4. 活动无耐力　与肺、心功能下降引起慢性缺氧有关。

5. 焦虑　与健康状况的改变、病情危重、经济状况有关。

6. 潜在并发症　慢性肺源性心脏病、自发性气胸、慢性呼吸衰竭。

（三）护理计划与实施

老年 COPD 治疗、护理的目标是改善呼吸功能和运动能力，降低抑郁程度，减少急性发作和并发症的发生，延缓或阻止肺功能的下降。

1. 病情观察　密切观察患者的呼吸频率、深度、节律变化，观察咳、痰、喘症状及加重情况，尤其注意痰液性状、黏稠度、痰量。密切观察体温变化及有无胸痛、刺激性干咳等症状，关注 COPD 患者的分级。

2. 增强呼吸功能

（1）有效排痰：老年人因咳嗽无力，常发生排痰困难，病情允许的情况下鼓励老年人摄入充足水分，也可通过雾化吸入、胸部叩击、体位引流的方法促进排痰。但注意病重或体弱的老年人应禁用体位引流。

（2）长期家庭氧疗（LTOT）：LTOT 指征包括① $PaO_2 \leqslant 55mmHg$ 或 $SaO_2 \leqslant 88\%$，有或没有高碳酸血症。② PaO_2 55 ～ 60mmHg，或 $SaO_2 < 89\%$，并有肺动脉高压、心力衰竭水肿或红细胞增多症（血细胞比容＞0.55）。对晚期严重的 COPD 老年人应给予控制性氧疗，一般采用鼻导管或鼻塞持续低流量吸氧 1 ～ 2L/min，吸氧时间 10 ～ 15h/d。注意告知老年人用氧注意事项，保证其用氧安全。

3. 用药护理

（1）支气管扩张药：β_2 受体激动药大剂量使用可引起心动过速、心律失常，长期使用可发生肌肉震颤；茶碱类药使用过程中要监测血药浓度，当药量大于 15mg/L 时，恶心、呕吐等副作用明显增加；抗胆碱能药同 β_2 受体激动药联合吸入可加强支气管扩张作用，但合并前房角狭窄型青光眼的患者、因前列腺增生而尿道梗阻者应慎用，常见不良反应有口干、口苦等。

（2）糖皮质激素：易引起老年人高血压、白内障、糖尿病、骨质疏松及继发感染等，故不推荐患者长期口服糖皮质激素；长期吸入仅适用于有症状且治疗后肺功能有改善者。

（3）镇咳药：可待因具有麻醉性中枢镇咳作用，可因抑制咳嗽而加重呼吸道阻塞，不良反应有恶心、呕吐、便秘等，老年患者谨遵医嘱使用。

（4）祛痰药：常用药物盐酸氯溴索为润滑性祛痰药，不良反应轻；溴己新偶见恶心、转氨酶增高，老年胃溃疡者慎用。

4. 心理调适 抑郁会使老年 COPD 患者变得畏缩，与外界隔离，对自己的生活满意度下降，同时会进一步加重失眠。医护人员应与家属相互协作，鼓励老年人与他人互动，积极参加各种团体活动，发展个人的社交网络。

5. 健康指导

（1）健康教育：讲解老年 COPD 的诱发因素、临床表现、防治措施等基础知识；教育和督促患者戒烟；教会患者和家属家庭氧疗的方法，告知患者和家属氧疗注意事项；使患者了解就诊时机和定期随访的重要性；提醒患者注意自己的情绪，保持良好的心态。

（2）生活指导：老年人居室应保持室内空气流通，冬季温度一般保持在 22 ～ 24℃，夏季温度以 26 ～ 28℃为宜，相对湿度 50% ～ 70%。老年人尽量避免或防止粉尘、烟雾及有害气体吸入；根据气候变化及时增减衣物，避免受凉感冒；在多雾、雨露天气不要外出，可在室内活动；摄入高热量、高蛋白、高维生素饮食，其中优质蛋白占 50% 以上，避免摄入产气或引起便秘的食物。

（3）康复指导：指导患者进行骨骼肌运动训练和呼吸肌运动训练。骨骼肌运动训练项目包括步行、踏车、太极拳、老年体操等，呼吸肌运动训练包括腹式呼吸、缩唇呼吸、对抗阻力呼吸、全身性呼吸体操等。

（四）护理评价

老年人能够说出引起 COPD 的危险因素，能够正确地预防；掌握合理的用药方法、家庭氧疗方法及呼吸锻炼法，增强呼吸功能，改善自身生活质量。

案例学习

张爷爷，72 岁，吸烟史 30 余年，因反复咳嗽、咳痰、活动后气促 10 余年，加重伴发热 2d 入院，步入病房。主诉咳嗽、咳黄色脓痰且不易咳出，伴有喘息及活动后气促。体格检查：体温 38.5℃，脉搏 104 次 / 分，呼吸 23 次 / 分，血压 140/80mmHg。慢性病容，杵状指，桶状胸，口唇发绀；胸部触诊双侧语颤减弱，叩诊过清音，听诊有湿啰音及痰鸣音。实验室检查：血常规显示白细胞（WBC）1.1×10^9/L、中性粒细胞（N）0.87、红细胞（RBC）5.2×10^{12}/L、血红蛋白（Hb）140g/L；动脉血气分析显示 pH 7.33、动脉血氧分压（PaO_2）55mmHg、动脉血二氧化碳分压（$PaCO_2$）60mmHg。

请思考以下问题：

1. 张爷爷最可能的临床诊断是什么？
2. 请列出张爷爷可能存在的主要护理问题 / 护理诊断。
3. 如何对张爷爷进行氧疗？
4. 张爷爷出院时，应如何对他进行出院指导？

第二节　肺　　炎

一、概　　述

肺炎（pneumonia）是指终末气道由病原微生物、免疫损伤、过敏及药物等多种病因所致的肺泡和肺间质的炎症，是老年人的常见疾病，也是老年人主要的死亡原因之一。随着年龄的增加，老年人肺炎的发病率、病死率呈直线上升趋势。根据患病的临床环境和状况，可分为社区获得性肺炎（community acquired pneumonia，CAP）和医院获得性肺炎（hospital acquired pneumonia，HAP）。HAP 多见于有慢性疾病的老年人。根据老年人肺炎的发病机制，可分为吸入性肺炎、坠积性肺炎、局限性肺不张性肺炎。老年人肺炎中大多数是吸入性肺炎。

二、临床表现

（一）症状

老年人肺炎常由感冒、受凉、劳累诱发，先有发热、鼻塞、咽痛，随后出现咳嗽，咳黄色黏液痰，或者由原来的白色黏液痰转成脓痰，偶尔可见到铁锈色痰。炎症波及胸膜时引起胸痛，全身情况恶化时可出现其他系统的症状。以肺外表现起病且辅助检查阳性率偏低。

（二）体征

老年人肺炎的体征不具特异性。一般为中度发热，也有患者不出现发热。脉搏较快，常有低血压，可出现各种心律失常、呼吸浅快，容易出现发绀、呼吸困难、呼吸衰竭和低氧血症。若老年人突然出现心率和呼吸增快，应高度怀疑肺炎。肺部听诊呼吸音减弱，多数有湿啰音，部分患者可有干啰音和喘息性呼吸音。

（三）其他

需要注意的是，许多老年人肺炎呼吸道症状并不明显，而是以消化道症状或者神经精神症状为主要表现，甚至首先以循环衰竭起病，给诊断造成了困难。

三、治疗要点

（一）抗感染治疗

合理使用抗生素是成功治疗老年人肺炎的关键。抗生素的使用原则是早期、适量、联合和长疗程。

（二）对症支持治疗

发热给予物理及药物降温，有呼吸困难者可采用鼻导管或面罩给予较高浓度氧气，有二氧化碳潴留者应采取低浓度给氧。加强翻身拍背，鼓励患者咳嗽、咳痰。注意补充足够的水分及蛋白质、维生素、微量元素等，以利于老年人肺炎患者的恢复。

（三）并发症防治

老年人肺炎患者容易出现并发症，如休克、心力衰竭、呼吸衰竭，以及肝肾功能不全等。在治疗肺炎的同时应注意观察患者情况，严密监测各脏器功能，加强预防措施。一旦出现脏器功能损害，应积极采取相应的治疗措施。

四、护　理

（一）护理评估

1. 健康史

（1）患病及治疗经过：询问与本病发生相关的因素，如有无着凉、淋雨、劳累等诱因；有无上呼吸道感染史；有无慢性阻塞性肺疾病、糖尿病等慢性基础疾病；是否吸烟及吸烟量；是否长期使用激素、免疫抑制药等。

（2）目前病情与一般状况：确定患者现存的主要症状，有无寒战、高热、咳嗽、咳痰、胸痛等；患病后日常活动与休息、饮食、排便等情况。

2. 身体状况　老年人肺炎的临床表现因病原体毒力、宿主因素有较大差异，评估时应注意。

（1）起病隐匿：最常见的表现为患者健康状况逐渐恶化，包括食欲减退或厌食、乏力、体重减轻、精神萎靡、头晕、意识模糊、营养不良等非肺炎特异性表现。另一种表现是基础疾病的突然恶化或恢复缓慢，如充血性心力衰竭在适当的治疗后仍复发或加重；临床上可见严重衰弱患者肺炎的某种病原菌被控制后，另外的条件致病菌感染又会发生。

（2）临床表现多不典型：老年肺炎患者多无发热、胸痛、咳嗽、咳痰等典型肺炎症状，较常见的是心率及呼吸频率增加、呼吸急促或呼吸困难，全身中毒症状较常见并可早期出现。体征主要表现为出现干、湿啰音及呼吸音减低，极少出现语颤增强、支气管呼吸音等肺实变体征。

（3）并发症多而重：老年人肺炎因可能存在潜在的器官功能不全，容易并发呼吸衰竭、心力衰竭、严重败血症或脓毒血症、休克、DIC、电解质和酸碱平衡紊乱等严重并发症。呼吸衰竭、心力衰竭及多器官功能衰竭是老年肺炎患者死亡的重要原因。

（4）病程较长：常为多种病原菌合并感染，耐药情况多见，病灶吸收缓慢。

3. 心理-社会状况　评估老年患者有无烦躁、抑郁、焦虑等情绪反应，评估家庭的照顾和经济能力、家属有无对患者病情和预后的担忧等。

（二）常见护理诊断/问题

1. 清理呼吸道无效　与气道分泌物多、痰液黏稠、胸痛、咳嗽无力等有关。

2. 气体交换受损　与肺炎所致呼吸面积减小有关。

3. 潜在并发症　呼吸衰竭、心力衰竭、感染性休克等。

（三）护理计划与实施

1. 一般护理

（1）密切监测并且记录老年人生命体征、精神状态、皮肤黏膜、出入量、咳嗽的性质及痰液的量、颜色、性质、气味等。

（2）保持空气新鲜、环境舒适，维持适宜室温；注意保暖，避免受凉；协助患者取舒适的体位，如半坐卧位，指导患者有效咳嗽。

（3）鼓励患者进食高蛋白、高热量、高维生素、易消化无刺激性的食物，少食多餐，经常变换食谱，避免食用产气食物。病情允许的情况下，鼓励老年人摄入充足水分，利于痰液排出。多进食蔬菜、水果，戒烟限酒。加强口腔护理，保持口腔清洁，促进食欲。体弱进食差的患者，必要时遵医嘱静脉补充营养。

2. 高热护理　采用温水擦浴、冰袋、冰帽等物理降温措施，以逐渐降温为宜，防止虚脱。患者大汗时，及时协助擦拭和更换衣服，避免受凉。给予物理降温及补液治疗，补液时注意补液速度，避免过快导致患者急性肺水肿。

3. 用药护理　遵医嘱应用抗生素、镇咳和祛痰药物，注意观察疗效及不良反应。

4. 心理护理　帮助患者了解咳嗽、咳痰的相关知识，增强其战胜疾病的信心，指导患者家属理解和满足其心理需求。

5. 健康宣教　积极指导患者注意防寒保暖，保持居室内空气清新，做好口腔护理，戒烟限酒。指导患者掌握有效咳嗽、咳痰的技巧，正确预防疾病，合理的用药。

（四）护理评价

患者能够说出引起肺炎的危险因素，做到正确预防；掌握合理的用药方法。

案例学习

王大爷，65岁，6d前受凉后咳嗽、咳黄色脓痰，咳嗽时伴有右侧胸痛，自服“阿莫西林”，症状无好转。近2d咳嗽、咳痰加重，出现高热寒战，体温高达39.2℃，伴头痛、全身疼痛。既往体健，无肺结核等传染病史，无药物过敏史，吸烟30年，每日1包。入院体格检查：体温39.0℃，脉搏95次/分，呼吸24次/分，血压130/80mnHg。神志清楚，精神不振，呼吸略促，咽红，双侧扁桃体不大；双肺呼吸音粗，右下肺可闻及干、湿啰音；心律齐，肝脾肋下未触及，双下肢无水肿。实验室检查：血常规显示 WBC 16.2×10^9/L、N 0.88、L 11%。胸部X线检查显示双肺纹理增多、增粗，右下肺有不规则斑片状阴影。

请思考以下问题：

1. 王大爷可能的诊断是什么？
2. 王大爷存在的主要护理诊断/问题。
3. 护士应为王大爷提供哪些护理措施？

第三节　睡眠呼吸暂停低通气综合征

一、概　　述

睡眠呼吸暂停低通气综合征（sleep apnea hypopnea syndrome，SAHS）是指多种原因导致的睡眠状态下反复出现低通气和（或）呼吸中断，引起间歇性低氧血症伴高碳酸血症以及睡眠结构紊乱[每晚7h睡眠过程中呼吸暂停和（或）低通气反复发作30次以上或睡眠呼吸暂停低通气指数≥5次/小时]并伴有日天嗜睡等临床症状，从而使机体发生一系列病理生理改变的临床综合征。中枢性睡眠呼吸暂停综合征（central sleep apnea syndrome，CSAS）、阻塞性睡眠呼吸暂停低通气综合征（obstructive sleep apnea hypopnea syndrome，OSAHS）、混合性睡眠呼吸暂停综合征（mixed sleep apnea syndrome，MSAS）。病情逐渐发展可导致肺动脉高压、肺心病、呼吸衰竭、高血压、心律失常、脑血管意外等并发症。

二、临床表现

（一）中枢性睡眠呼吸暂停综合征

主要由呼吸中枢调节紊乱所致。老年中枢性睡眠呼吸暂停患者通常体型正常，睡眠时经常觉醒，轻度、间歇性打鼾，嗜睡少见，主要以失眠为主，可引起抑郁等情况。

（二）阻塞性睡眠呼吸暂停低通气综合征

OSAHS是最常见的睡眠呼吸疾病。原因为：①解剖学因素，如患者鼻和咽喉部结构异常、鼻息肉、咽壁肥厚、软腭松弛、腭垂过长、扁桃体肥大、肢端肥大症、巨舌、先天性小颌畸形、肥胖所致的气道狭窄；②功能性因素，如患者入睡后常有舌咽部肌群松弛，使咽部狭窄、舌根后坠，吸气时由于胸腔负压的作用，使软腭、舌坠入咽腔紧贴咽后壁，造成上气道闭塞、呼吸暂停。老年阻塞性睡眠呼吸暂停患者通常伴有肥胖，睡眠时很少觉醒，鼾声很大，多有日间嗜睡，可引起晨起头痛、夜间遗尿、智力损害。

三、治疗要点

（一）病因治疗

纠正引起阻塞性睡眠呼吸暂停低通气综合征或使之加重的基础疾病，如应用甲状腺素治疗甲状腺功能减退等。

（二）正压通气治疗

包括持续气道正压通气（continuous positive airway pressure，CPAP）、双水平气道正压通气和智能型持续气道正压通气。在进行无创通气治疗前应先行压力滴定，设定个体所需最适治疗压力后在家中长期治疗，并定期复诊，根据病情变化调整治疗压力。

（三）口腔矫治器治疗

（四）药物治疗

目前尚无能确切治疗 OSAHS 的药物，临床上使用的药物多用于辅助解决该病导致的日间过度嗜睡、困倦等症状。

（五）手术治疗

（六）减肥治疗

减肥能有效降低呼吸暂停和低通气的发生。

四、护　　理

（一）护理评估

1. 健康史 了解患者完整的睡眠历史，有无 OSAHS 家族史；评估其有无精神疾病、认知功能障碍及是否服用处方药、饮酒等，以及有无肺动脉高压、肺心病、呼吸衰竭、高血压、心律失常、脑血管意外等并发症。

2. 身体状况 评估患者体重、颈围、气道、鼻咽部特征、扁桃体、舌体大小、下颌状态等；夜间睡眠时有无多动、不宁、频繁翻身、肢体舞动、突然憋醒坐起；有无鼾声 - 气流停止（≥ 10s）- 喘气 - 鼾声交替出现及有无夜尿次数增多等；日间是否存在疲倦乏力、嗜睡、头痛、头晕的症状及有无认知障碍和性格改变等。

3. 心理 - 社会状况 评估患者有无烦躁、多疑、焦虑、抑郁等情绪和心理异常反应；评估患者及其家属对治疗的信心和对疾病的认知程度等。

（二）常见护理诊断 / 问题

1. 气体交换障碍 与睡眠时呼吸暂停或低通气有关

2. 睡眠型态紊乱 与睡眠中出现打鼾、呼吸暂停和憋醒有关。

（三）护理计划与实施

1. 病情观察 观察患者呼吸频率，监测血氧饱和度，如果出现呼吸频率改变、血氧饱和度降低应及时就医。

2. 一般护理

（1）体位：协助患者采取有效措施维持侧卧位睡眠，可使用安眠枕或睡衣后缝制小球的办法，有利于保证患者头向一侧或保持侧卧位。

（2）戒烟酒：吸烟可引起咽喉炎，增加上呼吸道狭窄；饮酒可加重打鼾及睡眠呼吸暂停，患者睡前应避免饮酒。

（3）减少危险因素：如避免服用催眠药、适当减肥、防治上呼吸道感染等。

3. 健康宣教

（1）疾病知识指导：使患者了解 OSAHS 的相关知识，识别加重病情的因素，指导戒烟、戒酒。帮助患者学会正确使用无创呼吸机，并定期随访评价和提高呼吸机治疗的依从性，保证治疗效果。

（2）运动指导：肥胖是引起睡眠呼吸暂停的原因之一，鼓励患者进行有效的体育锻炼，减轻体重，增加有效通气。

（3）正压通气治疗指导：指导患者长期佩戴 CPAP 呼吸机，经常（≥ 70%）夜晚使用，每晚使用≥ 4h，以保证夜间治疗时间。选择合适的面罩，遵医嘱调整合适的压力，防止并发症。

（4）用药指导：睡前禁止服用镇静、催眠物，以免加重对呼吸中枢调节的抑制。

（四）护理评价

睡眠呼吸暂停低通气综合征患者能说出导致其发生的危险因素，能够采取正确的预防措施，避免肥胖，改善睡眠状态，提升自身的生活质量。

案例学习

王大爷，71 岁，老伴发现其夜间睡眠打鼾伴有呼吸中断现象、白天精神差并加重 1 月余入院。王大爷有高血压 3 年，打鼾 10 余年，否认其他病史，无药物过敏史。体格检查：体胖，颈短，下颌短小、后缩；体温 36.2℃，脉搏 90 次 / 分，呼吸 23 次 / 分，血压 145/90mmHg，颈围 38cm，BMI 24.8kg/m^2。PSG 监测：呼吸暂停低通气指数（AHI）26 次 / 小时，夜间最低 SaO_2 82%，脑电图正常，心电图基本正常。

请思考以下问题：

1. 王大爷可能的临床诊断是什么？
2. 该疾病的临床表现有哪些？
3. 对王大爷怎样进行护理评估？
4. 对王大爷采取哪些护理措施？

第四节 呼吸衰竭

一、概 述

呼吸衰竭（respiratory failure）简称呼衰，是指各种原因引起的肺通气和（或）换气功能严重障碍，以致在静息状态下亦不能维持足够的气体交换，导致低氧血症伴（或不伴）高碳酸血症，进而引起一系列病理生理改变和相应临床表现的综合征。呼吸衰竭是老年人中较为常见的一种综合征，对老年人身体损害较大，尤其是对慢性疾病老年患者而言，呼吸衰竭的危害更为突出。在海平面标准大气压、静息状态呼吸空气条件下，动脉血气分析显示 PaO_2 < 60mmHg，伴或不伴 $PaCO_2$ > 50mmHg，并排除心内解剖分流和原发性心输出量降低，即可诊断呼吸衰竭。

二、临床表现

除原发疾病的症状、体征外，主要为缺氧和 CO_2 潴留所致的呼吸困难和多脏器功能障碍。

（一）呼吸困难

多数患者有明显的呼吸困难。急性呼吸衰竭早期表现为呼吸频率增加；病情严重时出现呼吸困难，辅助呼吸肌活动增加，可出现三凹征。慢性呼吸衰竭表现为呼吸费力伴呼气时间延长，严重时呼吸浅快；并发 CO_2 麻醉时，出现浅慢呼吸或潮式呼吸。

（二）发绀

发绀是缺氧的典型表现。当 SaO_2 低于 90% 时，出现口唇、指甲和舌发绀。另外，发绀的程度与还原型血红蛋白含量相关，因此红细胞增多者发绀明显，而贫血患者则不明显或不出现发绀。

（三）精神 - 神经症状

急性呼吸衰竭可迅速出现精神紊乱、躁狂、昏迷、抽搐等症状；慢性呼吸衰竭随着 $PaCO_2$ 升高，出现先兴奋后抑制症状。兴奋症状包括烦躁不安、昼夜颠倒，甚至谵妄；CO_2 潴留加重时导致肺性脑病，出现抑制症状，表现为表情淡漠、肌肉震颤、间歇抽搐、嗜睡，甚至昏迷等。

（四）循环系统表现

多数患者出现心动过速，严重缺氧和酸中毒时，可引起周围循环衰竭、血压下降、心肌损害、心律失常，甚至心搏骤停。CO_2 潴留者出现体表静脉充盈、皮肤潮红、温暖多汗、血压升高；慢性呼吸衰竭并发肺源性心脏病时，可出现体循环淤血等右心衰竭表现。因脑血管扩张，患者常有搏动性头痛。

（五）消化和泌尿系统表现

严重的急性呼吸衰竭可损害肝、肾功能，并发肺源性心脏病时出现尿量减少。部分患者引起应激性溃疡而发生上消化道出血。

三、治疗要点

呼吸衰竭的处理原则是保持呼吸道通畅、迅速纠正缺氧、改善通气、积极治疗原发病、消除诱因；加强一般支持治疗和对其他重要脏器功能的监测与支持，预防和治疗并发症。

（一）保持呼吸道通畅

气道不通畅可加重呼吸肌疲劳，气道分泌物积聚时可加重感染，并可导致肺不张，减少呼吸面积，加重呼吸衰竭，因此，保持气道通畅是纠正缺氧和 CO_2 潴留的最重要措施。

1. 清除呼吸道分泌物及异物。

2. 昏迷患者采用抬头举颏法打开气道，并将口打开。

3. 缓解支气管痉挛 用支气管扩张药如 β_2 肾上腺素受体激动药、糖皮质激素等缓解支气管痉挛。急性呼吸衰竭患者需静脉给药。

4. 建立人工气道 如上述方法不能有效地保持气道通畅，可采用简易人工气道或气管内导管（气管插管和气管切开）建立人工气道，简易人工气道主要有口咽通气道、鼻咽通气道和喉罩，是气管内导管的临时替代方式。

（二）氧疗

任何类型的呼吸衰竭都存在低氧血症，故氧疗是呼吸衰竭患者的重要治疗措施，但不同类型的呼吸衰竭其氧疗的指征和给氧方法不同。原则是Ⅱ型呼吸衰竭应给予低浓度（$<35\%$）持续吸氧；Ⅰ型呼吸衰竭则可给予较高浓度（$>35\%$）吸氧。急性呼吸衰竭的给氧原则：在保证 PaO_2 迅速提高到 60mmHg 或 SpO_2 达 90% 以上的前提下，尽量降低吸氧浓度。

（三）增加通气量、减少 CO_2 潴留

1. 呼吸兴奋药　呼吸兴奋药通过刺激呼吸中枢或外周化学感受器，增加呼吸频率和潮气量，改善通气。主要用于以中枢抑制为主所致的呼吸衰竭，不宜用于以换气功能障碍为主所致的呼吸衰竭。常用药物有尼可刹米、洛贝林、多沙普仑等。

2. 机械通气　对于呼吸衰竭严重、经上述处理不能有效地改善缺氧和 CO_2 潴留时，需考虑机械通气。

（四）病因治疗

老年人上呼吸道感染和肺部感染是引发老年呼吸衰竭的一个重要原因，且呼吸衰竭常继发感染。老年人身体的免疫能力逐渐弱化，对其及时进行抗感染治疗尤为重要。

（五）一般支持疗法

一般支持疗法包括纠正酸碱平衡失调和电解质紊乱、加强液体管理、维持血细胞比容、保证充足的营养及能量供给等。

（六）重要脏器功能的监测与支持

重症患者需转入 ICU 进行积极抢救和监测，预防和治疗肺动脉高压、肺源性心脏病、肺性脑病、肾功能不全和消化道功能障碍，尤其要注意预防多器官功能障碍综合征（multiple organ dysfunction syndrome，MODS）的发生。

四、护　　理

（一）护理评估

1. 健康史　了解患者有无慢性阻塞性肺疾病、肺结核、尘肺、肺间质纤维化、胸廓畸形等引起慢性呼吸衰竭的疾病；有无呼吸道感染、气道痉挛、劳累等引起加重的诱发因素。

2. 身体状况　评估患者呼吸困难程度，是否发绀，有无精神神经症状，是否有心动过速、心律失常，以及是否有消化道出血等；评估有无异常呼吸音等。

3. 心理 - 社会状况　评估患者有无因呼吸困难产生的焦虑或恐惧；有无因气管插管或气管切开进行机械通气治疗，而加重焦虑情绪；有无因各种监测及治疗仪器加重患者的心理负担，以及患者及其家属对治疗的信心和对疾病的认知程度等。

（二）常见护理诊断 / 问题

1. 低效性呼吸型态　与肺顺应性降低、呼吸肌疲劳、气道阻力增加、不能进行有效呼吸有关。

2. 清理呼吸道无效　与呼吸道感染、分泌物过多或黏稠、咳嗽无力及大量液体和蛋白质漏入肺泡有关。

3. 潜在并发症　多器官功能衰竭。

（三）护理计划与实施

1. 体位、休息与活动　帮助患者取舒适且有利于改善呼吸状态的体位，一般取半卧位或坐位，趴伏在床桌上，借此增加辅助呼吸肌的效能，促进肺膨胀。为减少体力消耗、降低氧耗量，患者需卧床休息，并尽量减少自理活动和不必要的操作。

2. 氧疗　根据患者病情选择合适的氧疗方法，注意观察氧疗效果。根据动脉血气分析结果和患者的临床表现，及时调整，保证氧疗效果，防止氧中毒和 CO_2 麻醉。

3. 保持呼吸道通畅，促进痰液引流　呼吸衰竭患者的呼吸道净化作用减弱，炎性分泌物增多，痰液黏稠，引起肺泡通气不足。在氧疗和改善通气之前，必须采取各种措施，使呼吸道保持

通畅。

（1）指导并协助患者进行有效的咳嗽、咳痰。

（2）每 1 ～ 2h 翻身 1 次，并给予叩背，促使痰液排出。

（3）病情严重、意识不清的患者，因其口、咽及舌部肌肉松弛，咳嗽无力，分泌物黏稠不易咳出，可导致分泌物及舌后坠堵塞气道，应取仰卧位，头后仰，托起下颌，并用多孔导管经鼻或经口进行机械吸引，以清除口咽部分泌物，并能刺激咳嗽，有利于气道内的痰液咳出。如有气管插管或气管切开，则给予气管内吸痰，必要时也可用纤维支气管镜吸痰并冲洗。吸痰时应注意无菌操作。

（4）饮水、口服或雾化吸入祛痰药可湿化和稀释痰液，使痰液易于咳出或吸出。

（5）注意观察痰液的颜色、性质、量、气味及痰液的实验室检查结果，并及时做好记录。发现痰液出现特殊气味或痰液的量、颜色及黏稠度等发生变化，应及时与医师联系，以便调整治疗方案。

（6）按医嘱及实验室检查要求正确留取痰液检查标本。

4. 促进有效通气 指导Ⅱ型呼吸衰竭的患者进行腹式呼吸和缩唇呼吸，通过腹式呼吸时膈肌的运动和缩唇呼吸促使气体均匀而缓慢地呼出，以减少肺内残气量，增加有效通气量，改善通气功能。

5. 用药护理 按医嘱及时准确给药，并观察疗效和不良反应。患者使用呼吸兴奋药时应保持呼吸道通畅，适当提高吸入氧浓度；静脉滴注时速度不宜过快，注意观察呼吸频率、节律、神志变化，以及动脉血气的变化，以便调节剂量。患者使用抗生素时，需密切观察药物的疗效与不良反应。

6. 病情监测 呼吸衰竭患者均需收住 ICU 进行严密监护，监测内容包括呼吸状况、缺氧及 CO_2 潴留情况、循环状况、意识状况及神经精神状态、液体平衡状态、实验室检查结果等。

7. 配合抢救 备齐有关抢救用品，发现病情恶化时需及时配合抢救，赢得抢救时机，提高抢救成功率。同时做好患者家属的心理支持。

8. 心理支持 呼吸衰竭患者因呼吸困难、预感病情危重、可能危及生命等，常会产生紧张、焦虑情绪。应多了解和关心患者的心理状况，特别是对建立人工气道和使用机械通气的患者，应经常巡视，让患者说出或写出引起或加剧焦虑的因素，指导患者应用放松、分散注意力和引导性想象技术，以缓解紧张和焦虑情绪。

9. 健康指导

（1）疾病知识指导：向患者及其家属讲解疾病的病因、发生、发展和转归及临床表现、治疗方法、护理措施、并发症预防等。教会患者避免氧耗量较大的活动，并在活动过程中增加休息。指导患者合理安排膳食，加强营养，改善体质。避免劳累、情绪激动等不良因素刺激。

（2）康复指导：借助简易图片进行讲解，使患者理解康复的意义与目的。教会患者有效呼吸和咳嗽咳痰技术和呼吸功能锻炼方法，提高患者的自我护理能力，延缓肺功能恶化；教会患者和家属家庭氧疗的方法，告知患者和家属氧疗注意事项；鼓励患者进行耐寒锻炼，提高呼吸道抗感染的能力。教育和督促患者戒烟；告诉患者尽量少去人群拥挤的地方，避免与呼吸道感染者接触，减少感染的机会。

（3）用药指导与病情监测：出院时告知患者或其家属患者使用的药物、剂量、用法、注意事项；患者若有气急、发绀加重等情况，应尽早就医。

（四）护理评价

患者的呼吸频率、幅度和节律正常，PaO_2 和 $PaCO_2$ 维持在正常范围内；掌握有效的咳嗽、咳痰技术，呼吸道通畅；焦虑缓解，无明显体重减轻；没有与低氧血症和高碳酸血症相关的损害。

案例学习

李爷爷，76 岁，近日因咳嗽、咳痰、喘憋加重伴发热 3d 入院。患者 10 年前诊断慢性阻塞性肺疾病，经常反复咳嗽、咳痰，并时常喘憋，冬季加重。入院时体格检查：口唇、指尖部皮肤发绀，体温 38.9℃，脉搏 120 次 / 分，呼吸 28 次 / 分。胸廓略呈桶状，肋间隙增宽，双肺呼吸音粗并可闻大量痰鸣音，双下肢凹陷性水肿。

辅助检查：血常规显示 WBC 13.9×10^9/L、RBC 6.0×10^{12}/L、血气分析显示 pH 7.24、PaO_2 42mmHg、$PaCO_2$ 70mmHg；胸部 X 线提示双肺纹理加重，右下肺片絮状阴影。

请思考以下问题：

1. 李爷爷的初步诊断是什么？
2. 你将如何对李爷爷进行护理评估？
3. 请列举李爷爷可能的护理诊断都有哪些？

评判性思维训练

1. 老年慢性阻塞性肺疾病患者不同于一般成年人患者的特点是什么？
2. 老年肺炎患者的临床症状多不典型，多数症状和心力衰竭、肺栓塞等疾病相似，应如何鉴别？
3. 如何进行呼吸衰竭患者的护理评估？针对不同类型呼吸衰竭患者，给氧方式如何选择？

（张秀梅）

第二十章 老年人消化系统疾病与护理

学习目标

知识目标：

1. 陈述老年人消化系统常见疾病的概念。
2. 准确说出老年人消化系统常见疾病的病因、诱因、临床特点和主要并发症。
3. 提出老年人消化系统常见疾病的护理诊断。

能力目标：

1. 能对患消化系统疾病的老年人进行系统全面的护理评估。
2. 能根据护理诊断/问题采取有针对性的护理措施。

素质目标：

1. 通过与老年患者沟通、交流等，树立尊老、爱老、惜老的职业态度。
2. 通过病例讨论、见习和实习，培养学生慎独的职业情操。

伴随老化，消化系统的结构和功能发生了一系列生理性退化，这些变化使老年人对消化系统疾病的易感性增加，直接或间接地参与了老年人诸多消化系统疾病的发生、发展，同时也对老年人营养物质的摄取、消化、吸收和利用造成了一定的影响。本章主要阐述了老年人常见消化系统疾病，具体内容包括消化不良、胃食管反流病、慢性胃炎、消化性溃疡和消化道出血，了解和掌握这些常见消化系统疾病的临床特征和护理要点对于护理工作者尤其重要。

第一节 消化不良

一、概　　述

（一）概念

消化不良（dyspepsia）是指一组源自上腹部，持续存在或者反复发生的综合征，主要表现为上腹部疼痛或烧灼感、上腹闷胀或早饱感、食欲缺乏、嗳气、恶心或呕吐等症状，分为器质性消化不良（organic dyspepsia，OD）和功能性消化不良（functional dyspepsia，FD）。OD 是指上述症状由某种疾病引起，如消化性溃疡、胃部肿瘤、慢性胆囊炎等；FD 是指通过各项检查排除胃肠道的器质性病变或全身疾病导致的消化不良。老年人是 FD 高发人群，本节重点介绍 FD 的护理。

（二）病因

1. 胃肠动力障碍　胃肠运动功能障碍是 FD 的主要发病基础，约 40% 的 FD 患者胃排空延缓。老年人的胃肠运动障碍主要包括胃肠动力减退、胃电活动减弱和节律紊乱。

2. 内脏高敏感　部分 FD 患者的胃肠道对机械扩张或化学性刺激的感受阈值下降，如对酸、温度感觉过敏及近端胃对机械扩张的敏感性增加等。内脏高敏感可解释患者餐后出现的上腹饱胀或隐痛、早饱等症状。

3. 胃容受性舒张功能降低　胃容受性受损主要表现在胃内食物分布异常、近端胃储存能力下降、胃窦部存留食糜。这一改变常见于有早饱症状的患者。

4. 幽门螺杆菌（*Helicobacter pylori*，Hp）感染　现有研究显示，老年 FD 患者中幽门螺杆菌感染率显著高于中青年人，部分患者根治幽门螺杆菌后症状可缓解。

5. 精神和社会因素　FD与心理社会因素密切相关，尤其是部分老年人因罹患多种慢性病、退休后社会角色变化致使心理障碍者明显增加，而消化不良症状迁延不愈又加重精神心理负担。因此，精神心理因素与消化不良症状相互影响，互为因果，形成恶性循环。

6. 其他因素　老年人消化酶分泌减少、饮食、生活方式、遗传等因素也与FD的发病有关。

二、临床表现

（一）功能性消化不良

根据主要症状特点、与症状相关的病理生理学机制，将FD分为两个亚型，即餐后不适综合征（postprandial distress syndrome，PDS）和上腹痛综合征（epigastric pain syndrome，EPS）。临床上两个亚型常有重叠，难以区分。老年人FD的诊断可参考罗马Ⅲ及罗马Ⅳ诊断标准。

1. 餐后饱胀　食物长时间存留于胃内引起的不适感。

2. 早饱感　进食少许食物即感胃部饱满，不能继续进餐。

3. 中上腹痛　中上腹部主观的、强烈的不适感觉，与进食无明确关系。

4. 中上腹烧灼感　局部灼热感，需与胃灼热相鉴别，后者是指胸骨后烧灼样疼痛或不适，是胃食管反流病的特征性症状之一。

（二）器质性消化不良

表现为呕血与（或）黑便、贫血、无法解释的体重减轻（＞10%）、进行性吞咽困难、吞咽疼痛、持续性呕吐及淋巴结肿大或腹部肿块等。

三、治疗要点

FD治疗的目的在于去除诱因、缓解症状、提高患者的生活质量、恢复正常生理功能、预防复发。

（一）一般治疗

帮助患者认识病情，提高患者应对FD症状的能力；指导患者改善生活方式，调整饮食结构和习惯，如PDS为主的患者，建议食用易消化、低脂饮食及少食多餐等；EPS为主的患者，建议食用胃排空较慢、对胃分泌刺激较少的食物等。

（二）药物治疗

促胃动力剂、抑酸药和根除Hp是FD的一线治疗药物。PDS可首选促胃动力剂或合用抑酸药；EPS可首选抑酸药，必要时合用促胃动力剂。经验性治疗的时间为2～4周，无效者应行进一步检查，排除器质性疾病或调整治疗方案。

1. 促胃动力剂　通过加速胃排空、促进胃窦动力、降低内脏高敏感、止吐等机制，明显改善进餐相关的上腹部症状。

（1）多巴胺受体拮抗药

1）甲氧氯普胺（metoclopramide）：具有较强的中枢镇吐作用，能增强胃动力，改善消化不良症状。但可导致锥体外系反应，因此，老年人慎用或减少剂量，常用剂量是5mg，每日3次。

2）多潘立酮（domperidone）：能增加胃窦和十二指肠动力，促进胃排空，改善消化不良症状，常用剂量为10mg，每日3次。国外有该药导致心脏猝死及严重心律失常的报道，建议老年人仅用于缓解恶心和呕吐症状，剂量不宜超过30mg/d。

（2）5-HT_4受体激动药：莫沙必利（mosapride）为胃肠动力障碍疾病的常用药物。常用剂量为5mg，每日3次。应避免与可延长Q-T间期的药物如氟卡尼、胺碘酮等合用。

（3）多巴胺D_2受体拮抗药和乙酰胆碱酯酶抑制药：伊托必利（itopride）可协同增加胃肠道

乙酰胆碱浓度，增加十二指肠快波幅度和频率，加速胃排空，减少十二指肠胃反流，从而发挥促动力作用。该药物对 FD 疗效确切，且对老年人具有良好的安全性。

2. 抑酸药 广泛应用于 FD 的治疗，适用于非进餐相关消化不良中上腹痛、烧灼感为主要症状者。治疗 FD 的抑酸要求为：24h 胃内 pH ＞ 3 的时间≥ 12h；抑酸药包括 H_2 受体拮抗药（H_2RA）和质子泵抑制药（proton pump inhibitor，PPI）。常用治疗药物和剂量可参考本章第四节“消化性溃疡”的相关内容。抑酸治疗疗程为 4 ～ 6 周，此后可停药或按需服药。

3. 根除 Hp 目前推荐四联方案作为根除 Hp 的初治方案。但高龄（≥ 80 岁）患者对药物的耐受性差，因此，对合并 Hp 感染的高龄 FD 患者，应权衡抗 Hp 治疗的利弊。建议在应用促胃动力剂、抑制药治疗无效时，再考虑根除 Hp。

4. 精神心理治疗 对抑酸药、促胃动力剂治疗和 Hp 根除后仍无效，且伴有明显精神心理障碍的患者，应进行行为、认知治疗和心理干预。给予患者必要而充分的心理支持，在此基础上，也可选用三环类抗抑郁药或 5-HT_4 再摄取抑制药。

四、护　　理

（一）护理评估

1. 健康史 评估患病及治疗经过，询问发病的相关诱因和病因，如发病是否与饮食不当或情绪波动有关；评估有无引起消化不良症状的基础疾病，如消化性溃疡、胃炎、胃食管反流病等；询问患者的病程经过，如不适症状与进餐是否有关、有无规律等。

2. 身体评估

（1）目前病情与一般情况：询问此次发病相关症状的具体情况，如疼痛的性质、持续时间、有无缓解因素等；日常休息与活动情况等。

（2）全身状态：评估有无痛苦表情、消瘦、贫血貌，以及生命体征是否正常。

（3）腹部：评估腹部有无固定压痛点、胃肠蠕动波、压痛、反跳痛、肌紧张等。

3. 辅助检查 内镜检查为首选，其他辅助检查包括 Hp 检测、腹部影像学（超声、CT、MRI 等）检查、血生化及消化系统肿瘤标志物检测等。

4. 心理 - 社会状况 FD 病情可反复，评估患者是否产生了焦虑、急躁情绪。评估家属对疾病的认识程度；了解家庭经济和社会支持情况、患者所能得到的社区保健资源和服务等。

（二）常见护理诊断 / 问题

1. 营养失调 低于机体需要量，与胃肠动力下降、食物摄入量减少及消化吸收障碍有关。

2. 腹痛 与老年人内脏高敏感性有关。

3. 焦虑 与疾病反复发展、病程迁延有关。

（三）护理计划与实施

1. 饮食护理 具体内容详见本章的一般治疗。

2. 心理护理 护理工作者和照顾者应注意开导患者，多与患者沟通和交流，减轻患者的心理压力，鼓励患者正确对待疾病。

3. 生活护理 生活规律，保证充足的睡眠和良好的心态；适当运动，加强腹式呼吸，促进胃肠蠕动和消化腺的分泌。腹胀、长时间便秘者，可晨起空腹饮 1 杯温水后，双手以顺时针方向打圈的方式按摩腹部，促进胃肠蠕动。

（四）护理评价

患者 FD 症状减轻，营养摄入充分，情绪稳定，未出现焦虑。

第二节　胃食管反流病

一、概　　述

（一）概念

胃食管反流病（gastroesophageal reflux disease，GERD）是指机体防御机制减弱或受损，导致胃、十二指肠内容物反流入食管引起的一系列症状、体征和（或）并发症的一种常见慢性疾病。根据有无病理学改变分为两类，反流性食管炎（reflux esophagitis，RE）和内镜检查阴性的非糜烂性反流疾病（non-erosive reflux disease，NERD）。

（二）病因

GERD 是由多种因素造成的以食管下括约肌（lower esophageal sphincter，LES）功能障碍为主的胃食管动力障碍性疾病，直接损伤因素是胃酸、胃蛋白酶及胆汁（非结合胆盐和胰酶）等反流物。

1. 抗反流屏障结构与功能异常　贲门失弛缓症手术后、食管裂孔疝、腹内压增高（如肥胖、腹水、呕吐、负重劳动等）及长期胃内压增高（如胃扩张、胃排空延迟等），均可使 LES 结构受损；上述部分原因、某些激素（如缩胆囊素、胰高血糖素等）、食物（如高脂肪等）、药物（如钙通道阻滞药等）可引起 LES 功能障碍或一过性 LES 松弛延长。

2. 食管清除作用降低　常见于导致食管蠕动和唾液分泌异常的疾病或病理生理过程，如干燥综合征等。食管裂孔疝时，部分胃经膈食管裂孔进入胸腔，除改变 LES 结构，也可降低食管对反流物的清除，导致 GERD。

3. 食管黏膜屏障功能降低　长期吸烟、饮酒、进食刺激性食物或某些药物使食管黏膜不能抵御反流物的损害。

二、临床表现

GERD 的临床表现多样，轻重不一，主要表现如下。

（一）食管症状

1. 典型症状　烧心和反流是本病最常见的典型症状。烧心和反流常在餐后 1h 出现，卧位、弯腰或腹压增高时可加重，部分患者烧心和反流症状可在夜间睡眠时发生。

2. 非典型症状　胸痛由反流物刺激食管引起，发生在胸骨后。严重时可有剧烈刺痛，放射到后背、胸部、肩部、颈部、耳后，有时酷似心绞痛，GERD 是非心源性胸痛的常见病因之一。吞咽困难或胸骨后异物感，见于部分患者，症状呈间歇性。少数患者的吞咽困难是由食管狭窄引起，呈持续或进行性加重。

（二）食管外症状

由反流物刺激或损伤食管以外的组织或器官引起，如咽喉炎、慢性咳嗽和哮喘等，严重者可发生吸入性肺炎，甚至肺间质纤维化。部分患者诉咽部不适，有异物感、棉团感或阻塞感，但无真正吞咽困难，称为癔球症。

（三）并发症

主要有上消化道出血、食管狭窄和巴雷特（Barrett）食管。

三、治疗要点

治疗目的是控制症状、治愈食管炎、减少复发和防治并发症。

（一）一般治疗

改变生活方式是治疗胃食管反流病的基础，应贯穿于整个治疗过程，包括戒烟戒酒、减轻体重、睡前不进食，以及避免降低 LES 压的食物、药物及延缓胃排空的药物。

（二）药物治疗

1. 抑酸药

（1）PPI：抑酸起效快，作用持久，是胃食管反流病治疗的首选药物。适用于症状重的患者，如奥美拉唑、兰索拉唑等。

（2）H_2 受体拮抗药：抑酸持续时间短，患者易快速耐受。适用于轻症和中症患者，如西咪替丁、雷尼替丁等。

（3）P-CAB 类药物：2020 年中国胃食管反流病专家共识中指出：PPI 或钾离子竞争性酸阻滞剂（potassium channel acid blocker，P-CAB）为 GERD 的首选药物。

2. 胃肠促动药 如多潘立酮、莫沙必利等，适用于轻症或作为抑酸药联用的辅助药物。

3. 抗酸药 如铝碳酸镁、碳酸氢钠等，用于症状轻、间歇发作患者临时缓解症状。

4. 抗抑郁或焦虑药 对久治不愈或反复发作的患者，应考虑精神心理因素的可能性，在专业医师的指导下应用相关药物，包括三环类抗抑郁药和选择性 5- 羟色胺再摄取抑制药等。

（三）内镜及手术治疗

目前，用于胃食管反流病的内镜下治疗手段主要分为射频治疗、内镜下胃腔内缝合 / 折叠治疗、内镜下注射或植入技术等。抗反流手术能减少反流次数及控制反流症状，当患者存在病理性反流、药物抑酸不足或长期抑酸治疗依从性差，可考虑手术。胃底折叠术是 GERD 手术治疗最经典、最有效的抗反流手术方式。

（四）并发症治疗

并发食管狭窄者可行胃镜下食管扩张治疗，术后长疗程 PPI 维持治疗。Barrett 食管患者使用 PPI 长疗程维持治疗，定期随访，以便早期发现癌变。

四、护　　理

（一）护理评估

1. 健康史 评估老年人是否有 GERD 的危险因素及相关疾病史：①年龄、吸烟、肥胖、饱餐等。②老年人 GERD 继发于食管裂孔疝者及并存胃溃疡者较多。进行性系统性硬化病使食管平滑肌受累，以及糖尿病并发神经病变致胃肠自主神经受累，引起食管、胃肠道蠕动减弱，导致 GERD。③老年人使用常见伴随病的治疗药物（如激素、茶碱等），可加重 GERD。

2. 身体评估

（1）烧心和反流：是 GERD 最常见的症状，应重点进行评估。如烧心或疼痛发生的时间与进食的关系、有无放射痛；体位改变是否会诱发反流症状出现；有无吞咽困难及其严重程度；有无咳嗽、哮喘、声嘶等食管以外的症状。

（2）全身状态：评估有无痛苦表情、消瘦、贫血貌，以及生命体征是否正常。

（3）腹部：评估腹部有无固定压痛点、有无胃肠蠕动波，以及全腹有无压痛、反跳痛、肌紧张等。

3. 辅助检查 24h 食管 pH 检测和食管测压检查是诊断 GERD 的重要方法，内镜检查是诊断 GERD 最准确的方法。除此之外，GERD 的辅助检查方法还有食管多通道腔内阻抗技术、X 射线钡剂检查等。

4. 心理 - 社会状况 GERD 老年人由于进食及餐后不适，会对进餐产生恐惧；同时，老年人因担心癌变易产生焦虑情绪。评估老年人是否对进食恐惧、进食的选择性是否影响到个体营养的摄入；评估家属对老年人治疗疾病的态度、心理支持和照顾程度；了解老年人经济承受能力。

（二）常见护理诊断 / 问题

1. 疼痛 与反酸引起的烧心及反流物刺激食管有关。

2. 营养失调 低于机体的需要量，与厌食和吞咽困难造成进食减少有关。

3. 潜在并发症 上消化道出血、食管狭窄、癌变。

（三）护理计划与实施

1. 一般护理 餐后散步或采取直立位，避免餐后平卧；为了减少卧位及夜间反流，睡前 2h 内不宜进食；平卧时可将床头抬高 15 ～ 20cm，也可用枕头垫在背部以抬高胸部，借助重力作用，促进睡眠时食管的排空和饱餐后胃的排空；避免右侧卧位和反复弯腰及抬举动作，不穿紧身裤；反酸患者加强口腔护理，反流后及时漱口。

2. 饮食护理

（1）进餐方式：协助老年人采取高坐卧位，告知老年人进食速度要慢、注意力集中、每次进少量食物，且在一口咽下后再给另一口。应以少量多餐代替多量的三餐制。

（2）饮食要求：常规给予低脂肪、低糖饮食，出现吞咽困难给予半流质或流质饮食，必要时禁食；为防呛咳，食物加工宜软烂，可将食物加工成糊状或肉泥、菜泥、果泥等；根据个体饮食习惯，食物的搭配宜多样化，主副食合理，粗细兼顾。

（3）饮食禁忌：应避免进食过饱；高酸性食物可损伤食管黏膜，应限制番茄汁等酸性食品；刺激性食品可引起胃酸分泌增加，应减少酒、茶、咖啡、巧克力等摄入。

3. 用药护理 遵医嘱使用抑酸药、促胃动力药等。用药方法与护理详见本章第四节。

4. 心理护理 耐心细致地向老年人解释引起胃部不适的原因，教会老年人及照顾者减轻胃部不适的方法和技巧，减轻其恐惧心理。与家属协商为老年人创造参加各种集体活动的机会，如家庭娱乐、朋友聚会等，增加老年人的归属感。

（四）护理评价

老年人能保证身体舒适，无反酸等症状；老年人能保证营养充分，体重有所增加；老年人情绪稳定，无社交障碍发生；老年人未发生食管狭窄、上消化道出血等并发症。

第三节 慢性胃炎

一、概 述

（一）概念

慢性胃炎（chronic gastritis）是指由多种病因所致的胃黏膜慢性炎症，组织学以显著炎症细胞浸润、上皮增殖异常、胃腺萎缩及瘢痕形成等为特点。慢性胃炎特别是慢性萎缩性胃炎的患病率随年龄的增加而上升，在老年人群中发病率较高。

（二）病因

1. Hp 感染 是慢性胃炎最主要的病因。

2. 老年人慢性胃炎的自身易患因素

（1）老年人牙列缺损，食物咀嚼不充分或者未咀嚼吞入胃；味觉下降，喜吃刺激性食物或长期饮浓茶、酒、咖啡、过度吸烟等易引起炎症。

（2）心力衰竭、慢性肾衰竭、门静脉高压症、糖尿病等可引起慢性胃炎，一般为慢性非萎缩性胃炎。荨麻疹患者在疾病发作期常出现胃炎症状。

（3）老年人胃黏膜存在不同程度的退行性病变，造成胃黏膜血供不足，导致黏膜营养不良、分泌功能减退，以及黏膜屏障功能减退等。此外，胃黏膜的营养因子如促胃液素、表皮生长因子等的减少也是慢性胃炎发病因素之一。

（4）老年人幽门括约肌松弛、胃 - 幽门 - 十二指肠协调运动失调等因素，造成十二指肠液反流，含胆汁和胰液的肠内容物削弱胃黏膜屏障功能，使胃黏膜易受胃液 - 胃蛋白酶的损害，称为胆汁反流性胃炎，发生于胃窦部。

3. 自身免疫 自身免疫性胃炎（autoimmune gastritis，AIG）主要表现为胃体萎缩性胃炎，伴有血和（或）胃液抗胃壁细胞抗体和（或）抗内因子抗体阳性，严重者因维生素 B_{12} 缺乏而有恶性贫血表现。该类型胃炎在北欧和北美国家报道较多，在我国较少见。

4. 其他 外源因素，如酗酒、吸烟、服用非甾体抗炎药（NSAID）等药物均可反复损伤胃黏膜。

二、临床表现

基于病理所见，可将慢性胃炎分为慢性非萎缩性胃炎（chronic non-atrophic gastritis）和慢性萎缩性胃炎（chronic atrophic gastritis）。基于胃炎分布范围可将慢性胃炎分为胃窦为主胃炎、胃体为主胃炎和全胃炎三大类。胃体为主胃炎尤其是伴有胃黏膜萎缩者，多数胃酸分泌减少，发生胃癌的风险增加；胃窦为主胃炎多数胃酸分泌增多，发生十二指肠溃疡的风险增加。该种胃炎分类方法有助于预测其并发症发生的风险。

慢性胃炎病程迁延，进展缓慢，缺乏特异性症状。70% ～ 80% 的患者无明显症状，有症状者主要表现为持续或反复发作的上腹痛或不适、腹饱胀、反酸、嗳气等非特异性消化不良的症状，症状与进食方式或食物种类有关，体征多不明显。

三、治疗要点

慢性胃炎的治疗应针对病因，遵循个体化原则。治疗目的是祛除病因、缓解症状、改善胃黏膜炎症和预防并发症。无症状、Hp 阴性的慢性非萎缩性胃炎无须特殊治疗；但对慢性萎缩性胃炎，特别是严重的慢性萎缩性胃炎或伴有上皮内瘤变者，应注意预防其恶变。

（一）对因治疗

Hp 相关胃炎：表 20-1 中所列抗生素在酸性环境下不能正常发挥其抗菌作用，需要联合 PPI 抑制胃酸或胃黏膜保护药后，才能良好灭菌。常用的联合方案有：1 种 PPI+2 种抗生素，或 1 种铋剂 +2 种抗生素，疗程 7 ～ 14d。由于各地抗生素耐药性不同，抗生素及疗程的选择应视当地耐药情况而定。

表 20-1 具有杀灭和抑制 Hp 作用的药物

种类	药品
抗生素	克拉霉素、阿莫西林、甲硝唑、替硝唑、喹诺酮类抗生素、呋喃唑酮、四环素
PPI	埃索美拉唑、奥美拉唑、兰索拉唑、泮托拉唑、雷贝拉唑
铋剂	枸橼酸铋钾、果胶铋、次碳酸铋

（二）对症处理

根据病因给予对症处理。如为胆汁反流引起，可用氢氧化铝凝胶吸附，或予以硫糖铝及胃肠促动药以中和胆盐，防止反流；如因服用非甾体抗炎药引起，应停药并给予抗酸药；有胃动力改变者，可服用多潘立酮、西沙比利等。

（三）癌前状态的处理

在根除 Hp 的前提下，适量补充复合维生素和含硒药物等。对药物不能逆转的局灶中、重度不典型增生，在确定没有淋巴结转移后，可行内镜黏膜下剥离术，并应视病情定期随访。

四、护 理

（一）护理评估

1. 健康史 评估老年人有无该疾病的危险因素及相关疾病史：① Hp 感染；②老年人慢性胃炎的自身易患因素；③抽烟及酗酒、NSAID 等药物和刺激性食物摄食史。

2. 身体评估

（1）目前病情与一般情况：询问发病后出现相关症状的具体情况，如有无消化不良的症状及症状的严重程度、体重有无明显变化、有无影响到睡眠。

（2）全身状态：评估有无消瘦、贫血貌及生命体征是否正常。

（3）腹部：评估腹部有无固定压痛点、有无其他腹部体征。

3. 辅助检查 慢性胃炎的确诊主要依赖内镜检查和胃黏膜活检，尤其是后者诊断价值大。评估患者内镜检查和胃黏膜活检的情况。

4. 心理 - 社会状况 评估老年人对疾病的了解情况，是否有疾病反复迁延带来的恐惧和焦虑；评估家属对老年人治疗疾病的态度、支持和照顾程度；了解老年人经济承受能力。

（二）常见护理诊断 / 问题

1. 腹痛 与胃黏膜炎性病变有关。

2. 营养失调 低于机体需要量，与畏食、消化吸收不良等有关。

3. 焦虑 与病情反复、病程迁延有关。

4. 知识缺乏 缺乏有关慢性胃炎病因和预防的知识。

（三）护理计划与实施

1. 休息与活动 指导患者急性发作时卧床休息，并可用转移注意力、深呼吸、音乐疗法等方法来缓解疼痛；病情缓解时，进行适当的锻炼，以增强机体抗病力。

2. 饮食护理

（1）饮食治疗原则：向患者说明摄入足够营养素的重要性，鼓励患者采用少食多餐方式进食，以高热量、高蛋白、高维生素、易消化的饮食为原则；避免摄入过咸、过甜、过辣的刺激性食物。

（2）制订饮食计划：与患者共同制订饮食计划，指导患者及其家属改进烹饪技巧，增加食物的色、香、味，刺激患者食欲。胃酸低者应在食物完全煮熟后食用，以利于消化吸收，并可给予刺激胃酸分泌的食物，如肉汤、鸡汤等；高胃酸者应避免进食酸性、多脂肪食物。

（3）营养状态评估：观察并记录患者每日进餐次数、量、品种，以了解其营养素的摄入情况；定期测量体重，监测有关营养指标的变化。

3. 用药护理 避免长期大量服用引起胃黏膜损伤的药物；遵医嘱给予患者清除 Hp 感染治疗时，注意观察药物的疗效及不良反应。

（1）胶体铋剂：胶体次枸橼酸铋（colloidal bismuth subcitrate，CBS）为常用胃黏膜保护药，应在餐前 30min 服用。服用 CBS 过程中可使牙齿、舌变黑，可用吸管直接吸入。部分患者服药后出现便秘和粪便变黑，停药后可自行消失。少数患者有恶心、一过性血清转氨酶升高等，极少出现急性肾损伤。

（2）抗菌药物：阿莫西林服用前应询问患者有无青霉素过敏史，应用过程中注意有无迟发性过敏反应的出现，如皮疹。甲硝唑可引起恶心、呕吐等胃肠道反应，应在餐后 30min 服用，并可遵医嘱服用甲氧氯普胺、维生素 B_{12} 等拮抗。

4. 症状护理 用热水袋热敷胃部，以解除胃痉挛，减轻腹痛。

（四）护理评价

患者对疾病有一定的了解；能保证营养充分，体重有所增加；心态平和，积极配合治疗，无焦虑等负面情绪发生；能定期随访。

第四节 消化性溃疡

一、概 述

（一）概念

消化性溃疡（peptic ulcer，PU）是指胃肠黏膜被自身消化而形成的溃疡，可发生在食管、胃、十二指肠、胃 - 空肠吻合口附近，以及含胃黏膜的梅克尔（Meckel）憩室。消化性溃疡在胃的胃窦部、胃小弯和十二指肠球部最易发生，故通常所称的消化性溃疡就是指胃溃疡（gastric ulcer，GU）或十二指肠溃疡（duodenal ulcer，DU）。

（二）病因

消化性溃疡是由于对胃、十二指肠黏膜有损害作用的侵袭因素（aggressive factor）与黏膜自身防御 / 修复因素（defensive/repairing factor）之间失去平衡，胃酸和胃蛋白酶对黏膜产生了自我消化。GU 主要是防御 / 修复因素减弱，DU 则主要是侵袭因素增强。现将这些病因及导致溃疡发生的机制分述如下。

1. 胃酸和胃蛋白酶 正常人胃黏膜约有 10 亿壁细胞，每小时泌酸约 22mmol。DU 患者壁细胞平均为 19 亿，每小时泌酸约 42mmol，比正常人高 1 倍左右。胃蛋白酶是 PU 发病的另一个重要因素，其活性取决于胃液 pH，当胃液 pH ＞ 4 时，胃蛋白酶便失去活性，因此胃酸在其中起决定性作用，是溃疡形成的直接原因。1910 年，Schwartz 的名言“无酸，无溃疡”迄今仍然是对消化性溃疡进行治疗的理论基础。

2. Hp 感染 是大多数消化性溃疡，特别是 DU 的重要病因。主要证据为：①消化性溃疡患者 Hp 检出率显著高于对照组的普通人群；②对消化性溃疡患者应用根除 Hp 治疗后，其溃疡复发率明显下降。以上证明 Hp 感染与溃疡形成密切相关。

3. 药物 长期服用 NSAID、糖皮质激素、氯吡格雷、化疗药物、双膦酸盐等药物的患者可能发生溃疡。NSAID 是导致胃黏膜损伤最常用的药物。

4. 黏膜防御与修复异常 胃黏膜的防御和修复功能对维持黏膜的完整性、促进溃疡愈合非常重要。防御功能受损、修复能力下降，都对溃疡的发生和转归产生影响。

5. 遗传易感性 部分消化性溃疡的患者有明显的家族史，存在遗传易感性。

6. 其他因素 大量饮酒、长期吸烟、应激等是消化性溃疡的常见诱因；胃石患者因胃石的长期机械摩擦刺激而产生 GU；放疗也可引起胃或十二指肠溃疡。

二、临床表现

（一）临床表现

典型的消化性溃疡有以下临床特征：①慢性过程；②周期性发作；③节律性疼痛。多在秋冬或冬春之交发病。PU 的典型临床表现为上腹部节律性疼痛，往往与饮食相关，如 GU 疼痛多出现在餐后 1h 左右，1 ～ 2h 后逐渐缓解，直至下餐进食后复现，称饱餐痛；DU 的疼痛常在餐前，称饥饿痛，饮食或服用抗酸药后疼痛即可缓解。老年人 PU 常缺乏典型症状，约 1/3 老年患者没有上腹疼痛。据文献报道，无痛感的老年人消化性溃疡高达 35%，而年轻人只有 8%。有时上消化道急性出血为 PU 首发症状，也可反复出血而无上腹痛主诉，特别是服用 NSAID 者，约占合并出血患者的 50%。也有以食欲缺乏、体重减轻、恶心、呕吐等为主诉，容易误诊为胃癌。若溃疡靠近贲门，可出现吞咽困难、胸骨下紧迫感或疼痛，易与食管病变或冠心病、心绞痛相混淆。

（二）并发症

老年人溃疡的并发症随年龄增长而增加，自有效治疗消化性溃疡药物相继问世和抗 Hp 治疗普遍开展后，消化性溃疡的并发症现已显著下降。

1. 出血 消化性溃疡是上消化道出血中最常见的病因，十二指肠球部溃疡较胃溃疡常见。老年人并发大出血率占老年人消化性溃疡的 20% 以上，但出血量与临床表现不一致。10% ～ 20% 的消化性溃疡患者以出血为首发症状，在 NSAID 相关溃疡者中这一比率更高。溃疡出血的临床表现取决于出血的速度和量的多少。

2. 穿孔 居并发症的第二位，其病死率也随年龄增长而剧升。①溃疡穿孔溃破入腹腔可引起弥漫性腹膜炎（游离穿孔）；②溃疡穿孔至并受阻于毗邻实质脏器，如肝、胰、脾等（穿透性溃疡）；③溃疡穿孔入空腔器官形成瘘管。老年人可仅有不明确的腹痛、轻或中度压痛、肌紧张，此与年轻人穿孔的剧烈腹痛及板样腹不同。因此，严密观察及 X 线腹部透视确认诊断尤显重要。

3. 幽门梗阻 主要由 DU 或幽门管溃疡引起。溃疡活动时因炎症、痉挛导致暂时性梗阻，可随炎症好转而缓解；由溃疡瘢痕收缩造成者呈永久性梗阻。老年人 GU 位置较高，发生梗阻不多见；若出现幽门梗阻，首先应排除胃窦癌引起的梗阻。

4. 癌变 溃疡由良性演变为恶性的概率很低，少数 GU（1% 以下）可发生癌变，且始于溃疡边缘，而 DU 一般不发生癌变。对 45 岁以上 GU 病史长者，需警惕溃疡恶变，应内镜下活检追踪复查，直至溃疡完全愈合。

三、治疗要点

消化性溃疡治疗目标为去除病因、控制症状、促进溃疡愈合、预防复发和避免并发症。

1. 抑制胃酸分泌 为使溃疡愈合超过 90%，抑酸药的疗程通常为 4 ～ 6 周，部分患者需要 8 周。

（1）H_2 受体拮抗药：是治疗消化性溃疡的主要药物之一，疗效好，用药方便，价格适中，长期使用不良反应少。常用的 H_2 受体拮抗药和使用方法见表 20-2。

表 20-2 常用 H_2 受体拮抗药

通用药名	规格（mg）	治疗剂量（mg）	维持剂量（mg）
法莫替丁 Famotidine	20	20，每日 2 次	20，每晚 1 次
尼扎替丁 Nizatidine	150	150，每日 2 次	150，每晚 1 次
雷尼替丁 Ranitidine	150	150，每日 2 次	150，每晚 1 次

（2）PPI：使 H^+-K^+-ATP 酶失去活性，抑酸作用很强，可使胃内达到无酸水平。由于 PPI 与 H^+-K^+-ATP 酶结合后，其作用是不可逆的，壁细胞要再泌酸，需待新的 ATP 酶产生之后，故其抑酸时间长，可达 72h。PPI 多在 2 ～ 3d 内控制症状，溃疡愈合率略高于 H_2 受体拮抗药，对一些难治性溃疡的疗效优于 H_2 受体拮抗药，此外 PPI 可增强抗 Hp 抗生素的杀菌作用。常用的 PPI 及其使用方法见表 20-3。

表 20-3 常用 PPI

通用药名	规格（mg）	治疗剂量（mg）	维持剂量（mg）
埃索美拉唑 Esomeprazole	20，40	40，每日 1 次	20，每日 1 次
兰索拉唑 Lansoprazole	30	30，每日 1 次	30，每日 1 次
奥美拉唑 Omeprazole	10，20	20，每日 2 次	20，每日 1 次
泮托拉唑 Pantoprazole	20	40，每日 1 次	20，每日 1 次
雷贝拉唑 Rabeprazole	10	20，每日 1 次	10，每日 1 次

2. 根除 Hp 现已对 Hp 相关性溃疡的处理达成共识，即不论溃疡初发或复发、活动或静止、有无并发症史，均应根除 Hp 治疗。根除 Hp 所需的 1 ～ 2 周可重叠在 4 ～ 8 周的抑酸药疗程内，也可在抑酸疗程结束后进行。对有并发症和经常复发的消化性溃疡患者，应追踪 Hp 的疗效，一般在治疗后至少 4 周复检 Hp。

3. 保护胃黏膜

（1）铋剂：该药物在酸性溶液中呈胶体状，与溃疡基底面的蛋白形成蛋白复合物，覆于溃疡表面，阻断胃酸、胃蛋白酶对黏膜的自身消化。另外，铋剂还可包裹菌体，干扰 Hp 代谢，发挥杀菌作用。铋剂短期服用不良反应少，主要的不良反应有舌苔和粪便变黑。肾脏为铋剂的主要排泄器官，故肾功能不良者忌用铋剂。

（2）弱碱性抗酸药：常用铝碳酸镁、磷酸铝、硫酸铝、氢氧化铝凝胶等，这些药物可中和胃酸，短暂缓解疼痛。

（3）前列腺素类药物：米索前列醇具有增加胃、十二指肠黏膜的黏液 / 碳酸氢盐分泌、增加黏膜血流和一定的抑制胃酸分泌作用，主要用于 NSAID 相关性溃疡的预防，但其可引起子宫收缩，孕妇忌服。

四、护　理

（一）护理评估

1. 健康史 询问发病的有关诱因和病因，如发病是否与饮食不当、天气变化或情绪激动等有关；有无暴饮暴食、喜食酸辣等刺激性食物的习惯及是否嗜烟酒；有无经常服用 NSAID 药物史及家族中有无溃疡病者等。询问患者的病程经过，如首次疼痛发作的时间、疼痛与进食的关系、有无规律、疼痛部位及性质如何、应用何种方法能缓解疼痛、曾做过何种检查和治疗、结果如何。

2. 身体评估

（1）目前病情与一般情况：询问此次发病与既往有无不同，是否伴有恶心、呕吐、嗳气、反酸等其他消化道症状，以及有无呕血、黑便、频繁呕吐等症状；日常休息与活动是否受到影响等。

（2）全身状态：评估有无消瘦、贫血貌、痛苦表情及生命体征是否正常。

（3）腹部检查：评估上腹部有无固定压痛点，有无胃肠型、胃肠蠕动波；全腹有无压痛、反跳痛、腹肌紧张，以及有无肠鸣音减弱或消失等。

3. 辅助检查 胃镜和胃黏膜活组织检查是确诊消化性溃疡的首选检查方法和“金标准”。Hp 检测是消化性溃疡的常规检测项目。

4. 心理 - 社会状况 本病病程长，病情可反复发作并出现并发症，使患者产生焦虑、急躁情绪。应注意评估患者及其家属对疾病的认识程度，评估患者有无焦虑或恐惧等心理，了解患者家庭经济状况和社会支持情况，以及患者所能得到的社区保健资源和服务。

（二）常见护理诊断/问题

1. 腹痛　与胃酸刺激溃疡面，引起化学性炎症反应有关。

2. 营养失调　低于机体需要量，与疼痛导致摄入量减少及消化吸收障碍有关。

3. 焦虑　与疾病反复发作、病程迁延有关。

4. 知识缺乏　缺乏有关消化性溃疡病因及预防的知识。

5. 潜在并发症　上消化道大量出血、穿孔、幽门梗阻、癌变。

（三）护理计划与实施

1. 疾病知识宣教　向患者解释疼痛的原因和机制，指导其减少或去除加重和诱发疼痛的因素：①对服用 NSAID 者，若病情允许应停药；若必须用药，可遵医嘱换用对胃黏膜损伤少的 NSAID，如塞来昔布或罗非昔布。②避免暴饮暴食和进食辛辣、高浓度、机械刺激性食物，以免加重对胃黏膜的损伤。③对嗜烟酒者，劝其戒除，但应注意突然戒断烟酒可引起焦虑、烦躁，反而会刺激胃酸分泌，故应与患者共同制订切实可行的戒烟酒计划，并督促其执行。

2. 指导并协助患者减轻疼痛　注意评估患者疼痛的规律和特点，并按其疼痛特点指导缓解疼痛的方法。如 DU 表现为空腹痛或夜间痛，指导患者在疼痛前或疼痛时进食碱性食物（如苏打饼干等），或服用抗酸药；也可采用局部热敷或针灸止痛。

3. 饮食指导

（1）进餐方式：指导患者有规律地进食，以维持正常消化活动的节律。在溃疡活动期，以多餐为宜，每日进餐 4 ～ 5 次，避免餐间零食和睡前进食，使胃酸分泌有规律。一旦症状得到控制，应尽快恢复正常的饮食规律。饮食不宜过饱，以免胃窦部过度扩张而增加促胃液素的分泌。进餐时注意细嚼慢咽，避免急食，咀嚼可增加唾液分泌，具有稀释和中和胃酸的作用。

（2）食物选择：选择营养丰富、易消化食物，一般无须规定特殊食谱。症状较重的患者以面食为主，因面食柔软易消化，且其含碱能有效中和胃酸，不习惯于面食则以软米饭或米粥替代。由于蛋白质类食物具有中和胃酸作用，宜安排在两餐之间，牛奶中的钙质吸收有刺激胃酸分泌的作用，故不宜多饮。脂肪到达十二指肠时虽能刺激小肠分泌抑促胃液素，抑制胃酸分泌，但同时又可引起胃排空减慢、胃窦扩张，致胃酸分泌增多，故脂肪摄取应适量。应避免食用机械性和化学性刺激性强的食物。

（3）营养监测：定期测量体重、监测血清白蛋白和血红蛋白等营养指标。

4. 休息与活动　溃疡活动期且症状较重者，嘱其卧床休息几天至 1 ～ 2 周，可使疼痛等症状缓解；病情较轻者则应鼓励其适当活动，以分散注意力。

5. 用药护理　根据医嘱给予药物治疗，并注意观察药效及不良反应。

（1）PPI：奥美拉唑可引起头晕，特别是用药初期，应嘱患者用药期间避免开车或做其他必须高度集中注意力的工作。此外，奥美拉唑有延缓地西泮及苯妥英钠代谢和排泄的作用，联合应用时需慎重。兰索拉唑的主要不良反应包括皮疹、瘙痒、头痛、口苦、肝功能异常等，轻度不良反应不影响继续用药，较为严重时应及时停药。泮托拉唑的不良反应较少，偶可引起头痛和腹泻。

（2）H_2 受体拮抗药：药物应在餐中或餐后即刻服用，也可把 1d 的剂量在睡前服用。若需同时服用抗酸药，则两药应间隔 1h 以上。西咪替丁用药期间应监测肾功能。此外，少数患者还可出现一过性肝损害和粒细胞缺乏，亦可出现头痛、头晕、疲倦、腹泻及皮疹等反应，如出现上述反应需及时协助医师进行处理。

（3）弱碱性抗酸药：如氢氧化铝凝胶等，应在饭后 1h 和睡前服用。服用片剂时应嚼服，乳剂给药前应充分摇匀。抗酸药应避免与奶制品同时服用，因两者相互作用可形成络合物。酸性的食物及饮料不宜与抗酸药同服。氢氧化铝凝胶能阻碍磷的吸收，引起磷缺乏症，表现为食欲减退、软弱无力等症状，甚至可导致骨质疏松；长期大量服用还会引起严重便秘、代谢性碱中毒与钠潴留，甚至造成肾损害。服用镁制剂易引起腹泻，也需重视。

（四）护理评价

患者能正确表达疼痛，通过治疗，疼痛减轻并逐渐消失；患者情绪稳定，逐步戒断烟酒，生活规律，饮食合理。

第五节　上消化道出血

一、概　述

（一）概念

上消化道出血（upper gastrointestinal hemorrhage，UGH）是指屈氏韧带以上的消化道，包括食管、胃、十二指肠、胃空肠吻合术后上段空肠，以及胰管和胆管疾病引起的出血。其发病率为（19.4 ～ 57.0）/10 万，死亡率为 8.6%。老年人由于生理上的老化改变特点，如胃黏膜萎缩、黏膜下血管粥样硬化等，往往出血速度加快，不能控制；同时，老年人常有心脑血管等慢性基础病，出血可诱发多器官功能衰竭，使得老年人发病率和死亡率均明显高于中青年人。

（二）病因

上消化道出血的病因很多，其中常见的有消化性溃疡、急性糜烂出血性胃炎、食管胃底静脉曲张破裂和上消化道肿瘤，这些病因占上消化道出血的 80% ～ 90%。

1. 消化性溃疡　PU 仍是老年人上消化道出血最主要原因，约占老年人上消化道出血病因中的 50% 以上。老年人胃溃疡的特点是胃底贲门多于幽门溃疡，溃疡直径巨大，一旦溃疡累及黏膜下层小动脉，血管硬化而脆，出血量大而不易制止。

2. 急性糜烂出血性胃炎　近年来，脑血管意外、严重创伤、手术、多器官功能衰竭等应激状态及服用 NSAID、抗血小板聚集药、糖皮质激素等所致的急性胃黏膜病变，导致老年人上消化道出血逐渐增多。

3. 食管黏膜撕裂症（Mallory-Weiss syndrome）　常见于老年哮喘、老年便秘患者，腹内压的升高导致胃内压升高，有可能使贲门张力突然上升而撕裂。

4. 其他因素　食管裂孔疝在 70 岁以上老年人占 70% 之多，裂孔疝伴反流性食管炎的老年人约占 2/3。食管炎引起食管黏膜糜烂、渗血，粪便隐血常呈持续性阳性。上消化道肿瘤包括食管癌、胃癌，也以老年人居多，癌肿的溃烂可伴有呕血。慢性胆囊炎、胆管炎是老年人常见多发病，胆道的炎症可损害胆管黏膜，引起胆源性的柏油样便。其他病因包括食管溃疡、食管胃底静脉曲张、全身性疾病如尿毒症、血液病也可引起上消化道出血。

二、临床表现

上消化道出血的临床表现取决于出血量、出血速度、出血部位及性质，与患者年龄、心肾功能等全身情况有关。

（一）呕血或黑便

呕血（hematemesis）与（或）黑便（melena）是上消化道出血的特征性表现。上消化道出血均有黑便，但不一定有呕血。出血部位在幽门以上时，常有呕血和黑便；出血部位在幽门以下时，可仅表现为黑便。但出血量大、出血速度快的幽门以下病变若导致血液反流入胃，引起恶心、呕吐可出现呕血。出血的颜色、性质与出血量和出血速度有关，如出血后血液在胃内潴留时间较久，经胃酸作用变成酸性血红蛋白而呈咖啡色；如出血速度快而出血量又多，呕血的颜色是鲜红色；如出血速度慢，出血量较少，也可以仅仅表现为黑便。食管疾病引起的出血往往是鲜红色，胃内出血是咖啡色，十二指肠的出血多为柏油样便。

（二）失血性周围循环衰竭

在急性上消化道大量出血时，因为体内血液迅速减少而造成休克。临床主要表现为烦躁不安、口干、心悸、头晕、皮肤苍白、四肢厥冷、脉搏细速、血压降低、尿量减少，甚至知觉丧失等。

（三）发热

在休克被控制后多数可出现发热，体温在38℃上下，3～5d后可自行消退。

（四）氮质血症

肠源性氮质血症是指在大量上消化道出血后，血液蛋白的分解产物在肠道被吸收，以致血中尿素氮升高。由于老年人常有肾动脉硬化，因此，上消化道出血后引起肠源性氮质血症较中青年人多。在出血停止的情况下，氮质血症往往持续4d以上，经过补足血容量、纠正休克，血尿素氮逐渐降至正常。

（五）贫血及血常规变化

贫血体征的明显与否取决于出血量及出血速度。上消化道大出血后，均有急性失血性贫血。出血早期血红蛋白浓度、红细胞计数和血细胞比容的变化可能不明显，经3～4h后，组织液渗入血管内，血液被稀释，出现失血性贫血的血常规变化。

老年人器官储备功能减退，加之老年人常有脑动脉硬化、高血压、冠心病、慢性支气管炎等老年基础病，虽出血量不大，也可引起多器官功能衰竭，增加了死亡危险。

三、治疗要点

上消化道大出血为临床急症，应采取积极措施进行抢救。可迅速补充血容量，纠正水电解质失衡，预防和治疗失血性休克；给予止血治疗，同时积极进行病因诊断和治疗。

（一）一般治疗

大出血宜取平卧位并将下肢略抬高，以保证脑部供血；呕吐时头偏向一侧，防止窒息；必要时用负压吸引器清除气道内的分泌物、血液和呕吐物；给予吸氧；活动性出血时禁食；停用抗凝血药及抗血小板聚集药；严密监测生命体征、出血量及尿量，保持静脉通路，必要时进行中心静脉压测定和心电监护。

（二）补充血容量

老年患者应积极纠正贫血，预防贫血诱发的心脑血管疾病。当血红蛋白低于80g/L时，立即输入足够量全血；肝硬化患者输入新鲜血。开始输液速度应快，但老年人及心功能不全者输血、输液不宜过多、过快，否则可导致肺水肿，最好进行中心静脉压监测。如果血源困难，可给予右旋糖酐或其他血浆代用品。

（三）止血措施

1. 药物治疗

（1）强力抑酸是治疗上消化道出血的基本措施，有活动性出血者静脉应用PPI或H_2受体拮抗药，少量或非活动性出血患者可口服。对消化性溃疡和糜烂性胃炎出血，可用去甲肾上腺素8mg加入冰盐水100ml口服或鼻胃管滴注，也可使用凝血酶口服帮助止血。

（2）食管、胃底静脉曲张破裂出血时，应尽早使用生长抑素（或其类似物奥曲肽）或血管升压素（或其类似物特利加压素）。使用生长抑素对上消化道出血的止血效果良好，短期使用几乎没有严重不良反应，但价格较贵。血管升压素也是临床常用药物，但高血压及冠心病患者不宜使用，故此类药不作为老年人的首选药物。

2. 内镜直视下止血

（1）对门脉高压出血者，可采取：①急诊食管曲张静脉套扎术；②注射组织凝胶或硬化剂如乙氧硬化醇、鱼肝酸油钠等。一般多主张注射后用 PPI 或 H_2 受体拮抗药，以减少硬化剂注射后胃酸引起溃疡与出血。

（2）对非门脉高压出血者可采取：①局部注射 1/10 000 肾上腺素盐水；②采用 APC（内镜下氩离子束凝固术）电凝止血；③血管夹（钛夹）方法止血。

3. 三腔双囊管压迫止血 该方法止血效果明显，但患者痛苦、并发症多、早期再出血率高，故不作为首选止血措施。如药物止血效果不佳，可考虑暂时使用，争取时间准备内镜止血等治疗措施。

4. 血管介入技术 对于血管造影时明确的血管异常病灶，可行血管栓塞止血。

5. 手术治疗 经上述处理后，上消化道仍持续出血不止、危及生命时，应行手术治疗。

四、护　　理

（一）护理评估

1. 健康史 询问患病起始情况及时间、诱发因素，如有无消化性溃疡病史、有无大量饮酒、有无进食辛辣刺激性食物、有无肝硬化病史、近期有无服用 NSAID 药物等；询问既往检查、治疗经过，以及检查结果等。

2. 身体评估

（1）目前病情与一般情况：有无呕吐及呕吐的次数，以及呕吐物的颜色、性状、量；有无黑便或血便及黑便的量、性状；呕血与黑便后有无头晕、心悸、乏力等全身症状。

（2）一般状态：包括生命体征、精神状况、意识状态、营养状态等。

（3）症状与体征：目前主要的症状、体征和病情变化。

3. 辅助检查 包括各项实验室检查、脏器功能、内镜检查、影像学检查结果，分析意义。

4. 心理 - 社会状况 上消化道大出血患者病情危重，评估患者与家属有无悲观、焦虑、恐惧等负面情绪；了解医疗费用的来源、支付方式及就医条件等。

（二）常见护理诊断 / 问题

1. 潜在并发症 血容量不足。

2. 活动无耐力 与失血性周围循环衰竭有关。

3. 知识缺乏 缺乏有关引起上消化道出血的疾病及其防治的知识。

4. 有受伤的危险 与气囊压迫食管胃底黏膜时间长、气囊阻塞气管、血液或分泌物反流入气管有关。

（三）护理计划与实施

不同病因引起的上消化道出血，在护理措施上可有共性，但也有一定特殊性。以下主要列出上消化道出血的基本护理措施及食管胃底静脉曲张破裂出血的特殊护理措施。

1. 上消化道出血的基本护理措施

（1）休息与体位：见本节中的一般治疗。

（2）饮食护理：急性大出血伴恶心、呕吐者禁食；少量出血无呕吐者，可进温凉、清淡流质饮食，这对于消化性溃疡患者尤为重要，因进食可减少胃收缩运动并可中和胃酸，促进溃疡愈合；出血停止后可进食营养丰富、易消化、无刺激性的半流质饮食或软食，少量多餐，逐步过渡到正常饮食。

（3）出血性休克的护理：迅速建立两条以上静脉通道，选择粗直的血管留置套管针。配合医师快速、准确地实施输血、输液、止血治疗及用药等抢救措施，并观察治疗效果及不良反应。

（4）病情观察

1）监测指标：①生命体征，监测有无心率加快、心律失常、脉搏细弱、血压降低、脉压变小、呼吸困难、体温不升或发热，必要时进行心电监护；②精神和意识状态，观察有无精神疲倦、烦躁不安、嗜睡、表情淡漠、意识不清，甚至昏迷；③观察皮肤和甲床色泽、肢体温暖或是湿冷及周围静脉特别是颈静脉充盈情况；④准确记录出入液体量，疑有休克时留置导尿管，测每小时尿量，应保持尿量＞ 30ml/h；⑤观察呕吐物和粪便的性质、颜色及量；⑥定期复查血红蛋白浓度、红细胞计数、血细胞比容、网织红细胞计数、血尿素氮、大便隐血，以了解贫血程度及出血是否停止；⑦监测血清电解质和动脉血气分析的变化。

2）周围循环状况的观察：每日消化道出血量＞ 5 ～ 10ml，粪便隐血试验阳性；每日出血量 50 ～ 100ml，可出现黑便；胃内储积血量在 250 ～ 300ml，可引起呕血；一次出血量不超过 400ml 时，一般不引起全身症状；出血量超过 400 ～ 500ml，可出现头晕、心悸、乏力等全身症状；短时间内出血量超过 1000ml，可出现周围循环衰竭表现，患者有头晕、心悸、乏力、心率加快、面色苍白、四肢湿冷、血压降低，严重者呈休克状态。血红蛋白浓度、红细胞计数及血细胞比容可作为估计出血量的参考。

3）继续或再次出血的判断：当出现下列征象时，考虑持续出血或出血停止后再出血：①呕血或黑便次数增多，呕吐物呈鲜红色或排出暗红色血便，或伴有肠鸣音活跃；②经快速输液、输血，周围循环衰竭的表现未见明显改善，或虽暂时好转而又恶化，中心静脉压仍有波动，或稳定后又再下降；③红细胞计数、血红蛋白与血细胞比容继续下降，网织红细胞计数持续增高；④补液与尿量足够的情况下，血尿素氮持续或再次增高；⑤胃管抽出物有新鲜血。

4）患者原发病的病情观察：胃镜检查是目前诊断上消化道出血病因的首选检查方法。胃镜检查通常在出血后 24 ～ 48h 内进行。

（5）心理护理：观察患者及其家属有无紧张、恐惧或悲观、沮丧等心理反应，特别是慢性病或全身性疾病致反复出血者，有无对治疗失去信心、不合作的情况。抢救工作应迅速而不忙乱，以减轻患者的紧张情绪。经常巡视，大出血时陪伴患者，使其有安全感。呕血或排黑便后及时清除血迹、污物，以减少对患者的不良刺激。解释各项检查、治疗措施，听取并解答家属的提问，以减轻疑虑。

（6）日常生活护理：限制活动期间，协助患者完成个人日常生活活动，呕吐后及时漱口。排便次数多者，注意肛周皮肤的清洁和保护。

2. 食管胃底曲张静脉破裂出血的特殊护理

（1）饮食护理：活动性出血时应禁食。出血停止后 1 ～ 2d 渐进食高热量、高维生素流质饮食，限制钠和蛋白质摄入，避免坚硬、粗糙、刺激性食物，且应细嚼慢咽，防止损伤曲张静脉而再次出血。

（2）用药护理：遵医嘱使用血管活性药物，严密观察药物疗效和不良反应。血管升压素可引起腹痛、血压升高、心律失常、心肌缺血，甚至发生心肌梗死，故滴注速度应准确，并严密观察不良反应。冠心病的患者忌用血管升压素。

（3）三（四）腔双囊管的应用与护理：①熟练的操作、插管后的密切观察和细致的护理是达到预期止血效果的关键。气囊压迫止血一般以 3 ～ 4d 为限，继续出血者可适当延长；根据病情 8 ～ 24h 放气一次，拔管时一般先放气观察 24 h，若无出血即可拔管。②留置管道期间，做好鼻腔、口腔的清洁，用液体石蜡润滑鼻腔、口唇。床旁置备三（四）腔双囊管、血管钳及换管所需用品，以便紧急换管时用。③留置气囊管给患者以不适感，有过插管经历的患者尤其易出现恐惧或焦虑，故应多巡视、陪伴患者，解释本治疗方法的目的和过程，加以安慰和鼓励，取得患者的配合。

（四）护理评价

患者出血停止，未出现血容量不足，病情得以控制；营养摄入可满足机体需求；无插管后受伤；患者及其家属获得引起上消化道出血的疾病及其防治的知识；无不良情绪发生。

案例学习

患者李爷爷，男，71 岁。

第 1 部分：患者因“上腹部疼痛 1 周，黑便 2d”于 1 月 4 日步行入院。1 周前，患者无明显诱因出现上腹部剑突下疼痛。疼痛与进食无关，为持续性钝痛，每次疼痛持续 1 ～ 3h，无放射痛，可忍受。2d 前，患者开始排柏油样黏稠发亮的粪便，质软，量与平常粪便量无差别；若排便前有腹痛，通常排黑便后腹痛有所减轻。患者与老伴生活，家庭无其他成员共住，因害怕检查出身体的严重疾病，发病初期排斥入院就诊，后经老伴劝说同意，遂来医院诊治。

请思考以下问题：

1. 该护理评估不完整，请继续进行完整的护理评估。
2. 患者十分担心病情，焦虑不安，睡眠极差，应如何进行心理疏导？

第 2 部分：安排患者入院行进一步检查。入院当天午后患者感到上腹部饱胀不适，随后排柏油样便 3 次，粪便成形，总量约 500g。1 月 5 日凌晨 5：50 呕咖啡渣样暗红色胃内容物约 1000ml，自感头晕、四肢无力、心悸、冷汗、恶心，晕厥在床，家属发现后及时按床旁铃呼救。

体格检查：体温 37℃，脉搏 110 次 / 分，呼吸 24 次 / 分，血压 80/40mmHg。

请思考以下问题：

1. 患者病情突然发生变化，并发上消化道大出血，此时家属十分激动，痛哭流涕，严重影响到你对患者的急救处理，请问此时你应该怎么做？
2. 为进一步找到出血原因，应进行哪些实验室检查？
3. 患者目前最主要的护理问题 / 诊断是什么？并制订相应的护理措施。

评判性思维训练

1. 选择一位胃食管反流病老年患者进行全面的护理评估，发现其护理问题 / 诊断。
2. 当功能性消化不良老年患者治疗效果不太满意，评估其原因为记忆力下降，总忘记服用药物，请问你有什么好的办法解决这个问题吗？

（孙晓晖）

第二十一章　老年人内分泌及代谢系统疾病与护理

学习目标

知识目标：

1. 识记老年人内分泌及代谢系统主要疾病的定义。
2. 阐述老年人内分泌及代谢系统疾病的常见病因和诱因。
3. 描述老年人内分泌及代谢系统疾病的临床特点和并发症。
4. 列举老年人内分泌及代谢系统疾病的治疗原则和要点。
5. 举例说出老年人内分泌及代谢系统疾病的常用药物及用药护理。

能力目标：

1. 能按照护理程序正确评估老年内分泌及代谢系统疾病患者、制订护理计划并实施评价。
2. 能解析老年人内分泌及代谢系统疾病的检查方法及解析临床意义。

素质目标：

1. 了解《全国护理事业发展规划（2021—2025）》，培养学生的职业认同感。
2. 了解老年人内分泌及代谢系统疾病的特点，引导学生在工作中要仔细、审慎、周密地观察病情，以减少和避免并发症的发生。

衰老使内分泌系统伴随一系列生理性改变。由于老年人机体的调节和适应能力下降，因此其发生内分泌及代谢系统疾病的概率增加。老年人内分泌及代谢系统疾病的症状多不典型，极易与伴发病或老年人正常的衰老症状相混淆，从而造成误诊或漏诊。本章旨在探讨老年人内分泌及代谢性疾病的概述、临床特点、治疗要点、护理内容，突出老年人内分泌及代谢系统疾病的特点和护理要点，增加其常用药物不良反应的观察和用药指导。对于提高老年人生活质量、延长寿命和减少死亡率具有重要意义。

第一节　肥　　胖

一、概　　述

肥胖（obesity）是指体内脂肪堆积过多和（或）分布异常、体重增加，是遗传因素、环境因素等多种因素相互作用所引起的慢性代谢性疾病。肥胖分为单纯性和继发性两种。无明显病因称单纯性肥胖；肥胖作为某些疾病（如甲状腺功能减退症）的临床表现之一称为继发性肥胖。老年人肥胖指的是60岁以上的老年人出现或存在的肥胖。2022年荟萃分析显示，全球80岁以上的高龄老年人肥胖的患病率高达17.8%。肥胖是代谢综合征的主要组分之一，常与2型糖尿病、血脂紊乱、高血压、冠心病、卒中等密切相关。老年人肥胖及不恰当的减肥干预可加重老年衰弱症状。

老年人肥胖的主要原因是热能摄入超过人体总能量的消耗，即多食和（或）能量消耗减少，使多余的热能储存于脂肪细胞中，引起肥胖。多数研究发现，老年人的热能摄入并未增加甚至减少，所以老年人肥胖主要是总能量消耗减少导致。成年后的增龄会使总能量消耗的静息代谢率（约占总能量消耗的70%）、食物的产能效应、体力活动（约占20%）都降低。其中，由于非脂肪组织量减少（约占静息代谢率的75%），引起成年后的静息代谢率每10年下降2%～3%。此外，老年人的生长激素分泌减少、组织对甲状腺激素的反应性降低、睾酮缺乏、瘦素抵抗均可引起总能量消耗减少从而导致肥胖。

成年人的体重指数（BMI）随增龄而逐渐增加，但60岁后体重和BMI维持在较稳定水平或下降趋势。因为老年人的身体成分发生明显变化，增龄后体脂重新分布，使腹内脂肪增多速度明显快于皮下脂肪，肌肉加速减少，各种组织的肌肉/脂肪比例均下降，尤其是70岁以后脂肪组织量显著降低。因肌肉/脂肪比例下降将明显低估脂肪沉积的程度，而身材变矮又将高估脂肪沉积的程度。所以，BMI不能反映老年人内脏和肌肉脂肪沉积状况，也不能反映腹部脂肪状况。因此，有学者提出改用膝高或臂距来代替身高计算BMI，但目前尚未建立诊断节点。以中年期为基线，老年期体脂增加36%～56%，80岁后一般降低。

二、临床表现

长期肥胖会增加胰岛素抵抗、2型糖尿病、高血压、高脂血症、退行性膝关节炎、脂肪肝、胆石症、胆囊炎和胆囊癌、肥胖-低通气综合征、阻塞性睡眠呼吸暂停综合征、心脑血管病、痛风、结肠和直肠癌、男性良性前列腺增生和前列腺癌、女性子宫内膜癌和乳腺癌、白内障等疾病的发病率。皮肤皱褶易发生皮炎、破溃，易合并化脓性感染或真菌感染。此外，老年人的肥胖易伴发肌肉消瘦。但有研究表明，超重或者轻度肥胖的老年人对危重症的耐受性强于体重正常和体重不足者。

三、治疗要点

老年人肥胖治疗的两个主要环节是减少热能摄入和增加总能量消耗，只有当热能摄入低于总能量消耗，达到一定程度负平衡，才能动员储存的脂肪消耗，以达到合理减肥的目标。减肥策略强调调整饮食总量和构成、增加体力运动为主的综合治疗，并自觉地长期坚持，必要时辅以药物或手术治疗，且不应依赖药物，以避免发生不良反应。

四、护　　理

（一）护理评估

1. 健康史　老年人单纯性肥胖的发病与遗传、环境、不良生活方式、脂肪代谢、生理性老化等有关；继发性肥胖与2型糖尿病、甲状腺功能减退症、代谢综合征等有关。

2. 身体状况　评估老年人是否出现上述临床特点。

3. 辅助检查

（1）BMI和腰围：①BMI。以BMI $\geqslant$ 24kg/m^{2}为超重，$\geqslant$ 28kg/m^{2}为肥胖，其中BMI28.0～29.9kg/m^{2}为Ⅰ级肥胖，$\geqslant$ 30kg/m^{2}为Ⅱ级肥胖。②腰围。男性腰围85cm和女性腰围80cm为腹型肥胖。

（2）腹内脂肪面积：用CT或MRI扫描腹部第4～5腰椎间水平面计算内脏脂肪面积时，以腹内脂肪面积100cm^{2}作为判断腹内脂肪增多的切点。

（二）常见护理诊断/问题

1. 肥胖　与能量摄入和消耗失衡等因素有关。

2. 体象紊乱　与肥胖对身体外形的影响有关。

3. 活动无耐力　与肥胖导致体力下降有关。

4. 潜在并发症　糖尿病、高血压、高血脂、冠心病等多种疾病。

（三）护理计划与实施

1. 饮食护理　大部分年轻人或中年人治疗肥胖的饮食护理亦适用于老年人。

（1）保证低热量、低脂肪饮食，其余各种营养素平衡，维持机体代谢的需要。低热量饮食

（500～1000kcal/d），一般每周可减轻体重0.4～0.9kg，6个月减轻原体重的8%～10%。合理的饮食构成极为重要，既要使老年人肥胖者获得较好的生活乐趣，又要有利于减肥。

（2）逐渐限制总热量摄入，体重降低不宜过快过猛，否则患者难以接受与坚持。

（3）强调饮食结构的合理搭配，在确定总热量后，对碳水化合物、蛋白质、脂肪三大营养成分进行合理搭配。

1）应适当选择高质量的动物蛋白质，如瘦肉、鱼类、蛋类、无皮鸡肉、牛奶、酸奶等，减肥膳食中蛋白质的供能比应为16%～25%。充足的蛋白质供给，可避免老年人出现体质虚弱、抵抗力下降等问题。

2）控制脂肪摄入的质和量。每日膳食脂肪摄入量以不超过60g为宜，脂肪占总热能的20%～25%；要控制烹调油的用量，每日用烹调油10～20g，含不饱和脂肪酸较多的植物油较好，如豆油、花生油、玉米油、芝麻油等。脂肪摄入应重点控制饱和脂肪酸，如猪油、肥肉等。另外，老年人还应减少摄入胆固醇含量高的食物，如动物内脏、蛋黄、鱼卵等，每日胆固醇摄入量不应超过300mg。

3）适量供给碳水化合物。碳水化合物应限制在占总热能的40%～55%，不可极度控制，防止酮症的出现；应以谷类食物为主要来源，每日应摄入150～250g。应控制蔗糖、麦芽糖、果糖、蜜饯及甜点心等易引起脂肪沉积的单糖和双糖食物的摄入。谷类食物应以含膳食纤维多的杂粮为主，如燕麦片，每100g燕麦片含膳食纤维108g，是精米、精面的几十倍，使人有饱腹感不会摄取过量，而且可以延缓食物消化吸收的速率，控制体重，减轻肥胖。

4）增加高纤维膳食摄入。老年人由于肠壁肌肉的紧张性降低，消化道运动能力减弱，容易发生便秘。富含纤维素的食物，如粗粮、蔬菜、水果、豆类和藻类等，不仅有利于通便，而且具有防治老年人高血脂、动脉粥样化、糖尿病的作用。同时，高纤维膳食可减少热能摄入并产生饱腹感，有利于减轻体重。

5）合理安排一日三餐的时间及食量。早餐提供的能量应占全天总能量的25%～30%，午餐应占30%～40%，晚餐应占30%～40%。一般情况下，早餐安排在6：30～8：30，午餐在11：30～13：30，晚餐在18：00～20：00。

（4）老年肥胖患者要限制饮酒，并控制盐的摄入量，如合并高血压，每日食盐摄入量应少于6g，合并心力衰竭则应少于3g。

2. 运动护理　除上述饮食外，要同时增加体力活动、减少静坐时间，运动方式和运动量应适合患者具体情况，注意循序渐进。快步行走、太极拳、体操、爬楼梯、平道自行车，以及轻微的家务劳动等低强度的运动适用于年龄大、体质较差的患者。鼓励多步行，以恢复体力和减轻衰弱。在整个运动过程中及运动后要重视患者的自我感觉，当发生严重呼吸费力或胸前区压迫感、头晕、眼花、大汗、面色苍白等现象或不能耐受者，应立即停止运动。

3. 药物治疗　老年人不建议应用减肥药物治疗肥胖，仅严重肥胖者可用奥利司他。对有2型糖尿病的肥胖老年人，可选用兼有减重作用的降血糖药，如二甲双胍、胰高血糖素样肽-1类似物。禁用西布曲明，以免增加心血管疾病风险。

4. 手术治疗　一般成年人BMI为35.0～39.9kg/m²且伴有一种以上的肥胖相关性并发症（如心力衰竭、2型糖尿病、高血压、睡眠呼吸暂停综合征等），或BMI≥40kg/m²且一般治疗无效，均可采用减肥手术治疗。老年患者尚缺乏减肥手术治疗的临床资料，因此需根据个人情况谨慎选择。

（四）护理评价

老年人肥胖若坚持长期治疗，可减少心脑血管疾病、糖尿病等并发症的发生，预后较好。继发性肥胖者预后与原发病的性质有关。

第二节　老年糖尿病

一、概　　述

糖尿病（diabetes mellitus，DM）是十分常见的衰老相关疾病或老年慢性病。它是由于胰岛素分泌和（或）作用的缺陷所引起的以慢性高血糖为特征的一种代谢性疾病，与遗传、环境和免疫等多种因素有关。糖尿病可导致多种组织器官，特别是眼、肾脏、神经、血管的慢性损伤、功能缺陷和衰竭。老年糖尿病（senile diabetes mellitus）是60岁以后发生的糖尿病或者是60岁以前发病而延续到60岁以后的糖尿病。老年糖尿病以2型糖尿病为主（约占95%），少数是1型糖尿病和其他类型糖尿病（如胰腺炎、库欣综合征、胰高血糖素瘤等引起的糖尿病）。老年糖尿病可造成老年人衰弱、焦虑、抑郁、多重用药、认知障碍等问题，严重影响其生活质量和寿命，其并发症是残疾和死亡的主要原因。

2021年，国际糖尿病联盟（IDF）发布报告显示，成年人糖尿病患病率随着年龄增长而升高；75～79岁人群的患病率为24.0%。《中国老年糖尿病诊疗指南（2021年版）》显示，2019年中国≥65岁的老年糖尿病患者数约3550万，居世界首位，占全球老年糖尿病患者的1/4，且呈上升趋势。老年人已经成为我国糖尿病患者的最大群体。因此，老年糖尿病是严重威胁老年健康的全球性社会公共卫生问题，对发展中国家尤其如此。

二、临床表现

（一）起病隐匿、缺乏典型症状

仅有1/3的老年糖尿病患者有多尿、多饮、多食和体重减轻的“三多一少”典型症状，常常因健康查体、感染、出现相关并发症（糖尿病肾病、糖尿病性视网膜病变、动脉粥样硬化性疾病、中枢神经和周围神经，以及自主神经病变、糖尿病足、牙周病和皮肤病变等）、手术、心脑血管疾病或者其他各种疾病就诊时才被发现患有糖尿病。

（二）并发症状广泛多样

老年糖尿病患者可出现多汗、腹泻、便秘、尿潴留、肢体麻木、皮肤瘙痒、肌肉乏力酸痛、肩关节痛、性功能减退和认知功能降低等症状，还可出现抑郁、焦虑症等，应系统评估是否为老年糖尿病引起的神经、血管等并发症。

1. 常并发各种感染　特别是呼吸系统、尿路感染及胆囊炎和皮肤感染（包括细菌、真菌感染），老年患者常因感染相关症状就诊而发现糖尿病。

2. 急性并发症　①低血糖：是老年糖尿病最常见的急性并发症，尤其是饮食控制过度、肝肾功能不全、衰弱、痴呆和（或）不正确使用胰岛素、长效促胰岛素分泌剂等情况的老年人。其症状不典型，常缺乏心悸、出汗等交感神经兴奋症状，易漏诊，从而发展为低血糖昏迷，极易诱发心脑血管、跌倒等不良事件，反复发作低血糖可促进痴呆的发生，需高度重视。②高渗高血糖综合征：是老年糖尿病应激时常见的严重急性并发症之一，死亡率是糖尿病酮症酸中毒的10倍。临床以严重高血糖而无明显酮症酸中毒、血浆渗透压显著升高、脱水和意识障碍为特征。主要诱发因素有感染、心血管事件、肾衰竭、创伤、手术等。在老年糖尿病患者中，尤其是失能失智的老年人，保证连续的糖尿病治疗、注意监测血糖、避免各种感染是主要预防措施。③糖尿病酮症酸中毒：多见于糖尿病病程长、胰岛β细胞功能衰竭、胰岛素治疗中断或者漏服降血糖药、感染等情况。虽在老年患者中不常见，但死亡率高。此外，老年患者要密切关注输液、降糖速度，避免因纠正酮症而带来医源性并发症。

3. 慢性并发症　主要包括糖尿病的血管并发症和神经并发症。其中，糖尿病大血管病变是指大动脉发生粥样硬化。老年糖尿病患者多伴随高血压、高血脂、肥胖、高尿酸血症等疾病，易导致动脉粥样硬化，促使大血管病变发生率升高（易发生病变的血管为主动脉、冠状动脉、脑动脉、肾动脉和外周动脉)，大约 2/3 的糖尿病患者死于大血管事件。

（三）老年糖尿病的特殊类别

糖尿病是引起老年人半失能、失能等功能依赖情况的重要因素之一，因而老年糖尿病特殊类别主要包括功能依赖（衰弱、痴呆等）和临终关怀。以上这些临床情况需要特别的关注和管理。

三、治疗要点

管理老年糖尿病的理念是需考虑糖尿病及其并发症、伴发病的内在关系。早期和全面控制糖尿病慢性并发症，特别是心血管疾病的危险因素；强调要考虑老年患者的功能状态、个人意愿和预期寿命；强调通过早期识别病情恶化以避免住院；强调建立个体化护理计划，维持老年人的独立性和生活质量，直至有尊严地逝去。此外，老年综合评估是实现以上管理理念的必要的工具。老年综合评估需特别关注衰弱（包括衰弱前期）和痴呆两个亚类患者，要放宽血糖控制目标、简化治疗方案、使用低风险的降血糖药、提供家属教育和增强交流技巧；针对疾病严重、预期寿命短于 1 年的临终患者，采取姑息治疗，如减轻疼痛、控制症状、心理安抚，提高其生活质量。

四、护　　理

（一）护理评估

1. 健康史　老年糖尿病的发病与遗传、免疫、生活方式和生理性老化有关。

2. 身体状况　评估老年糖尿病是否出现上述临床特点。

3. 辅助检查　①葡萄糖测定：典型糖尿病症状（烦渴多饮、多尿、多食、不明原因体重下降）加上随机静脉血浆葡萄糖≥ 11.1mmol/L；或加上空腹静脉血浆葡萄糖≥ 7.0mmol/L；或加上葡萄糖负荷后 2h 静脉血浆葡萄糖≥ 11.1mmol/L。②尿糖测定：老年人尿糖阳性率低，表现为血糖和尿糖阳性程度不符。③糖化血红蛋白：可反映较长时间内血糖的变化情况，特异度高，但敏感性差。

4. 心理 - 社会状况　老年糖尿病患者的注意力、对新知识的回忆能力和想象力均较同年龄组非糖尿病者差，因此，需要家属耐心细致的帮助和支持。

（二）常见护理诊断 / 问题

1. 营养失调　低于机体需要量，与胰岛素抵抗或活性下降所致的三大物质代谢紊乱有关。

2. 有感染的危险　与血糖高、脂代谢紊乱、循环障碍及营养不良等因素有关。

3. 潜在并发症　低血糖、高渗性昏迷、乳酸性酸中毒、大血管或微血管病变等。

（三）护理计划与实施

治疗和护理的目标是按照老年人的血糖标准控制血糖，防止及延缓各种并发症的发生，提高老年人的生活质量。

1. 饮食护理　饮食护理是老年糖尿病的基本方法，与成年人类似。但是，低血糖对老年人来说可能是一种致命的并发症。为预防低血糖发生，老年人的饮食最好按一日五餐或六餐分配。老年糖尿病患者饮食总原则是确定总能量摄入，合理而均衡地分配各种营养物质，提供最佳营养，纠正代谢紊乱和达到良好的代谢控制，减少心血管事件的风险，维持理想体重和体力。老年糖尿病患者中营养不良很常见，与发生压疮、谵妄和抑郁有关，会增加住院和死亡的危险。老年糖尿病患者的营养计划应个体化，综合考虑老年人的饮食喜好、习惯、文化和身体认知状态。总之，患者年龄越大能量需求越低，但蛋白质和微量元素的需求与成年人相似，因此，在限制能量摄入时经常缺乏蛋白质和微量元素，应重视并及时补充。如果老年患者食物摄入不能满足营养需要，可采取少食多餐、餐间给予口服营养补充剂等方法进行补充。饮食要点：①对功能独立的老年患者，应鼓励和协助其达到并保持正常体重，每餐提供足量的碳水化合物，但应避免过量的糖、软饮料和果汁。②在功能依赖的老年患者中，对衰弱患者应通过评估确认其是否存在营养失调和体重下降，并采取合适的营养计划，提供高蛋白和适当提高热能摄入，以改善营养和功能状态，不提倡减肥；对痴呆患者应确认其是否存在进食困难。③对临终关怀的老年患者，需综合考虑患者和家属意愿，以及相关伦理问题，决定是否采取管饲或胃肠外营养支持。

2. 运动护理 规律合适的运动既可使血糖平稳，减少降血糖药的用量，增进心、肺、脑功能，改善整体素质，预防呼吸道及泌尿道的继发感染，也使老年患者在移动能力、平衡能力、减少跌倒风险、改善心情、提高生活质量等方面获益。对于伴随脑卒中、心肌梗死、骨折卧床和腰腿痛患者，也应增加床边、床上或轮椅上的肢体活动和体位变化，以改善功能状态。应在医师指导下进行有规律的适当运动，循序渐进、量力而行、持之以恒，餐后散步 20 ～ 30min 是改善餐后血糖的有效方法。注意监测血糖和调整降血糖药，以免发生低血糖；血糖波动过大、明显低血糖、糖尿病急性并发症和严重慢性并发症者暂不适宜运动。运动要点：①对功能独立的老年患者，其运动目标与成年人一致。②对功能依赖的老年患者，鼓励低强度的室内训练项目，维持日常生活的活动及移动能力，卧床或坐轮椅的患者可雇用物理治疗师进行训练，以维持手脚力量及灵活性。对衰弱患者提供轻度阻力和平衡能力训练，以改善体能尤其是下肢力量，阻止机体功能的恶化；对痴呆患者，在保证安全的前提下维持有效的功能训练。③对临终关怀的老年患者，则鼓励根据老年人的能力和身体状况接受一些训练。

3. 用药护理 在饮食和运动不能使血糖达标时，应及时应用降血糖药。老年糖尿病群体尤其是衰弱和痴呆的患者给血糖控制带来极大挑战，需要使用安全性高的降血糖药。用药要点如下。

（1）二甲双胍：是 2 型糖尿病患者一线用药和联合用药中的基础用药。二甲双胍可改善血脂谱和高黏状态，有助于延缓或改善糖尿病血管并发症，单独用药几乎不出现低血糖。二甲双胍的不良反应以消化系统常见，乳酸性酸中毒是最严重的副作用，但罕见。老年患者使用需谨慎并减量，肾功能不全、肝功能不全、缺氧及高热患者忌用，慢性胃肠病、慢性营养不良不宜使用。

（2）磺脲类：降糖效果明显，但易引起严重低血糖和体重增加。老年患者使用应注意：①从低剂量开始，逐渐加量，不联合使用两种磺脲类降血糖药。②选用短效、中效制剂，如格列吡嗪、格列齐特，其控释或缓释剂每日 1 次，可较少引起低血糖。③新一代长效磺脲类如格列美脲具有血糖依赖性降糖、用量少、给药方便和低血糖风险小的特点，对老年患者有益；长效磺脲类格列本脲易引起严重而持续的低血糖，老年患者应避免使用。④轻、中度肾功能不全的老年患者可选择格列喹酮。

（3）α- 葡糖苷酶抑制药：主要降低餐后血糖，一般不引起低血糖，因此对老年患者相对安全。常见的不良反应是腹胀、排气增多或腹泻。老年患者使用时需注意：①阿卡波糖主要抑制 α 淀粉酶，伏格列波糖主要抑制麦芽糖酶和蔗糖酶，米格列醇是蔗糖酶的高效抑制剂，都应在进食第一口主食后立即服用。②从小剂量开始，逐渐加量，是减少胃肠道不良反应的有效方法。③单用本药不引起低血糖，但与促胰岛素分泌剂或胰岛素联合使用仍可发生低血糖。一旦发生低血糖应给予葡萄糖口服或静脉注射，进食双糖（如蔗糖）或淀粉类无效。

（4）噻唑烷二酮类：可改善血脂谱和高黏状态，单独使用时不引起低血糖，但与磺脲类或胰岛素联合使用时可增加低血糖的风险。常见的不良反应是体重增加和水肿，与胰岛素合用时更加明显。老年患者使用此药还与骨折及心力衰竭风险增加有关，严重骨质疏松或有骨折病史、心功能分级Ⅱ级以上禁用。

（5）胰岛素：老年人因为肝肾功能减退或受损，口服降血糖药受到很多限制，且糖尿病晚期并发症较多，必要时应立即使用胰岛素控制血糖。老年患者使用胰岛素需注意：①胰岛素治疗应在综合治疗基础上进行，一般从每日 1 次基础胰岛素开始，如不能控制血糖再改为餐前胰岛素加基础胰岛素，或者每日 1 ～ 3 次预混胰岛素；②尽量选用模拟生理性胰岛素分泌模式的制剂，即餐前胰岛素用短效胰岛素类似物提供，而基础胰岛素用长效胰岛素类似物提供，减少低血糖风险；③应推荐选用老年患者容易看清数字、听见声音的胰岛素笔型注射器；④胰岛素主要不良反应是低血糖、水肿、注射部位脂肪营养不良和过敏反应，应加强血糖监测；⑤发生高渗高血糖综合征或酮症酸中毒时，采用小剂量（短效）胰岛素治疗方案，积极补液，前者补液要比后者更为积极，同时纠正电解质及酸碱平衡失调，处理诱发病和防治并发症。

4. 心理调适　对老年人可通过交流了解其顾虑，逐步引导正确认知疾病；对自暴自弃者应多提供积极的信息使其看到希望，增强战胜疾病的信心。

（四）护理评价

老年人学会饮食及运动控制血糖的方法；能按照要求口服或注射降血糖药；血糖控制平稳，并发症发生率少或无；对疾病有正确的认知。

第三节　血脂紊乱

一、概　　述

血脂紊乱（dyslipidemia）是脂质代谢障碍的表现，是指血浆中一种或多种脂质成分的增高或降低、脂蛋白量和（或）质的改变，属于代谢性疾病。血脂紊乱是动脉粥样硬化性心血管疾病（ASVCD）的重要危险因素，而 ASCVD 是老年人致死、致残的主要疾病。因此，有效控制血脂紊乱对我国老年人 ASCVD 防控具有重要意义。血脂是血浆中胆固醇（TC）、甘油三酯（TG）和类脂（如磷脂等）的总称。其中，与临床密切相关的血脂主要是 TC 和 TG。血脂紊乱按病因分为继发性和原发性血脂紊乱；按临床分类分为高胆固醇血症、高 TG 血症、混合型高脂血症、低高密度脂蛋白胆固醇（HDL-Ch）血症，该分类最为常见。血脂紊乱的发生是由于脂蛋白生成加速和（或）降解减少。原发性血脂紊乱是由于单基因突变所致的生物化学缺陷，也可能是多基因或多因子所致。继发性血脂紊乱在老年人中更常见，是由于肥胖、糖尿病、甲状腺功能减退，以及肝肾疾病等全身系统性疾病所致；某些药物，如利尿药、β 受体阻滞药、糖皮质激素等也可引起继发性血脂升高。血脂水平随着增龄发生变化，基因、环境因素、生活方式与衰老过程中的脂代谢变化密切相关。

我国老年人的总胆固醇、低密度脂蛋白胆固醇和甘油三酯总体水平低于西方人群，血脂异常以轻、中度增高为主。2022 年一项 Meta 分析结果显示，中国老年人血脂异常总体患病率为 47.0%，高胆固醇血症、高三酰甘油血症、高低密度脂蛋白胆固醇（LDL-Ch）血症、低高密度脂蛋白胆固醇血症的患病率分别为 19.7%、20.8%、15.3%、20.2%；年龄方面，老年人血脂异常总体患病率随年龄增长呈下降趋势（60 ～ 69 岁为 39.9%，70 ～ 79 岁为 31.8%，≥ 80 岁为 31.4%），且≥ 80 岁老年人各型血脂异常患病率均低于其他 2 个年龄段老年人，这可能与老年人衰老程度的加深密切相关。

二、临床表现

（一）动脉粥样硬化

多数血脂紊乱的老年患者无任何症状和体征，常于血液常规生化检查时被发现。脂质在血管内皮沉积可引起动脉粥样硬化，由此引起心脑血管和周围血管病变，因此，血脂紊乱的首发症状往往与心血管疾病症状相关。

（二）脂肪肝、胰腺炎、黄色瘤、视网膜脂血症

甘油三酯水平中度升高会导致脂肪肝和胰腺炎，如果甘油三酯水平继续升高则会在背部、肘部、臀部、膝部、手足等部位出现黄色瘤。严重的高甘油三酯血症 [TC ＞ 5.2mmol/L（200mg/dl）] 会导致视网膜的动静脉呈白乳状，形成视网膜脂血症。某些形式的高脂血症可以导致肝脾大，从而出现上腹不适感或者压痛，β 脂蛋白不良血症患者则可能出现手掌黄斑和结节状的黄色瘤。

三、治疗要点

老年人血脂紊乱的治疗主要包括生活方式和药物治疗，推荐参考2022年《老年人血脂异常管理中国专家共识》。调脂治疗是防治老年人ASCVD的重要措施。LDL-Ch是老年人血脂紊乱的首要治疗目标，非HDL-Ch是次要目标。健康的生活方式是治疗老年人血脂异常的基本措施，他汀类药物是首选的调脂药物。建议充分评估调脂治疗的利弊，根据老年人心血管疾病的危险分层及个体特点合理选择调脂药物。推荐老年人使用低、中剂量的他汀类药物，当使用可耐受剂量的他汀类药物效果不好时需根据病情联合用药。调脂药物应坚持长期使用，无特殊原因不应停药，停药后血脂升高甚至反跳，使心血管发病率及死亡率明显增加。合并高血压、糖尿病、卒中等特殊老年人群的血脂管理，同样遵循在ASCVD发病危险评估基础上，结合伴随疾病特点开展血脂个性化管理。

四、护　　理

（一）护理评估

1. 健康史　评估老年人血脂紊乱的发病是否与遗传、生活方式、某些疾病、药物、生理性老化有关。

2. 身体状况　评估老年人血脂紊乱是否出现上述临床特点。

3. 辅助检查　老年人血脂紊乱治疗的监测（表21-1）。首先进行生活方式治疗的老年人，应于6～8周复查血脂水平，达标者应继续坚持健康生活方式，3～6个月再次复查；如持续达标，每6～12个月复查。在服用他汀类药物前后4周复查血脂、肌酶及肝肾功能，服药时应监测有无肌痛、乏力和消化道症状等不良反应，长期使用应定期随诊。服用他汀类药物后出现肌肉或消化道症状的患者，应监测肌酶及肝功能。如血肌酸激酶（CK）升高未超过正常上限4倍，且肌肉症状轻微或丙氨酸转氨酶（ALT）、天冬氨酸转氨酶（AST）升高未超过正常上限3倍，可继续服用他汀类药物并复查。血CK升高超过正常上限4倍或ALT、AST超过正常上限3倍及胆红素升高，应停用或减少他汀类药物剂量，恢复正常后再次评估他汀类药物的获益风险比，决定是否继续服用他汀或换用其他调脂药物，若需继续使用调脂药物，可更换种类或减少剂量后密切观察。如血CK升高超过正常上限10倍，应立即停用他汀类药物并入院进行水化治疗。3～6个月未达标者，应调整他汀类药物的剂量或种类，必要时加用依折麦布或PCSK9抑制剂，达标后每6～12个月复查。

表21-1　中国ASCVD一级预防人群血脂合适水平和异常分层标准[单位：mmol/L（mg/dl）]

分层	TC	LDL-Ch	HDL-Ch	非HDL-Ch	TG
理想水平		＜2.6（100）		＜3.4（130）	
合适水平	＜5.2（200）	＜3.4（130）		＜4.1（160）	＜1.7（150）
边缘升高	≥5.2（200）且＜6.2（240）	≥3.4（130）且＜4.1（160）		≥4.1（160）且＜4.9（190）	≥1.7（150）且＜2.3（200）
升高	≥6.2（240）	≥4.1（160）		≥4.9（190）	≥2.3（200）
降低			＜1.0（40）		

（二）常见护理诊断/问题

1. 潜在并发症　冠心病、脑卒中。

2. 知识缺乏　缺乏血脂异常饮食调节及药物治疗的有关知识。

3. 超重/肥胖　与能量摄入和消耗失衡等因素有关。

（三）护理计划与实施

1. 饮食与运动指导　膳食方面，老年人群在保证营养的基础上，尽量减少饱和脂肪酸和反式脂肪酸的摄入，多摄入不饱和脂肪酸。进食应以水果、非淀粉类蔬菜、坚果、豆类、鱼、植物油、酸奶和全谷物为主，减少摄入红色和加工肉类、精加工的碳水化合物和高盐食物。在高龄老年人中，血脂代谢异常与能量摄入增加的相关性较小，更多的是与能量消耗的减少有关。相较年轻人而言，在老年人群中，减重、运动对调脂治疗效果非常有限。≥ 75 岁老年患者应在保证热量摄入的基础上，以摄入不饱和脂肪酸为主，不推荐积极的运动减重作为常规治疗。

（1）饮食护理：调整饮食和改善生活方式是各种高脂血症治疗的基础，尤其对原发性高脂血症患者，更应首选饮食治疗。即使在进行药物降脂治疗时，饮食疗法也要同时进行。饮食疗法能使血浆胆固醇降低，提高降脂药物的疗效，还具有改善糖耐量、恢复胰岛功能、减轻体重等多方面的作用。

1）高胆固醇血症：即仅有血胆固醇含量增高，而甘油三酯含量正常的患者。①严格限制胆固醇。限制食物胆固醇，每日总摄入量少于 200mg。一方面，应忌吃或少吃含胆固醇高的食物，如动物的脑、脊髓、内脏、蛋黄、贝壳类（如蚌、螺蛳等）和软体类（如鱿鱼、墨鱼、鱼子等）。另一方面，应适量摄食胆固醇含量不高的食物，如瘦的猪肉、牛肉、鸭肉、鸡肉、鱼类和奶类。②限制动物性脂肪，适当增加植物油。烹调不用动物油，每月吃植物油（豆油、玉米油、菜油等）500 ～ 750g 比较理想。③多吃蔬菜、瓜果，以增加膳食纤维的摄入量。④多吃有降胆固醇作用的食物，如大豆及其制品、洋葱、大蒜、金花菜（草头）、香菇、木耳等。有些食物还同时具有抗凝血作用，对预防血栓形成和冠心病也有好处。

2）高甘油三酯血症：即仅有血甘油三酯含量增高，而血胆固醇含量正常的患者。①限制进食量，降低体重：老年人要达到并维持体重在标准范围十分关键。②限制甜食：此类患者对糖类特别敏感，吃糖可使其甘油三酯含量明显增高。因此，白糖、红糖、水果糖、蜜糖，以及含糖的食品和药物等应尽量少吃或不吃。③禁酒：饮酒可使这类患者的甘油三酯含量增高。④适当增加蛋白质：尤其是大豆蛋白。⑤适当限制胆固醇：每日低于 300mg，每周可吃 3 个鸡蛋，其他含胆固醇食物也可适当食用，只要总摄入量不高于上述界限即可。⑥适当限制脂肪：尤其是动物脂肪。

3）混合型高脂血症：此型患者血胆固醇和甘油三酯含量都增高，饮食治疗的要点是将上面两种类型结合起来。即适当限制胆固醇和动物脂肪、控制食量以降低体重，忌吃甜食、戒酒，适当增加植物油、豆类及其制品，多吃蔬菜、瓜果和某些有降脂作用的食物。

（2）运动指导：见本章第一节。

2. 用药护理　老年人常联用多种药物，需关注药物相互作用及不良反应，指导患者正确服用常用的调脂药物。常用的调脂药物包括他汀类药物和非他汀类药物。

（1）他汀类药物

1）药理特性：洛伐他汀、辛伐他汀与食物同服更容易吸收，瑞舒伐他汀、阿托伐他汀、氟伐他汀和匹伐他汀不受食物影响，普伐他汀与食物同服减少吸收。由于肝内胆固醇的合成在夜间达到高峰，氟伐他汀、洛伐他汀、辛伐他汀半衰期较短，建议晚间服用，而阿托伐他汀、匹伐他汀、瑞舒伐他汀半衰期较长，可在任何时间服用。

2）药物的安全性和不良反应：尽管老年人服用他汀类药物的安全性和耐受性好，仍应及时识别并处理相关不良反应。通常他汀类药物的不良反应随剂量增大而增加，常见的不良反应包括肝功能异常、肌损害等。①肝功能异常：是他汀类药物最常见的不良反应。老年人大剂量使用他汀类药物时，易发生肝功能异常。他汀类药物禁用于活动性肝病、失代偿性肝硬化及急性肝衰竭、不明原因转氨酶持续升高和任何原因转氨酶升高超过 3 倍正常上限的患者。②肌损害：他汀类药物相关肌损害的发生率为 10% ～ 15%。肌损害表现为肌痛或乏力等症状，伴肌酸激酶增高。横纹肌溶解是他汀类药物相关的最严重不良反应，表现为严重肌痛、肌肉坏死，肌红蛋白尿可导致急性肾损伤和死亡。老年人较普通人群发生横纹肌溶解的风险高4倍。由于老年人的肌无力、肌痛也可见于骨关节、肌肉疾病等，需要进行鉴别诊断。③慢性肾脏病（chronic kidney disease，CKD）：老年人的肾功能随年龄增长减退，启动调脂治疗前应评估肾功能，用药过程中关注肾功能变化。他汀类药物无明显肾毒性，不会导致肾功能恶化，可导致一过性蛋白尿，可能与肾小管重吸收减少相关。④新诊断糖尿病：他汀类药物增加新诊断糖尿病的风险，更多见于糖尿病早期阶段及代谢综合征者，常与大剂量使用他汀类药物及增龄相关。鉴于他汀类药物对心血管疾病患者的总体获益远超新诊断糖尿病的风险，推荐老年ASCVD患者服用他汀类药物并监测血糖及糖化血红蛋白的变化。服用他汀类药物时应强化生活方式干预，密切随访，及时发现并进行血糖管理。⑤神经系统：他汀类药物降低缺血性脑卒中风险。现有临床证据未显示他汀类药物增加出血性脑卒中、认知功能障碍、阿尔茨海默病、血管性痴呆或帕金森病的风险。若在启动他汀类药物治疗后新发神经系统症状，如认知功能障碍、记忆力减退、睡眠障碍等，应评估是否为他汀类药物的不良反应，必要时停药观察。

（2）非他汀类调脂药物

1）胆固醇吸收抑制药：依折麦布的安全性和耐受性良好，常见的不良反应如头痛、腹痛、腹泻、腹胀、乏力及肝酶异常。

2）PCSK9抑制剂：依洛尤单抗的常用剂量为每2周140mg周或每4周420mg，阿利西尤单抗的常用剂量为每2周75～150mg。常见的不良反应是注射部位不适、过敏反应和流感样症状。常见不良反应如咳嗽、肌肉骨骼疼痛、鼻咽炎、头痛、腹泻等。

3）贝特类：贝特类药物常用非诺贝特，常用剂量为200mg/d。常见不良反应为肌病、转氨酶升高、胃肠道反应及皮疹，可导致血肌酐升高、估算肾小球滤过率（eGFR）下降，通常可逆，CKD患者使用时应调整剂量。吉非罗齐与他汀类药物联用可增加肌病风险，非诺贝特的肌病风险明显降低

4）烟酸类：烟酸的不良反应包括颜面潮红、胃肠道症状、肝损害、尿酸及血糖升高等。禁用于严重或原因未明的肝功能损害、酗酒、活动性消化性溃疡及痛风患者。烟酸与他汀类药物联用时不良反应增加。

5）鱼油制剂（n-3 PUFA）：鱼油制剂3～6g/d降低TG30%～50%。高纯度二十碳五烯酸（EPA）降低心血管疾病高危患者的心血管发病率。鱼油制剂常见不良反应为嗳气、恶心等，大剂量鱼油可增加发生心房颤动的风险。

（四）护理评价

老年人学会饮食及运动控制血脂的方法；能按照要求口服调脂药物；血脂控制平稳，并发症发生率少或无；对疾病有正确的认知。

案例学习

陈爷爷，64岁，日常身体活动较少，体重95kg，身高173cm，BMI是32kg/m^2。当他走路、上下台阶或走“长途”（他定义为从停车场到老年中心的距离）时，会“容易喘不过气”，他将这归因于“变老”。

陈爷爷70岁时和妻子、女儿、外孙住在一起。他经常和家人一起准备家庭聚餐。从饮食习惯来看，他们每周大约吃4次烧鱼或鸡肉，其他时候以猪蹄或红烧肉作为主餐。常见的配菜有玉米、秋葵、粗燕麦粉、甜马铃薯、炒蔬菜。烹饪时，家人喜欢用猪油、咸肉油。他们经常喝去咖啡因的咖啡，但会加糖和奶油。早餐常吃蒸小笼包和油条，周六和周日有熏肉和鸡蛋。他们夫妇二人一周中有5天中午在社区的幸福食堂或老年公寓进餐。陈爷爷的BMI在肥胖范围，且体重增加了些许。过去几年他参加了老年中心的锻炼计划，但是没有参加额外的锻炼，并且继续抱怨说当他走过停车场时，他会变得气喘吁吁。

陈爷爷现在74岁，他的医生最近开始用药物治疗高胆固醇，告诉他注意饮食，但对于如何处理他的胆固醇并没有给出进一步的信息或指导材料。虽然他说他已经听说了很多关于“好胆固醇和坏胆固醇”的信息，但他不知道食物的好坏。他试图买那些标有“无胆固醇”的食物，但标签上却标有不同种类的脂肪，很令人困惑。

请思考以下问题：

1. 哪些危险因素可能会导致陈爷爷“容易喘不过气”的感受？
2. 请列举陈爷爷现在的主要护理诊断。
3. 关于陈爷爷的肥胖和血脂紊乱等情况，需要开展哪些营养和生活方式干预的护理措施？

第四节　甲状腺疾病

甲状腺疾病是常见的老年疾病之一，我国50%以上的老年人存在甲状腺疾病。老年人甲状腺疾病是指60岁以后诊断为甲状腺疾病或是60岁以前确诊，疾病延续至60岁以后。甲状腺疾病通常包括甲状腺功能亢进症、甲状腺功能减退症、甲状腺炎和甲状腺结节等。老年人甲状腺疾病因发病隐匿、临床症状不典型，易导致漏诊、误诊。研究表明，甲状腺功能异常与心血管死亡、痴呆和骨折等不良结局有关。本节主要介绍老年人甲状腺功能亢进症和老年甲状腺功能减退症。

一、老年人甲状腺功能亢进症

（一）概述

甲状腺功能亢进症（hyperthyroidism），简称甲亢，是指甲状腺腺体本身产生甲状腺激素过多而引起的甲状腺毒症。我国65岁以上老年人中，临床甲亢和亚临床甲亢的患病率分别为0.52%和0.73%。老年人甲亢按常见病因可分为格雷夫斯（Graves）病、毒性多结节性甲状腺肿、高功能腺瘤。老年人甲亢的其他少见病因包括垂体促甲状腺激素（TSH）瘤和滋养细胞层肿瘤及转移的分化型甲状腺癌。碘充足地区老年人甲亢的病因主要是Graves病，碘缺乏地区老年人甲亢主要是毒性多结节性甲状腺肿。过量碘引起的甲亢在老年人中常见，老年人使用含碘对比剂引起碘致甲亢的风险增大，或因其他疾病长期服用胺碘酮也可导致碘增加而诱发甲亢。

（二）临床表现

1. 发病隐匿，症状和体征不典型。全身高代谢症状群不明显，常以某一系统症状为主要表现，称为“单系统甲亢”。

2. 心血管相关症状常为首发和主要表现，如心悸、心房颤动、收缩压增高、脉压增宽、心力衰竭及在冠心病基础上诱发的心绞痛，其中以心房颤动最为常见，且老年甲亢患者心房颤动更易导致栓塞性卒中。老年甲亢患者易发生心力衰竭，其中50%为左心室功能不全。有心房颤动、高血压病史、缺血性心脏病或有冠心病危险因素（如吸烟和糖尿病）的老年患者更易发展为充血性心力衰竭。

3. 消化系统多表现为食欲减退、厌食，部分可有腹泻、便秘、恶心、呕吐等。

4.“淡漠型甲亢”多见于老年人，表现为明显消瘦、心悸、腹泻、厌食，严重时神志淡漠、嗜睡，甚至神智错乱。甲亢易引起老年人注意力减退、情绪和认知改变。部分患者可出现精神亢进症状，少数还可出现幻觉、妄想等，增加老年人骨质疏松和骨折风险。

5. 突眼、甲状腺肿大表现较少。Graves眼病发病高峰在50～60岁，但60岁以上男性患者更易出现视神经病变。老年甲亢患者吸烟、病程长、游离甲状腺素（FT_4）水平高是发生Graves眼病的危险因素。老年人Graves病甲状腺肿大程度低于年轻患者，老年毒性多结节性甲状腺肿患者可有巨大甲状腺肿或胸骨后甲状腺肿，出现呼吸困难等压迫症状。

6. 甲状腺危象也称为甲亢危象，表现为甲亢症状的急骤加重和恶化，多发生于未治疗或治疗不充分的甲亢患者，常见诱因有感染、手术、创伤、精神刺激等。老年患者常缺乏高热、大汗、心率增加等典型的高代谢症状，更多表现为淡漠型危象，特征是极度虚弱和情绪冷漠；体温升高不明显；可发生充血性心力衰竭、肝衰竭、脑梗死、急性腹痛、癫痫、卒中、昏迷及休克。对于多器官受累、病情危重的老年患者，若有甲状腺激素水平升高，需进行甲亢危象的评估。

（三）治疗要点

临床甲亢对心脏、骨骼和认知功能等均有不良影响，老年甲亢患者应特别注意及时控制甲亢，避免复发。治疗甲亢主要有以下 3 种方法。

1. 抗甲状腺药物治疗 对于病情较轻且无心脏并发症的老年 Graves 病患者，首选抗甲状腺药物治疗，常用的有甲巯咪唑（MMI）和丙硫氧嘧啶（PTU）。对于生存期有限的老年毒性多结节性甲状腺肿患者，或者不能遵守辐射防护的患者，可长期服抗甲状腺药物维持治疗。建议老年患者起始抗甲状腺药物剂量不宜过高，甲巯咪唑每日总量 5 ～ 20mg 口服或丙硫氧嘧啶每日总量 50 ～ 300mg 分次口服。抗甲状腺药物治疗疗程 12 ～ 18 个月。为了避免甲亢复发对心血管的不良反应，对衰弱的老年患者、甲亢复发、不接受放射性碘治疗或有甲状腺手术禁忌证的患者，需用低剂量甲巯咪唑长期维持治疗，能有效控制甲状腺功能。

2. 放射性碘治疗 老年甲亢患者伴有心房颤动、快速型心律失常、心力衰竭等心脏病，毒性多结节性甲状腺肿和高功能腺瘤，首选放射性碘治疗。老年人对 ^{131}I 敏感性较差，治疗时要增加剂量。放射性碘治疗后短期可导致甲状腺毒症的一过性恶化。对于严重的甲状腺毒症，或伴有心房颤动、心功能不全、肺动脉高压、肺部疾病、脑血管病、未控制的高血糖患者，建议在放射性碘治疗前后（3 ～ 7d 开始）给予甲巯咪唑治疗，同时应用 β 肾上腺素受体阻断药。

3. 手术治疗 不作为老年甲亢患者的首选治疗方案。巨大甲状腺肿有压迫症状、怀疑合并恶性结节或合并原发性甲状旁腺功能亢进时可选择。老年甲亢患者甲状腺手术应由经验丰富的外科医师实施，抗甲状腺药物和 β 肾上腺素受体阻断药控制甲状腺激素水平和心率。甲状腺手术范围尽可能彻底，避免甲亢或肿瘤复发。

（四）护理

1. 护理评估

（1）健康史：评估老年人甲亢的发病是否与 Graves 病、高功能腺瘤、碘充足或碘缺乏、含碘对比剂或碘胺酮等药物、生理性老化有关。

（2）身体状况：评估老年人甲亢是否出现上述临床特点。

2. 常见护理诊断 / 问题

（1）营养失调：低于机体需要量，与基础代谢率增高导致代谢需求大于摄入有关。

（2）潜在并发症：心房颤动、甲状腺危象。

（3）活动无耐力：与蛋白质分解增加、甲状腺毒性心脏病、肌无力等有关。

（4）体液不足：与多汗、呕吐、腹泻有关。

（5）知识缺乏：缺乏老年人甲亢饮食调节及药物治疗的有关知识。

3. 护理计划与实施

（1）饮食护理：老年人甲亢的饮食护理同成年人，主要包括高热量、高蛋白、高维生素及矿物质丰富的饮食。避免进食含碘丰富的食物，应食用无碘盐，忌食海带、海鱼、紫菜等，慎食卷心菜、甘蓝等易致甲状腺肿的食物。但是，老年人应适量增加钙磷的摄入，防止骨质疏松及病理性骨折。鼓励多饮水，每天饮水 2000 ～ 3000ml，以补充出汗、腹泻、呼吸加快等所丢失的水分，但对并发心脏疾病的老年人应避免大量饮水，以防止因血容量增加而加重水肿和心力衰竭。

（2）用药护理：抗甲状腺药物的轻微不良反应包括皮疹、皮肤瘙痒、关节痛和胃肠道不适，严重不良反应比较少见，包括粒细胞缺乏和肝毒性，通常发生在开始治疗后的 3 个月内。治疗中应密切关注抗甲状腺药物的不良反应，对于有认知障碍的老年患者应与家属或监护人签署书面知情同意书。①粒细胞缺乏：老年患者更易出现粒细胞缺乏症，且致死率高。因此，必须指导患者定期复查血常规。当接受抗甲状腺药物的患者出现发热或咽痛症状时，应行白细胞总数和分类检测，如果粒细胞数＜ $1\times10^9/L$，应立即停止抗甲状腺药物，遵医嘱使用广谱抗生素和粒细胞集落刺激因子等治疗。②肝毒性：最常见的表现是转氨酶和胆红素升高，急性肝衰竭为严重的表现，但少见。65 岁以上老年人中更易出现肝毒性。应用抗甲状腺药物的患者出现黄疸、白陶土样便或尿色变深时应检测肝功能。所有患者在抗甲状腺药物治疗前和治疗后应定期监测肝功能。

（3）放射性碘治疗护理：放射性碘治疗后可出现永久性甲状腺功能减退症，应及时监测甲状腺功能，发现甲减时及时给予左甲状腺素治疗。

4. 护理评价　老年人学会饮食方法；能按照要求口服抗甲状腺药物；TSH、总甲状腺素（TT_4）和游离甲状腺素（FT_4）、总三碘甲腺原氨酸（TT_3）和游离三碘甲腺原氨酸（FT_3）控制平稳，并发症发生率少或无；对疾病有正确的认知。

二、老年人甲状腺功能减退症

（一）概述

甲状腺功能减退症（hypothyroidism），简称甲减，是由于甲状腺激素合成和分泌减少或组织作用减弱导致的全身代谢减低综合征。甲减的患病率与 TSH 诊断切点值、年龄、性别、种族等因素有关。自身免疫性甲状腺炎是老年人甲减最常见的原因，其次是 ^{131}I 治疗及甲状腺手术后。中枢性甲减在老年人中罕见，主要由垂体疾病导致，此时甲减症状会被垂体其他激素（主要是促肾上腺皮质激素）缺乏的症状所掩盖。甲状腺激素抵抗综合征（RTH）是由于甲状腺激素在外周组织实现生物效应障碍引起的甲减。药物性甲减较多见，包括抗甲状腺药物过量、胺碘酮、锂制剂，以及细胞因子和针对免疫系统的肿瘤靶向药物等，服用胺碘酮治疗心律失常是老年人药物性甲减最常见的原因。我国 65 岁以上老年人中，临床甲减和亚临床甲减的患病率分别为 2.09% 和 19.87%。

（二）临床表现

老年人甲减非常容易与衰老本身伴随的症状混淆而不易引起足够重视，而亚临床甲减患者更缺乏特异、显著的症状及体征。

1. 老年人甲减起病隐匿、进展缓慢，临床表现如畏寒、乏力、少汗、手足肿胀感、嗜睡或失眠、沮丧、记忆力减退、行走失衡、体重增加、便秘或关节肌肉疼痛，与老年衰弱和认知、心理功能障碍相似。

2. 甲减会导致心包积液，增加心血管疾病的患病风险，并和心力衰竭的发生与进展密切相关。

3. 甲减会导致或加重睡眠呼吸暂停低通气综合征、贫血、肾功能不全，使胸闷、气短、水肿加重。

4. 严重甲减导致的黏液性水肿昏迷是一种危及生命的重症，常见于老年患者，通常由并发疾病诱发，临床表现为嗜睡、精神异常、木僵甚至昏迷、皮肤苍白、低体温、心动过缓、呼吸衰竭和心力衰竭等，预后差，病死率高。

（三）治疗要点

1. 治疗前评估　治疗前需进行 CGA。如果患有心绞痛，则在开始替代治疗前应完成冠状动脉血管结构相关评估，必要时先予以血流重建治疗。

2. 治疗目的和 TSH 控制目标　治疗目的是缓解症状，避免进展成黏液性水肿昏迷。TSH 控制目标要根据年龄、心脏疾病及危险因素、骨质疏松及骨折风险等 CGA 结果个体化制订。①无心脏疾病或心脏疾病危险因素的 60 ～ 70 岁老年患者，血清 TSH 控制目标与成年人相同，可将 TSH 控制在正常范围上 1/2；②年龄在 70 岁以上的老年患者，血清 TSH 控制目标应在 4 ～ 6mU/L；③有心律失常或骨质疏松性骨折高风险的老年患者，血清 TSH 控制目标应在 6 ～ 7mU/L。

3. 治疗方法 左甲状腺素（$L-T_4$）为老年人甲减的主要替代治疗药物，起始剂量低于成年人，为 0.5 ～ 1.0μg/（kg · d）；缺血性心脏病老年患者起始剂量宜更小，调整剂量更慢，防止诱发心绞痛或加重心肌缺血，起始剂量减至 12.5 ～ 25μg/d，最终维持剂量一般低于成年人，通常需要终身服药。

4. 治疗后监测 治疗初期每 4 ～ 6 周测定甲状腺功能相关指标，并根据结果调整 $L-T_4$ 剂量，每次调整剂量为 12.5 ～ 25μg，直至达到治疗目标；治疗达标后每 6 ～ 12 个月复查 1 次甲状腺功能。

5. 药物相互作用 合用咖啡因、碳酸钙、硫酸亚铁、氢氧化铝 / 氢氧化镁等均减少 $L-T_4$ 的吸收，影响疗效；合用利福平则使 $L-T_4$ 的生物利用度增加 25%，合用时需谨慎。

6. $L-T_4$ 替代治疗过度的风险与处置 $L-T_4$ 替代治疗过度会导致医源性甲状腺毒症，治疗过度和治疗不足均增加患者死亡率，且治疗过度对死亡率的影响更大。长期 $L-T_4$ 替代治疗过度易导致心房颤动、骨质疏松、肌少症和衰弱等，因此，开始 $L-T_4$ 替代治疗后应密切监测甲状腺功能，定期或健康状态发生变化时进行老年综合评估，尤其是心肌缺血、心房颤动、心力衰竭、骨质疏松、肌少症和衰弱的发生和发展，及时调整 TSH 的控制目标和 $L-T_4$ 剂量，以维持老年人的最佳功能状态和生活质量。

7. 黏液性水肿昏迷的治疗 黏液性水肿昏迷的病死率高，应积极救治。治疗包括：①去除诱因。感染诱因占 35%，应积极控制感染，治疗原发疾病。②补充甲状腺激素。有条件时首选 T_3 静脉注射，老年患者尤其有冠心病或心律失常病史的患者宜采用较低剂量，直至患者临床指标明显改善并清醒后改为口服；或 $L-T_4$ 首次静脉注射 200 ～ 300μg，以后 50μg/d，至患者临床指标明显改善、意识恢复后改为口服；如果无 $L-T_4$ 注射剂，可将 $L-T_4$ 片剂磨碎后胃管鼻饲。③补充糖皮质激素。静脉滴注氢化可的松 200 ～ 400mg/d，分次使用，持续 3 ～ 7d。④支持治疗。包括机械通气、保温、纠正电解质紊乱和贫血、稳定血流动力学等，保温应避免使用电热毯，因其可以导致血管扩张、血容量不足。

（四）护理

1. 护理评估

（1）健康史 评估老年人甲减的发病是否与遗传、^{131}I 治疗、碘胺酮等药物、生理性老化有关。

（2）身体状况 评估老年人甲减是否出现上述临床特点。

2. 常见护理诊断 / 问题

（1）便秘：与基础代谢率降低及体力活动减少引起的肠蠕动减慢有关。

（2）体温过低：与机体基础代谢率降低有关。

（3）潜在并发症：黏液性水肿昏迷。

（4）超重 / 肥胖：与代谢率降低致摄入大于需求有关。

（5）活动无耐力：与甲状腺激素不足所致肌肉乏力、心功能减退、贫血有关。

3. 护理计划与实施

（1）老年人便秘的护理

1）饮食护理：给予高蛋白、高维生素、低钠、低脂肪饮食，细嚼慢咽，少量多餐。进食粗纤维食物，如蔬菜、水果或全麦制品，促进胃肠蠕动。甲状腺炎所致甲状腺功能减退症者应避免摄取含碘食物和药物，以免诱发严重黏液性水肿。

2）建立正常的排便习惯：指导患者每天定时排便，养成规律排便的习惯，并为卧床患者创造良好的排便环境。教会患者促进便意的技巧，如适当按摩腹部、肛周按摩。鼓励患者每天进行适度的运动，如散步、快走等。

3）轻泻药：必要时根据医嘱给予轻泻药，并观察粪便的次数、性质和量，观察有无腹胀、腹痛等麻痹性肠梗阻的表现。

（2）用药护理：L-T_4 半衰期为 7d，每早晨服药 1 次即可，首选早餐前 1h；与其他药物和某些食物的服用间隔应在 2 ～ 4h 以上，因有些药物和食物会影响 T_4 的吸收和代谢，需要根据监测结果调整 L-T_4 剂量。

（3）体温过低护理

1）加强保暖：调节室温在 22 ～ 23℃之间，注意告知患者保暖防寒。

2）病情观察：监测生命体征，观察患者有无寒战、皮肤苍白等体温过低表现及心动过缓等现象，并及时护理。

（4）黏液性水肿昏迷的护理

1）避免诱因：避免寒冷、感染、手术、使用麻醉镇静药等诱发因素。

2）病情监测：观察神志、生命体征的变化及全身黏液性水肿情况，每天记录患者体重。患者若出现体温低于 35℃、呼吸浅慢、心动过缓、血压降低、嗜睡等表现，或出现口唇发绀、呼吸深长等症状，立即通知医师并配合抢救处理。

3）黏液性水肿昏迷的急救护理：①建立静脉通路，遵医嘱给予急救药物；②保持呼吸道通畅、吸氧，必要时配合医师行气管插管或气管切开；③监测生命体征和动脉血气分析的变化，记录 24h 出入量；④注意保暖。

4. 护理评价　老年人学会饮食控制、减轻便秘的方法；能按照要求口服治疗甲减的药物；TSH、TT_4 和 FT_4、TT_3 和 FT_3 控制平稳，并发症发生率少或无；对疾病有正确的认知。

评判性思维训练

患者，男性，68 岁，患糖尿病 6 年。因昨晚睡眠不佳，今晨起床后食欲缺乏，进食早餐减少。饭后与爱人去菜市场买菜时出现出汗、颤抖、心悸，随后出现视物不清、步态不稳、意识模糊。体检：体温 36.1℃，脉搏 80 次 / 分，呼吸 20 次 / 分，血压 146/80mmHg，神志清楚。实验室检查：HbAlc9%，空腹血糖 9.2mmol/L，餐后血糖 14mmol/L。诊断为糖尿病，低血糖反应。

1. 该患者的主要护理诊断是什么？

2. 患者应如何避免以上情况的发生？

（王冰飞）

第二十二章　老年人骨关节疾病与护理

学习目标

知识目标：

1. 阐述老年人常见骨关节疾病的概念。
2. 熟悉老年人常见骨关节疾病的常见病因、诱因、典型症状、体征和主要并发症。
3. 掌握老年人常见骨关节疾病的护理要点。

能力目标：

1. 具备制订和实施老年人骨关节疾病护理计划的能力，根据老年人的具体情况进行个性化护理。
2. 能够有效应对老年人骨关节疾病的急性情况，采取适当的急救和护理措施。针对老年人常见骨关节疾病，通过病例讨论和实践，解决老年人常见骨关节疾病的护理问题。

素质目标：

1. 培养学生的职业道德，能够理解老年人的特殊需求和生理心理变化，充分考虑老年人的个人意愿和价值观，尊重其选择和决策。
2. 强调在老年人骨关节疾病与护理过程中，要综合运用科学知识与人文关怀，不仅注重疾病的治疗，也要关注老年人的心理健康和生活质量。

随着年龄的增长，人体器官功能在逐渐减退，各种疾病不期而至，伴随着医学领域的不断拓宽，特别是对于老年人功能的恢复、日常生活能力的提高、生活质量的改善，护理工作显得尤为重要。老年人骨关节疾病是由于年龄的增长、机体老化等多种因素引起的关节软骨退化损伤、关节边缘和软骨下骨反应性增生。本章着重从常见骨关节疾病的概述、病因与发病机制、分类与临床特点、诊断、治疗、护理评估、护理诊断、护理计划与实施、护理评价进行归纳总结，有利于临床护士及时发现老年人骨关节的常见健康问题，为科学、有效的临床护理决策提供依据。

第一节　骨关节炎

一、概　述

（一）概念

骨关节炎（osteoarthritis，OA），是由于关节软骨发生退行性变，引起关节软骨完整性破坏以及关节边缘软骨下骨板病变，继而导致关节症状和体征的一组慢性退行性关节疾病。主要累及髋、膝、颈椎和腰椎等负重关节以及远端指间关节、近端指间关节、第一腕掌关节和第一跖趾关节。其发病率随年龄的增加而升高，65 岁以上的老年人患病率达 68%，该病的致残率高达 53%，是老年人致残的主要原因之一，严重影响老年人的身体健康和生活质量。

（二）病因与发病机制

OA 为关节的退行性变而非炎症，本病的发生是多种因素联合作用的结果。主要因素包括软骨基质中的黏多糖含量减少、纤维成分增加、软骨的弹性降低、软骨下骨板损害等使软骨失去了缓冲作用、关节内出现局灶性炎症。本病的发生一般不会是单一危险因素的结果，而往往是上述多个因素相互作用所致。当出现天气变化、受凉、劳累时，常会引起关节酸胀不适，诱发关节疼痛。

二、临床表现

（一）关节疼痛及压痛

关节疼痛是OA最常见的临床表现，发生率为36.8%～60.7%；疼痛在各个关节OA中均可出现，其中以膝、髋和指间关节最为常见。

（二）关节僵硬

多发生于晨起时或较长时间未活动后，表现为关节僵硬及发紧感，活动后可缓解。

（三）关节内卡压现象

当关节内有小的游离骨片时，可引起关节内卡压现象。表现为关节疼痛、活动时有响声和不能屈伸。

（四）关节肿胀或畸形

关节肿大以指间关节OA最为常见且明显，可出现赫伯登（Heberden）结节和布夏尔（Bouchard）结节。

（五）功能受限

各关节可因骨赘、软骨退变、关节周围肌肉痉挛及关节破坏而导致活动受限。

（六）骨摩擦感（音）

该体征最常见于膝关节OA老年人。关节软骨有减少关节摩擦力的功能，由于关节软骨破坏，关节面不平整，所以活动会出现关节摩擦的感觉或嘎吱作响，称之为骨摩擦感（音）。

（七）肌肉萎缩

肌肉萎缩常见于膝关节骨关节炎，关节疼痛和活动能力下降可以导致受累关节周围肌肉萎缩、关节无力。

（八）伴随症状

当骨关节炎累及脊柱时，可出现后背痛；当增生骨质压迫神经，会产生肢体麻木、感觉异常、疼痛和肢体无力等症状。

三、治疗要点

治疗目的是缓解或解除疼痛，延缓关节结构改变，矫正畸形，改善、恢复关节功能，提高老年人生存质量。目前，主要治疗方法包括基础治疗、药物治疗、手术治疗。依据老年人的年龄、性别、体重指数、病变部位及程度等采用阶梯化与个体化治疗方案，以达到减轻疼痛、改善或恢复关节功能、提高老年人生活质量、延缓疾病进展和矫正畸形的目的。阶梯化治疗方案包括基础治疗、药物治疗、修复性手术治疗及重建手术治疗。

四、护　理

（一）护理评估

1. 整体评估　骨关节炎主要表现为反复或持续的关节疼痛、功能障碍和关节变形，给老年人日常生活及心理健康带来危害。应评估老年人的疼痛部位、类型、程度、有无晨僵及诱发因素；评估关节有无肿胀和畸形。

2. 心理-社会评估　疼痛和关节变形使老年人不愿意过多走动，产生消极悲观的情绪；疾病的迁延不愈使老年人对治疗失去信心。应评估老年人的性格特征、知识文化程度、经济状况、社交状态、心理预期、是否存在睡眠不良、抑郁或焦虑等情况。

（二）常见护理诊断/问题

1. 慢性疼痛 与关节退行性病变引起的关节软骨破坏及骨板病变有关。

2. 躯体移动障碍 与关节疼痛、畸形或脊髓压迫所引起的肢体活动困难有关。

3. 有跌倒的危险 与关节破坏所致的功能受限有关。

4. 无能为力感 与躯体活动受限及自我贬低的心理压力有关。

（三）护理计划与实施

1. 一般护理 急性发作期应限制关节的活动，以不负重活动为主，症状严重时可适当卧床休息，用支架或石膏托固定患肢，防止畸形；症状缓解期可进行适当的运动，尽量选择运动量适宜、能增加关节活动的运动项目，如游泳、做操、打太极拳等，以防止肌萎缩、增加关节周围肌力、改善关节的稳定性。

2. 病情观察 观察老年人关节肿胀、疼痛、活动情况，必要时给予辅助用具及安全保护措施；关节置换术后的老年人注意观察皮肤及牵引情况，使老年人在牵引状态下保持舒适和维持功能；石膏固定者注意观察患侧肢体的血液循环、包裹松紧度，做好石膏固定及老年人的护理。

3. 治疗配合 ①用药护理：分为口服和外用。口服药还需警惕心血管不良事件，外用药在护理时还应注意皮肤过敏等不良反应。指导老年人遵医嘱正确用药，药物剂量和种类选择注重个体化。②疼痛护理：对于髋、膝关节OA老年人，推荐在日常生活中采用行动辅助支持治疗，通过减少受累关节负重来减轻疼痛。老年人必要时应在医师指导下选择合适的行动辅助器械，如手杖、拐杖、助行器、关节支具等，也可选择平底、厚实、柔软、宽松的鞋具辅助行走。另外，水疗、冷疗、热疗、经皮神经电刺激、按摩、针灸等物理治疗可以通过促进局部血液循环、减轻炎症反应，达到减轻关节疼痛的目的。③手术护理：髋关节置换术后患肢应进行有效牵引，同时要保证老年人在牵引状态下的舒适和功能；膝关节置换术后患肢用石膏托固定，应做好石膏固定及患肢的护理。

4. 心理护理 关节变形和活动受限导致老年人的自理能力下降，应关心和帮助老年人，鼓励老年人正确看待疾病，使其认识到关节软骨组织随着年龄的增长而老化是自然规律，以积极的心态对待；鼓励老年人多参与社会活动；减少并消除老年人的依赖心理，使其逐步主动参与肢体功能锻炼，提高自理能力。

5. 康复训练 进行各关节的康复训练，通过主动和被动的功能锻炼，可以保持病变关节的活动，防止关节粘连和功能活动障碍。不同关节的锻炼根据其功能有所不同。

6. 健康指导 ①健康教育：结合老年人的自身特点，用通俗易懂的语言或图册介绍本病的病因、临床表现、治疗的注意事项，并告知药物可能的不良反应，教会老年人常用监测方法。②生活指导：指导老年人改变不良的生活及工作习惯，避免长时间跑、跳、蹲，同时减少或避免爬楼梯、爬山等。学会正确的关节活动姿势，尽量应用大关节而少用小关节，动作幅度不宜过大过猛，可以使用手杖、助行器等以减轻受累关节的负重，防止外伤发生。

（四）护理评价

1. 老年人减轻或解除疼痛，舒适感增加。
2. 老年人关节功能状态改善，日常生活基本能够自理。
3. 老年人采取防止跌倒的措施、加强自身保护措施，预防跌倒发生。
4. 老年人情绪积极乐观，有战胜疾病的信心，无社交障碍。

案例学习

陈女士，63 岁，体形略胖。病情状况：右膝疼痛 2 年，晚间加剧，行走受困，晚间尤甚。经检查确诊为骨关节炎。入院后根据老年人病情制定了手术治疗方案。

请思考以下问题：

1. 对陈女士需要进行哪些护理评估？
2. 对陈女士需开展哪些护理措施？

第二节　骨质疏松症

一、概　述

（一）概念

骨质疏松症（osteoporosis，OP）是一种以骨量低下、骨组织微结构损坏，导致骨脆性增加、易发生骨折为特征的全身性骨病，可发生于任何年龄，但多见于绝经后女性和老年男性。随着我国人口老龄化加剧，骨质疏松症患病率快速攀升，已成为重要的公共健康问题。老年人骨质疏松症属于原发性骨质疏松症Ⅱ型，占发病总数的 85% ～ 90%，多见于 60 岁以上的老年人。患骨质疏松症的老年人极易发生脆性骨折。脆性骨折是指受到轻微创伤（相当于从站立高度或更低的高度跌倒）即发生的骨折，是骨质疏松症的严重后果。脆性骨折的常见部位包括椎体、前臂远端、髋部、肱骨近端和骨盆等，其中椎体骨折最为常见，髋部骨折最为严重。发生髋部骨折一年内死亡率达 20%、致残率达 50%，因此，骨质疏松症是引起老年人卧床率和伤残率增高的主要因素。

（二）病因与发病机制

骨骼的完整性由不断重复、时空偶联的骨吸收和骨形成过程维持，此过程称为骨重建。骨重建由成骨细胞、破骨细胞和骨细胞等组成的骨骼基本多细胞单位（basic multicellular unit，BMU）实施。随着年龄增加，骨形成与骨吸收呈负平衡，骨重建失衡造成骨量丢失。此外，老年人骨质疏松症的发生还与多种因素有关。

1. 年龄　增龄使免疫系统持续低度活化，处于促炎症状态。炎症介质，如肿瘤坏死因子 α（tumor necrosis factor-α，TNF-α）、白介素（interleukin，IL）-1、IL-6、IL-7、IL-17 及前列腺素 E_2（prostaglandin E_2，PGE_2）均刺激破骨细胞，造成骨量减少。

2. 性激素　在骨生成和维持骨量方面起着重要的作用。老年人随着年龄的增加，性激素功能减退，激素水平下降，骨的形成减慢，吸收加快，导致骨量下降。

3. 钙和维生素 D 摄入不足　维生素 D 缺乏及慢性负钙平衡，会导致继发性甲状旁腺功能亢进症，是导致骨质疏松症的重要原因。每日元素钙摄入量不足 600mg 的人，更易发生骨质疏松症。

4. 不良的生活习惯　体力活动少、阳光照射不足、吸烟、过量饮酒、过量饮用含咖啡因的饮料、营养失衡、蛋白质摄入过多或不足、高钠饮食、体重过低等，造成骨骼负荷减少，也会使骨吸收增加，导致骨量丢失。

5. 遗传因素　骨量和骨强度的获得受遗传因素的影响。有研究表明，骨密度受到等位基因多态性的影响。遗传因素对骨量的峰值高低、骨质丢失速度及骨质疏松症的形成有重要影响。

6. 缺少运动　由于老年人活动减少、肌肉强度减弱、协调障碍使老年人易发生跌倒骨折而卧床，长期卧床不活动会导致骨量丢失易出现骨质疏松。此外，各种原因的废用，如石膏固定、瘫痪或严重关节炎等也会引起骨质疏松的发生。

7. 患有某些慢性病　内分泌及代谢性疾病、营养代谢性疾病、肝肾功能不全、类风湿关节炎等老年人易发生骨质疏松症。

8. 药物因素 使用糖皮质激素、过量甲状腺素、铝剂等抑酸药、噻唑烷二酮类胰岛素增敏剂、芳香化酶抑制药、质子泵抑制药、抗癫痫药、促性腺激素释放激素类似物、抗病毒药等，均可诱发骨质疏松症。

二、临床表现

（一）疼痛

疼痛是骨质疏松症最常见、最主要的症状，包括肌肉疼痛和骨痛。以腰背部疼痛最多见，疼痛范围是以脊柱为中心向两侧扩散，较重的老年人可出现全身疼痛，疼痛为弥漫性，无固定部位。

（二）身材缩短、脊柱变形

是骨质疏松最常见的体征，当椎体被压迫严重时，可因椎体骨密度减少导致脊椎椎体压缩变形，每个椎体缩短 2mm，身高平均缩短 3 ～ 6cm，严重者可使脊柱前屈、后突形成驼背。

（三）骨折

是导致老年骨质疏松症老年人活动受限、寿命缩短的最常见和最严重的并发症。

（四）其他临床表现

因椎体压缩性骨折，致脊髓神经受压，或心肺功能及腹部脏器功能异常，出现胸闷、通气障碍、便秘、腹痛、腹胀、食欲减退等不适。

三、治疗要点

（一）基础措施

调整生活方式，摄入富含钙、低盐和适量蛋白质的均衡膳食；适当户外活动，进行有助于骨健康的体育锻炼和康复治疗；避免吸烟、酗酒、慎用影响骨代谢的药物等；采取防止跌倒的各种措施，加强自身和环境安全的防护。

（二）骨健康基本补充剂（钙剂和维生素 D）

50 岁及以上人群每日钙推荐摄入量为 1000 ～ 1200mg。应用钙剂治疗骨质疏松症应与其他药物联合使用，钙剂选择主要考虑安全性和有效性。

（三）药物干预

包括双膦酸盐、单抗、质子泵抑制药、巴比妥酸盐、芳香化酶抑制药、利尿药和抗凝血药等。

（四）外科治疗

骨质疏松性骨折老年人应进行良好的骨折复位，选择恰当，确切的内、外固定措施，并进行合理的功能锻炼，积极改善骨质疏松症。手术方式的选择要具体考虑骨折的部位、类型和骨质量，还需考虑老年人的整体功能状态及预期生存年限，不强求解剖复位。

（五）康复治疗

1. 单纯用药物治疗的老年人在康复中建议增加肌肉力量，还有平衡力的锻炼。
2. 手术后的康复锻炼取决于手术规模及老年人骨折程度。
3. 手术损伤较大，则康复过程要更加慎重，要注意循序渐进、逐步加量。
4. 骨折较轻者，可以更早开展康复介入，使其进行功能锻炼来加速康复。

四、护 理

（一）护理评估

1. 身体评估 疼痛是骨质疏松症最常见的症状，评估老年人疼痛部位是否固定、疼痛特点、有无脊柱畸形及发生骨折，以及使其疼痛加剧和减轻的相关因素等。同时也包括骨质疏松性骨折危险因素及风险评估等。

2. 心理 - 社会评估 老年人因机体疼痛不适、身体外形改变导致心理负担加重，应评估老年人的性格特征、心理反应。评估骨折的老年人是否出现术后抑郁等相关因素。评估老年人和家属对疾病的了解程度、家庭人员结构、知识文化程度、经济状况、对老年人的关心程度。

（二）常见护理诊断 / 问题

1. 慢性疼痛 与骨质疏松、骨折及肌肉疲劳、痉挛有关。

2. 躯体移动障碍 与骨痛、骨折引起的活动受限有关。

3. 情境性低自尊 与椎体压缩引起的身高缩短或驼背有关。

4. 潜在并发症 骨折发生可能性。

（三）护理计划与实施

1. 一般护理

（1）休息与活动：帮助老年人增加户外活动，接受紫外线照射，有利于皮肤合成维生素 D，促进钙质在骨骼中的沉积；对能运动的老年人，每天进行适当的体育活动，如散步、慢跑、太极、瑜伽、跳舞等以增加和保持骨量。

（2）营养与饮食：骨质疏松症老年人必须建立合理的饮食结构，多食用富含钙的食物，主要有牛奶、奶制品、大豆、豆制品、虾皮，每日饮牛奶两杯；多食用富含维生素 D 的食物，如禽、蛋、鱼肝油等维生素 D 含量较高；多食用维生素 C 含量高的食物，如新鲜的水果、蔬菜，以及黑木耳、松仁、板栗、香菇等。荤素结合，减少糖和盐的摄入。

（3）药物镇痛：疼痛明显或者有骨折的骨质疏松症老年人应卧硬板床休息，给予消炎镇痛药并对症处理，综合中药热敷、理疗；平时增加钙片、维生素 D、雌激素的补充。

2. 病情观察 观察疼痛程度及治疗后缓解情况，卧床或营养不良者注意观察皮肤情况，做好压疮的风险评估，采取相应措施。观察老年人的生命体征及肢体情况。有肢体包扎或固定者注意观察患侧肢体的血液循环、包裹松紧度、牵引减轻疼痛的效果，指导其每小时活动身体数分钟。

3. 治疗配合

（1）用药护理：根据骨折风险分层选择治疗药物，可依据老年人的骨折风险（骨折高风险和极高骨折风险者）对抗骨质疏松药行分层选择。对于骨折高风险者，建议首选口服双膦酸盐（如阿仑膦酸钠、利塞膦酸钠等）；对于极高骨折风险者，初始用药可选择特立帕肽、唑来膦酸、地舒单抗、罗莫佐单抗或续贯治疗；对于髋部骨折极高风险者，建议优先选择唑来膦酸或地舒单抗。

（2）疼痛护理：骨质疏松症引起疼痛的原因主要与腰背部肌肉紧张及椎体压缩性骨折有关，故通过卧床休息，使腰部软组织和脊柱肌群得到松弛，可显著减轻疼痛。休息时应卧于加薄垫的木板或硬板床上，仰卧时头不可过高，在腰下垫一薄枕；也可通过洗热水浴、按摩、擦背促进肌肉放松。同时，应用音乐治疗、暗示疏导等方法对缓解疼痛也非常有效。

4. 心理护理 加强宣教，增加患者对疾病的了解，减轻焦虑、紧张心理。介绍疾病康复病例，增强患者的治疗信心，鼓励积极配合治疗的同时，通过各种方式保持良好心态；多参加各种交往活动，增加亲情互动的机会，营造良好的家庭氛围。

5. 康复训练 骨质疏松症的康复治疗原则包括安全性、早期性、长期性、适量性、多样性、个性化等。规范的康复训练对骨质疏松症的防治有独特作用，可起到增强肌力、改善平衡、缓解疼痛、减轻骨丢失、提高骨质量、降低骨折发生率、改善老年人日常生活活动能力、提高生活质量的多重效果。

6. 健康指导

（1）健康教育：讲解疾病相关知识，让老年人了解疾病的原因、相关治疗知识及疾病预后情况；告知老年人预防更重要，做到尽早预防、长期预防；教会老年人观察各种药物的不良反应，明确不同药物的使用方法及疗程。

（2）生活指导：指导每日适当运动和进行户外日光照晒；加强预防跌倒的宣传教育和保护措施，指导老年人维持良好姿势，改变体位时动作应缓慢；必要时可指导老年人使用手杖和助步器，以增加其活动时的稳定性。

（四）护理评价

1. 老年人疼痛减轻或解除，舒适感增加。
2. 老年人能根据个人情况适当运动，进行有效的关节训练。
3. 老年人情绪稳定，逐步适应形象的改变，无社交障碍。
4. 老年人无并发症或并发症得到及时发现和处理。

案例学习

刘先生，75 岁，搬花盆时急性腰扭伤，腰部疼痛持续加重来院就诊，经检查诊断为椎体压缩性骨折。刘先生觉得自己只是腰扭了一下，怎么就骨折了，医师分析他的症状可能是骨质疏松造成的，建议继续进行相关检查。

请思考以下问题：

1. 刘先生继续进行哪些相关检查？
2. 如何对刘先生开展相关健康教育？

第三节　颈椎病和腰腿痛

由于机体退变、椎体老化、肌肉劳损、姿势不良等原因，致使老年人成为颈椎病和腰腿痛的高发群体，影响其身心健康、诱发严重疾病、降低生活质量。本节将从老年人颈椎病和腰腿痛的概述、临床表现、治疗要点、护理 4 部分进行归纳总结。

一、颈　椎　病

（一）概述

1. 概念　颈椎病（cervical spondylosis）是指颈椎椎间盘退行性改变及其继发的相邻结构病理改变累及周围组织结构（如神经、血管等），并出现与影像学改变相应的临床表现的疾病。

2. 病因与发病机制　颈椎病的致病因素有外伤、慢性劳损、先天性因素 [如第 1 颈椎（C_1）发育不全]、咽部炎症等，发病机制迄今尚不清楚，可能与颈椎间盘、颈椎及其附属结构的退行性改变等因素有关。

（1）椎间盘退变：30 岁以后颈椎间盘开始退变明显，椎间盘含水量减少，髓核内基质变异，纤维环结构紊乱，椎间盘失去原有生物力学性能，应力分布异常，承载能力降低，容易出现在 $C_{4\sim5}$、$C_{5\sim6}$。

（2）关节退变：随着椎间盘的改变，椎间隙逐渐变窄，力学关系遭到破坏，引起颈椎不稳。

（3）血管及化学因素：神经根外膜受压后产生神经根内微静脉淤血，导致神经水肿，使压迫症状进一步加重；椎间盘突出时，髓核通过释酶和致酶作用，诱发神经根炎症，引起疼痛；钩椎关节增生或变位则会引起椎动脉受压，导致脑部供血不足。

（二）临床表现

根据不同组织结构受累而出现不同临床表现，颈椎病分为颈型、神经根型、脊髓型、椎动脉型及交感神经型。如果两种及两种以上类型同时存在，称为“混合型”。

1. 颈型颈椎病 又称软组织型颈椎病，主要表现为颈项强直、疼痛，可有整个肩背疼痛，约50% 的患者颈部活动受限或强迫体位。

2. 神经根型颈椎病 在各型中发病率最高，占 60% ～ 70%，是临床上最常见的类型，好发于 $C_{5\sim6}$ 和 $C_{6\sim7}$ 间隙。主要表现为颈痛和颈部发僵，上肢放射性疼痛或麻木，疼痛和麻木沿着受累神经根的走行和支配区放射。

3. 脊髓型颈椎病 较少见，主要由于脊髓受到压迫或刺激而出现感觉、运动和反射障碍，特别是出现双下肢的肌力减弱是诊断脊髓型颈椎病的重要依据。以 40 ～ 60 岁的中年人多见。主要表现为下肢无力、抬步沉重、肢体麻木、“踩棉花感”，部分老年人出现膀胱和直肠功能障碍、性功能减退。

4. 椎动脉型颈椎病 是由于椎动脉受到刺激或压迫，而造成以椎 - 基底动脉供血不足为主要特征的综合征。主要表现为发作性眩晕，有时伴随恶心、呕吐、耳鸣或听力下降，下肢突然无力猝倒，但是意识清醒。

5. 交感神经型颈椎病 是颈椎间盘退行性变和节段性不稳定等因素刺激颈椎周围的交感神经末梢，导致交感神经功能紊乱的一种常见的颈椎病类型。

6. 混合型颈椎病 在实际临床工作中，混合型颈椎病也比较常见。常以某一类型为主，其他类型不同程度地合并出现，病变范围不同，其临床表现也各异。

每一型颈椎病可有不同表现，一般出现头、颈、肩、臂、手及后背部局部疼痛或僵直症状；也可出现肢体感觉障碍（蚁走感、麻木、过电样感觉等）、运动障碍（肌肉无力、活动受限）和头晕、视物模糊、恶心、呕吐、耳鸣等神经血管症状。

（三）治疗要点

1. 手术治疗 对少数保守治疗无效、病情渐进性加重、严重影响生活和工作的老年人，可行手术治疗。

2. 非手术治疗

（1）药物治疗：可以减轻症状，但不能根除病理变化。药物内治法：根据不同的类型可选择扩张血管药、解热镇痛药、活血化瘀药等。药物外治法：可行封闭疗法。

（2）康复治疗：包括心理治疗、物理因子治疗、运动疗法、牵引疗法、中医传统康复等。

（四）护理

1. 护理评估

（1）疼痛评估：疼痛是最常见的症状，疼痛的部位与病变的类型和部位有关，一般有颈后部和肩部的疼痛，神经根受到压迫或刺激时，疼痛可放射到患侧上肢及手部。常用的疼痛评定方法有视觉模拟评分法（VAS）、数字疼痛评分法、口述分级评分法、麦吉尔（McGill）疼痛问卷。

（2）颈椎活动范围评定：可进行旋转、伸展、屈曲、侧屈等颈椎活动范围的评定。

（3）肌力评定：以徒手肌力评定法（MMT）对易受累及的肌肉进行肌力评定。使用握力计进行测定，测试姿势为上肢在体侧下垂，用力握 2 ～ 3 次，取最大值，反映屈指肌肌力。

（4）其他评估：感觉功能评估、反射评估等。

2. 常见护理诊断 / 问题

（1）疼痛、肢体麻木、眩晕、耳鸣：与炎症、神经血管受压或刺激引起颈椎病发作有关。

（2）焦虑或恐惧：与颈椎病影响生活或担心手术预后有关。

（3）肢体移动障碍：与颈椎病所致神经根或脊髓损害有关。

（4）知识缺乏：缺乏功能锻炼与颈椎病预防的有关知识。

（5）潜在并发症：失用性肌萎缩、术后出血、呼吸系统及尿路感染等。

3. 护理计划与实施 在我国，目前多采用中西医结合疗法治疗颈椎病，大多数老年人通过非手术治疗可获得较好的疗效，只有极少数病例因神经、血管、脊髓受压症状进行性加重或反复发作、严重影响工作和生活者需手术治疗。

（1）卧床休息：在发病的急性期，卧床休息可减少颈椎负载，有利于椎间关节创伤性炎症的消退，症状可以减轻或消除。卧床休息要注意枕头的选择与颈部姿势，枕头应该是硬度适中、圆形或有坡度的方形枕头。

（2）颈围领及颈托：颈围领和颈托可起到制动和保护颈椎、减少对神经根的刺激、减轻椎间关节创伤性反应，并有利于组织水肿的消退和巩固疗效的作用，防止复发。但长期应用颈托和颈围领可以引起颈背部肌肉萎缩、关节僵硬，所以穿戴时间不可过久。

（3）颈椎牵引治疗：颈椎牵引对颈椎病是较为有效且应用广泛的一种治疗方法，必须掌握牵引力的方向、重量和牵引时间三大要素，以保证牵引的最佳治疗效果。牵引时间：一般为10 ～ 30min；牵引角度：颈椎前倾 10° ～ 20° ，原则是上颈椎疾病前倾度数小些，下颈椎疾病前倾度数大些；牵引重量：一般从 3 ～ 5kg 逐渐过渡到 8 ～ 10kg，逐渐增大。

（4）康复治疗：康复治疗可起到多种作用，也是较为有效和常用的治疗方法。可以增强颈部肌力和韧带的弹性，对保持颈椎的稳定性、提高颈椎关节功能、改善局部血供、解除肌痉挛、防止肌萎缩等有着积极的作用。功能锻炼的方法要因人而异，应在医师或治疗师指导下进行。急性发作期限制活动，尤其是脊髓型和椎动脉型老年人，动作应缓慢，幅度由小逐渐增大，肌力训练多进行等长收缩。

（5）健康教育：①避免长时间低头劳作，在伏案工作时，每隔 1 ～ 2h 稍活动颈部；②座椅的高度以端坐时双脚刚能触及地面为宜；③避免长时间屈颈斜枕、半躺看书等；④睡眠时应保持头颈部处于一条直线，枕头长要超过肩，高为握拳高度（平卧后），枕头的颈部稍高于头部，避免颈部悬空；⑤颈部防风寒湿邪侵入，同时保暖；⑥咽炎、扁桃体炎等咽喉部疾病的防治有利于颈椎病的恢复；⑦开车、乘车注意系好安全带或扶好扶手，防止急刹车致颈部“挥鞭样损伤”；乘车、体育锻炼时做好自我保护，避免头颈部受伤。

4. 护理评价

（1）老年人颈椎疼痛缓解，舒适感增加。

（2）老年人颈椎关节活动度有所改善，日常生活基本能够自理。

（3）老年人采取防止眩晕的有效措施、加强自身保护措施，预防跌倒发生。

（4）老年人情绪积极乐观，对疾病充满信心，无社交障碍。

二、腰 腿 痛

（一）概述

1. 概念 腰腿痛（pain in lower extremities and waist）是临床常见的一组症状，指下腰、腰骶、骶髂、臀部等处的疼痛，可伴有一侧或双侧下肢放射痛和马尾神经症状。腰腿痛的病因较多，腰椎间盘突出症和腰椎管狭窄症是导致腰腿痛的常见疾病。

2. 病因与发病机制

（1）腰椎间盘突出症：腰椎间盘突出症是指腰椎间盘变性、纤维环破裂、髓核组织突出，刺激或压迫马尾神经根所引起的一种综合征。病因有椎间盘退行性变、急性或慢性损伤、遗传因素和妊娠。根据病理变化可分为 4 型，即膨隆型、突出型、脱垂游离型和许莫氏结节及胫骨突出型。

（2）腰椎管狭窄症：腰椎管狭窄症是指腰椎管内神经根管、侧隐窝或椎间孔因骨性或纤维性增生、移位导致一个或多个平面管腔狭窄，压迫马尾、神经根或血管而产生临床症状的综合征。

发病年龄多在40岁以上，其病因有先天或后天之分。先天性椎管狭窄可由于骨发育不良所致，后天性椎管狭窄常见于椎管的退行性变。在椎管发育不良的基础上发生退行性变是腰椎管狭窄症最常见的原因。

（二）临床表现

1. 腰椎间盘突出症

（1）症状：①腰痛。最常见，特别是早期老年人，呈急性剧痛或慢性隐痛；病程长的老年人行走时疼痛难忍，弯腰、咳嗽、排便等用力时尤甚。②坐骨神经痛。多为单侧，疼痛从下腰部向臀部再向下肢、足背或足外侧放射，可伴有麻木感；中央型椎间盘突出症可有双侧坐骨神经痛，咳嗽、打喷嚏等使腹内压增高时疼痛加剧。③马尾神经受压症状。中央型突出的髓核或脱垂游离的椎间盘组织压迫马尾神经，出现鞍区感觉迟钝、大小便功能障碍。

（2）体征：①腰椎侧凸，是腰椎为减轻神经根受压所引起疼痛的姿势性代偿畸形；②腰部活动受限，腰部各方向的活动均受到不同程度的影响，以前屈受限最明显；③压痛、叩痛，在病变椎间隙的棘突间，棘突旁侧1cm处有深压痛、叩痛，并伴有向下肢的放射痛；④直腿抬高试验及加强试验阳性；⑤感觉减退、肌力下降及腱反射改变。

2. 腰椎管狭窄症

（1）症状：①间歇性跛行。多见于中央型椎管狭窄或重症老年人，常在行走数百米或更短的距离后下肢疼痛、麻木、无力，需蹲下休息数分钟后方可继续行走，但继续行走后又复现上述症状。②腰腿痛。可有腰背痛、腰骶部痛或下肢痛；下肢痛为单侧或双侧，站立位、过伸位或行走过久时疼痛加重，前屈位、蹲位及骑自行车时疼痛减轻或消失。③马尾神经受压症状，表现为双侧大小腿、足跟后侧及会阴部感觉迟钝，大、小便功能障碍。

（2）体征：阳性体征较少，体格检查常无明确神经根损害体征。椎管狭窄严重时可伴有皮肤感觉障碍、肌力及反射异常。直腿抬高试验一般为阴性，双下肢病理征为阴性。

（三）治疗要点

1. 腰椎间盘突出症

（1）非手术治疗：药物治疗、卧床休息、硬膜外注射、运动疗法、心理干预、疼痛自我管理、腰椎牵引、手法治疗、中医中药等可作为腰椎间盘突出症老年人的补充或替代治疗方案。

（2）手术治疗：适应证包括经系统保守治疗无效或保守治疗过程中症状加重或反复发作；腰椎间盘突出症疼痛剧烈，严重影响工作或生活；出现单根神经麻痹或马尾神经麻痹，表现为肌肉瘫痪或出现直肠、膀胱症状等；腰椎间盘突出症合并其他原因所致的腰椎管狭窄。

2. 腰椎管狭窄症

（1）非手术治疗：症状轻者可非手术治疗缓解。

（2）手术治疗：主要目的是解除对硬脊膜及神经根的压迫。手术适应证包括：①中重度神经根痛或功能损伤；②间歇性跛行症状严重，行走距离短，严重影响生活者；③伴腰椎侧凸、滑脱者；④马尾神经损伤且出现症状者；⑤经保守治疗3个月以上无效或继续加重者。

（四）护理

1. 护理评估

（1）全面评估：了解患者的年龄、职业、家族中有无类似病史，有无先天性椎间盘疾病、腰部手术史；了解有无腰部急性或慢性损伤史，以及受伤经过及诊疗情况。

（2）心理 - 社会评估：评估腰腿痛是否直接影响老年人的工作与生活，老年人是否常因疼痛和活动受限而烦恼、焦虑。评估老年人和家属是否因对疾病缺乏认知而恐惧。

2. 常见护理诊断 / 问题

（1）疼痛：与腰椎间盘突出、肌肉痉挛、不舒适的体位有关。

（2）躯体移动障碍：与疼痛、肌肉痉挛有关。

（3）焦虑：与担心手术及预后有关。

（4）潜在并发症：肌肉萎缩、神经根粘连。

3. 护理计划与实施

（1）疼痛护理：①卧硬板床。卧位可降低椎间盘压力（比站立时低50%），缓解疼痛；抬高床头20°，膝关节屈曲，膝、腿下可垫枕，增加舒适感。②佩戴腰围。卧床3周后，可戴腰围下床活动。③有效牵引。注意观察牵引老年人的体位，牵引力线及重量是否正确，维持反牵引。④镇痛。遵医嘱适当给予镇痛药，缓解疼痛，以保证充足睡眠。

（2）活动与功能锻炼：①指导起卧。指导老年人将身体先移向床的一侧，用胳膊将身体撑起，移坐在床的一侧，将脚放在地上，利用腿部肌肉收缩使身体由坐位改为站立位；躺下时按相反的顺序依次进行。②活动锻炼。要加强腰背肌功能锻炼，活动受限者，病情许可时帮助老年人活动各关节、按摩肌肉，以促进血液循环，防止肌肉萎缩和关节僵直；能下床者，逐渐加大活动量及范围。③避免损伤。嘱老年人避免弯腰、长期站立或上举重物等动作，以防腰部肌肉痉挛，加重疼痛。

（3）术前护理：向老年人解释手术方式及术后暂时出现的问题，如疼痛、麻木等。训练正确翻身、床上使用便盆及术后功能锻炼的方法，以适应术后医疗护理的需要，做好术前常规准备。

（4）心理护理：①向老年人解释疾病的发生、发展情况及影响因素；②讲明减少或预防疼痛发作的措施，减轻老年人的心理负担；③鼓励老年人与家属的交流，使家属能够积极帮助老年人克服困难及心理压力；④同时鼓励老年人与病友进行交流，使其树立战胜疾病的信心，充分调动主观能动性，坚持正确的治疗方向，争取早日康复。

（5）术后护理：①体位。术后平卧，麻醉清醒、生命体征平稳2h后，护士应每隔2～3h协助老年人轴线翻身，即翻身时指导老年人双手交叉放于胸前，双腿自然屈曲，两名护士1人扶肩背部，1人托臀部及下肢，同时将老年人翻向一侧，肩背部及臀部各垫软枕支撑。②病情观察。遵医嘱及时监测生命体征，并做好记录。③切口护理。注意观察切口敷料有无渗液以及渗出液的颜色、量、性质。敷料渗湿后要及时更换。④引流的护理。注意观察、记录引流液的颜色、量、性质，根据引流情况，一般引流管于术后24～48h拔除。

（6）康复训练：①四肢关节锻炼，可防止关节僵硬，卧床期间应鼓励患者坚持定时活动四肢关节。②直腿抬高锻炼，可防止神经根粘连和肌肉萎缩。直腿抬高锻炼于术后1d可开始进行，每分钟2次，抬放时间相等，每次15～30min，每日2～3次；抬腿幅度逐渐增加。③腰背肌锻炼，可增强腰背肌力和脊柱的稳定性。应根据术式及医嘱，指导老年人锻炼腰背肌。术后7d开始，用五点支撑法，1～2周后采用三点支撑法；每日3～4次，根据老年人情况每次锻炼50次，循序渐进增加。④行走训练，一般卧床2周后借助腰围或支架适当下床活动。

（7）健康教育：①知识指导。教会老年人及其家属有关腰腿痛的防治知识。②佩戴腰围。脊髓受压的老年人应戴腰围3～6个月直至神经压迫症状解除。③正确姿势。指导正确坐、卧、立、行和劳动姿势，以减少急、慢性损伤发生的机会，加强腰背肌功能锻炼以增加脊柱的稳定性。④加强营养，减缓机体组织和器官的退行性变。

4. 护理评价

（1）老年人腰腿痛症状减轻或解除，舒适感增加。

（2）老年人能根据个人情况适当运动，进行有效的日常生活活动。

（3）老年人焦虑缓解，有战胜疾病的信心，无社交障碍。

（4）老年人无并发症或并发症得到及时发现和处理。

评判性思维训练

何先生，68 岁，自述腰部不慎扭伤，伤后左腰痛并向左下肢放射，咳嗽时腰痛加剧，现来医院就诊。

1. 何先生出现目前症状的主要原因是什么？
2. 医师建议何先生住院治疗，但何先生不愿接受住院治疗时，应采取什么措施？

（宋文颖）

第二十三章　老年人泌尿系统疾病与护理

学习目标

知识目标：

1. 描述尿路感染、良性前列腺增生及慢性肾脏病的定义。
2. 阐述尿路感染、良性前列腺增生及慢性肾脏病的典型症状、体征和并发症。
3. 解释尿路感染、良性前列腺增生及慢性肾脏病的治疗原则和要点。

能力目标：

1. 能根据老年泌尿系统疾病患者护理评估的内容提出主要的护理诊断。
2. 能按照护理程序正确全面地评估老年泌尿系统疾病患者，制订护理计划并实施及评价。
3. 能解析老年人泌尿系统疾病常见的辅助检查结果。

素质目标：

1. 以科学的精神辨识个人错误认知和年龄歧视的观点对泌尿系统疾病健康管理的影响。
2. 在泌尿系统疾病的评估和护理过程中，尊重和维护老年人的尊严。

人体通过泌尿系统排泄代谢物以维持健康。泌尿系统包括肾脏、输尿管、膀胱和尿道。老年人常见的泌尿系统疾病既可由其他系统病变引起，又可影响其他系统甚至全身。由于老年人症状表现不明显，护理人员需详细评估老年泌尿系统疾病患者的危险因素、症状和体征、对泌尿系统功能障碍的态度，以及心理社会状况，做出恰当的护理诊断，制订和实施个体化的护理计划，促进泌尿系统功能健康，提升独立生活能力和生活质量。本章将介绍尿路感染、良性前列腺增生及慢性肾脏病三大老年人泌尿系统常见疾病，阐述各个疾病的病因、临床典型症状、体征，以及治疗原则和要点，突出老年患者的特点和护理要点，为在临床工作中以患者为中心、鼓励患者与家属参与、有针对性地护理老年泌尿系统疾病患者奠定基础。

第一节　尿路感染

一、概　　述

尿路感染（urinary tract infection，UTI），又称泌尿系感染，是各种病原体（包括细菌、真菌、病毒、衣原体、支原体等）入侵泌尿系统、异常增殖所致的局部或全身性炎症反应。尿路感染的病原体以革兰氏阴性杆菌为主，以致病性大肠埃希菌最常见，约占尿路感染的80%。随着人口老龄化、抗生素和免疫抑制药的广泛应用，革兰氏阳性菌和真菌性尿路感染率增多。老年人尿路感染发生与其增龄的生理改变有关；而糖尿病、认知功能受损、尿失禁、留置导尿管等因素增加老年人尿路感染的风险。在因感染住院的老年患者中，尿路感染是仅次于呼吸道感染的第二位原因。

二、临床表现

尿路感染临床表现为排尿异常及受累器官异常，严重时出现全身感染表现。下尿路感染（膀胱炎和尿道炎）以尿路刺激症状多见，表现为尿频、尿急、尿痛等，症状常并存。上尿路感染（急、慢性肾盂肾炎及肾实质和肾周感染）则以肾区疼痛、发热较为多见。老年尿路感染患者临床症状常不典型，甚至可不出现任何症状。

（一）尿道炎

发作性尿痛、尿频，多无血尿和耻骨联合上疼痛。

（二）膀胱炎

由于膀胱颈和膀胱三角区炎症刺激，可出现尿频、尿急、尿痛及下腹部疼痛，部分患者可有排尿困难，尿液常浑浊，并有异味，部分患者可见血尿。全身症状不明显，体温正常或仅有低热。

（三）急性肾盂肾炎

患者可有尿急、尿频、尿痛、腰痛、排尿困难等泌尿系统症状，同时可伴有发热、寒战、恶心、呕吐等全身症状，严重的甚至出现尿脓毒血症。其中，腰痛多为钝痛或酸痛，表现为一侧或两侧肋脊角压痛和（或）肾区叩痛。如激发肾脓肿、肾周脓肿，症状更为剧烈。

（四）无症状菌尿症

又称无症状尿路感染，患者无任何尿路感染的症状或体征，但尿标本中分离出一定量的细菌。常在健康体检或其他肾脏疾病做常规尿细菌学检查时发现。无症状菌尿症在老年人中很常见，特别是居住在长期照护机构并留置导尿管的老年人。

（五）尿路导管相关的尿路感染

超过 90% 的尿路导管相关尿路感染是无症状的，有症状的感染中常见的症状是发热，其次是上尿路感染或者男性生殖系感染（如附睾炎）的症状。长期留置尿路导管的患者出现发热反应，其原因不一定来自泌尿系统，应结合其他指标进行综合判定。因此，对于留置尿路导管出现发热的患者，需进行尿培养和血培养。

（六）复杂性尿路感染

尿路感染同时伴有获得感染或者治疗失败风险的合并疾病，如泌尿系统结构或功能异常或免疫力低。临床表现不一，从轻的尿路感染到严重的肾盂肾炎，甚至发展至菌血症、败血症。

三、治疗要点

尿路感染治疗的基本原则：加强支持治疗，多饮水，及时治疗诱因，根据药敏试验结果选择敏感抗菌药物。警惕老年尿路感染患者因临床症状、体征不明显而导致误诊和漏诊。一旦确定尿路感染尽早明确病原菌及其对药物的敏感性，实施目标性治疗。特别是长期住院、既往有抗菌药物治疗及反复尿路感染的老年患者，可出现多重耐药细菌感染，应参考细菌药敏结果选择抗菌药。

四、护　理

（一）护理评估

1. 健康史　评估患者有无尿频、尿急、尿痛、腰痛、排尿困难等症状，以及起病情况与病程。老年人尿路感染常缺乏尿频、排尿困难、腰痛等典型症状，需详细询问近期精神状态、有无活动减少、乏力等非特异症状。注意认知受损的老年人可能忽略报告症状。怀疑尿路感染时，需进一步了解尿路感染发生的可能原因、诱因，如有无前列腺增生、尿路结石、长期留置导尿管等，评估尿液的颜色、性状及量的改变，以及已接受的诊断学检查及结果、已采用的治疗与护理措施及效果。评估有无因膀胱刺激征所致的睡眠问题、有无因尿急所致的跌倒风险等。

2. 体格检查　评估生命体征，注意有无发热及腹部、膀胱区有无触痛、压痛，以及肋脊角有无压痛；评估肾区、输尿管行程有无叩痛。

3. 辅助检查　评估尿常规、尿细菌学检查结果，以明确患者是否存在尿路感染；怀疑急性肾盂肾炎的患者，评估血常规结果，有无白细胞计数增多、中性粒细胞核左移等。对于反复尿路感染者，评估影像学检查结果，如超声、腹部平片、尿道造影等，以明确尿道有无畸形、梗阻、反流等问题。

4. 心理 - 社会评估　评估患者有无因疾病引起的焦虑、恐惧、抑郁等心理反应，老年人的家庭成员是否支持、配合医护方案的实施；评估患者的对泌尿系统功能障碍的态度及心理需求、家庭及社会支持需求。注意评估临床症状对患者日常生活和社交带来的影响。

（二）常见护理诊断 / 问题

1. 排尿障碍 尿频、尿急与泌尿道感染有关。

2. 体温过高 与急性肾盂肾炎有关。

3. 潜在并发症 肾乳头坏死、肾周脓肿。

4. 知识缺乏 缺乏预防尿路感染的知识。

（三）护理计划与实施

1. 生活护理 加强个人卫生，学会正确清洁会阴的方法，减少肠道细菌入侵尿路引起感染的机会。急性期、肾区疼痛明显者应卧床休息。

2. 饮食护理 给予清淡、高热量、易消化、富含维生素饮食。如无禁忌证，鼓励患者多饮水、勤排尿，每日饮水量不少于 2000ml，增加尿量，以冲洗膀胱、尿道，促进细菌及炎性分泌物排出，减轻尿路刺激症状。

3. 用药及对症护理 遵医嘱合理选择抗菌药物和碳酸氢钠，注意给药途径、剂量、频次、疗程，以及用药注意事项。指导患者按时、按量、按疗程坚持用药，勿随意停药，并定期随访。高热患者可采用冰敷、温水擦浴等措施进行物理降温。

4. 病情观察 监测体温、尿液性状变化，有无下腹部疼痛、腰痛加剧；警惕肾乳头坏死、肾周脓肿等并发症的发生。此外，老年患者多病共存，合并用药较多，更易出现不良反应。抗感染治疗时应尽量避免使用毒性大的抗菌药物，重视用药监测，注意观察疗效、药物不良反应，以及治疗依从性。

5. 心理护理 以老年人能够理解的方式向患者解释尿路感染的特点与规律，解释过分紧张会加重尿频，指导患者通过转移注意力（如看书、听音乐、聊天等方式）减轻焦虑，缓解尿路刺激征。

（四）护理评价

患者尿路刺激征减轻或消失、体温恢复正常；患者未发生相关并发症，或并发症发生后能得到及时治疗和护理；患者及其家属学会日常护理的方法。

案例学习

李大爷，76 岁，轻度认知功能障碍。半个月前在家中不慎跌倒，不能自行站立，由家人送急诊。以髋骨骨折收入院行髋关节置换术，手术顺利。3d 前带留置导尿管出院转至长期照护机构接受康复治疗。今晨患者精神萎靡，测体温 38.7℃，集尿袋中尿液未见异常。遵医嘱急查血常规并留取血、尿标本培养，给予物理降温。

请思考以下问题：

1. 李大爷可能的临床问题是什么？
2. 为了明确疾病诊断和病因，护理人员需对李大爷进行哪些内容的评估？
3. 请列举李大爷目前主要的护理诊断有哪些？

第二节 良性前列腺增生

一、概 述

良性前列腺增生（benign prostatic hyperplasia，BPH）是一种缓慢进展性疾病，组织学上主要表现为前列腺间质和腺体成分的增生，解剖前列腺两侧叶和中叶发生增生或肥大后突入尿道及膀胱，膀胱颈部及尿道口受压迫，引起膀胱高压并出现下尿路症状。良性前列腺增生一般在 50 岁后出现症状，可随年龄增加而进行性加重，是中老年男性排尿障碍最为常见的一种良性疾病。

二、临床表现

良性前列腺增生患者增大的前列腺或前列腺结节可压迫尿道，导致部分或完全的尿道梗阻，从而影响正常排尿。临床表现以下尿路症状为主，可引起继发感染、膀胱结石、尿潴留和慢性肾功能不全等。

下尿路症状，包括储尿期症状、排尿期症状，以及排尿后症状。储尿期症状表现为尿频、尿急、尿失禁，以及夜尿次数增加；排尿期症状表现为进行性排尿困难，如排尿踌躇、尿流变细，以及排尿间断等；排尿后症状则表现为排尿不尽感、尿后滴沥等。前列腺增生后其血供丰富、血管增多，部分患者可出现肉眼血尿。有下尿路症状的中老年患者更容易出现阴茎勃起功能障碍，且该障碍与下尿路症状的严重程度相关。

良性前列腺增生临床表现与下尿路梗阻程度、病变进展速度，以及是否合并感染等因素有关。值得注意的是，患者症状与前列腺体积并不成正比。

三、治疗要点

良性前列腺增生具有缓慢进展性，其治疗方案的选择与其下尿路症状的严重程度密切相关。主要治疗方式包括观察等待（健康教育、定期监测、生活方式指导）、药物治疗（α 受体阻滞药、5α- 还原酶抑制药、M 受体拮抗药），以及手术治疗。具有中重度下尿路症状且明显影响生活质量的良性前列腺增生患者，可选择手术治疗，特别是药物治疗效果不佳或不愿接受药物治疗者。

四、护　理

（一）护理评估

1. 健康史　评估患者的排尿情况，如有无排尿不畅、尿频、尿急、尿痛、血尿、尿失禁等。根据国际前列腺症状评分判断良性前列腺增生患者症状的严重程度，分为轻度（0 ～ 7 分）、中度（8 ～ 19 分）、重度（20 ～ 35 分）。通过对患者生活质量的评分来了解患者对其下尿路症状的主观感受、受困扰程度，以及忍受度。采用国际勃起功能指数评估患者的勃起功能状态，以筛查阴茎勃起功能，并评估严重程度。

2. 体格检查　评估生命体征，并进行直肠指检及局部神经系统检查。

3. 辅助检查　评估尿常规、血清前列腺特异性抗原、前列腺超声、经直肠超声、尿流率等检查结果。

4. 心理 - 社会评估　良性前列腺增生治疗方法的选择除了考虑症状、伴发症状及治疗效果，还需结合患者社会经济条件等综合因素，评估患者有无因疾病引起的焦虑、恐惧、抑郁等心理反应，以及家庭及社会支持。充分了解患者对各种治疗方式的了解情况及意愿。

（二）常见护理诊断 / 问题

1. 排尿障碍　尿频、尿急、排尿困难，与前列腺（结节）压迫尿道有关。

2. 睡眠形态紊乱　与夜尿次数增加有关。

3. 焦虑　与下尿路症状影响睡眠与社交活动有关。

4. 知识缺乏　缺乏生活方式调整和治疗、康复方案的疾病相关知识。

5. 潜在并发症　跌倒、感染。

（三）护理计划与实施

1. 健康教育　告知老年患者及其家属良性前列腺增生的相关知识，包括下尿路症状和疾病进展性、非手术治疗期间及手术治疗后均应定期随访的重要性，以及前列腺癌的相关知识。不同治疗方式的随访内容不尽相同。

2. 生活方式指导 避免或减少酒精、咖啡因、辛辣食物等具有利尿和刺激性饮料或物质的摄入，以减轻下尿路症状；避免憋尿，适当限制饮水或调整饮水计划，以减少日间和（或）夜间排尿次数。良性前列腺增生伴有下尿路症状患者在接受其他治疗方式时，均需要提供上述生活方式指导。

3. 监测尿量和频率 指导患者记排尿日记。在不刻意改变生活方式的前提下，连续记录3～5d患者每日饮水量和排尿量信息。在日记上注明日间和夜间排尿的情况。该日记可使医师了解患者的饮水习惯、排尿频率和排尿量。

4. 用药护理 对于良性前列腺增生患者，有些药物要慎用或禁用，以免诱发或加重尿潴留。通过药物治疗该疾病的患者，应注意观察药物不良反应。α_1受体阻滞药的常见不良反应包括头晕、头痛、乏力、困倦、直立性低血压、异常射精等；合并心血管疾病或同时服用血管活性药物的老年患者更易发生直立性低血压。5α-还原酶抑制药最常见的副作用包括勃起功能障碍、射精异常、性欲降低，以及男性乳房女性化、乳腺痛等。M受体拮抗药的不良反应包括口干、头晕、便秘、排尿困难和视物模糊等，多发生在用药2周内和年龄大于66岁的患者，注意该类药物可能造成膀胱残余尿量增加和急性尿潴留，故需严密随访残余尿量变化，当残余尿量＞200ml时应慎用M受体拮抗药。

5. 心理护理 部分患者对下尿路症状的担忧是出于对手术及前列腺癌的恐惧，护理人员可通过普及前列腺增生及前列腺癌知识，减轻患者的焦虑和恐惧。此外，指导患者避免心理因素导致症状加重，伴有尿急症状的患者可采用分散尿意感觉方法，如进行呼吸练习转移注意力。

6. 术后护理 经尿道前列腺切除术是目前手术治疗前列腺增生的“金标准”。接受手术治疗的患者术后护理主要包括引流管护理、并发症预防与护理，以及康复护理。其中，康复包括排尿功能康复、控尿功能康复，以及性功能康复。指导患者术后进行膀胱功能训练，以促进排尿功能康复。根据个体化排尿习惯，建立导尿管夹管时间间隔表，训练排尿意识与反射性排尿。教会患者术后1周开始凯格尔（Kegel）盆底肌训练预防尿失禁。部分患者由于手术及焦虑，对性生活持谨慎态度，压抑性欲，影响性功能恢复。护士应注意心理评估及性功能评估，帮助患者调整心理状态，促进身心健康。

（四）护理评价

经过治疗与护理，患者排尿障碍缓解或基本恢复正常；睡眠形态有所改善，负性情绪得以疏解；患者及其家属学会日常护理、合理用药，以及术后康复的方法；无跌倒、感染等并发症发生。

第三节 慢性肾脏病

一、概　述

慢性肾脏病（chronic kidney disease，CKD）是指各种原因引起的持续超过90d的肾脏结构和（或）功能障碍，可以有或无肾小球滤过率（glomerular filtration rate，GFR）下降。CKD依据GFR水平分为G1～G5期。由于肾脏功能与年龄存在特殊相关性，随着年龄增加老年人肾脏可出现结构与功能改变，加之合并糖尿病、高血压等慢性病，以及各种药物和手术治疗的介入，均可增加其肾脏损伤的风险。老年肾脏急性损伤中只有30%肾功能完全恢复，这些急性损伤逐渐积累、迁延发展成为CKD。CKD患者的肾脏损伤往往是持续进展，致使肾单位和肾功能不可逆丧失，导致终末期肾病的发生。

二、临床表现

CKD早期可仅有原发病的症状，部分患者仅在检查中发现血肌酐升高；随着肾功能损害的持续性进展，当健存肾单位的代偿能力不能满足机体最低需求时，才出现明显临床症状。当 GFR 下降至 15ml/（min · 1.73m^2）以下，各种明显的症状逐渐表现出来，累及全身多个系统，出现各种代谢紊乱。

（一）胃肠道症状

消化系统症状是最早、最突出的临床表现，与尿毒素刺激胃肠黏膜有关，主要表现为食欲缺乏、晨起恶心呕吐、口中呼出气体有氨味、口腔炎、口腔黏膜溃疡等，严重者可有消化道出血。

（二）心血管系统症状

心血管系统疾病是老年终末期肾病患者最常见的并发症。大部分终末期肾病患者存在不同程度的高血压，主要与水钠潴留、肾素血管紧张素系统活性增高有关。心力衰竭则是患者死亡的主要原因，表现为心悸、气促、端坐呼吸、颈静脉怒张、水肿等，其发生与容量负荷过多、高血压、严重贫血、电解质代谢紊乱等有关。

（三）血液系统症状

贫血、出血倾向、血栓倾向是常见的临床表现。进入终末期肾病阶段时，由于肾脏促红细胞生成素生成减少出现贫血，即肾性贫血。多数患者存在轻、中度贫血，且多为正细胞正色素贫血。

（四）神经系统症状

中枢神经系统异常早期表现为疲乏、注意力不集中、失眠等，后期可出现记忆力下降、性格改变、行为异常及判断力、计算力和定向力障碍等，成为尿毒症脑病。周围神经系统病变常见下肢疼痛、灼痛和痛觉过敏，运动后消失，称为不宁腿综合征。

（五）呼吸系统症状

常表现为胸闷、气促，重者可出现呼吸困难、端坐呼吸、咯粉红色泡沫样痰，合并代谢性酸中毒时可表现为呼吸深而长，体液过多时可发生肺水肿。

（六）肾性骨病

也称肾性营养不良，表现为骨痛、行走不便和自发性骨折，由于终末期肾病时出现矿物质与骨代谢异常，其发生与继发性甲状旁腺功能亢进、活性维生素 D_3 不足有关。

（七）皮肤变化

皮肤瘙痒是终末期肾病患者常见的并发症，其发生与继发性甲状旁腺功能亢进、皮肤钙沉积有关，患者可因贫血出现面色苍白。此外，由于体内尿素增加，患者肤色呈现黄褐色，形成终末期肾病患者特有的面容。

（八）电解质紊乱和酸碱失衡

终末期肾病患者可出现高钾或低钾血症、低钠血症、水肿或脱水、高磷血症、低钙血症、代谢性酸中毒等。其中，高钾血症可危及患者生命。

（九）碳水化合物、脂肪、蛋白质代谢障碍

终末期肾病患者可表现为高甘油三酯血症、高胆固醇，蛋白质合成减少、分解增加及负氮平衡。

三、治疗要点

治疗原发病和加重因素，改善临床症状，预防感染，尽可能延迟老年 CKD 患者开始肾脏替代治疗的时间。当 GFR ＜ 15ml/(min · 1.73m^2）时患者尿毒症症状明显，应适时给予肾脏替代治疗，以延长生命，提高患者生活质量，并促进康复与社会回归。

四、护　　理

（一）护理评估

1. 健康史　评估患者主要症状、伴随症状及并发症等，如有无食欲缺乏、恶心、呕吐、口腔异味、头晕、乏力、皮肤瘙痒、下肢水肿、体重改变等；评估患者的患病及治疗经过，分析其原发性或继发性肾脏病病史。如既往有无慢性肾小球肾炎、高血压、糖尿病、痛风等病史；了解其用药史，特别是中草药使用病史等；评估有无肾脏病家族史，如多囊肾等。

2. 体格检查　CKD 的表现涉及全身多个系统，需全面评估。评估生命体征，如有无血压异常及其程度；注意有无贫血貌、尿毒症特有面容，以及有无水肿、颈静脉怒张、肺部湿啰音等；注意有无胸腔积液、腹水等体征及有无神经反射异常等。

3. 辅助检查　评估血常规、尿常规检查结果，以明确患者是否存在尿量异常、蛋白尿，以及有无血红蛋白水平降低、血尿素氮和肌酐异常；评估 GFR 水平及肾脏影像学检查结果；评估血钾、血磷、血钙、甲状旁腺激素等水平，以确认是否存在电解质紊乱、钙磷代谢异常；评估心脏超声结果，以明确是否合并心血管并发症等。

4. 心理 - 社会评估　CKD 具有进展性，常伴随患者终身。不少老年患者可能存在拒绝透析、排斥透析的心理，尽可能不进行肾脏替代治疗。当患者出现严重甚至威胁生命的并发症时进行紧急透析，发生意外的风险更大。因此，护理人员需评估患者的心理状况以及各种情绪反应；评估患者的社会支持状况，包括家庭支持情况、医疗资源与可及性，以及医保覆盖情况等。

（二）常见护理诊断 / 问题

1. 营养失调　低于机体需要量，与食欲缺乏、恶心、呕吐等消化吸收功能紊乱、低蛋白饮食有关。

2. 活动耐力减少　与水肿、乏力、气促等有关。

3. 有皮肤完整性受损的风险　与皮肤瘙痒、水肿等有关。

4. 潜在并发症　水、电解质、酸碱平衡失调。

5. 知识缺乏　缺乏慢性肾脏病并发症管理、肾脏替代治疗的知识。

（三）护理计划与实施

1. 健康教育　与老年患者及其照顾者建立良好的信赖关系，做好健康教育。内容包括 CKD 主要临床表现及治疗措施、并发症的监测，以及饮食、生活方式等方面。加强自我管理技能及并发症知识的教育，提升治疗依从性，以便更好地管理自身疾病、与医护良好和有效的沟通，并与病友相互支持和监督。

2. 对症治疗与护理　遵医嘱积极治疗原发病，通过控制血压、血糖等干预延缓肾功能下降；防控慢性肾脏病、矿物质和骨异常、肾性贫血等并发症。

3. 用药护理　老年 CKD 患者对药物的耐受性降低，药物不良反应的发生风险较高。护理人员需密切监测老年患者的肾功能，协助医师根据肾功能水平合理调整用药方案，避免非必需的药物治疗，防止不适当的多药联用，以减少或避免药物不良反应的发生。

4. 饮食管理　CKD3 ～ 5 期非透析患者，每日热量摄入 30 ～ 35kcal/（kg・d）。适当限制蛋白质摄入量，予以低蛋白饮食，选择富含必需氨基酸的优质蛋白，如瘦肉、鱼、鸡蛋和牛奶等；同时补充酮酸制剂。每日钠摄入量＜ 2.3g（相当于盐＜ 6g）；限制饮食中磷的摄入，以维持其血磷在正常范围内（800 ～ 1000mg/d），特别注意食物中含磷添加剂的摄入；个体化调整饮食中钾的摄入，以维持血钾在正常范围内。

5. 运动康复　可改善患者生理功能、降低肌肉萎缩，以及提高心肺耐力。CKD3 ～ 5 期患者建议以低强度运动为主，根据身体耐受能力，逐渐增加体力活动量或运动。老年 CKD 患者普遍存在乏力、疲劳等症状，导致日常生活活动量减少，活动耐力下降，进一步加重生理退化，影响患者生活质量和预后。护理人员应通过鼓励无禁忌证的老年 CKD 患者缓慢增加身体活动，循序渐进、持之以恒地坚持运动。

6. 预防感染　CKD5 期患者感染发生率是一般人群的 3 ～ 4 倍。在充分评估患者免疫状态的情况下，鼓励 CKD4 ～ 5 期老年患者接种灭活流感疫苗、多价肺炎疫苗等，以降低患者的感染风险。

7. 定期随访　透析前的 CKD5 期患者，建议至少每 2 个月评估 1 次 CKD 进展，包括血清肌酐、尿蛋白肌酐比值等，基于血清肌酐水平计算 GFR。无容量负荷者，可每月评估 1 次容量负荷和心功能评估，包括心功能分级、血压、水肿程度、体重变化等，可行胸部 X 线检查、超声心动图检查和生物电阻抗分析。推荐每次就诊时测量血压，家测血压每日 2 次，取平均值。定期评估血红蛋白、铁代谢指标，以及血清钙、磷、全段甲状旁腺素、25- 羟维生素 D_3 水平等；评估血管钙化指标，以及营养状态。

8. 肾脏替代治疗模式的选择和准备　血液透析可有效清除体内水分及小分子毒素，但老年人多合并心脑血管疾病，心脏储备及血管自身调节能力下降，对血流动力学波动较为敏感；且对于合并活动障碍的老年患者，往返医院进行血液透析治疗需要家庭的支持。腹膜透析在老年终末期肾病治疗中有其优势，该治疗中血流动力学相对稳定，对残余肾功能有一定保护作用，且腹膜透析方法相对简单，可在家进行。随着肾移植技术的完善，老年患者肾移植比例升高，但是老年患者存在对手术、麻醉、免疫抑制药的耐受力较差等问题，使移植手术的复杂性和危险性增加。肾移植对患者生存益处通常在术后 1.5 ～ 2 年实现，故对于生存时间有限的老年患者，不宜积极进行肾移植。在肾脏替代治疗模式的选择中，遵循医患共同决策的理念，在医护人员的指导下，鼓励老年患者及其家属参与疾病治疗决策，强调“以患者为中心”，选择合理的个体化治疗方案，延长生命，提高生活质量。

（四）护理评价

患者营养摄入可满足机体需要，活动耐力有所增强；家庭应对能力有所增强，未出现水、电解质失衡或失衡得以纠正；患者皮肤无破损，患者及其家属学会并发症的监测，能理解不同肾脏替代治疗方案并做出个体化选择。

评判性思维训练

1. 如果一位 70 岁的老年男性问你排尿不尽感、尿后滴沥是不是年纪大了以后正常的生理变化，你会提供什么健康指导？你可以提供什么建议让他处理这个问题？

2. 如果你正在社区开展以尿路感染为主题的健康教育讲座，你觉得最重要的、必须传达的信息是什么？

3. 列出老年 CKD 患者健康管理的要素，并解释每个要素的意义。

（陶幸娟）

第二十四章 老年人妇科疾病与护理

学习目标

知识目标：

1. 列举老年女性常见的妇科疾病，如老年性阴道炎、绝经期综合征、盆底障碍性疾病等。
2. 准确说出老年人常见妇科疾病的诊断和治疗方案。
3. 熟练运用护理程序，对老年女性妇科疾病患者实施护理。

能力目标：

1. 能对老年女性患者进行系统的妇科评估。
2. 能对老年女性常见妇科疾病实施整体护理方案。

素质目标：

1. 了解护士在老年女性妇科疾病护理中的重要作用，培养关心、关爱老年人生殖健康的理念。
2. 运用所学的知识，对老年女性患者进行生殖健康护理及健康教育。
3. 学会尊重患者，保护患者隐私，能够与患者进行良好的沟通。

随着年龄增加，老年女性生殖器官由于受卵巢功能衰退、雌激素水平降低等因素的影响，各种生殖生理功能衰退及一些盆底支持功能薄弱，导致阴道松弛、阴道壁萎缩、黏膜变薄，容易发生阴道炎。盆底支持组织薄弱，易发生阴道脱垂及子宫脱垂、尿失禁等一系列退化性疾病，严重影响老年女性的生活质量。护士对老年人进行妇科疾病护理时，要耐心细致评估、细心护理，并根据个体状况制订全面的护理与保健计划，促进老年女性患者生殖系统健康。

第一节 老年性阴道炎

一、概 述

老年性阴道炎（senile vaginitis）又称萎缩性阴道炎，常见于绝经后的老年妇女，因卵巢功能衰退、雌激素水平降低、阴道壁萎缩、黏膜变薄、上皮细胞内糖原含量减少、阴道内 pH 上升、阴道自净作用减弱，致病原菌易入侵并繁殖引起的炎症。个人卫生习惯不良、营养缺乏，尤其是 B 族维生素缺乏，可能与发病有关。

二、临床表现

（一）症状

主要症状为外阴灼热不适、瘙痒及阴道分泌物增多；阴道分泌物稀薄，呈淡黄色。感染严重者呈脓性白带，有臭味；黏膜有表浅溃疡时，分泌物可为血性。由于阴道黏膜萎缩，可伴有性交痛。

（二）体征

妇科检查可见阴道呈萎缩性改变，上皮皱襞消失、萎缩、菲薄。阴道黏膜充血，常伴有散在小出血点或点状出血斑，有时见浅表溃疡。溃疡面可与对侧粘连，严重时造成阴道狭窄甚至闭锁；若炎症分泌物引流不畅，可形成阴道积脓或宫腔积脓。

三、治疗要点

治疗原则为抑制细菌生长、补充雌激素、增强阴道抵抗力。可采用 1% 乳酸或 0.5% 醋酸冲洗阴道，每日 1 次，以增加阴道酸度，抑制细菌生长繁殖。通常在阴道冲洗后进行阴道局部用药。阴道局部应用抗生素，如诺氟沙星 100mg，放入阴道深部，每日 1 次，7 ～ 10d 为 1 个疗程。也可选用中药，如保妇康栓等。对于阴道局部干涩明显者，可应用润滑剂。补充雌激素是老年性阴道炎的主要治疗方法。雌激素制剂可局部给药，可用雌三醇软膏局部涂抹，每日 1 ～ 2 次，14d 为 1 个疗程；或选用兼有广谱抗菌作用及局部雌激素样作用的制剂，如氯喹那多普罗雌烯阴道片；也可口服尼尔雌醇，首次 4mg，以后每 2 ～ 4 周 1 次，每次 2mg，维持 2 ～ 3 个月。对同时需要性激素替代治疗的患者，可给予结合雌激素 25mg 和醋酸甲羟孕酮 2mg，也可选用其他雌激素制剂。乳腺癌或子宫内膜癌患者，慎用雌激素制剂。

四、护　理

（一）护理评估

1. 健康史　评估老年性阴道炎的诱发因素。

2. 身体状况　严密观察患者阴道分泌物的情况，评估阴道分泌物的颜色、性质和量；观察是否伴随有外阴灼热不适、瘙痒的症状。

3. 心理 - 社会评估　评估患者的情绪与心理状态，了解其是否存在心理沮丧、烦躁与焦虑情绪。此外，还需评估患者的社会支持系统情况。

（二）常见护理诊断 / 问题

1. 组织完整性受损　与分泌物刺激引起的局部瘙痒、搔抓有关。

2. 疼痛　与局部炎症刺激破溃有关。

3. 舒适度减弱　与炎症引起的瘙痒、疼痛等不适有关。

（三）护理计划与实施

1. 饮食护理　宜多进清淡而有营养的饮食，忌大量食用葱、姜、蒜、辣椒等辛热刺激性食物，以免诱发阴道瘙痒。

2. 用药护理　遵医嘱给予患者用药治疗，包括诺氟沙星局部用药、雌三醇软膏局部涂抹、口服尼尔雌醇等，需要正确指导患者用药，同时注意观察药物的不良反应。

3. 健康指导　告知患者需要注意保持会阴部清洁，勤换内裤，不使用强碱性的香皂或者洗液等清洗外阴或者阴道；告知患者频繁的性生活会损伤阴道黏膜及黏膜内血管，使细菌乘机侵入，因此需要保持适当的性生活频率。

（四）护理评价

患者阴道炎症是否发生，或感染是否能被及时发现并得到正确处理；外阴灼热不适、瘙痒及阴道分泌物增多等临床表现减轻至消失；患者能否够自主实施促进健康的行为，保持外阴清洁、干燥；掌握规律的性生活方式；患者的焦虑症状是否得以减轻或消失。

第二节　绝经期综合征

一、概　述

绝经（menopause）是指卵巢功能停止所致永久性无月经状态。绝经的判断是回顾性的，停后 12 个月随诊方可判定绝经。绝经前后卵巢功能衰退，随后出现下丘脑 - 垂体功能退化，进一步出现内分泌紊乱。性激素水平波动或下降，进而导致女性出现一系列绝经期综合征的症状。绝经期综合征（menopausal syndrome，MPS）是指妇女绝经前后出现性激素波动或减少所致的一系列躯体及精神心理症状。

二、临床表现

（一）近期症状

1. 月经紊乱 月经紊乱是绝经过渡期最早出现的症状，大致分为3种类型：①月经周期缩短、经量减少，最后绝经；②月经周期不规则，周期和经期延长，经量增多，甚至大出血或出血淋漓不断，然后逐渐减少而停止；③月经突然停止，较少见。

2. 血管舒缩症状 主要表现为潮热，为血管舒缩功能不稳定所致，是雌激素低落的特征性症状。其特点是反复出现短暂的面部、颈部及胸部皮肤阵阵发红，伴有潮热，继之出汗，一般持续1～3min。症状轻者每日发作数次，严重者发作十余次或更多，夜间或应激状态易促发。该症状可持续1～2年，有时长达5年或更长。潮热严重时可影响妇女的工作、生活和睡眠，是需要性激素治疗的主要原因。

3. 自主神经失调症状 常出现心悸、眩晕、头痛、失眠、耳鸣等症状。

4. 精神神经症状 常表现为注意力不易集中，并且情绪波动大，如激动易怒、焦虑不安或情绪低落、抑郁、不能自我控制等，记忆力减退也较常见。

（二）远期症状

1. 泌尿生殖道症状 主要表现为泌尿生殖道萎缩症状，如阴道干燥、性交困难及反复阴道感染、子宫脱垂、膀胱或直肠膨出、压力性尿失禁、尿频、尿急、反复发生的尿路感染。

2. 骨质疏松 绝经后妇女缺乏雌激素，使骨质吸收增加速度快于骨质生成速度，导致骨量快速丢失而出现骨质疏松。50岁以上妇女50%以上会发生绝经后骨质疏松，一般发生在绝经后5～10年内，最常发生在椎体。

3. 阿尔茨海默病 绝经后期妇女比老年男性患病风险高，可能与绝经后内源性雌激素水平降低有关。

4. 心血管疾病 绝经后妇女碳水化合物、脂类代谢异常增加，动脉硬化、冠心病的发病风险较绝经前明显增加，这可能与雌激素水平低落有关。

三、治疗要点

（一）一般治疗

围绝经期妇女应了解围绝经期是自然的生理过程，应以积极的心态适应这一变化。心理治疗是围绝经期治疗的重要组成部分，可辅助使用自主神经功能调节药物，如谷维素20mg口服，每日3次；如有睡眠障碍影响生活质量，可夜晚服用艾司唑仑2.5mg。为预防骨质疏松，围绝经期和绝经后妇女应坚持体育锻炼，增加日晒时间，摄入足量蛋白质和含钙食物，服用钙剂、维生素D、降钙素、双膦酸盐类等。

（二）激素替代治疗（hormone replacement therapy，HRT）

绝经期综合征主要是因为卵巢功能衰退、雌激素减少引起，HRT是为解决这一问题而采取的临床医疗措施，在有适应证，而无禁忌证的情况下应用；科学、合理、规范用药并定期监测，HRT的有益作用将超过其潜在的害处。

1. 用HRT前应充分评估、权衡利弊、患者知情同意，根据每个妇女的不同情况，制订个体化用药方案。在应用HRT过程中，应该监测HRT的治疗疗效和副作用、个体风险/受益比是否发生改变、是否需要继续应用HRT或调整方案。根据妇女的具体情况，确定监测的指标和频度。

2. 药物种类和制剂

（1）雌激素：①天然甾体类雌激素制剂，如雌二醇、戊酸雌二醇、结合雌激素、雌三醇、雌酮；②半合成雌激素，如炔雌醇、炔雌醇三甲醚；③合成雌激素，如尼尔雌醇。国内常用的有口服制剂、经皮肤给药、皮下埋植剂、阴道给药等多种制剂。

（2）孕激素：对抗雌激素促进子宫内膜生长的作用。有以下3类：① 19-去甲基睾酮衍生物，如炔诺酮，具有一定的雄激素活性；② 17-羟孕酮衍生物，如甲羟孕酮，有弱的雄激素活性；③天然孕酮，如微粉化黄体酮。我国最常用制剂为甲羟孕酮（醋酸甲羟孕酮，MPA）。

（3）雌激素、孕激素、雄激素复方药物：甲基异炔诺酮，口服后进入体内的分解产物具有孕激素、雄激素和弱的雌激素活性，不刺激子宫内膜增生。有口服制剂、经皮肤给药、阴道给药等。

四、护　　理

（一）护理评估

1. 健康史　了解绝经期综合征症状持续时间、严重程度及治疗经过、疗效等信息；了解月经史、生育史、既往健康状况，了解既往有无妇产科手术史和放疗史；评估有无乳腺癌、子宫癌、动静脉血栓、骨折及骨质疏松等病史和家族史。

2. 身体状况　评估患者是否具有因卵巢功能减退及雌激素不足引起的相关症状。对患者进行全身体格检查，包精神状态、心血管、呼吸、血液、生殖及泌尿等系统检查，排除明显的器质性病变。妇科检查内、外生殖器呈现不同程度的萎缩性改变，如外阴萎缩，大、小阴唇变薄；阴道萎缩，阴道分泌物增多，味臭；子宫颈及子宫萎缩变小等。

3. 心理-社会评估　工作、家庭、社会环境变化可以加重身体和心理负担，可能诱发和加重绝经期综合征的症状。要注意评估近期出现的引起患者不愉快、多虑、多疑、孤独的生活事件。需注意除外相关症状的器质性病变及精神疾病。

（二）常见护理诊断/问题

1. 自我形象紊乱　与出现神经及精神症状有关

2. 有感染的危险　与阴道黏膜变薄，对感染预防能力下降有关

3. 焦虑　与绝经过渡期内分泌改变，或个性特点、精神因素等有关。

4. 知识缺乏　缺乏绝经期生理、心理变化知识及应对技巧。

（三）护理计划与实施

1. 调整生活状态　帮助患者建立适应绝经过渡期生理、心理变化的新生活形态，使其安全度过该阶段。帮助患者选择既有营养又符合饮食习惯的食物。鼓励患者摄入蛋白质和含钙丰富的食物（如牛奶、豆制品、鱼虾、酸奶等）。鼓励患者加强体育锻炼，保持一定运动量（如散步、打太极、慢跑等），增强体质。鼓励患者增加社交和脑力活动，以促进正向心态。

2. 诊疗配合

（1）激素补充治疗：HRT是针对绝经相关健康问题而采取的一种医疗措施，可有效缓解绝经相关症状，并会对骨骼、心血管和神经系统产生长期的保护作用。HRT应在有适应证、无禁忌证的前提下，在治疗的窗口期使用。此外还需要注意以下问题。

1）给药时间和途径、剂量：给药途径主要有口服、胃肠道外给药（包括经阴道给药和经皮肤给药）；用药剂量与时间则是选择最小剂量和与治疗目的相一致的最短时期在卵巢功能开始衰退并出现相关症状时即可开始应用。需定期评估，明确受益大于风险方可继续应用。停止雌激素治疗时，一般主张应缓慢减量或间歇用药，逐步停药，防止症状复发。

2）观察药物的不良反应：性激素补充治疗时，可能会引起子宫异常出血，需要加强观察。如果雌激素剂量过大可引起乳房胀、白带多、头痛、水肿、色素沉着等；孕激素的副作用包括抑

郁、易怒、乳房痛和水肿，患者常不易耐受。长期HRT还会增加患者子宫内膜癌、卵巢癌、乳腺癌的发病风险。

3）定期复诊：长期使用性激素者，需要接受定期随访。开始HRT后1个月、3个月、半年、1年进行复诊，主要了解HRT的疗效和副作用，并根据情况调整用药。长期HRT者每年应复诊1次。内容包括体格检查，如体重、身高、血压、乳腺及妇科检查等；辅助检查则，包括盆腔B型超声及血糖、血脂及肝肾功能检查，且每3～5年测定骨密度1次，可根据患者情况酌情调整检查频率。

（2）非激素类药物：①选择性5-羟色胺再摄取抑制药，如盐酸帕罗西汀，可有效改善血管舒缩症状及精神神经症状。②阿仑膦酸钠、降钙素、雷洛昔芬等药物，可防治骨质疏松症。此外，也要适当摄入钙剂，与维生素D合用有利于钙的完全吸收。③适量镇静药，如艾司唑仑，有助于睡眠。④谷维素，可调节自主神经功能。

3. 心理护理 与患者建立良好相互信任的关系，认真倾听，让患者表达自己的困惑和忧虑，帮助患者及其家属了解绝经过渡期的生理和心理变化，以减轻患者焦虑和恐惧的心理，并争取家人的理解和配合，护患双方共同努力，缓解患者的症状。

4. 健康指导 介绍绝经前后减轻症状的方法，以及预防绝经期综合征的措施。如规律的运动可以促进血液循环、维持肌肉良好的张力，延缓老化的速度，还可以刺激骨细胞的活动，延缓骨质疏松症的发生；正确对待性生活等。设立“妇女围绝经期门诊”，提供系统的绝经过渡期咨询、指导和知识教育。围绝经期妇女可以加强自我保健，积极参加体力劳动、参加体育锻炼，防治绝经期综合征的发生。

（四）护理评价

患者的症状是否得以改善；患者是否认识到绝经是女性正常生理过程，能否以乐观、积极的态度对待自己，并参与社会活动；患者的焦虑感减轻或消失；患者是否了解激素补充治疗的利弊，并配合医师正确选择治疗方案。

第三节　盆底障碍性疾病

一、概　　述

女性盆底是由封闭骨盆出口的多层肌肉和筋膜组成，盆底组织承托并保持子宫、膀胱和直肠等盆腔脏器于正常位置。盆底肌肉群、筋膜、韧带及其神经构成复杂的盆底支持系统，其互相作用和支持以维持盆腔器官的正常位置。盆底功能障碍（pelvic floor dysfunction，PFD），又称盆底缺陷或盆底支持组织松弛，是老年女性常见的妇科疾病，有30%～50%的中老年妇女患有PFD。女性生殖器官由于退化、创伤等因素，导致其盆底支持薄弱，使女性生殖器官与其相邻的脏器发生移位，进而盆腔脏器移位，连锁引发其他盆腔器官的位置和功能异常。包括盆腔器官脱垂、尿失禁、性功能障碍等。盆腔器官脱垂又包括阴道前壁脱垂、膀胱膨出、尿道膨出、直肠膨出、子宫脱垂等。

二、临床表现

（一）轻度

老年人多无自觉症状。

（二）重度

韧带筋膜有牵拉，盆腔充血，有如下表现。

1. 腰骶部酸痛及下坠感 站立过久或劳累后症状明显，卧床休息以后症状减轻。

2. 肿物自阴道脱出　常在腹压增加时，阴道口有一肿物脱出。开始时肿物在平卧休息时可变小或消失，严重者休息后亦不能回缩，需用手还纳至阴道内。若脱出物黏膜水肿，用手还纳也有困难。暴露在外的宫颈和阴道黏膜长期与衣裤摩擦可出现宫颈溃疡，甚至出血，若继发感染则有脓性分泌物。

3. 排尿、排便异常　膀胱、尿道膨出的患者易出现尿频、排尿困难、尿潴留或压力性尿失禁等症状，易并发尿路感染。直肠膨出的患者可有便秘、排便困难。

三、治疗要点

有症状者可采用保守或手术治疗，治疗应因人而异。治疗以安全、简单和有效为原则。

（一）保守治疗

包括支持疗法、中药和针灸、盆底肌肉锻炼、放置子宫托等。

1. 支持疗法　加强营养，适当安排休息和工作，避免重体力劳动，保持大便通畅，积极治疗慢性腹压增加的疾病。

2. 中药　补中益气汤（丸）有促进盆底肌张力恢复、缓解局部症状的作用。

3. 盆底肌肉锻炼和物理疗法　可增加盆底肌肉群的张力。盆底肌肉（肛提肌）锻炼适用于国内分期轻度或盆腔器官脱垂定量（POP-Q）分期Ⅰ度和Ⅱ度的子宫脱垂患者。嘱患者行收缩肛门运动，用力使盆底肌肉收缩后放松，每次 10 ～ 15min，每日 2 ～ 3 次。

4. 子宫托　子宫脱垂患者可以放置子宫托。子宫托是一种支持子宫和阴道壁并使其维持在阴道内而不脱出的工具。适用于不同程度子宫脱垂和阴道前后壁脱垂患者，但重度子宫脱垂伴盆底明显萎缩以及宫颈或阴道壁有炎症和溃疡者均不宜使用。使用后每 3 个月复查。第一次使用子宫托应在医师指导下进行安置。日间使用，晚间取出，洗净备用。久置不取可发生子宫托嵌顿，甚至导致尿瘘或粪瘘。

（二）手术治疗

对脱垂超出处女膜且有症状的患者，可考虑手术治疗。根据患者的年龄、全身状况及生育要求等采取个体化治疗。手术目的是缓解症状、恢复脏器正常的解剖位置和功能、有满意的性功能。常选择以下手术方法：阴道前后壁修补术加主韧带缩短及宫颈部分切除术——曼氏手术（Manchester 手术）、经阴道全子宫切除术及阴道前后壁修补术、阴道封闭术及盆底重建手术等。合并中度以上压力性尿失禁者同时行膀胱颈悬吊手术或悬吊带术。

四、护　　理

（一）护理评估

1. 健康史　了解患者有无多胎、多产史及产程过长、阴道助产及盆底组织撕裂伤等病史。同时评估患者有无长期腹压增高情况，如慢性咳嗽、盆腹腔肿瘤、便秘等。

2. 身体状况　了解患者有无下腹部坠胀、腰骶部酸痛症状；是否有大小便困难，是否在增加腹压时上述症状加重，卧床休息后症状减轻。注意评估脱垂子宫的程度及局部情况。评估阴道前后壁脱垂应用单叶窥器进行检查：当压住阴道后壁时，嘱患者向下用力，可显示阴道前壁膨出的程度及尿道走行的改变；同样压住阴道前壁时，嘱患者向下用力，可显示阴道后壁、直肠膨出的程度及肠疝。肛门指诊是区别直肠膨出和肠疝的有效方法，同时亦可评估肛门括约肌的功能。

3. 心理 - 社会评估　由于长期的子宫脱垂使患者行动不便，不能从事体力劳动，大小便异常，性生活受到影响，患者常出现焦虑、情绪低落，不愿与他人交往。

（二）常见护理诊断 / 问题

1. 排尿异常 与脱垂的子宫压迫膀胱有关。

2. 焦虑 与长期子宫脱垂影响正常生活有关。

3. 慢性疼痛 与子宫下垂牵拉韧带、宫颈及阴道壁溃疡有关。

（三）护理计划与实施

1. 心理护理 阴道脱垂、子宫脱垂患者由于长期受疾病折磨，往往有烦躁情绪，护士应为其讲解脱垂的疾病知识和预后；做好家属的工作，让家属理解患者，协助患者早日康复。

2. 一般护理 加强患者营养，卧床休息。积极治疗原发疾病，教会患者盆底肌肉锻炼方法。

3. 子宫托护理

（1）需要放置子宫托：主要是以喇叭形子宫托为例。选择大小适宜的子宫托，放置前让患者排尽大小便，洗净双手，蹲下并两腿分开，一手持托柄，使托盘呈倾斜位进入阴道口，将托柄边向内推边向阴道顶端旋转，直至托盘达子宫颈，然后屏气，使子宫下降，同时用手指将托柄向上推，使托盘牢牢地吸附在宫颈上。放妥后，将托柄弯度朝前，对正耻骨弓后面便可。

（2）取出子宫托：手指捏住子宫托柄，上、下、左、右轻轻摇动，等负压消失后向后外方牵拉，即可自阴道滑出。

（3）注意事项：①放置前阴道应有一定水平的雌激素作用。绝经后妇女可选用阴道雌激素霜剂，一般在用子宫托前 4 ～ 6 周开始应用，并在放托的过程中长期使用。②子宫托应每日早上放入阴道，睡前取出消毒后备用，避免放置过久压迫生殖道而致糜烂、溃疡，甚至坏死造成生殖道瘘。③保持阴道清洁，有阴道炎症者治疗痊愈后方可放置。④上托以后，分别于第 1、3、6 个月时到医院检查 1 次，以后每 3 ～ 6 个月到医院检查 1 次。

（4）药物护理：对于排尿异常导致尿路感染的患者，可以遵医嘱使用抗生素类药物治疗，如左氧氟沙星、头孢曲松等；注意告知患者规律服药，同时观察有无恶心、呕吐等不良反应。

（5）做好术前准备：术前 5d 开始进行阴道准备，Ⅰ度子宫脱垂患者应每日坐浴 2 次，一般采取 1 ∶ 5000 的高锰酸钾；对Ⅱ度子宫脱垂的患者，特别是有溃疡者，行阴道冲洗后局部涂含抗生素的软膏，并勤换内裤。注意冲洗液的温度，一般在 41 ～ 43℃为宜，冲洗后戴无菌手套将脱垂的子宫还纳于阴道内，让患者平卧于床上 30min，用清洁的卫生带或丁字带固定。

（6）术后护理：术后应卧床休息 7 ～ 10d，留置尿管 10 ～ 14d；避免增加腹压的动作，术后用轻泻药预防便秘：每日行外阴擦洗，注意观察阴道分泌物的特点，应用抗生素预防感染。其他护理同一般会阴部手术的患者。

（7）出院指导：术后一般休息 3 个月，禁止盆浴及性生活，半年内避免重体力劳动。术后 2 个月到医院复查伤口愈合情况；3 个月后再到门诊复查，医师确认完全恢复以后方可有性生活。

（四）护理评价

患者的排尿异常情况自述是否得到明显改善；患者能否正确使用子宫托，患者能否表达焦虑的原因，并能有效地应对，焦虑程度减轻；患者能否应用减轻疼痛或不适的方法，减轻症状。

案例学习

李奶奶，78 岁，近日经常感到下蹲等运动时有异物从阴道脱出，有摩擦感，卧位时可以缓解。

请思考以下问题：

1. 考虑李奶奶可能是什么疾病？如何治疗？

2. 请列举李奶奶可能的护理问题和护理措施？

评判性思维训练

1. 选择一位老年人，对其盆底功能进行评估。

2. 评估后，患者拟放置子宫托，请对该患者放置子宫托前、后进行健康指导。

3. 对于该放置子宫托的患者需要进行以下思考：

（1）你将会教她如何进行日常护理。

（2）你如何帮助她回归正常生活？

（孙　珂）

第二十五章 老年人常见眼科、耳鼻喉科、口腔科疾病与护理

学习目标

知识目标：

1. 了解眼科、耳鼻喉科、口腔科常见疾病的病因及治疗要点。
2. 熟悉眼科、耳鼻喉科、口腔科常见疾病患者的身心状况评估及临床表现。
3. 掌握眼科、耳鼻喉科、口腔科常见疾病的护理诊断和护理措施。

能力目标：

1. 能够根据老年人的病情发展情况制订合理的照护方案。
2. 能够对眼科、耳鼻喉科、口腔科常见疾病患者实施疾病保健的卫生宣教。

素质目标：

1. 正确认识患有感官系统疾病的老年人对于病情的担忧。
2. 提高学生人文关怀能力，帮助老年人在功能缺失状态下更好地适应生活。

生理衰老是人类生命过程中不可避免的自然现象，在这过程中，随着机体形态与功能老化，老年人的视觉、听觉都会逐渐衰退，口腔组织也会发生增龄性改变。随着我国人口老龄化程度的加深，老年人患眼、耳、口腔疾病的概率逐渐增高，严重影响老年人的身心健康。本章共分为5节，主要介绍了年龄相关性白内障、青光眼、年龄相关性黄斑变性、老年性耳聋，以及老年常见口腔疾病。在编写结构和内容上，以整体护理观为指导，以护理程序为主线，针对老年人上述常见疾病提出精准的护理诊断，制订有效的护理措施，提高老年人的生命质量。

第一节 年龄相关性白内障

一、概 述

人眼正常的晶状体是透明的，光线通过它聚焦到视网膜，从而可以清晰地看到外界。晶状体发生透明度降低或颜色改变所致光学质量下降的退行性改变称为白内障。年龄相关性白内障（age-related cataract，ARC）是最为常见的类型，即伴随年龄的增长，晶状体混浊并在一定程度上影响视力，多见于50岁以上人群，发病率随年龄增长而增加。2017年，全世界有9500万人受到白内障的影响；2020年，全球ARC发病率已达到17.20%，约有1520万50岁及以上人群因白内障而致盲。一项Meta分析显示，年龄相关性白内障男性患病率从45～49岁的3.23%上升到85～89岁的65.78%；女性患病率从45～49岁的4.72%上升到85～89岁的74.03%。预计到2050年，ARC患者为1.872 6亿。生理性老化是ARC最常见病因，其发病机制与细胞结构衰老变性、晶状体易受氧化损伤有关；此外，遗传因素、不良生活方式（如过量饮酒、吸烟等）、紫外线、红外线，以及X射线损伤也是ARC的病因。

二、临床表现

ARC为双眼病，但两眼发病可有先后。主要症状为早期患者自觉眼前有固定不动的黑点，也可有单眼复视或多视、屈光改变等症状，视力呈渐进性下降。根据晶状体混浊部位不同，ARC分为皮质性白内障、核性白内障和后囊下白内障3种类型，以皮质性白内障最常见。

（一）皮质性白内障

皮质性白内障（cortical cataract）以晶状体皮质灰白色混浊为主要特征，按病程发展分为4期：①初发期：混浊出现在晶状体周边部皮质，在裂隙灯下可见晶状体皮质内形成空泡和水隙，呈现出尖端指向中心的楔状混浊。此时瞳孔区未受累，视力影响很小。该期发展缓慢，数年以上才发展至下一期。②膨胀期：又称未成熟期。晶状体混浊逐渐加重，但仍有部分透明的晶状体纤维，视力明显减退。虹膜投影阳性为此期特点，即用手电筒斜照检查时，光线投照侧的虹膜阴影投照在深层的混浊皮层上，在该侧瞳孔区内出现新月形投影。③成熟期：晶状体完全混浊呈乳白色，患者视力下降，多数只有光感。此期晶状体肿胀消退，虹膜投影消失，前房深度恢复正常。④过熟期：成熟期持续发展，晶状体水分继续丢失而体积缩小，囊膜皱缩，前房加深，核可随体位改变在囊膜内移动，称为Morganian白内障。此期由于晶状体缩小，虹膜失去了支撑，可出现虹膜震颤现象。当液化的晶状体皮质逸出囊外进入前房时，可引起晶状体过敏性葡萄膜炎；当前房中巨噬细胞吞噬逸出的晶状体皮质时，可堵塞前房角，引起晶状体溶解性青光眼（phacolytic glaucoma）。

（二）核性白内障

核性白内障（nuclear cataract）发病较早，一般40岁左右开始，进展缓慢，混浊开始于胚胎核，逐渐发展到成人核至完全混浊。早期晶状体核呈黄色，周边部透明，视力不受影响。随着晶状体核密度增加，屈光力增强，视力明显下降，核颜色也逐渐变成棕黄色或棕黑色。

（三）后囊下白内障

后囊下白内障（posterior subcapsular cataract）是在晶状体后囊下的皮质浅层出现的黄色混浊，其间夹杂着小空泡和金黄色或白色结晶样颗粒，外观似锅巴状。由于混浊位于视轴区，早期即可出现视力障碍。

三、治疗要点

（一）药物治疗

药物治疗包括中药、抗氧化损伤类、醛糖还原酶抑制药、营养剂及维生素等药物。药物治疗主要是延缓ARC进程，最佳治疗方法是手术摘除。

（二）手术治疗

手术治疗是目前患有ARC老年人最主要的治疗方式。

1. 手术时机　确诊为年龄相关性白内障，视力低于0.3者即可手术；视功能不再满足需要，而且白内障手术有改善视力的可能时即可手术。

2. 手术方法　①超声乳化白内障吸除术（phacoemulsification，Phaco）：是最为安全有效的白内障手术方式，配合相应的超声乳化仪器及设备，混浊的晶状体可通过0.7～3.2mm的角膜切口吸除，术毕保留晶状体后囊膜，可同时植入人工晶状体。ARC通常选用此种手术方式。②白内障囊外摘除术（extracapsular cataract extraction，ECCE）：切口较囊内摘除术小，将混浊的晶状体核娩出，吸除皮质，保留后囊，减少了黄斑囊样水肿、网膜脱离及角膜水肿的发生率，可同时植入人工晶状体，术后可立即恢复视功能。③白内障囊内摘出术（intracapsular extraction of cataract，ICCE）：大切口切开角巩膜缘，牵开切口用冷冻头冻住晶状体，向外牵拉造成悬韧带的断裂将晶状体摘除切口外。目前ICCE已较少应用，但对于存在晶状体脱位的老年人仍是一种治疗选择。④飞秒激光辅助白内障手术（femtosecond laser-assisted cataract surgery，FLACS）：FLACS可将白内障手术中大部分手动的、不稳定的操作置换为精确的激光操作，使术后屈光状态得到进一步提升。

四、护　　理

（一）护理评估

1. 疾病史 评估老年人有无全身性疾病，如糖尿病、高血压及心血管疾病等；评估老年人有无眼部疾病病史，如青光眼、色素性视网膜炎、老年性黄斑变性等。

2. 视力情况 询问老年人近半年有无自觉视力改变或视力减弱；有无眼睛疲倦及症状发作的程度、部位、时间与特点；有无视物精细感和暗适应能力的下降。对于经常佩戴眼镜的老年人，应询问其最近眼睛检查及验光后重新配眼镜的时间。

3. 心理 - 社会评估 ARC 视力下降呈无痛性和渐进性，会影响老年人工作、生活和学习，可能会导致消极、悲观情绪。护士应评估老年人心理及生活情况，是否有孤独、抑郁等问题。

（二）常见护理诊断 / 问题

1. 感知觉紊乱 视觉紊乱，与晶状体混浊有关。

2. 焦虑 / 恐惧 与对手术的恐惧、担心预后有关。

3. 有外伤的危险 与年龄大、视力下降有关。

4. 潜在并发症 出血、感染、人工晶体移位、伤口裂开等。

5. 知识缺乏 缺乏白内障的防治和自我护理相关知识。

（三）护理计划与实施

1. 心理护理 由于老年人理解能力及适应能力减退，以自我为中心，护士应主动与老年人交流，了解其对白内障手术的接受度，尽量使用通俗易懂的语言为其讲解疾病及手术相关知识、注意事项等，减轻老年人对手术的恐惧程度；鼓励老年人表达自身感受和想法，鼓励老年人之间互相交流，增强战胜疾病的信心；了解老年人社会支持情况，鼓励家属多给予老年人情感上的支持。

2. 生活护理 ①协助日常生活不能自理的老年人，将常用物品放在老年人易于取放的位置，尽量定位放置；②调节室内光线，提高照明度，但要避免刺眼的阳光和强光灯泡直接照射；③指导老年人避免过度用眼，看书报、电视时间不宜过长，阅读材料尽可能印刷清晰、字体较大等；④规范病室环境设施，活动空间不留障碍物。

3. 手术护理 ①术前协助老年人完成眼部检查，排除眼部炎症，如患有结膜炎、慢性泪囊炎须在炎症彻底治愈后方能手术。遵医嘱术前滴用抗生素眼液，可选用氧氟沙星、左氧氟沙星、妥布霉素，每日 4 次。特殊高眼压者，遵医嘱术前 30min 静脉快速输注 20% 甘露醇注射液。②术前指导老年人进行固视训练，每日 1 ～ 2 次，每次至少 10s，注视时间越长越好。③术后观察伤口有无渗血、渗液，如有应及时通知医师。④术后 4 ～ 6h 患者取半坐卧位休息，避免用力咳嗽、幅度较大的头部震动，避免按压、撞击术眼，防止人工晶体移位或切口裂开。⑤用药指导：术后第 1 天起使用抗生素和皮质类固醇滴眼液滴眼。由于部分老年人记忆力减退，护士应强调用药频次，嘱老年人不擅自对滴眼药物增减剂量。⑥饮食宣教。戒烟、限酒，减少含咖啡因食物的摄入，少吃高脂肪、高热量食物，多食富含维生素 C 的果蔬。

4. 健康指导

（1）活动指导：避免剧烈活动，不到人流拥挤的地方，避免术眼受伤。在光线强烈的户外活动时，宜佩戴抗紫外线的太阳镜。

（2）用药指导：出院后遵医嘱滴用激素眼液和抗生素眼液，滴药时间一般为 2 ～ 4 周，特殊情况遵医嘱。滴眼液的正确使用和保存：①用滴眼液前清洁双手，用示指和拇指分开眼睑，眼睛向上看，将滴眼液滴在下穹隆内，闭眼，再用示指和拇指提起上眼睑，使滴眼液均匀地分布在整个结膜腔内；②滴药时注意滴管不可触及角膜；③每种滴眼液使用前均要了解其作用、维持时间、适应证及禁忌证、药液质量及有效期等；④滴药后需按住内眼角数分钟，防止滴眼液进入泪小管；⑤使用周期较长的滴眼液，应放入冰箱冷藏室保存。

（3）随访复查：老年人术后第 1 周、半个月、1 个月、3 个月定期门诊随访，检查视力、伤口愈合情况及人工晶体位置。如出现眼痛、视力下降、恶心、呕吐等症状应立即就医。

（四）护理评价

1. 视力减退对老年人日常生活的影响减少。
2. 原发病得到改善。
3. 老年人了解 ARC 防治及护理知识。

第二节　青　光　眼

一、概　　述

青光眼（glaucoma）是由于眼压异常升高造成视功能损害的一种眼病，其典型表现为视乳头萎缩及凹陷、视野缺损及视力下降。青光眼是全球第二大致盲眼病，仅次于白内障，也是全球首位不可逆性致盲眼病，如不及时采取有效治疗，最终导致无法逆转的失明。青光眼可以发生于任何年龄，患病率随年龄增长明显升高，全球 40 岁及以上人群发病率约为 3.5%，欧洲 90 岁以上人群发病率高达 10%。据报告，2020 年全球青光眼患者的人数已达到 8000 万，我国青光眼患者的人数为 2100 万，致盲人数达到 567 万。根据青光眼的不同病因，通常将其分为原发性和继发性青光眼两大类。原发性青光眼根据房角形态又分为闭角型和开角型青光眼。原发性开角型青光眼（primary open-angle glaucoma，POAG）是一种慢性、进行性的视神经病变，病理性高眼压是造成视神经损伤的重要因素之一。原发性闭角型青光眼（primary angle-closure glaucoma，PACG）是由原发性房角关闭所导致的急性或慢性眼压升高，造成视盘改变和视野损伤的一组疾病，瞳孔阻滞是 PACG 最常见的发病机制。目前，原发性闭角型青光眼是我国最常见的青光眼类型，本节将重点介绍。

二、临床表现

（一）PACG

PACG 以 50 岁左右女性多见。慢性 PACG 早期仅有眼部不适、视物模糊及虹视等轻度表现。急性 PACG 是以眼压急剧升高并伴有相应自觉症状和眼前段组织改变为特征的眼病，其临床过程分为以下 6 期：①临床前期：急性 PACG 为双侧眼病，当一眼急性发作被确诊后，另一眼虽无发作史，但具有浅前房和窄房角等解剖特点，即可诊断临床前期；②先兆期：亦称前驱期，患者有轻度眼痛、视力减退、虹视，并伴有患侧额部疼痛或鼻根部酸胀感。眼部检查可有轻度睫状充血、角膜透明度稍减退、前房稍变浅、瞳孔略开大和眼压轻度增高（眼压一般为 30 ～ 50mmHg）。上述症状多发生于疲劳或情绪波动后，休息后可自行缓解。发作持续时间短暂而间隔时间较长，通常在数小时后，症状可完全消退。③急性发作期：起病急，多为一眼，亦可双眼同时发病。患者表现为剧烈头痛、眼痛、视力极度下降，甚至伴有恶心、呕吐、体温增高和脉搏加速等症状。眼部检查可见球结膜水肿，出现睫状充血或混合充血。晶状体前囊下可出现灰白色点状、条状和斑块状混浊，称为青光眼斑（glaucomatous fleck）。眼压明显升高，多在 50mmHg 以上，高者可达 80mmHg。青光眼急性发作后患眼可见“三联征”：虹膜扇形萎缩、角膜后壁和晶状体前囊的色素沉着，以及晶状体的青光眼斑。④间歇期：青光眼急性发作后，经药物治疗或自然缓解，房角仍可重新开放，眼压和房水流畅系数恢复正常，病情得到暂时缓解，称为间歇期。该期长者可持续 1 ～ 2 年，短者 1 ～ 2 个月，个别甚至数日内再次发作。⑤慢性期：急性大发作或反复小发作后，房角广泛粘连，小梁功能遭受严重损害，房水排出受阻，眼压则继续升高。慢性期的早期视乳头尚正常，当病情发展到一定阶段时，视乳头逐渐出现病理性凹陷和萎缩，视野可出现类似单纯性青光眼的改变，最后完全失明而进入绝对期。⑥绝对期：视力完全丧失。由于长期高眼压，患者已能耐受，故自觉症状不明显，部分仅有轻度眼胀、头痛等症状。青光眼晚期由于整个眼球变性，睫状体功能减退，眼压可低于正常，最后眼球萎缩。由于眼球抵抗力较低，常发生角膜溃疡，甚至发展为全眼球脓炎，最终形成眼球痨。

（二）POAG

POAG 为双眼疾患，以间断或持续性眼压升高所致的视神经损害和视野缺损、视力减退甚至丧失为主要表现，并伴有前房角开放。POAG 发病隐匿，大部分患者早期没有症状，中晚期时可出现眼胀、视物模糊等症状。存在高眼压型原发性开角型青光眼和正常眼压型原发性开角型青光眼两个亚型。①高眼压型：病理性高眼压（24h 眼压峰值超过 21mmHg），眼底存在青光眼的特征性损害（视网膜神经纤维层缺损或视盘形态改变）和（或）视野出现青光眼性损害，房角始终开放。②正常眼压型：未经治疗的眼压以及 24h 眼压峰值均不超过正常值上限（眼压≤ 21mmHg），眼底存在青光眼特征性损害和（或）视野出现青光眼性损害，房角开放。

三、治疗要点

（一）PACG

治疗措施根据老年人眼压、房角关闭范围和年龄等多种因素综合考虑。急性 PACG 的治疗原则是积极抢救，尽快使房角开放，降低眼压，减少组织损害，以免房角发生永久性粘连。

1. 药物治疗 ①缩瞳药：通过兴奋瞳孔括约肌使瞳孔缩小，解除虹膜对周边房角的堵塞，开放房角，从而降低眼压，代表药物为 1% ～ 4% 的毛果芸香碱。②碳酸酐酶抑制药：通过减少房水生成从而降低眼压，代表药物为乙酰唑胺。③高渗脱水药：可在短期内提高血浆渗透压，使玻璃体脱水、眼球组织容积减少，从而降低眼压，代表药物为 20% 甘露醇。④ β 受体阻滞药：可减少房水的生成，对房角形态没有影响，代表药物有 0.5% 噻吗洛尔、0.25% 倍他洛尔等。

2. 视神经保护性治疗 青光眼的治疗除了降低眼压，还应重视对视神经的保护性治疗，可使用钙离子通道阻滞药、视神经保护药（甲钴胺等）、抗氧化剂等。

3. 手术治疗 对于前房角关闭、眼压升高、有瞳孔阻滞因素但不伴有视神经损伤的患者，可首选周边虹膜切开术；对上述降眼压药物治疗效果不佳、经评估房角分离术不能有效降低眼压的患者，建议采用复合式小梁切除术。

（二）POAG

1. 局部降眼压药物治疗 一线用药包括前列腺素类衍生物、β 肾上腺素受体阻滞药、α_2 肾上腺素受体激动药及碳酸酐酶抑制药。

2. 激光治疗 选择性激光小梁成形术可作为 POAG 首选治疗方法，也可作为部分接受降眼压药物治疗或手术治疗而未达到目标眼压的 POAG 的补充治疗方法。

3. 手术治疗 对于降眼压药物治疗或激光治疗后不能达到目标眼压、视神经形态损伤或视野损伤进展、不能耐受降眼压药物治疗的老年人，可考虑手术治疗。首选手术方式包括传统滤过性抗青光眼手术（小梁切除术、非穿透性小梁手术、青光眼引流装置植入术等）、基于房水流出通路的微创内引流手术或微小切口抗青光眼手术（小梁消融术、房角切开术、黏小管成形术、房水流出通路重建术、内路黏小管成形术、外路小梁切开术、房角镜下内路小梁切开术等）。

四、护　理

（一）护理评估

1. 疾病史　评估老年人有无全身性疾病，如糖尿病、高血压等；有无眼部疾病史，如青光眼、色素性视网膜炎、老年性黄斑变性家族史等。

2. 视力状况　评估老年人近半年有无自觉视力改变或视力减弱、头痛或眼睛疲倦，以及症状发作的程度、部位、时间与特点等。

3. 心理 - 社会评估　评估老年人心理及生活情况，如是否存在孤独、抑郁、焦虑等问题。

（二）常见护理诊断 / 问题

1. 急性 / 慢性疼痛　与眼压升高致眼痛伴头痛有关。

2. 焦虑 / 恐惧　与对手术的恐惧、担心疾病预后有关。

3. 感知觉紊乱　视觉紊乱，与视力下降有关。

4. 有外伤的危险　与绝对期青光眼视力完全丧失有关。

5. 知识缺乏　缺乏青光眼的防治和自我护理相关知识。

6. 自理缺陷　与视力下降、视野损害有关

（三）护理计划与实施

1. 心理护理　不良情绪可诱发青光眼急性发作，而疾病发生后的临床表现又可加重老年人的不良情绪，形成“恶性循环”。护士应向老年人讲解不良情绪对疾病的影响，认真倾听老年人的述说，及时疏导不良情绪，以配合后续手术治疗。

2. 药物护理　①β 受体阻滞药：是最常用的降眼压滴眼液，使用时应观察老年人是否有眼部不良反应，如烧灼感和刺痛，偶尔会引起短暂视物模糊；全身不良反应包括心动过缓、低血压、心脏收缩力减弱、房室传导时间延长等。滴眼后压迫泪囊 3 ～ 5min，避免药液通过鼻黏膜进入血液循环，从而减少全身不良反应发生。②碳酸酐酶抑制药：宜在饭后 30min 服用，部分老年人服药后可出现口唇及四肢麻木等症状，停药后症状即可消失。出现肾绞痛、血尿及排尿困难等症状时应嘱老年人停药并多次少量饮水，避免药物在体内蓄积发生尿路结石。③缩瞳药：滴药后压迫内囊部 3 ～ 5min，以免药液流入鼻腔吸收；注意观察瞳孔的大小及角膜水肿情况。④高渗脱水药：常用 20% 甘露醇快速静脉滴注，用药后应平卧位休息，注意观察有无头痛、恶心等症状。⑤其他药物：全身症状重者，可给予镇静、催眠药物。

3. 避免促发因素　①避免短时间内大量饮水，一次饮水量不超过 300ml，以防一次性饮水过多引起眼压升高；②科学作息，每日保持 7h 以上的睡眠；③保持情绪稳定，避免过喜过悲；④避免饮用兴奋性饮料，如咖啡、浓茶等；⑤避免在暗室内长时间停留，不戴墨镜；⑥取仰卧位或侧卧位休息，禁止俯卧位休息。

4. 术后护理　①观察伤口有无渗血、渗液，保持敷料的清洁与干燥，如有污染及时更换；②观察眼压变化，老年人出现眼痛伴同侧头痛及恶心、呕吐等症状时要考虑眼压升高，及时给予降眼压处理；③观察结膜、角膜水肿情况；④术后应适当下床活动，睡眠时取仰卧位。

5. 眼球按摩　青光眼小梁切除术后，老年人于术后 3 ～ 4d 可在医师指导下进行眼球按摩，以达到加强房水流动，促进眼内压降低，改善巩膜切口恢复等情况。①上眼睑按摩：指导老年人眼球向下注视，操作者示指放在上眼皮两侧的滤过口处轻轻按压眼球，按摩时避免压迫伤口；②下眼睑按摩：指导老年人眼球向上注视，操作者将拇指指腹置于老年人术眼眼眶下缘紧贴下眼睑处，轻微压迫下部眼球并缓慢向上推动眼球；③按摩频次：每日按摩 2 ～ 3 次，每次 3 ～ 5min，单次加压时间 15 ～ 20s，连续按摩 4 周。

6. 饮食护理　食物以清淡、易消化为主，多吃水果蔬菜，保证营养供应均衡，并戒烟、酒、

咖啡等。

7. 随访复查 青光眼术后应终身复查，主要检查项目有视力、眼压、眼底、视野等。术后第1周、半个月、1个月、3个月定期门诊随访，以后视病情而定。

（四）护理评价

1. 视力减退对老年人日常生活的影响减少。
2. 原发病得到改善。
3. 老年人了解青光眼防治及护理知识。

第三节 年龄相关性黄斑变性

一、概 述

年龄相关性黄斑变性（age-related macular degeneration，AMD）又称老年性黄斑变性，为黄斑区结构的衰老性改变，主要由视网膜色素上皮细胞和视网膜退行性病变引起，患者会出现不可逆性中心视力下降、视物变形，常累及双眼，严重影响老年人生活质量。AMD是全球范围内导致严重及不可逆性视力损伤的主要原因之一，全球AMD的总患病率约为8.69%，预计到2040年，患者数量将增长至2.88亿。我国70岁以上人群AMD患病率为20.2%，随着我国人口老龄化的加剧，AMD患者数量也在持续上升。AMD重要的病理改变为脉络膜新生血管形成，进而引起渗出、出血、视网膜水肿等改变，影响患者中心视力。AMD发生的危险因素包括年龄、种族、遗传因素等。

二、临床表现

本病以有无脉络膜新生血管形成分为干性和湿性两大类型。干性AMD（dry age-related macular degeneration，dAMD）又称为萎缩型AMD，在疾病慢性进展过程中其主要病理改变为视网膜色素上皮层萎缩、色素脱失，晚期联合更深层的组织脉络膜萎缩呈现地图样病灶，临床特征为视力呈缓慢渐进性下降，可伴视物变形，常双眼对称进展；湿性AMD（wet age-related macular degeneration，wAMD）又称为新生血管型或渗出型AMD，其主要病理改变为脉络膜新生血管形成，临床特征为视力在短期内迅速下降，常伴视物变形、中央固定黑影遮挡感，常为单眼先发病，另一眼可在长时间后才发病。dAMD患者人群更为庞大，约占所有AMD患者的80%以上，但wAMD对视力的损害更为严重，是造成90%以上的患者视力丧失的原因。

三、治疗要点

（一）干性AMD

干性AMD的发生与慢性炎症有一定的关系，故而抑制炎症反应在恢复干性AMD患者组织稳态、防治地图状萎缩中有显著作用。细胞疗法、自噬靶向治疗、衰老治疗等新兴疗法为干性AMD的治疗提供了新思路。

（二）湿性AMD

早期发现和及时治疗是提高视力的关键。

1. 抗血管内皮生长因子（vascular endothelial growth factor，VEGF）**治疗** 是湿性AMD的标准治疗方法。主要为玻璃体腔内注射抗VEGF药物，它能够使异常新生血管消退，促进出血和渗出的吸收，提高视力。目前临床常用的药物有雷珠单抗和阿柏西普。

2. 光动力治疗（photodynamic therapy，PDT） 如果患者对抗VEGF治疗反应不足或无反应可尝试PDT，此治疗将一种特异的光敏剂维替泊芬注射到患者的血液中，在循环中与低密度脂蛋白组合成复合物，当药物循环到视网膜时，用689nm的激光照射激发光敏剂，从而破坏异常的新生血管，对正常的视网膜组织没有损伤。

3. 干细胞移植　干细胞是一类具有自我复制能力的多潜能细胞，在一定条件下，它可以分化成多种功能细胞。研究表明，干细胞移植可以使已破坏的黄斑区视网膜结构尤其是色素细胞得到再生或重建，通过干细胞移植后的黄斑变性患者中心视力显著提高。

四、护　　理

（一）护理评估

1. 疾病史　评估老年人有无年龄相关性黄斑变性家族史；有无全身性疾病，如糖尿病、高血压、高脂血症等。

2. 危险因素　评估老年人有无吸烟等诱发因素。

3. 视力情况　评估老年人有无无痛性视力减退、视物模糊、变形等，以及症状发作的程度、部位、时间与特点。

4. 心理 - 社会评估　评估老年人对年龄相关性黄斑的认识及心理状态，是否存在孤独和焦虑等问题。

（二）常见护理诊断 / 问题

1. 焦虑　与视力下降及担心预后有关。

2. 感知改变　视力下降，与黄斑区结构和功能发生衰老性改变有关。

3. 有外伤的危险　与视力下降、视物模糊有关。

4. 部分生活自理能力缺乏　与视力下降、生活自理能力下降有关。

5. 知识缺乏　缺乏年龄相关性黄斑变性疾病相关知识。

（三）护理计划与实施

1. 生活护理　①指导睡觉时使用床档保护，夜间活动时打开夜灯，预防跌倒和坠床的发生；②均衡饮食，选择营养丰富、富含蛋白质、维生素和易消化的食物。忌辛辣刺激性和高脂肪食物。

2. 心理护理　鼓励老年人以积极乐观的心态面对疾病，指导家属为其提供社会支持，增强战胜疾病的信心。

3. 健康指导　①保持良好的生活习惯，避免精神紧张或劳累，防止眼睛过度疲劳；②进行适当体育锻炼，以控制体重、血脂和血压；③指导老年人戒烟，控制原发病，如高血压、糖尿病；④避免光损伤，在强光下活动时佩戴遮光眼镜，尤其在光动力治疗后 48h 内严格避光，5d 后可进行户外活动；⑤指导老年人定期门诊随访眼底情况。

（四）护理评价

1. 视力无进一步下降。
2. 原发病得到改善。
3. 老年人了解 AMD 防治及护理知识。

第四节　老年性耳聋

一、概　　述

老年性耳聋（presbycusis），又称年龄相关性听力下降，是指随着年龄增长双耳对称性和进行性听力下降，早期以高频听力损失为主，缓慢累及中频与低频听力，严重影响老年人的认知功能和生活质量。随着世界人口老龄化趋势的不断加剧，老年性耳聋的发病率逐年增高。据世界卫生组织（WHO）估算，全球约有 10% 的人口受到老年性耳聋的影响，65 岁以上老年人约有 1/3 患有老年性耳聋；预计到 2025 年，全球大于 60 岁老年人口将达到 12 亿，其中大于 5 亿老年人将患有老年性耳聋。在中国，65 ～ 69 岁老年性耳聋的患病率为 1.6%，70 ～ 74 岁为 3.2%，75 ～ 79 岁增加到 7.5%，80 岁以上超过 14.9%。

老年性耳聋由外界因素和遗传因素等共同影响而致。外界因素主要包括长期暴露于噪声环境、长期使用耳机听音乐、吸烟及患有心血管疾病、糖尿病、高血压等，以及其他因素，如病毒感染、长期服用耳毒性药物、患有中耳炎等耳部疾病等。

二、临床表现

老年性耳聋临床表现为隐袭性、进行性、缓慢的双侧听力下降，多以高频听力下降为主，言语识别能力明显降低。部分老年人出现重振现象，即小声说话时听不清，大声讲话时又嫌吵。多数患者伴有一定程度的耳鸣，常为高调性，开始时仅在夜间出现，后期则逐渐加重，持续终日。Schuknecht 根据发病机制的不同将老年性耳聋分为 4 型。

（一）感音型

该型以 Corti 器外毛细胞损失为主。患者听力图表现为高频区急剧下降（从 1000Hz 开始）的听力曲线，高频区表现为严重的听力损失。

（二）神经型

该型耳蜗神经通路及听觉系统神经元变性。患者听力图表现为从低频至高频逐渐下降的听力曲线。

（三）代谢型

该型以血管纹萎缩为主，引起内淋巴代谢和生化特性紊乱。患者听力图表现为几近平坦的听力曲线，高频区出现略微的听力下降。

（四）耳蜗传导型

该型发生基底膜物理结构和特性改变。患者听力图表现为下降的听力曲线。

三、治疗要点

（一）积极预防

1. 养成良好的饮食习惯 减少高脂肪食物的摄入。

2. 避免接触噪声 在噪声环境下应佩戴耳塞，对于刺激性声音应当远避或掩耳，以免损伤鼓膜及内耳毛细胞。

3. 改善脑部及内耳血液循环 通过手术治疗可改善局部血液循环，使内耳可逆损害部分恢复功能。

4. 保持情绪稳定 情绪激动容易导致耳内血管痉挛，如果同时伴有高血黏度，则会加剧内耳的缺血缺氧，最终导致听力下降。

（二）药物治疗

抗氧化剂、线粒体代谢调节剂、凋亡抑制剂和盐皮质激素可能对保护受年龄相关性因素影响的耳蜗细胞具有潜在的作用。

（三）助听器治疗

助听器是一种提高声音强度的装置，可改善使用者的听觉感受和言语识别率，提高其生活质量。中度听力损失者使用助听器后获益最大。助听器根据声波传导途径可大致分为气导助听器和骨导助听系统。气导助听器根据佩戴方式分为耳背式、耳道式和耳内式；骨导助听系统分为骨导助听器、骨锚助听器、振动声桥、骨桥、口内振动骨导助听器等。

（四）人工耳蜗植入

对于重度和极重度听力损失者，在佩戴助听器后不能满足听力基本需求时，要及时考虑人工耳蜗植入。近年来的临床研究表明，绝大部分老年性耳聋者经人工耳蜗植入后可获得良好的听力和言语识别率。

四、护　　理

（一）护理评估

1. 健康史　评估老年人有无全身性疾病，如高血压、冠心病、糖尿病、高脂血症和血管相关性疾病等；有无中耳炎等耳部疾病史。

2. 风险因素评估　评估老年人的个人习惯与周围环境，如是否不正确的挖耳习惯或长期暴露在噪声环境中；有无使用耳毒性药物史，如链霉素、卡那霉素、庆大霉素等。

3. 耳部及听力评估　检查中耳及外耳道，排除耵聍阻塞耳道造成的听力下降，检查鼓膜是否完好；评估两侧听力是否一致，检查是否有高频听力下降、耳鸣、言语分辨率降低等症状。

4. 心理-社会评估　随着听力的下降，老年人与外界的沟通和联系产生障碍，容易造成生理性隔离，应评估老年人是否产生焦虑、抑郁、社交障碍等问题。

（二）常见护理诊断/问题

1. 听力紊乱　与血供减少、听神经退行性改变有关。

2. 语言沟通障碍　与听力下降有关。

3. 社会交往障碍　与听力下降有关。

4. 焦虑　与听力下降及担心预后有关。

5. 知识缺乏　缺乏老年性耳聋相关知识。

（三）护理计划与实施

1. 一般护理　①营造有利于交流的环境，与老年人交谈时应语速缓慢、言语清晰、有耐心。对老年人不理解的语言，也可借助非语言技巧来加强，如使用手势或书写等方式增强交流效果。②积极调整生活方式，保持情绪稳定，适当参与体育活动，可选用与自己体力相适应的气功、太极拳、健身操等项目。③积极治疗和预防全身性疾病，如高血压、高脂血症及糖尿病等，根据原发疾病选择低盐、低脂或糖尿病饮食，补充富含纤维素和微量元素的食物。④戒除不良嗜好，特别是抽烟；嘱老年人不随便挖耳，谨防外耳道和鼓膜的损伤。

2. 用药护理　避免服用具有耳毒性的药物，必须服用时应尽量选择耳毒性低的药物，使用时注意观察药物副作用，包括眩晕、恶心、呕吐、眼球震颤、耳鸣、听力减退等。

3. 心理调适　长期处于一个失声的环境中，老年人的心理状况会变得更加敏感、脆弱，应尊重和重视老年人，帮助老年人认识正常衰老现象，动员家属和社会关怀和帮助老年人，同时加强护患沟通交流，切实解决老年人实际困难。

4. 健康指导

（1）定期接受听力检查：可通过定期听力检查尽早发现老年性耳聋，减缓老年性耳聋的进展。

（2）佩戴合适的助听器：助听器需经过专业设备进行听力检查，并根据老年人的听力损失、个人需求来选配。护士可为老年人提供合适的建议，如①盒式助听器线路成熟、功率大、人耳频响特性好、价格较低，适合室内使用，但活动和外出时携带不便，受环境影响大，适用于高龄、经济承受能力有限的室内语言训练者使用；②耳背式助听器体积较小、人耳频响特性好、品种多样化、价格范围宽，但防水和防湿功能差，外形暴露，不够美观，适用于经济收入较低，但对声音要求较高者使用；③眼镜式助听器将助听器与眼镜合二为一，外观更容易被接受，没有低频干扰问题，但价格贵，佩戴时鼻梁和耳郭受压明显，不易长期使用；④耳内式助听器更加隐蔽、佩戴舒适，能充分利用外耳的声音搜集功能，价格相对较低，但高频响应效果与方向感不够好，对耳鸣的抑制作用不够明显；⑤蓝牙助听器可以无线连接手机或电视机，实现无线编程，解决打电话听不清的问题，但价格昂贵、耗电快、信号不稳定，不利于老年人操作。

（3）安全指导：可在老年人家中使用声音放大装置（如听筒、门铃、收音机）或声音替代装置（如字幕电视、可闪烁的灯）来对安全事件的防范加以提醒。

（四）护理评价

1. 听力障碍对老年人日常生活的影响减小或消除。
2. 老年人相关慢性病得到改善。
3. 老年人能正确佩戴助听器，积极面对生活。

案例学习

陈奶奶，78岁，高中学历，自退休后，每天都有看书和读报的习惯，但近日她戴着老花镜也看不清楚文字内容。于是，陈奶奶在儿子的陪同下前往医院检查。经过医师的检查和问诊，发现陈奶奶患有白内障。此外，与医务人员交谈时，陈奶奶还需要将耳朵靠近说话者，并要求对方提高音量才能完成正常对话与交流，根据医师的诊断，陈奶奶同时还患有“老年性耳聋”。当医师将陈奶奶的病情给予反馈时，陈奶奶表情失落，独自走到角落并自言自语道：“我老了恐怕是没用了！”

请思考以下问题：

1. 如果你是陈奶奶的接诊护士，如何引导陈奶奶有尊严和体面地面对衰老？
2. 如何根据陈奶奶听力损失的程度，协助选配适宜的助听器？

第五节　老年常见口腔疾病

一、概　　述

伴随年龄不断增加，老年人口腔各组织器官可出现增龄性变化，使老年人对口腔疾病的抵抗力降低，若不注意口腔卫生和保健就很容易患口腔疾病。此外，老年人在患有口腔疾病的同时，还常常合并一种或多种全身性疾病，这些疾病和相关治疗药物也给口腔疾病的治疗增加了难度。老年人常见的口腔疾病包括龋齿、牙周疾病、牙楔状缺损等。龋齿和牙周疾病是危害老年人健康的主要慢性疾病。

二、临床表现

（一）龋齿

龋齿（dental caries）是以细菌为主的多种因素影响下，牙体硬组织发生慢性进行性破坏的一种疾病。老年人由于口腔卫生不易保持，加上牙体的磨损及牙根暴露等原因，龋齿患病率较高。龋齿根据龋蚀进展可分为浅龋、中龋、深龋。浅龋：龋蚀只限于牙釉质或牙骨质表层，探诊有粗糙感或有浅层龋洞形成，患者多无自觉症状；中龋：龋蚀已进展到牙本质浅层，形成龋洞，患牙遇冷、热、酸、甜刺激时出现酸痛感觉，当刺激去除后症状立即消失，食物嵌入洞内时出现疼痛感，口内有异味；深龋：龋蚀已进展到牙本质深层，龋洞较深，对温度变化及化学刺激敏感，检查时酸痛明显。

（二）牙周疾病

牙周疾病（periodental disease）是指牙齿支持组织，包括牙龈、牙周膜、牙槽骨及牙骨质等发生的慢性、非特异性、感染性疾病，以牙龈炎和牙周炎最为常见。老年人的牙周炎多为慢性复合性牙周炎，堆积在龈牙结合部的牙面和龈沟内的菌斑微生物及其产物引发牙龈的炎症和肿胀，使局部微生态环境更有利于牙周致病菌的滋生，形成致病性强的生物膜，由龈上向龈下扩延。其引起的炎症范围扩大到深部组织，导致牙周袋形成与牙槽骨吸收，从而引起牙齿松动或脱落。牙周袋的形成是牙周炎的主要临床特点。

（三）楔状缺损

为牙颈部硬组织发生缓慢消耗所致的缺损，常呈楔状。楔状缺损是老年人常见的牙体非龋性疾病。典型的楔状缺损由2个平面相交而成，有的由3个平面组成，少数的缺损呈卵圆形。根据缺损的程度，可分浅型、深型和穿髓型。浅型和深型可无症状，有时可发生牙本质过敏症。穿髓型可伴有牙髓病，根尖周病症状，甚至发生牙横折。

三、治疗要点

（一）龋齿

1. 磨除治疗　浅龋可将面积较小的龋损磨除，使其停止发展或消失。

2. 药物治疗　适用于未形成龋洞的浅龋。常用药物包括含氟制剂，如75%的氟化钠甘油糊剂、含氟涂料等；硝酸银，如10%硝酸银、氨硝酸银等。使用方法为先清洁牙石，磨去龋坏组织，吹干患牙后涂药于患区。

3. 充填术治疗　对已形成实质性缺损的牙齿，充填术是目前应用最广泛且成效较好的方法。充填治疗分为两种类型：一种是龋洞较浅且无症状者，可以制备龋洞后直接进行充填；另一种是龋洞较深者，在制备龋洞时需要用牙钻将感染的牙本质磨除后再进行填充。如病变距离牙髓较近，出现酸痛感不适时，则需使用刺激性小、对牙髓有安抚镇痛作用的材料在接近牙髓处进行充填。

（二）牙周疾病

1. 基础治疗　①指导老年人正确刷牙，使用牙线或牙签清除牙齿邻面菌斑和嵌塞食物，保持口腔卫生；②拔除极松动和不利于将来镶配假牙的病牙；③机械清除牙表面上的菌斑和牙石；④应用抗菌药物，控制感染性炎症；⑤调整咬合，矫正不良修复体。

2. 牙周手术治疗及松动牙固定　在基础治疗后2～4周进行。当牙周袋深大于5mm时，可通过牙龈切除术、袋内壁刮治术、松动牙固定术等手术方式彻底平整根面和清除牙周袋内的感染物质，纠正牙龈黏膜的畸形和治疗牙槽骨缺损。急性期牙周脓肿成熟时，需手术切开引流。

3. 永久性修复治疗　在牙周手术后2～3个月进行，失牙修复可选择的假牙分为3类。①活动假牙：适合连续缺牙较多者安置。价格便宜，对剩余牙的要求低，可以自由取戴，有利于口腔卫生。缺点是体积较大，稳固性较差，放入口腔内有异物感，老年人安装以后适应的时间稍长，有的还会影响发音，长时间使用可能对邻牙有一定的损害。②固定假牙：适合缺牙较少者安置。固定假牙体积小，舒适、美观、无异物感，老年人安装后容易习惯，其咀嚼功能恢复好。缺点是不能自由取戴，对剩余牙要求高，需要磨改正常牙齿后将假牙固定。③种植牙：在缺牙处通过手术将一颗钛金属牙根植入牙槽骨内，然后安装一颗假牙。种植牙不损伤邻牙，戴用后舒适，能够维持正常的牙槽骨，与天然牙有相近的咬合力，使用寿命长。患有糖尿病、未控制的心脏病和高血压等慢性病的老年人，以及重度吸烟和酗酒等不能保持良好口腔卫生条件的老年人不宜种植修复。

（三）楔状缺损

1. 改正刷牙方法 避免横刷，选用较软的刷毛和较细的牙膏，刷毛过硬者可先用温水浸泡后再使用。

2. 治疗 牙体硬组织缺损少且无牙本质过敏者，不需做特别处理；若没有明显缺损只有敏感症状，可采用脱敏疗法；牙体硬组织缺损较大者，可用复合树脂充填修复；引起牙髓炎或根尖周炎者，则需要做牙髓治疗或根管治疗；若缺损已导致牙横折，可根据牙齿情况，在根管治疗后，制作桩冠或桩核全冠修复。

四、护　　理

（一）护理评估

1. 健康史 评估老年人全身健康状况，询问老年人刷牙方式、饮食习惯及过敏史。

2. 评估口腔情况 评估是否有牙痛、牙齿松动、牙龈红肿、出血、口臭等情况；评估余留牙的健康状况。

3. 口腔检查 ①视诊：先检查不适部位，其次检查颌面部、下颌运动、牙齿及牙弓、口腔黏膜及修复体情况。②探诊：用探针确定病变部位、范围及疼痛反应等。③冷热诊：冷诊法可直接用冷水或无水乙醇；热诊法一般用热牙胶测试，确定牙髓反应。④ X 线辅助检查：用以判断牙齿病变的程度、范围和性质。

4. 心理 - 社会评估 全面了解老年人的心理状态，评估患者的文化程度和经济水平，了解对口腔治疗的意义与预后的认知程度，以及不愿意就诊的原因。

（二）常见护理诊断 / 问题

1. 组织完整性受损 与无效口腔卫生或不良饮食习惯造成牙体缺损有关。

2. 口腔黏膜改变 与炎症造成牙龈充血、水肿、色泽改变有关。

3. 疼痛 与牙周脓肿或龋齿有关。

4. 舒适改变 与冷、热、酸、甜刺激敏感有关。

5. 知识缺乏 缺乏口腔疾病预防及治疗等相关知识。

6. 潜在并发症 牙髓炎等。

7. 自我形象紊乱 与牙齿缺失影响正常的社会交往有关。

（三）护理计划与实施

1. 健康指导

（1）保持口腔卫生：①采用正确的刷牙方法。正确刷牙是保持老年人口腔健康的最有效措施。老年人刷牙时避免用力过猛，要顺着牙缝方向慢慢刷，避免拉锯式横刷。刷牙的时间至少要3min，可起到按摩牙龈，促进血液循环的作用。牙膏选用含氟牙膏，既能预防龋牙和牙周病，又可促进牙龈健康。②合理使用牙线。老年人由于牙周组织萎缩和牙龈的退缩，容易导致牙齿稀松、牙缝变宽，进食后容易嵌塞食物残渣，应合理使用牙线进行牙齿的清洁。③定期洗牙。利用超声波震荡将牙齿表面附着的牙结石和牙菌斑清除干净，能够有效预防口腔疾病的发生。老年人通常需要每间隔半年清洗一次牙齿。

（2）定期口腔检查：①老年人应每隔半年或 1 年到正规医院请专业口腔医师进行一次口腔检查，使口腔疾病得以早发现、早治疗，预防为主，治疗为辅；②对于 2 周以上不能愈合的口腔溃疡、口腔黏膜出现白色或红色斑块、口腔出现非炎症肿胀并伴有颈淋巴结肿大时，应及时到专科医院检查治疗，排除口腔癌。

2. 饮食护理 注意膳食平衡，进食易于咀嚼和消化并富含营养的食品，如乳类制品、鸡蛋、鱼类等；减少含糖食物摄入，避免过冷、过热、过酸食物的摄入；少吃坚硬的食物。常吃坚硬的食物，会使牙釉质过度磨损，不仅使老年人易患牙本质过敏症，还容易引起龋齿的发生。

3. 病情观察及护理　①观察老年人口腔疼痛的部位、程度及持续时间等，必要时遵医嘱使用镇痛药。②牙周疾病会导致牙龈肿胀、出血及牙周袋的形成，护士应加强对老年人牙龈形态和颜色的观察。③可采用 3% 过氧化氢溶液冲洗牙周袋，0.1% 氯己定溶液漱口或 1% 过氧化氢溶液棉签擦洗，减少牙菌斑形成。④并发症的护理。急性牙髓炎多由深龋引起，主要临床表现为自发性、阵发性剧烈疼痛，夜间及热刺激时疼痛加重，护士应遵医嘱使用抗炎、镇痛药，必要时由医师用牙科钻在龋洞底部钻一小孔开髓引流；急性根尖周炎多由牙髓炎发展而来，早期患者能明确指出患牙部位，用力将患牙咬紧时，疼痛可暂时缓解，随着病程进展咬患牙时疼痛加重，形成化脓性根尖周炎时可出现自发性剧痛和持续跳痛，咀嚼时疼痛加重，颌下淋巴结可出现肿大，护士应遵医嘱给予老年人镇痛药口服，缓解疼痛；老年人由于年老、抵抗力差，患牙根尖区可能形成牙槽脓肿，脓肿形成后应及时切开引流，每日冲洗换药，酌情使用抗生素，急性炎症控制后再行根管治疗。

4. 用药护理　①密切观察药物的作用以及老年人服药后的反应，预防不良反应的发生；②使用镇痛、镇静药物时，要注意观察老年人的生命体征，避免引起呼吸抑制；③正确选用镇痛药和抗生素，避免药物依赖和耐药性的发生，老年人要特别注意避免抗生素引起的菌群紊乱和多重感染。

5. 拔牙的护理　①拔牙前询问有无既往史和过敏史；有高血压病史的老年人应测量血压，询问抗高血压药服用情况和睡眠情况，必要时给予镇静药，在心电监护下拔牙；有糖尿病病史的老年人，需经过专科医师评估后再拔牙，拔牙前连续 3d 口服抗生素，以免伤口感染；有出血倾向的老年人，拔牙前应做凝血常规检查；有心血管疾病史的老年人，拔牙前需经专科医师评估后在心电监护下拔牙。②拔牙后告知老年人需咬紧拔牙处纱球 30min，且应在留观室观察 30min，若无出血及其他不适后方可离开；拔牙后 24h 内，唾液中混有淡红色血水属正常现象，若有明显大出血、疼痛、发热和张口受限等应及时就医。③拔牙后 1h 可进食温凉软食和流质食物，避免进食过烫和过硬的食物。④伤口有缝线者，拔牙后 5 ～ 7d 拆线。

6. 义齿的护理　①基牙清洁：有假牙的老年人应注意保护基牙，每餐后取出假牙，认真清洁基牙。若无基牙，也要对口腔软组织进行护理，可用软毛牙刷去除软组织上的菌斑和食物残渣。若洗刷口腔软组织不方便，也可用漱口液进行清洁。②保持义齿处于功能状态：每餐后应洗刷假牙，晚上睡前取下假牙浸泡在清水中，防止假牙变形。③定期检查已修复的义齿，出现不适时及时修改调整。④因久戴义齿而出现口腔组织红肿、疼痛或溃疡等症状时，应及时就诊。

7. 心理护理　老年人由于生理性退化，视力、听力、语言表达及行动等各方面的能力下降，同时对口腔疾病的治疗怀有恐惧心理，不到难以忍受时，极少主动就医。护理人员应以良好态度对待，耐心解释老年人口腔疾病的特点及治疗过程，消除老年人恐惧心理，树立正确的疾病防治观念。

（四）护理评价

1. 能够积极配合治疗和自我保健，保持口腔的清洁、湿润，牙列、黏膜健康完整。
2. 饮食正常，营养状态良好。
3. 恢复正常社会交往。

评判性思维训练

你是老年中心的一位护士，在最近的一次接诊中，一位 78 岁的王奶奶告诉你，她感觉近期视物模糊，眼前有一层“白膜”，但她没有到医院进行过系统评估。

1. 你会指导王奶奶进行哪些评估与筛查？
2. 如何为王奶奶制订一份健康照护方案？

（薛　秒）

第五篇　老年长期照护与安宁疗护

第二十六章　老年人长期照护

学习目标

知识目标：

1. 了解国内外长期照护发展现状。
2. 熟悉长期照护服务模式和长期照护保险模式。
3. 掌握居家长期照护、社区长期照护、机构长期照护的概念、特点及服务内容。

能力目标：

1. 能准确评估老年人长期照护失能等级。
2. 针对享受长期照护保险待遇的老年人，能根据老年人照护需求，提供相应的护理服务。

素质目标：

1. 了解护士在老年人长期照护中的重要作用，倡导学生树立“健康老龄化”的理念与信心，加强对学生职业认同、政治素质的培养。
2. 强调在老年人长期照护过程中应体现人文关怀，培养学生的慎独精神、换位思考和共情能力，提升其综合素质和人文素养。

随着人口老龄化程度加剧，老年人数量逐年攀升，叠加家庭功能的弱化，我国长期照护服务需求将快速增加，这已成为近年来全社会共同关注的问题。本章将从长期照护的概念、发展现状、长期照护保险、长期照护服务等方面系统介绍长期照护，以增强护士对老年人长期照护的全面认识，有利于提升护士对老年人长期照护的能力，为应对日益增加的长期照护服务需求、老年人长期照护难题、实现健康老龄化打下坚实的基础。

第一节　长期照护概述

一、长期照护的概念

长期照护（long term care，LTC）又被称为“长期介护”“长期照料”“长期护理”等。2020年，世界卫生组织（WHO）将长期照护定义为：由非正式提供照护者（家庭、朋友或邻居）和专业人员（卫生、社会和其他）开展的活动系统，以确保缺乏自理能力的人能根据个人的需要选择，保持最高可能的生活质量，并享有最大可能的独立、自主、参与、个人充实和人类尊严。美国健康保险学会（Health Insurance Association of America，HIAA）认为，长期照护是指为患有慢性疾病（如老年痴呆等认知障碍）或处于伤残状态（即功能性损伤）的人持续提供相对较长时间的护理。长期照护的时间一般指6个月及以上。

二、长期照护服务发展历程

（一）国外长期照护服务发展历程

1. 美国　美国的长期照护服务在建立初期以专门的照护机构提供为主。19世纪以来，人们开始意识到对长期照护机构的需求，于是社区开始兴建收容所，自此开启了照护机构的发展。20世纪以后，《长期照护保险示范法规》和《老年人法案》的出台、政府通过 Hill-Burton 法案的资金支持及医疗保险和医疗补助的偿付，促进了护理之家的发展。21 世纪之后，长期照护服务也逐渐向家庭和社区延伸，形成了多种服务形式相互交织的服务传递网络。

2. 日本　日本作为老龄化程度最高的国家之一，为应对老龄化日益严峻的态势，在 1989 年颁布了“旧黄金计划”，重点推进家庭福利事业 10 年规划，为虚弱老年人提供居家照护服务。1994 年，日本通过了“新黄金计划”，进一步扩大对居家老年人以及独居老年人的照护服务支持，强化地域老年人的地域护理服务、支援高龄者自立，以实现地域共生社会。1999 年，日本制定“21 世纪黄金计划”，该计划在前两部“黄金计划”的基础上进一步深化，旨在完善长期照护服务体系。总之，日本“黄金计划”的颁布为长期照护服务体系的构建奠定了坚实的基础。

3. 英国　英国是世界上第一个实施长期照护服务的国家。1601 年，英国颁布实施《济贫法》，政府通过建立收容所，对贫困老年人以社会救助的形式提供护理和医疗服务。1834 年，英国颁布新《济贫法》，政府通过建立福利院对贫困老年人提供入院式机构照护，强调了政府的主体责任。1870 年以来，慈善组织也开始兴建院舍为老年人提供机构照护。1950 年以来，在“去机构化”、石油危机、老龄化加剧背景下，英国推进社区照护。1980 年以后，英国开始推动多元照护服务主体，包括政府、非正式照护主体、私人部门、非营利组织来承担长期照护服务的责任。

（二）我国长期照护服务发展历程

随着失能老年人数量不断攀升，我国长期照护问题日益严重。自中华人民共和国成立以来，我国长期照护服务发展可以划分为 4 个阶段：①计划经济时期以供养五保户的养老服务为发展雏形的阶段（1949—1981 年），这一阶段虽未形成明确长期照护服务，但为后来长期照护服务的发展奠定了基础；②以家庭和社会相结合的机构化培育发展阶段（1982—2005 年），这一阶段仍未形成明确的针对长期照护的政策词汇；③以居家为主、社区为依托的长期照护政策视域阶段（2006—2012 年），这一阶段的政策开始考虑老年人的护理需求，为长期照护服务的井喷式发展提供了良好条件，但政策多停留在策划规划阶段，并未落实；④以构建体系为目标的长期照护服务政策的井喷发展阶段（2013 年至今），这一阶段政府不断加大针对社区居家养老服务政策的支持力度，政策效果明显。不同阶段长期照护服务发展特点见表 26-1。

表 26-1　不同阶段长期照护服务发展特点

特点	发展雏形阶段	培育发展阶段	政策视域阶段	井喷发展阶段
供给主体	政府作为家庭保障的补充	家庭保障为主，家庭与社会相结合	国家引导社会参与，家庭保障弱化	社会力量壮大，国家弱化
服务对象	主要为困难的孤寡、“三无”老年人	多是低龄健康老年人	开始重视失能老年人	老年人
服务内容	主要为基本生活经济供养，无护理服务	服务内容不断丰富，开始关注老年人的医疗卫生服务，并强调医疗服务的居家便利性	加强发展护理康复服务，并进一步扩大了老年护理院及康复机构等建设的投入	大力发展以社区和家庭为基础的照护服务
政策	政策重于解决农村五保户老年人的供养，未明确老年人享有的具体保障权利	开始关注城镇社区养老服务，农村仍然停留在救助性质的五保供养阶段	奠定了居家养老的基础地位，中国社区居家养老模式逐步形成	重视并完善长期照护服务体系

三、长期照护相关理论

（一）马斯洛需求层次理论

1943 年，亚伯拉罕·马斯洛（Abraham H. Maslow）在《人类激励理论》中提出需求层次理论。马斯洛的需求层次理论将人的需求由低到高分为 5 种不同的需求：生理需求，如对水、食物、睡眠等生存必需品的需求；安全需求，如对社会秩序、法律和医疗等社会安全与保障的需求；归属与爱的需求，是较高层次的需求，也叫社交需求，如对爱情、友情和亲情等良好感情的需求；尊重需求，是更高层次的需求，包含内部尊重和外部尊重的需求；自我实现的需求，是最高层次的需求，在前面4个层次的需求都被满足后，去实现理想和抱负的需求。

对于有长期照护需求的失能老年人，由于自身机体老化及功能受损，在维持日常生活活动方面存在一定的困难，且容易发生跌倒等意外事件，使得生理需求和安全需求难以得到满足；此外，随着家庭结构的小型化，部分失能老年人不得不选择机构养老，而住在养老机构容易造成失能老年人与子女、亲朋好友间情感的缺失，使得失能老年人的归属与爱的需求难以被满足。而长期照护服务提供的服务内容刚好能满足老年人的多层次的需求。

（二）积极老龄化理论

2002年，世界卫生组织在第二次老龄化问题世界大会上，正式提出积极老龄化理论。积极老龄化是指要提高老年人的生活质量，使老年人能根据自己的能力、所需和所愿去参与社会精神、文化及娱乐活动，并积极为家庭及社区做贡献。同时，能够确保老年人在不能保护自己的情况下获得来自家庭和社区的保护和照料。

对于失能老年人来说，由于日常活动能力的受限以及与社会的接触机会变少，导致老年人很容易产生孤独寂寞、自卑自怜、敏感多疑等心理问题，老年人的心理健康不容忽视。而长期照护服务所提供的日常生活照料以及精神慰藉既能帮助老年人实现自我独立，又能助其重拾自信，提高社会参与度，提升自身价值。

（三）福利多元理论

福利多元理论是20世纪80年代为应对福利国家紧缩状态而兴起的一个理论研究范式。英国学者罗斯将福利供给主体分为3类，包括国家、市场和家庭，即“三分法”。1999年，约翰逊在“三分法”的基础上提出经典的“四分法”，即国家、市场、家庭、志愿组织。福利多元主义强调多元主体的共同参与，重视多元化、协同合作及良性平衡互动核心原则。

随着我国人口老龄化程度加剧、老年人长期照护需求急剧增加，叠加家庭照护能力弱化，老年长期照护需求已成为我国亟须解决的社会问题。福利多元主义理论对于构建我国老年长期照护服务体系具有积极的指导意义。通过整合国家、市场、家庭及志愿组织等各方力量，引导其积极参与到长期照护服务的供给中，实现长期照护服务供给的多元化，提高老年人的生活质量。

四、长期照护保险

（一）长期照护保险的概念

长期照护保险（long-term care insurance，LTCi）又称“长期护理保险”或“长期介护保险”。美国金融管理学会将长期照护保险定义为：“长期照护保险是以老年、患病或受到意外伤害的群体为保险对象，为满足被保险人居家或机构照护需求而为其提供医疗及其他服务费用补偿的一种保险。”日本厚生劳动省将长期照护保险定义为：“长期照护保险是指以社会保险的方式，为因年老出现身体机能衰退、身体瘫痪及患有认知困难的老年人提供医疗与看护照护的服务，帮助其过上自立的、有尊严的生活。”经济合作与发展组织将长期照护保险定义为：长期照护保险是指以日常生活不能自理的人为保险对象，为其提供长期的照护服务或照护费用补偿的一种保险。

（二）长期照护保险模式

1. 国外长期照护保险模式 目前，国外长期照护保险模式主要包括以日本为典型代表国家的社会保险模式、以美国为典型代表国家的商业保险模式及以英国为典型代表国家的财政津贴模式3种模式。

美国的参保对象主要为自愿投保的中高收入群体。采用日常生活活动（activities of daily living，ADL）作为等级判定的标准，由公共保障计划和私人长期护理保险计划对满足条件的人进行护理等级认定；其筹资来源于个人缴费，并根据投保人的年龄、身体状况、给付期、等待期等确定所需缴纳的费用。

日本的参保对象主要分为两类，第 1 类被保险者，为 65 岁以上的参保国民；第 2 类被保险者，为 40 ～ 65 岁的参保国民。第 1 类被保险者只要被判定为需要介护或需要支援时，即可获得介护服务；第 2 类被保险者因衰老相关疾病（特定疾病）被判定为需要介护或需要支援时，即可获得介护服务。日本的长期照护保险基金来源于政府税收（50%）和被保险人的缴费（50%）。在政府税收部分，中央政府、都道府县和市町村分别承担 25%、12.5% 和 12.5%。在被保险人的缴费部分，第 1 类保险者根据市町村收入状况进行缴费，原则上从其退休金中扣除；第 2 类保险者根据工资缴纳不同等级的保费，有单位者由雇主和雇员各负责 50% 的保费，无单位者由个人和政府各承担 50% 保费，年收入低于缴纳标准者，可由配偶中的任意一方跟随共保。

英国的保障对象需进行照护需求评估和家计审查；长期照护保险费用由国家医疗服务体系、地方政府，以及个人承担，分别承担总费用的 20.6%、39.7% 及 39.7%。

2. 我国长期照护保险模式　我国长期照护保险模式未来应实行以社会保险为主、商业保险为辅的长期照护保险模式。目前，我国已经有 49 个城市实行长期照护保险制度试点。我国主要对卧床 6 个月及以上的重度失能人群提供基本生活照料和医疗护理服务费用报销，部分试点城市根据当地老龄化程度和基金情况为中度失能人群及失智人群提供护理保障，如南通、广州、青岛等。为贯彻落实《国家医保局财政部关于扩大长期护理保险制度试点的指导意见》，稳步推进长期照护保险制度试点，我国还印发了《〈长期护理失能等级评估标准（试行）〉的通知》。目前，试点城市主要通过个人缴费、医保统筹基金划拨、单位缴费和财政补贴等形式筹集长期照护保险资金。筹资水平主要分为 3 种形式，即比例筹资、定额筹资和混合筹资。各试点城市长期照护筹资方式见表 26-2（仅对第一批和第二批共 29 个试点城市进行整理分析）。此外，筹资水平往往根据当地的经济社会发展水平、老年人的护理需求、护理服务的成本，以及长期照护保险的保障范围和水平等因素综合确定。

表 26-2　29 个试点城市长期照护保险筹资方式

筹资方式	参保对象	第一批	第二批
比例筹资	城镇职工	长春、承德、成都、广州、上海、青岛	晋城、呼和浩特、盘锦、福州、湘潭、南宁、昆明、乌鲁木齐
	城乡居民	广州	
定额筹资	城镇职工	南通、荆门、上饶、安庆、石河子、苏州、齐齐哈尔、宁波、重庆	北京市石景山区、天津、开封、黔西南、汉中、甘南
	城乡居民	长春、南通、荆门、上饶、成都、石河子、苏州、宁波、上海、青岛	北京市石景山区、呼和浩特、乌鲁木齐

第二节　居家长期照护

一、居家长期照护的概念

（一）居家长期照护

居家长期照护是为居住在家中的老年人提供长期照护服务的方式，包括家庭成员提供的非正式照护和由志愿者、养老机构或医疗机构提供的正式照护。1994 年，WHO 将居家照护定义为在老年人居住地提供整合性健康及社会支持的服务。美国健康及人类服务部门认为居家照护是持续性综合健康照护的一部分，是为个人在居住处提供的健康照顾服务。

（二）居家长期照护的特点

优点是既符合“养儿防老”的传统观念，也符合“孝道”观念。老年人既能在熟悉的环境接受来自家人、亲属、朋友等人的生活照料，又能获得来自相关机构的专业性居家照护服务。该种模式照护质量较高，照护成本较低。缺点是加重家庭照护者的负担。

二、居家长期照护发展现状

（一）国外居家长期照护发展现状

1. 美国 美国的居家照护服务发展较为成熟，已经制定出一套较完整的服务内容和操作模式，为患者提供个案管理、生活照料、心理支持、预防性健康等居家护理服务。不同于以往以治疗疾病为目标的居家护理模式，目前美国正在探讨以最大限度地恢复患者的身心功能及活动参与能力为导向的居家护理模式。该模式由多学科团队协作对患者的日常生活能力进行评估，同时确定适合患者的功能目标，进而制订相应的干预措施，包括功能锻炼、用药指导、自我管理、环境适应和行为改变等，促进患者功能的提高。

2. 日本 日本人口密度高，社会对居家护理服务的需求非常大。在20世纪50年代末，日本政府就通过立法将居家照护服务法治化，并依托社区建立多种服务设施，已形成一个较为完整的以居家护理为中心的社区卫生服务体系。日本的居家照护服务模式具有立法保障及政府主体责任明确的优势。近年来，随着人口老龄化的迅猛发展，日本政府不断采取措施对长期照护保险制度进行修订和完善，现阶段制度建设重点推进居家医疗与长期照护的合作，打造生活服务、照护与医疗一体化的居家照护服务。

3. 英国 英国的长期照护服务大部分是由家庭、邻里提供的非正式居家照护服务，只有具有较高照护需求和通过家计审查的老年人才能获得专业居家照护服务。近年来，由地方政府直接提供居家照护服务的数量骤减，而私人部门供给迅速扩张。公共补贴的居家照护服务具有严格的准入门槛，老年人须同时满足两个条件（较高照护需求和无非正式照护支持）才能接受公共补贴的居家照护服务，导致居家照护服务接受者数量缩减，无法满足老年人日益增长的照护需求。尽管可以通过购买私人居家照护服务满足其部分或全部需求，但对于经济支持和家人支持不足的重度功能障碍老年人，他们的照护需求难以得到满足。

（二）我国居家长期照护发展现状

受中国传统文化影响和经济因素制约，老年人多选择在家中养老并由家庭成员提供长期照护服务，居家照护是我国最主要的非正式照护模式。但随着家庭结构越来越小型化，致使家庭照护的能力以及资源相对不足，功能逐渐弱化，老年人所获得的家庭照护在不断减少。此外，随着人口老龄化日益加剧，失能老年人的数量也急剧增加。然而，目前绝大多数家庭照护人员对失能老年人所提供的照护仅限于一般的日常生活照料，在专业护理方面由于缺乏康复护理等方面的专业知识，或缺乏专业指导而照护不当，加速失能老年人病情恶化。传统的居家护理模式受到挑战。

三、居家长期照护服务提供者

（一）非正式照护者

非正式照护者指的是由家庭成员（主要包括配偶、父母和子女）、亲属、邻居或朋友提供的非专业服务，其特点是无组织、非市场化、无偿的。

（二）正式照护者

正式照护者指的是由经过严格培训的专业照护人员（专业人员和准专业人员）为居住在家的照护依赖老年人提供的专业服务，其特点是有组织、市场化、有偿的。

四、居家长期照护服务类型及内容

（一）国外居家长期照护服务类型及内容

1. 美国　美国的居家长期照护服务主要包括：①全托式社区服务。对于具有自理能力的老年人，可以利用社区所提供的服务设施进行日常生活活动；对于需要照护的老年人，则由社区机构提供包括日常生活照料、助餐、个人卫生护理、医疗等服务。②短时日托制的“托老中心”。日间由社区机构为老年人提供老年人所需要的服务，晚上由机构送回家中照料。③互助养老。作为一种比较新颖的养老模式，互助养老通过结伴互助的形式让无法获得家人支持的老年人养老，有效缓解老年人的心理“空巢”。

2. 日本　日本居家长期照护服务主要包括：①居家上门服务。由专业服务人员为失能或半失能老年人提供居家上门服务，包括餐饮服务、清洁服务、咨询服务及医疗服务等。②短时照护服务。分为两种情况，一是3个月以内的照护服务，在这期间内，由社区机构为老年人提供社区照护服务；二是日间全托服务，白天将老年人送到社区机构，由社区机构为老年人提供日间护理、医疗照看、医疗护理等服务，晚上再由机构送回家中照料。③福利用具租赁服务。包括轮椅（普通/坐垫）、特殊床、床垫、防压疮用具、扶手、步行器、移动升降机等租赁服务。④房屋改造服务。主要为老年人提供安装安全扶手、拆除台阶门槛等适老性房屋改造服务。

3. 英国　英国提供居家长期照护服务的主要是居家照护机构。其中，75%为私人所有，14%由地方政府运营，8%由非营利组织运营。居家照护服务主要包括家庭帮助服务、社区护理服务、日间照料、餐车或午餐俱乐部、足病治疗、理疗服务和私人家务帮助等。

（二）我国居家长期照护服务类型及内容

我国居家长期照护服务主要包括基本生活照料（如清洁护理、饮食起居、压疮预防、排泄护理、协助日常生活活动）和医疗照护（如导尿与尿管护理、协助用药、协助吸氧、血糖血压监测、造口护理）两大类。部分试点城市还涵盖预防性照护、康复照护与心理疏导等服务。

第三节　社区长期照护

一、社区长期照护的概念

（一）社区长期照护

社区长期照护是指由社区机构为居住在家的失能、半失能的老年人提供社区照护服务，包括居家照护服务和日间照料两种模式。社区作为联系家庭和社会的服务桥梁，可以通过合理分配及充分利用社区内的各种服务设施及资源为绝大多数的老年人提供照护服务。

（二）社区长期照护的特点

优点是结合居家照护和机构照护的优点，提供方便、广泛的服务，一定程度上减轻家庭照护者的照护压力；收费相对较低。缺点是社区照护的规模不大、照护专业水平较低。

二、社区长期照护发展现状

（一）国外社区长期照护发展现状

1. 美国　在美国，老年人很少和子女住在一起，以社区为基础的长期照护方式备受老年人的青睐。美国通过专门的老年照护社区为老年人提供社区照护服务，根据照护内容和提供医疗服务的程度，老年照护社区可分为自理社区、生活救助社区、特殊护理社区和持续护理社区4种。老年人可以按需选择合适的社区进行护理。此外，根据居民或职业的组成，老年照护社区又可分为退休邮递员社区、黑人老年人社区、退伍军人老年人社区，以及退休教师社区等。老年人可以直接选择适合自己的社区照护机构类型。

2. 日本 日本是全球老龄化最严重的国家之一。为了应对人口老龄化风险、缓解老龄社会发展进程，日本自2000年起开始实施长期照护保险制度，经过近20年的改革和发展，逐渐形成了以社区为载体的社区综合照护体系。日本的社区综合照护体系以地方自治体为主体、以社区为单位、以帮助老年人自立为目的，为老年人提供包括居住、医疗、护理、预防、生活支援为一体的综合性服务。2017年起，日本在社区综合照护体系基础上提出了“共生型服务”，即实现社区内老年人、残疾人和儿童共享服务的“共享社区”。“共享社区”成为日本社区综合照护体系未来发展的主流和方向。截至2017年，日本政府已经对社区照护服务进行5次改革，日本的社区综合服务体系沿预防服务、生活支援服务、居家医疗与护理服务、认知症综合援助服务等4条主线不断扩充与建设，是未来日本养老服务体系建设与发展的基本方向。

3. 英国 第二次世界大战后，像许多发达国家一样，面对大量的老年群体，英国的社会养老模式也出现了“去机构化”的发展趋势。英国的社区照护服务在社区照护体系下其发展在世界上首屈一指，它是发达国家社区服务的成功典范。英国社区照护支持老年人立足社区，通过提供家庭服务、家庭护理、日托站等形式，为老年人提供完善的生活护理服务。自1950年至今，英国社区照护取得巨大成就，其发展离不开时代的拉动以及政府的努力。为应对老龄化带来的社会风险，英国政府规范出台了《社区照顾白皮书》等一系列文件，为社会照护服务规范化、正式化奠定了政治基础，逐渐形成具有本国特色的购买式社区照护服务。

（二）我国社区长期照护发展现状

2021年12月，《“十四五”国家老龄事业发展和养老服务体系规划》中明确提出，要强化居家社区养老服务能力，加快健全居家社区机构相协调、医养康相结合的养老服务体系。在这一政策背景的引导下，社区养老服务成为应对人口老龄化危机的主推方向。作为机构养老和居家养老的补充和融合，社区养老模式既可弥补传统家庭养老的不足性，又可发挥机构养老的专业性，是破解失能老年人照护困局的关键突破口。然而，尽管我国社区养老服务发展迅速，但在机构设施和照护人力上仍然存在明显短缺，服务资源供给性不足。①养老机构和设施相对短缺。截至2021年底，全国共有各类养老机构和设施35.8万个，养老床位合计815.9万张。其中社区养老服务机构和设施31.8万个，共有床位312.3万张。但是，我国60岁及以上老年人达到2.67亿，以此计算，每千名老年人口拥有养老床位约11.7张，养老床位严重不足。②社区养老服务的专业人才缺乏，大部分社区养老服务人员专业知识不足。③我国失能老年人社区养老服务的供给质量不高，呈现出“重建设、轻服务”的特征。④我国失能老年人社区养老服务供给的地区性差异较大，城市社区养老服务资源的数量和质量远远高于农村。⑤当前的社区提供养老服务内容有限，缺乏医疗康复训练、心理辅导等专业照护服务。

三、社区长期照护服务形式

1. 上门服务 由经过专业训练的社区服务人员到老年人家中进行生活照料、家政服务、康复护理、医疗保健、精神慰藉等照护服务。

2. 日间照料 由社区照护机构为社区内生活不能完全自理、日常生活需要一定照料的半失能老年人提供的日托服务，老年人日间到社区老年服务中心接受照护，晚上回家居住。开展的形式主要有日间医院、日间护理站等。

四、社区长期照护服务类型及内容

（一）国外社区长期照护服务类型及内容

1. 美国 美国提供的社区长期照护服务主要包括：①生活自理型养老社区，提供的服务主要用以满足老年居民的精神娱乐需求，如提供精美餐食及专车接送购物，并定期举办丰富多彩活动，提供旅行计划、教会服务、全天候安保服务、卫生清洁服务等；②生活协助型养老社区，提供膳食、穿衣、沐浴、如厕、做家务、药物管理、社交公共空间、有组织的活动、交通服务，以及阿尔茨海默病和其他类型痴呆的专业护理等；③阿尔茨海默病照料社区，主要为阿尔茨海默病和痴呆患者提供认知疗法和康复计划，以保持老年人大脑的活跃性和参与度；④专业医疗护理型养老社区，为处于术后康复期或有持续医疗需求的老年人提供专业的医疗设备或定期专业治疗；⑤持续护理退休社区，提供社会交往及文化活动等。

2. 日本　日本社区长期照护服务呈现多样化。2005 年，长期护理保险制度改革中新增社区护理服务，主要包括小规模多功能型居家护理、夜间应对型上门护理、痴呆应对型日间护理、痴呆应对型共同生活护理、社区特定机构入驻生活护理（30 人以下小规模护理专用型机构）和社区护理老年人福利机构入驻生活护理（30 人以下小规模老年人护理机构）等 6 种服务。2011 年，重点建立了社区综合护理体系，主要包括 24h 定期巡逻服务、小规模多功能复合型居家护理服务、护理预防和日常生活综合服务。其中，小规模多功能复合型居家护理服务主要是在家中或社区为照护需求者提供日间护理服务与身体技能恢复训练服务；护理预防和日常生活综合服务是面向被鉴定为需要援助者而提供的集护理、预防和日常生活服务为一体的综合服务。2014 年以来，针对失智早期患者建立了社区援助队伍；为防止老年人护理重度化发展，进一步实施了老年人自立支援服务等举措。

3. 英国　英国主要由社区卫生服务中心、社区老年公寓、暂托所，以及社区养老院等提供社区长期照护服务。英国社区长期照护内容主要分为医疗健康照料和日常照料两大类，并根据需求层次从日常照护服务、提供物质性支持、精神慰藉、整体关怀等构建全方位多层次的照护服务体系。具体服务项目包括社区和娱乐服务，如提供教育指导、社交和娱乐活动；生活照料服务，包括送饭、做饭、打扫房间、洗衣服、洗澡、理发、购物、医院陪护等；定期保健服务，由社区保健医师定期拜访老年人，免收处方费；健康指导，社区服务人员提供老年人相关疾病知识等。政府鼓励社区建立老年活动中心、文体场所，为有照护需求的失能老年人免费提供暂托处，为无家人支持的老年人提供集中社区照护服务。

（二）我国社区长期照护服务类型及内容

我国主要由社区养老服务机构以及基层医疗卫生机构（包括护理站、门诊部、社区卫生服务中心、护理院等）提供基本生活照料和与基本生活密切相关的医疗护理服务。其中，上门服务主要提供日常生活照料、家政服务、康复护理、医疗护理、精神慰藉，以及对非正式照护者的培训等内容。其中针对非正式照护者培训的内容涉及照护对象的日常生活、营养、康复、预防跌倒、失禁护理、老年痴呆行为管理、伤口或皮肤护理、疼痛处理和临终关怀等。日间照料主要提供膳食服务、个人照料服务、保健康复、休闲娱乐、精神慰藉、紧急援助等日间服务的内容。

第四节　机构长期照护

一、机构长期照护的概念

（一）概念

机构长期照护是指各级医疗单位及养老机构，为入住本机构的老年人提供包括医疗、护理、生活照料等全天候的住院服务。机构长期照护适用于在急性机构或者亚急性照护机构出院后，仍需接受专业康复护理和生活照护的老年人，也针对社区中因自理能力下降而有生活照护或康复需求的老年人。

（二）机构长期照护的特点

机构长期照护能够提供专业化、系统化的照护服务，但需要老年人适应新的环境、收费较高、缺少精神慰藉、资源有限、机构数量不足、床位空置率较高等。

二、机构长期照护发展现状

（一）国外机构长期照护发展现状

1. 美国 美国的机构照护承担了大部分老年人，特别是失能老年人的照护责任。据统计，机构为将近 60% 的老年人提供长期照护服务。根据是否需要医疗护理，美国可提供老年人护理的养老机构有 4 种：①技术护理型养老机构，主要接收需要 24h 医疗技术护理，而不要求正规医疗服务的老年人；②中级护理型养老机构，主要接收的是疾病程度不严重，需要 24h 监护和护理，但不需要医疗技术的老年人；③普通护理型养老机构，主要接收生活自理的老年人，提供膳食等日常生活服务，而不提供医疗护理服务；④混合型机构，主要是在老年人的健康状况和自我护理能力下降时，在其熟悉的环境为老年人提供长期照护服务。

2. 日本 在日本，随着人口老龄化日益加剧、家庭结构小型化，具有照护需求的老年人日益增多。1963 年，日本政府颁布了《老年人福利法》，提出对长期照护需要者提供必要的照护机构。此后，日本开始大量建立诸如“养护老年人之家”“特殊护理老年人之家”等照护机构，开创了日本机构照护模式。在日本，机构照护主要分为一般保健养老机构、特殊保健养老机构、疗养型机构 3 种。一般保健养老机构主要接收处于康复期的慢性病患者，为其提供生活照护、康复服务医疗和护理服务；特殊保健养老机构主要接收患病导致完全失能的老年人，为其提供日常生活照护服务，他们对医疗服务的需求不高；疗养型机构主要接收半失能老年人，根据其所需提供治疗服务。

3. 英国 在英国，长期照护服务大部分是由家庭、邻里提供的非正式照护。只有被认定为有迫切需求，且通过家计调查的老年人才有资格接收正式的长期照护服务。这导致大约 50% 的失能老年人无法得到政府的支持，进而通过选择购买私人服务去获取长期照护服务。在 20 世纪 80 年代到 90 年代末，英国开始大量减少公办的养老和护理机构，社会服务外包急剧增加，85% 长期照护资金被用于购买私人机构（包括非营利部门）的长期照护服务。2010 年，英国私人养老和护理机构占 40% 左右，而国家健康服务体系公营的长期照护机构仅占 8% 左右。

（二）我国机构长期照护发展现状

鉴于当前我国家庭照护功能弱化、社区居家养老发展缓慢，不少老年人选择机构养老。然而，当前我国的机构照护发展受限，主要体现在以下几方面：①机构数量及床位数难以满足需求量。截至 2021 年底，全国共有养老机构 4.0 万个，床位 503.6 万张。全国 60 岁及以上的老年人人均养老机构和床位数分别为 0.000 14 家 / 人、0.018 86 张 / 人，养老机构及床位数明显不足。②缺乏专业的服务人员。目前，我国大部分长期照护服务人员只具备简单的护理常识，缺乏专业的护理知识和技能；而高等院校护理专业的学生由于没有国家政策和国家认证机制等的引导、薪资待遇低、社会声望不理想等原因，不愿去养老院从事护理工作，导致机构长期照护服务人员紧缺。③照护服务内容单一。以日常生活照料为主，缺少精神慰藉、心理辅导、健康恢复等专业性针对性照护服务。④机构供给布局不尽合理。很多公立养老院出现了“一床难求”、排队入住的情况，而私立和偏远的养老院出现了大量闲置床位的情况。

三、机构长期照护服务的类型及内容

（一）国外机构长期照护服务的类型及内容

1. 美国 美国主要由护理院和住宿照护社区提供长期照护服务，提供的服务包括自助型居住社区、老年公寓、辅助型居住社区、失忆护理专区、居民护理之家、高级护理、入户护理、老年日托服务、临时护理 9 大类。具体的服务内容包括日餐供应、服药管理、移动帮护、糖尿病管理、失禁护理、个人护理、失忆护理、就地护理、轮椅服务、交通服务、家政护理、干洗服务 12 类。

2. 日本　日本根据老年人身体状况和照护的需求，主要通过以下3种照护机构提供照护服务，包括特别护理老人院（老年人日常照料福利设施）、老人保健院（老年人日常照料保健设施）和疗养型病床群（日常照料养老型医疗设施）。提供的服务主要包括：对入住老人护理院的老年人提供日常生活与康复疗养照顾服务；对入住老人保健机构的老年人提供日常生活与疾病治愈照顾服务；对于入住护理医疗院的老年人提供治疗、看护、护理、身体机能训练及日常生活照料的医疗、护理相结合的服务。

3. 英国　在英国，长期照护服务的供给根据机构类型的不同而不同。养老院提供的服务内容主要包括生活照料、日间照护、文化娱乐、社交活动、医疗保健、康复护理、缓和治疗等；老年养护院提供的服务内容主要包括生活照料、日间照护、康复理疗、姑息治疗、缓和治疗、老年护理单元、临终关怀等；失智照护机构主要为痴呆患者提供照护服务，主要包括生活照料、专业照护、心理疏导、认知训练、生活能力培训等。

（二）我国机构长期照护服务类型及内容

我国提供长期照护服务的机构主要分为3类，即养老机构、医疗机构和疗养机构、残疾人照护机构。其中，养老机构是最主要的提供长期照护服务的机构。目前，国内养老机构长期照护服务主要包含日常生活照料、医疗康复护理、精神心理慰藉3方面。具体的服务项目包括个人生活照料、卫生环境服务、安全服务、通信服务、教育服务、购买服务及医疗康复服务、陪同就医服务、疾病预防服务，以及心理/精神支持服务、休闲娱乐服务等。

案例学习

李爷爷，77岁，天津人，2年前被诊断为脑卒中，手术后伴下半身瘫痪，生活不能自理，且患有高血压和高脂血症。李爷爷是一位离休干部，夫妻感情和睦，子女事业有成，工作繁忙，日常生活由老伴儿照顾。1个月前老伴儿突发脑出血离世，李爷爷情绪低落，不愿与人交流，儿子担心父亲的安全，希望老人入住养老机构，能够得到24h生活照护和精神陪伴。

请思考以下问题：

1. 养老机构可以或应该为李爷爷提供哪些服务？
2. 李爷爷是否可以申请长期照护保险？
3. 李爷爷可以通过哪种方式负担养老机构的费用？
4. 李爷爷可以享受的养老照护待遇标准是什么？

评判性思维训练

1. 如何判断一位中国老年人是否具备申请长期照护保险的资格？
2. 当你在评估这样一位老年人时：王奶奶，80岁，丧偶，患有高血压、糖尿病，生活不能自理，希望在家中能享受照护服务，如询问你是否能获得上门护理服务、会提供什么样的服务、是否会报销费用，针对以上问题，你会怎么回答？
3. 面对一位具有入住长期照护机构意愿的老年人，你会选择从哪几个方面对老年人进行评估，帮助老年人选择合适的长期照护机构类型？

（卢　琦）

第二十七章　老年人安宁疗护

学习目标

知识目标：

1. 掌握安宁疗护的相关概念、原则、服务对象及内容。
2. 了解安宁疗护的相关法律和服务模式。
3. 了解生死教育的相关内容。
4. 熟悉老年人身体、心理、社会及灵性照护相关知识。
5. 了解临终关怀的注意事项。
6. 掌握哀伤陪伴的概念及临床表现。

能力目标：

能根据患者情况，在相关理论指导下选择合适的对策，进行安宁疗护实践。

素质目标：

1. 通过学习安宁疗护，培养尊重、关心、关爱终末期患者及其家属的职业素养。
2. 树立正确的生死观，能够正确看待生死问题。
3. 学会用哀伤陪伴相关知识进行哀伤辅导，帮助老年人及其家属。

安宁疗护，是对临终前和无治愈希望的晚期患者提供身体、心理、精神等方面的照料和人文关怀等服务，最大限度地减轻患者的痛苦，帮助患者舒适、安详、有尊严地离世，以及减轻家属心理哀伤。本章阐述了老年人安宁疗护的相关概念、原则、内容、服务对象、相关法律及服务模式，介绍了生死教育，以及身体、心理、社会及灵性照护和哀伤陪伴相关知识，以便更好地为老年人提供临终护理。

第一节　安宁疗护概述

安宁疗护（palliative care）一词源于英文“hospice”，其原意“驿站”“救济站”等，是中世纪基督教信徒朝圣时建立起来的休息或者养病的驿站。后引申其义，代指服务人生旅途最后一站的场所，现有“济贫院”“救济院”“安宁院”等形式，旨在为无法治愈的人在临终阶段减轻痛苦病痛，帮助患者舒适、安详、有尊严地离世，并为患者家属提供情感支持。

一、安宁疗护的相关概念

世界卫生组织（WHO）定义：安宁疗护是对没有治愈希望的病患所进行的积极而非消极的照顾，对疼痛及其他症状的控制，尽可能将患者和家属的生活品质提升到最好的程度。

我国于2016年首次在国家层面推进全国的安宁疗护工作，统一将临终关怀、舒缓医疗、姑息治疗统称为安宁疗护。2017年颁布的《关于印发安宁疗护实践指南（试行）的通知》指出，安宁疗护以临终患者和家属为中心，以多学科协作模式进行，主要内容包括疼痛及其他症状控制、舒适照护，以及心理、精神及社会支持等。

二、安宁疗护的原则

（一）人道主义原则

人道主义原则是指以关怀人、尊重人、以人为中心作为观察问题、处理问题的准则。在安宁疗护实践活动中，提倡医务人员要有敬畏之心并尊重每一位终末期患者的生命意识、满足其正当愿望，提高其生命质量和生命价值，让他们有权利按照自己的意愿走完人生的最后一程。

（二）照护为主原则

照护为主原则是指以全面的护理为主，借以提高临终患者终末阶段的生命质量，维护患者的尊严。对于终末期患者而言，常规治疗效果微乎其微，患者身体状况甚至无法承受积极的治疗，增加患者不必要的痛苦。安宁疗护把濒死与死亡当作生命正常的过程，使用合适的照护技术提高整体的生命质量，帮助终末期患者减轻痛苦，使其舒适、平和、有尊严地离世。

（三）全方位照护原则

全方位照护原则是指对终末期患者提供“全人照顾、全家照顾、全程照顾、全队照顾和全社区照顾”的照顾模式，即关注患者的整体需要，包括身体、心理、社会与精神 4 个方面的“全人”照顾；提供整个家庭的系统支持的“全家”照顾；从确诊开始，持续照顾患者和家属（包括患者逝去后的遗属）的“全程”照顾；由多学科协作团队共同提供的“整体医疗模式”，包括医师、护士、心理师、社工与志愿者，还可能有药师、营养师等组成的“全队”照顾；将以上“四全”服务延伸覆盖周围社区，使希望在自己家里临终的患者能够达成心愿的“全社区”照顾。

（四）知情同意原则

知情同意原则是指安宁疗护实践中医务人员与患者、患者家属之间对患者病情进展、治疗方案等方面相关信息及其利弊信息，需向患者或其家属说明，使其审慎考虑后自主作出选择，在得到其明确答复后，才可最终确定和实施方案。

（五）尊重与自主原则

尊重与自主原则是指在安宁疗护中，医患双方应得到尊重，同时，患者应享有独立的、自主的决定权。尊重与自主原则的实现有其前提条件：①要保证医患双方人格受到应有的尊重；②要保证医务人员为患者提供适量、正确，并且患者能够理解的诊疗护理信息；③要保证患者有正常的自主能力，所作出的决定是经过深思熟虑并与家属商量过的；④要保证患者自主性的选择和决定不会与他人利益和社会利益发生严重的冲突。

三、安宁疗护的服务对象

我国 2017 年印发的《安宁疗护中心基本标准和管理标准（试行）》虽然也明确规定了安宁疗护的服务对象应为疾病终末期患者，却没有对该概念做出明确的界定，而是更多地将其交给了实践本身。

上海市于 2020 年印发的《上海市安宁疗护服务规范》规定，经医疗机构执业医师明确诊断的疾病终末期或老年患者，经评估患者预期生存期在 6 个月以内，且患者或其家属同意接受服务约定或协议才可成为安宁疗护服务对象。

四、安宁疗护的服务内容

（一）症状控制

终末期患者疾病治疗过程复杂，症状多变、病程较长且较为危急，多伴有疼痛、呼吸困难、咳嗽、咳痰、恶心、吞咽困难、睡眠 / 觉醒障碍等不适症状，让患者受到了极大的痛苦。安宁疗护通过症状管理措施缓解终末期患者的症状负担，减轻痛苦，最大程度地提高患者的生活质量。

（二）舒适照护

舒适照护包括生理、心理、精神等方面。依据患者进食、饮水、排泄、活动、清洁、环境等方面的需求，制订并实施个性化的舒适照护方案，包括但不限于病室环境管理、口腔护理、肠内 / 肠外营养的护理、导管的维护等，以提高患者的舒适度，减少终末期患者痛苦的护理经历。

（三）心理支持

给予终末期患者心理支持，能有效缓解患者的负性情绪。心理支持旨在了解终末期患者的心理需求和意愿，并根据这些需求，采用多种方法进行心理干预，帮助患者应对悲观、恐惧、绝望、焦虑、抑郁等情绪和心理应激反应，给予患者表达内心体验、感受、情感的机会，进行心理危机识别和干预。让终末期患者接近死亡时倍感温暖，使每一位患者的尊严得到维护，心理得到安慰。

（四）社会支持

社会支持是指通过增强患者与家属、医疗团队、社会力量等的相互沟通，以及时提供相应的信息支持、情感支持、照护技能支持、社会支持等，协调和解决患者可能出现的问题，使终末期患者在社会关系网中感到被尊重、被理解、被支持，顺利地应对终末期社会关系转变、社会角色退化、社会功能减弱等问题。

（五）精神抚慰

精神抚慰是在照护过程中，通过倾听、同理、冥想等精神抚慰方法缓解患者精神的困扰，帮助患者在生命末期寻求生命的意义，在精神抚慰的过程中尊重患者想法和价值观，了解其在生命最后阶段的心愿和需要，给予爱、宽恕、释然与平和，使其内心实现平和、心灵得到慰藉、精神得到安宁，平静地接受死亡。

（六）死亡教育

死亡教育是指在安宁疗护的过程中适时渗透生命教育，理解生与死是人类生命历程的必然组成部分，缓解临终期患者对与死亡相关的恐惧，树立科学、合理、正确的死亡观，懂得尊重和维护生命，并为处理自我之死、亲人之死和他人死亡做好心理上的准备。

（七）哀伤辅导

哀伤辅导是指专业人员协助丧亲者或即将离世的患者在合理时间内减轻悲伤情绪，以使其能够重新开始正常生活。在患者去世后，料理死者遗体、协助丧葬事宜、聆听家属的诉说、鼓励和引导其宣泄情感、与家属保持联系，通过哀伤辅导技术帮助他们摆脱丧亲痛苦，尽快恢复正常生活。

五、安宁疗护的相关法律

随着我国法治化建设进程的不断推进，中国特色社会主义法治体系日益完善，安宁疗护相关法律也逐步确立。1982年，中华人民共和国第一届全国人民代表大会颁布了《中华人民共和国宪法》，规定了“国家尊重和保障人权”“中华人民共和国公民的人格尊严不受侵犯”等内容，这为安宁疗护的实施提供了根本法上的支持。2002年，国务院第55次常务会议颁布了《医疗事故处理条例》，规定了医务人员应当如实将患者的病情、治疗措施及风险等告知患者或家属，这为终末期患者了解自身病情、接受安宁疗护服务提供了知情前提。2019年，安宁疗护被写入《中华人民共和国基本医疗卫生与健康促进法》，从立法的层面明确了安宁疗护工作的重要意义。

六、安宁疗护的服务模式

我国从20世纪80年代开始探索安宁疗护服务模式，发展至今衍生了医院、社区、居家及养老机构等多种安宁疗护模式。这些模式以各自照护内容和收治原则为基础，根据临终患者需求，整合各方资源开展安宁疗护照护工作，虽各有特点，但可以通过转诊管理的形式相互渗透融合。

（一）医院安宁疗护

医院安宁疗护包括门诊安宁疗护、急诊安宁疗护、住院安宁疗护、急危重症安宁疗护。

1. 门诊安宁疗护　门诊安宁疗护是由医院开设专门的安宁疗护诊室，并由安宁疗护医师进行评估和诊疗的一种模式。医护人员根据准入标准，判断符合门诊安宁疗护诊治条件的患者，详尽介绍安宁疗护的宗旨和服务内容，引入安宁疗护治疗决策，开展照护工作。

2. 急诊安宁疗护　终末期患者常常伴有较高的急诊入院率，因而对于临终患者尤其是老年患者来说，急诊是其就医的一个关键场所。急诊安宁疗护与传统抢救之间的最大区别体现在决策方面。因此，急诊医护人员应该具备判断安宁疗护对象的能力，尽早判断患者是否满足安宁疗护的标准，做出合理决策，避免不必要的抢救措施。

3. 住院安宁疗护　在我国，住院安宁疗护通常是综合医院设立的独立安宁疗护病房，或者在二级、三级医院的肿瘤科或老年科内设置的安宁疗护病床，给予患者身体、心理、社会、精神多方位的照护支持。主要体现在：①入院时医护人员根据患者病历资料和病情状态评估符合安宁疗护照护标准的患者后，沟通安宁疗护照护方案；②住院期间针对终末期患者进行对症处理，适当进行心理安抚和健康教育；③出院后医护人员通过探访、电话、网络平台等做好出院追踪和院外随访工作，帮助联系居家安宁疗护资源，为患者和家属提供症状缓解及心理疏导等照护工作，实现出院后安宁疗护的延续。

4. 重症监护室安宁疗护　随着重症监护室患者病情的进展，重症监护室医护人员应该动态系统地评估患者生命支持治疗需求。在重症患者入院早期，对其进行安宁疗护照护评估，根据评估结果，动态调整照护目标，对符合条件的患者尽早启动安宁疗护照护方案，及时为患者与其亲属提供见面陪伴的机会。

（二）社区安宁疗护

社区安宁疗护是安宁疗护的重要形式，可提高患者生活质量、减轻症状负担、增加安宁疗护利用率、降低护理成本、减少住院时间和提高满意度等。当前，以社区为依托的安宁疗护模式，大多是以社区卫生服务中心成立的安宁疗护科为主，以及建设安宁疗护门诊与病房，组建社区安宁疗护跨学科专业团队，为终末期患者及其家属提供社区上门与病房相结合的安宁疗护服务。

（三）居家安宁疗护

居家安宁疗护是将照护的地点设立在患者家中，由经过专业培训的医师、护士、社工、志愿者、心理咨询师等多学科人员组成服务团队，通过提供控制症状、舒适照顾、心理支持、人文关怀等服务，帮助患者减轻生理、心理、社会、精神的痛苦，其优点是可满足患者在家中接受照护和离世的愿望，改善晚期癌症患者生活质量及心理状态。

（四）医养结合机构安宁疗护

医养结合养老机构是在传统养老的基础上，与现代医疗服务相结合的新型养老保障模式。在医养结合养老机构内开展老年人的安宁疗护服务，是积极应对中国老龄化社会的一种新的尝试与探索。医养结合机构安宁疗护通过充分利用医养结合机构医疗资源来改善终末期老年人及其家属生活质量的照护模式。与其他安宁疗护服务模式相比，医养结合机构在满足老年人群体养老服务需求的同时，为其提供额外的安宁疗护服务，能显著改善入住的终末期老年人的生命质量。

第二节　生死教育

一、生死学和生死教育

全生命周期是指从胎儿到生命的终点，包括孕育期、成长期、成熟期、衰老期，直至死亡的整个过程。《“健康中国 2030”规划纲要》中指出，要立足全人群和全生命周期两个着力点，提供公平可及、系统连续的健康服务，实现更高水平的全民健康。面对时代的需求和召唤，医学生应该如何为未来的专业照护角色做好准备，生死教育有着义不容辞的责任。

（一）死亡

1. 死亡的概念 死亡（death）是生命历程中不可或缺的重要环节，个体不可避免都需要面对死亡事件。死亡是机体功能的不可逆性的丧失。其中，“不可逆性”是死亡的本质特征。当死亡被认定，很多不确定性将会消除，如死亡为家属放弃治疗提供了根据、为医师停止抢救与撤除生命维持系统提供了依据、为医师摘取器官提供了依据等。对于死亡的标准，美国著名神经病学家 Bernat 等认为，全脑功能永久性停止可作为判断死亡的标准。此外，不同的人对于死亡是过程还是节点给出了不同的观点。德国社会学家 Miles 认为死亡是个过程，他指出死亡中生物过程和器官系统的功能和运动会在一定时间内按照一定顺序自动停止。与之相反，如果将考查重点放在个体而不是具体的身体部分，那么就会认为死亡是一个事件而不是一个过程。Bernat 认为，因为机体只能处于生或死的两个状态之一，所以死亡本身就是瞬间的事件。死亡学一词最早由俄国艾利·梅其尼可夫（Elie Metchnikoff）于 1903 年提出，其后美国罗斯威尔·帕克（Rosswell Park）于 1912 年对其讨论并介绍，说明其以研究“死亡的本质与原因”为主务。

2. 死亡教育 于 20 世纪五六十年代首先在美国兴起，并由此在西方发达国家被广泛关注。随着我国人民生活水平的飞跃性提升，人民不断追求高品质的生活质量，死亡教育作为一种生命的需要，开始受到越来越多人的关注。死亡教育（death education），又称优死教育，是帮助个体有效面对和处理死亡事件的教育活动，通过与个体讨论死亡、濒死、失落与悲伤等死亡相关内容引导个体理性面对死亡事件，通过帮助个体理解生命的意义、接受生命的终结来建立正面的死亡态度和应对行为。简单地说，死亡教育就是在全社会普及死亡知识的过程。

（二）生死教育

生死教育源自生死学，我国生死学研究与生死教育始于 20 世纪 80 年代。广义的生死教育即从死向生的教育，“通过探讨死亡的本质以及各种临终、哀恸之现象，促使我们深切反思自己与他人、社会自然以及宇宙的关系，从而能够省察生命的终极意义与价值的教育”。狭义的“生死教育”则等同于西方的死亡教育。生死教育从根本上讲是一种哲学教育，它唤醒人们对死亡的自我认识，开始理解何为死亡以及我们应当怎样面对他人和自己的死亡。生与死都是自然生命的必经过程，死亡具有必然性，但何时死具有偶然性，死的可能性伴随着个体生命的全部历程。正是在接受生死教育的过程中，人们获得对死亡应有的认识，消解了关于死亡的困惑，摆脱关于死亡的迷信，从而拥有正确的生死观。因此，我们才不会因无知而对自然之死感到恐惧，而以一种自然的心态面对死亡。生死教育不是所谓“心灵鸡汤”，而是关于生命价值的自我认识。

二、生死教育的意义及评价

生死教育的兴起与发展，究其原因，是现代人反思生存的必然产物。中华文明凡事讲究善始善终。生命的善终有其必要条件：预先知道自己的死亡时间，并可正确面对；身体没有痛苦，心中了无挂碍而安详转身。可见，直面生死是善终的必要条件，完善的生死教育才能托起生命尽头的善终。由于受传统观念影响，死亡成为我们生活中相对禁忌的话题，在教育体系中也是缺失的，这导致很多患者在生命尽头的很多困惑和遗憾无法释怀。因此，文化现实与善终刚需之间的矛盾，亟须生死教育的普及与推广。

生死教育在于帮助人们客观地认识死亡、正视死亡、接纳死亡，在唤醒死亡意识的同时，培养尊重生命的人文精神。生死教育符合现代人理解生命本质的实际需要。当我们对“生”缺乏足够认知的时候，应当继续探究生活于其中的现实世界的规律，而不应在更缺乏认知的情景下讨论“死”。但这并不意味着死亡是需要终身回避的问题，当我们对生命有起码的认识之后，也要恰当地理解“死”。“向死而生”本就是生命的自然过程，死体现了生的有限性，也体现了生的价值，即每个人无可替代的生命都是最宝贵的。

第三节　身体、心理、社会及灵性照护

一、概　　述

安宁疗护的宗旨是完整地照顾末期患者及其家属，照顾的范围包括了生理、心理、社会、灵性 4 个层面。美国社会心理学家马斯洛提出的需求层次论认为，除了生理需求以外，安全需求、社会需求、尊重需求、自我实现都属于心理、社会及灵性需求。老年患者，尤其是老年末期患者生理功能水平较低，患病后社会角色的转变容易使心理产生落差，降低自我价值评价。另一方面，其面对难以逆转的疾病进程，更容易产生放弃厌倦的心理，因此，对于此类人群应关注到身体、心理、社会及灵性 4 个层面的照护。

二、老年患者身体、心理及社会照护

（一）老年患者身体、心理及社会需求

老年患者临终时期其身体各器官功能出现衰竭，存在多种并发症，大大降低了患者的生存质量，护理人员必须做好基础护理，提供优质高效的护理服务，尽量减轻患者的痛苦。老年患者常见的心理问题，包括否认、愤怒、焦虑、抑郁、恐惧、孤独、内疚、失落、担忧、退缩孤立、绝望、自杀倾向或行为等。老年患者的社会需求包括医疗照顾、日常生活照顾、经济援助、家庭关系、单位的关心支持、亲友的支持、社区或社会机构的支持、子女对老年人的照顾、爱与被爱的需求、宽恕与被宽恕、了解预后的情况、后事安排、其他未了事宜、精神需求、宗教信仰、未竟心愿等。

（二）老年患者身体、心理、社会照护的目标及原则

目标是通过生理学、心理学和社会支持的方法，缓解因癌症和濒临死亡而导致的各种身体不适及不良情绪，满足患者的生理需求和心理期望，调整患者社会角色，缓解社会、心理压力，增强患者适应和应对能力，最终以达到心理的安宁与平静。原则如下：①以真诚的朋友般的关系进行相处；②对患者予以支持 / 肯定 / 接纳；③对患者进行启发引导；④对患者持以同理心；⑤引发患者的希望；⑥给予患者恰当和充分的社会支持。

（三）身体、心理、社会照护的方法及应对技巧

要为老年患者做好基础护理，确保其舒适。每日为患者进行口腔护理，做好皮肤护理，优化环境，营造温馨的生活氛围，确保患者处于舒适的环境中，尽可能让患者感受到温暖、关爱。针对不同疾病的患者，做好对应的专科护理，患者出现不适症状及时干预，对疼痛患者结合具体情况进行适当的镇痛治疗，同时对患者进行心理暗示止痛、转移止痛、物理止痛、音乐疗法等转移其注意力。老年患者心理、社会照顾的方法包括一般心理支持和特殊心理治疗。一般心理支持包括陪伴、沟通、倾听、接纳肯定、教育启发引导、充分社会支持；特殊心理治疗包括行为治疗、认知治疗、人本主义的中心疗法、森田疗法、暗示 - 催眠疗法。

三、老年患者灵性照护

灵性照护（spiritual care）是安宁疗护中必不可少的内容之一，通过专业的医疗服务团队、社会团队、家庭、志愿者等缓解患者在灵性方面的困扰，包括帮助患者在病痛中寻求生命的意义、获得平静与舒适、获得家人情感的支持、缓解对死亡的恐惧，从而提高其生活质量。越来越多的证据表明，在生命的终末期，对身体和情绪症状的控制以及心理问题的管理，仅仅只是代表了对患者痛苦管理的一个部分，而患者有关灵性和存在的困扰会变得越来越显著。了解患者的“灵性史”、给予患者灵性照护是非常有必要的，尤其当患者患有危及生命的疾病的情况下，通过这种方

式，医师可以更全面地理解他们的患者，并获得关于如何处理和应对患者灵性需求的信息，从而给予他们在灵性方面应有的重视。

（一）灵性需求

美国的一项研究显示，如果面临死亡，40% 的美国民众认为最重要的是要有一个能和他们的灵性需求产生共融的医师。在亚洲文化背景下，对日本癌症患者群体进行的一项研究来看，非常高比例的患者需要获得帮助来寻找希望、寻求心灵和精神的宁静。在面临丧失和即将到来的死亡时，很多患者可能会不停地问出这样的问题："现在我活着还有什么意义？"，或者"对我这一生来说，究竟什么才是重要的？"无论是从医师还是患者的角度，所有的一切都关系着灵性。

（二）灵性的定义

研究表明，健康的灵性即个人对目前及未来的生活感到有目的与意义，是心理健康的重要资产。灵性是统合并超越个人身体、心理与社会完整性的本质，也是人类求生存的原则。而当这个生存原则遭到破坏时，就会干扰个体原有的价值与信仰系统，导致灵性困扰。灵性其实是一种人生态度，是指他的哲学观、世界观、人生观、价值观，以及其所处环境和经验的总和，包括其生活的主要原则。简单来说，灵性是指一个人自我实现、自我反省的过程，从求学到工作，甚至生病、死亡的时候，深深影响着他所做的每一个决定的想法与观念。

灵性的主要内容和任务包括：①体会生命意义；②寻求自我价值；③维系和谐关系；④超越当下困境 4 个维度。灵性具有 5 个属性，即意义（对生命及存在的目的探寻）、价值（个人生命中最有价值的事物、信念及标准）、超越（超脱个人经验的层面）、连接（与自己、他人、神及自然的关系）、转成（生命的自我实现）。

（三）灵性困扰的原因

患者灵性困扰的七大原因包括：①本身缺乏正确的人生观与价值信念体系；②缺少健康的人际关爱；③自我尊严感丧失；④死亡恐惧；⑤不舍；⑥心愿未了；⑦个人所预期的死亡意义与其信仰或文化间的冲突。

（四）灵性照护模式探索

我国的灵性照护起步较晚，仅在部分地区开展，缺乏系统的灵性照护策略。

1. 灵性照护的需求评估 晚期癌症患者的灵性评估是开展灵性照护的前提，为灵性照护的时间、方法和内容提供依据。国外最常使用的灵性评估有质性访谈和灵性需求量表的评估两种方法。我国晚期癌症患者的灵性需求评估量表主要是将国外的灵性评估工具引入并进行文化调试，目前应用于癌症患者的常用中文版量表有：患者对护士提供灵性照护的需求量表（nurse spiritual therapeutics scale，NSTS）、慢性疾病治疗功能评估 - 灵性量表（functional assessment of chronic illness therapy-spiritual，FACIT-Sp）、灵性需求问卷（spiritual needs questionnaire，SpNQ）。

2. 灵性照护模式 我国针对晚期癌症患者的灵性照护模式较为丰富，如关系重建与修复模式、以灵性为基础的全人照护模式及个人与自我、他人、信仰及自然环境间 4 个维度的灵性照护模式，以及包含灵性护理的人性化护理等。

（五）灵性与宗教的区别

灵性对于个人生命意义提供了完整的认知，而宗教信仰仅仅是灵性的一部分。灵性照护不一定要有宗教，但宗教关怀一定是灵性照护。所有宗教都涵盖了对灵性的解释阐述，但宗教只是了解与接近灵性的方法之一。宗教是灵性的桥梁，但灵性超越于宗教之上。

四、身体、心理、社会及灵性照护的普适性

身体、心理、社会及灵性照护的需求并不仅仅源于临终患者，也来自所有患者和广大医护人

员、照护者。安宁疗护服务者应当把这种关怀带给所有正在承受病痛的人，甚至帮助所有处于医疗平台之中的人，回归其人性的本真与良善。

第四节　临终阶段照护

临终阶段一般是指个人因不可治愈的疾病或年老而导致生理功能不可逆转地趋于衰竭、生命活动即将终结的持续阶段。大多数患者病程长，发展过程往往相对缓慢，死亡前期时间较长；同时也存在病情反复、突发性或致命性加重的特点，病程发展轨迹不确定，往往难以预计生存期。临终阶段照护是指从生理、心理、社会等方面对临终患者进行综合的全方位的照护服务，帮助其走完人生旅途的最后一程，并对患者家属给予安慰和关怀，有别于一般医护服务的照护。

一、临终阶段患者的生理反应及其分期

终末期患者面对不治之症与死亡心理反应非常复杂。美国精神病学专家伊丽莎白·库伯·罗斯博士（D.Elisabeth Kuble Ross）提出临终患者有 5 个心理阶段，即否认期、愤怒期、协议期、忧郁期和接受期。

（一）否认期（denial）

当患者得知自己的疾病无法救治时，最初的反应是震惊和否认，他们往往会在全国各地四处求医，不相信自己病危，总希望是误诊。在这一阶段患者还没有准备好接受疾病严重性的事实，对即将面临的死亡没有心理准备，总会尝试各种治疗办法，不听劝告。这个阶段为期短暂，可能持续数小时或几天。但也有少数患者直至死亡临近仍处于否认期阶段。

（二）愤怒期（anger）

当患者发现有关自己病情的坏消息被证实，否认难以维持，患者会产生气愤、焦躁、愤怒的心理反应，产生“为什么是我”“为什么所有的苦难都降临到我身上”的心理，此时他们常迁怒于家属及医护人员，怨天尤人，或者无缘无故地摔打东西，甚至无端地指责或辱骂别人，以发泄他们的苦闷与无奈。

（三）协议期（bargaining）

愤怒的心理消失后，患者开始接受自己患绝症的现实，为了延长生命，患者会提出种种“协议性”的要求，希望能缓解症状。有些患者认为许愿或做善事能扭转死亡的命运；有些患者则对所做过的错事表示悔恨。此期患者变得很和善，愿意努力配合治疗。

（四）忧郁期（depression）

随着病情的日趋恶化，患者已充分认识到任何努力都无济于事，自己即将接近死亡，心情极度伤感，开始哭泣，郁郁寡欢。此时患者可能很关心死后家人的生活，同时急于交代后事。

（五）接受期（acceptance）

经历一段忧郁后，患者的心情得到了抒发，不再存有侥幸心理，已做好死亡准备，常处于嗜睡状态、情感减退的状态，看不出恐惧、害怕的情绪，主要表现为对外界反应淡漠。

二、临终阶段照护的基本要求

（一）表情亲切

温柔自然的表情，能起到使患者镇静的作用；紧张慌乱的神态，会导致患者加剧慌张不安感。

（二）眼神安详

眼睛可传神，护理人员的眼神会给予患者不同反馈，眼神惊恐会使患者慌乱，感到自己的病情是不是又加重了，自己离死亡又近一步，导致患者焦虑、紧张；眼神温柔会使患者感受到重视和关心；眼神激励会使患者受到鼓舞，积极面对人生。

（三）话语真诚

语言是一门艺术，在临终患者的护理中对语言有更高的要求，对不同患者要使用不同语言，语言恳切真挚、语速平缓温和，并配合非语言交流的方式（如抚摸、手势、目光等），使患者在生命最后一刻处于被关怀的慰藉之中。

（四）动作轻柔

对临终患者进行照护时动作要特别轻巧、敏捷、稳当地有序操作，尽量降低人工呼吸机等各种抢救设备的噪声，增加舒适度，减轻患者的焦躁感。

三、临终前常见的症状和护理

患者临终前的情况各不相同，有的是突然死亡，有的是各器官逐渐衰竭以致死亡。一旦出现以下症状，应及时给予相应处理，使患者无痛苦地度过人生的最后时刻。

（一）疼痛

有文献报道，70% 以上的癌症患者最终会遭受中度至重度的疼痛。疼痛不仅局限于生理范畴，而且还涉及心理及精神等领域。有学者指出，“临终关怀的患者使用镇痛药应以无痛苦为目的，不控制镇痛药的使用”。对于临终阶段患者控制疼痛应及时、有效，正确使用“三阶梯法”。镇痛药应规律、足量，而不是必要时才用，等到疼痛发生时再控制比预防疼痛发生更困难。除了药物镇痛，还可采用其他方法缓解疼痛，如音乐疗法、分散注意法、针灸疗法、心理催眠、神经外科手术疗法等。

（二）呼吸困难

痰液堵塞、呼吸困难是临终患者的常见症状。临终患者床旁应当备好吸引器、吸痰管，帮助他们及时清理口鼻腔分泌物。当患者呼吸急促、呼吸困难或有潮式呼吸时，应当给予吸氧，病情允许时可采取半坐卧位。利用开窗、室内空调、风扇保持空气流通，使患者感觉呼吸较为顺畅。指导患者使用放松技巧可以缓解患者焦躁不安的情绪。

（三）谵妄

谵妄是一种短暂的、通常可以恢复的、以认知功能损害和意识水平下降为特征的脑器质性综合征。谵妄是晚期癌症患者最常见的精神错乱，癌症终末期患者有 75% 会发生谵妄，特别是死亡前的几天和即将死亡前的几个小时。感染、环境的变化、过度刺激、药物等都是引起谵妄的危险因素。因此，治疗强调针对病因的综合治疗措施，优先考虑非药物治疗，同时进行多学科干预。

（四）排泄紊乱

濒死患者由于血液循环导致肾衰竭，表现为尿少而颜色深，甚至尿失禁或尿潴留。胃肠道因蠕动减弱，表现气体积聚于肠胃，患者常感到腹胀与恶心。肛门及膀胱括约肌松弛，患者常出现大小便失禁。在疾病末期，由于患者意识不清，难以说明尿液潴留引起的不适，但可能会表现为烦躁不安，因此，需要照护者主动评估，查看膀胱充盈情况，必要时可给予导尿。当尿量变少时，要告知家属这是患者濒死期正常的生理变化。如果患者大便失禁可使用护理垫、尿不湿等，此时必须注意皮肤的照护，及时更换护理垫或尿不湿，排便后及时清理排出物，清洁会阴部皮肤，每日给予会阴部护理至少 1 次，避免粪便浸润导致皮肤损伤。同时密切评估排出物的颜色、性状及量，因为这可能提示病情的变化。

第五节　哀伤陪伴

一、哀伤相关的概念

哀伤（bereavement，伤恸）是在个体失去与之有很深情感连接的人或物的前后阶段，即遭遇重大失落前后所经历的悲哀和痛苦反应。如果患者的死亡是在预料之中的，在其离世之前个体会存在“预期性哀伤”。

悲伤（grief）是指由于失落而带来的行为、认知、生理和情感方面的改变，是对重大失落的正常反应，其表现形式因人而异。

哀悼（mourning）则是表达悲伤的行为与方法，是适应失落的过程，其表现形式与社会文化和习俗关系紧密。

丧亲者会以不同的方式经历悲伤，其反应和表现会因人而异，影响因素包括与死者之间的关系类型、亲人的死亡方式，以及他们是否在场、年龄和成长经历、性格、性别、文化、宗教信仰、原来的健康状况、习惯的应对机制、以前有无失落和悲伤的经历及个人得到支持的程度。

二、哀伤关怀

哀伤关怀（bereavement care）是一个连续的整体照护过程，在患者离世前就应该开始。哀伤关怀开始于患者生前，与家属的良好交流、信任的建立、对死亡的准确判断、及时停用药物、完善的居家设备、协助患者完成未了心愿和对问题的有效解答等良好的生命末期照护，可从整体上缓解丧亲者的哀伤。

（一）哀伤支持体系

提供哀伤支持的健康执业者包括全科医师、社区护士、地区专业安宁护士，以及不同的哀伤支持机构。英国国家卫生与保健研究所（National Institute for Health and Clinical Excellence，NICE）基于患者需求的复杂程度，提出设立 3 个不同级别支持体系的建议。

1. 一级　所有丧亲者都应该得到关于悲伤的信息以及如何获得支持服务的信息。

2. 二级　大约 1/3 的人可能需要额外的支持来帮助他们应对死亡带来情感和心理上的影响。

3. 三级　有一小部分（7% ～ 10%）的遗属需要专家的干预，这涉及一系列服务，包括心理健康服务、心理支持服务、专家咨询服务等。

（二）哀伤辅导方式

对于大多数的丧亲者，简单的“支持性表达”方法（哀伤辅导）就可以奏效，邀请他们谈论自己的感受，并认真聆听其倾诉。这个过程就是支持和疗愈的过程，并且是所有健康执业者通常能够提供的。实际上，最好的哀伤疗愈方法是支持并指导家属和朋友营造一个宽松的氛围，允许哀伤者在任何时候都可以放松地表达悲伤，无条件地释放他们的情感。提供哀伤知识的书面资料和哀伤支持组织（我国尚缺乏类似组织）的相关信息可以帮助到丧亲者。

帮助丧亲者度过哀伤期的方法如下。

1. 专注陪伴丧亲者，同理他们的感受。
2. 认真倾听，不做判断。
3. 鼓励其谈论死者。
4. 允许其充分表达情感。
5. 肯定其情感及行为属于正常反应。
6. 鼓励其恢复每天的日常生活和自我照顾（如充足的食物摄入）。
7. 防止有害行为（如大量饮酒、吸烟等）。

8. 在对方需要时提供有关逝者疾病和死亡的相关信息——怀疑自己也患上了同样的病，也是悲伤反应的常见表现。

9. 培训他人（家庭成员和其他支持网络）了解如何更好地帮助丧亲者。

10. 帮助他逐渐熟悉自己对失落和悲伤的感受。

11. 提供当地有关哀伤支持服务的信息。

12. 帮助丧亲者善待自己，了解悲伤会时强时弱、反反复复，但坚信“这一切都会过去”。

除了家属之外，为逝者的照顾者提供专业督导也非常重要，尤其是逝者是因伤致死的情况。

（三）常用的哀悼方法

1. 给死者写信表达想法或情感。

2. 画一幅画或创作艺术品。

3. 专门设置一个空间以怀念逝者。

4. 扫墓。

5. 放飞气球，作为与死者的告别。

6. 使用引导性想象。

7. 举行告别仪式，焚化遗物。

8. 在特殊的日子里点燃蜡烛——连续性的纪念仪式。

应该注意避免没有意义的哀伤劝解，如“节哀顺变”“世界上还有很多好男人 / 女人”“人死不能复生”、忌谈有关死者的一切、设法忙碌转移注意力、“时间可以冲淡一切”“别难过了”“这是上天的安排”“要坚强勇敢”等建议或空洞口号，而代以同理的方式倾听和陪伴，包容和接纳丧亲者的哀伤反应，才能真正让对方感受到支持和安慰。

三、老年人哀伤

研究显示，丧偶老年人的自评健康状况明显低于有配偶老年人，老年人丧偶后抑郁的发生率高，主要与情感障碍、疾病、经济状况、社会支持缺失及缺乏必要的社会活动有关。中国老年人丧偶与死亡风险具有显著关系。长期丧偶老年人的死亡风险显著高于长期有配偶的老年人，而长期丧偶对死亡风险的影响没有显著的年龄组差异；老年人在丧偶初期，其死亡风险会大大增加，并且新丧偶对低龄老年人死亡风险的影响要远大于高龄老年人。

“白发人送黑发人”属于典型的哀伤高风险事件，尤其在“失独”家庭。失独老年人由于暮年丧子、不能再生育，不仅要独自面对精神的空虚、养老的压力，还需面临更严峻的问题——窘迫的经济环境和年老体衰时缺乏关怀及照顾，如无人担保就无法入住养老院、生病入院无人护理、死后无人料理后事等。研究显示，失独老年人合并抑郁情况有如下特点。

1. 子女意外死亡的老年人抑郁程度较子女疾病死亡的老年人严重。

2. 经济条件差的老年人抑郁程度较经济条件好的老年人严重。

3. 独居老年人抑郁程度较有同居伙伴的老年人严重。

4. 抑郁程度低的老年人更易接受社区帮助。

5. 失独老年人的抑郁程度较空巢老年人严重。

6. 养老问题加重失独老年人抑郁程度。

7. 失独合并失能老年人抑郁程度严重。

躯体症状如头痛、胸痛或心悸也可能是复杂悲伤的特征。因此，当老年患者在失去亲人后出现多种躯体症状时，认识到潜在抑郁症的可能性很重要。而一些丧亲的老年患者可能没有悲伤的反应，或者他们可能会对那些仍然活着的人产生敌意。研究发现，悲痛可能影响老年人的认知功能。老年丧亲者在注意力、信息处理和语言流利程度方面表现更差，认知功能的改变与丧亲者的情绪相关。悲伤的老年人即使是从亲密的家庭成员中也很难寻求帮助，如老年人不希望给子女增加负担，这可能是其感到孤独的原因之一。此外，家庭成员往往忽视这些心理症状，低估了这种痛苦的严重性。因此，基层医疗机构应该主动定期检查老年人在家庭成员死亡后的健康状况，并给予支持。

我们应对哀伤患者进行哀伤辅导并告知患者具体病情，正确引导患者在合理的时间发泄悲伤，鼓励患者宣泄出自己内心的情绪，便于患者可以直观地面对疾病，同时指导患者家属对患者的身心进行安抚等。

案例学习

"我们走过很多医院，当他们看见我父亲是一个晚期癌症患者，状态这样差的时候，没有一家医院愿意收留我父亲住院，我们走投无路。在报纸上看见你们医院有可以收治晚期肿瘤患者的安宁疗护病房，我们抱着试试看的态度来找你们，真没想到，你们不但收留了我父亲，还这样用心照顾他，真的让我很感动"。这是一位晚期食管癌全身转移伴呼吸困难、生命即将走到终点的患者女儿，在病床旁一边看着护士长带着护士们为她的父亲做护理，一边流着眼泪发自肺腑的话语。可你知道，就在几天前，这位患者女儿还因为情绪失控，言语深深中伤过这位护士长。女孩的妈妈，患者的太太则更是动情地说"以前我也是一名护士，那时候我们在护理患者的时候，也很认真，但是真没有考虑过给患者撕掉贴在皮肤上的胶布，在细节上还有这么多的讲究，你们在每一个细节上都在为患者着想，真是太了不起了"。这位曾经的护士同行前辈，是在看着护士长一边做护理，一边不停地给身边的年轻护士讲解护理操作的细节后发出的感慨。几天后，这位患者安然离世，家属对病房的医护人员表达了最真诚的感谢。

请用本节所学知识表达对案例的看法，用相关理论分析患者家属及病房医护人员的心理及行为。

评判性思维训练

1. 选择一位临终期患者，对其进行安宁疗护。
2. 为了使临终期患者得到更高照护，你将会评估患者哪些需求？
3. 你会用什么办法对临终老年患者进行照护？

（杨　辉）

主要参考文献

郭桂芳，黄金 . 2022. 老年护理学（双语）. 2 版 . 北京：人民卫生出版社 .

胡秀英，肖惠敏 . 2022. 老年护理学 . 5 版 . 北京：人民卫生出版社 .

化前珍，胡秀英 . 2017. 老年护理学 . 4 版 . 北京：人民卫生出版社 .

鞠梅，沈军 . 2021. 老年护理学 . 3 版 . 北京：人民卫生出版社 .

卡罗尔・米勒 . 2018. 老年护理与保健 . 郭红，周宇彤，译 . 7 版 . 北京：北京大学医学出版社 .

李小鹰，樊瑾 . 2014. 老年医学进展 . 北京：人民卫生出版社 .

刘晓红，陈彪 . 2020. 老年医学 . 3 版 . 北京：人民卫生出版社 .

单伟颖，郭飏 . 2022. 老年人常用照护技术 . 北京 . 人民卫生出版社 .

宋岳涛 . 2019. 老年综合评估 . 2 版 . 北京：中国协和医科大学出版社 .

汪耀 . 2014. 实用老年病学 . 北京：人民卫生出版社 .

吴光煜，孙玉梅，张立力 . 2016. 健康评估 . 2 版 . 北京：北京大学医学出版社 .

夏洛特・埃利波洛斯 . 2021. 老年护理学 . 郭桂芳，刘宇，译 . 北京：人民卫生出版社 .

尤黎明，吴瑛 . 2022. 内科护理学 . 7 版 . 北京：人民卫生出版社 .

于普林 . 2017. 老年医学 . 2 版 . 北京：人民卫生出版社 .

赵琼，黄晓燕 . 2019. 老年营养与健康 . 北京：中国医药科技出版社 .